政治哲学史

总主编 张志伟
韩东晖
干春松

History of
Political Philosophy

梁 涛 主编

中国政治哲学史

第一卷

中国人民大学出版社
·北京·

总　序

呈现在读者面前的这套“政治哲学史”丛书，包括《西方政治哲学史（三卷本）》《中国政治哲学史（三卷本）》和《马克思主义政治哲学史》。

哲学中的政治哲学理论历史悠久，但是在19世纪以后沉寂多时，为政治学或政治科学所取代，直到20世纪70年代罗尔斯《正义论》的出版，政治哲学才得以复兴，并且形成了一个专门学科。因其与社会现实在实践性指向上具有密切关系，当代政治哲学俨然成为哲学中最为活跃的研究领域。伴随着中国改革开放的步伐，尤其是20世纪90年代以来，受政治体制改革和新的经济社会形态的影响，政治哲学逐渐成为汉语哲学界的显学，国内的政治哲学研究在基本史料的积累、经典著作的译述、基本概念的厘清以及最新学术前沿问题的追踪等方面，都有了一定的积累与进步。迈过新世纪门槛之后，全球知识界已越来越清晰地认识到人类正处在一个前所未有的十字路口，启蒙动力日渐衰微，现代性一再遭受质疑，新自由主义面临危机，当代中国现代化建设处在探索之中……如此种种，给政治哲学提出了一系列的问题，在此理论困境和现实问题的双重促逼下，越发凸显出中西政治哲学研究的重要性和紧迫性。

然而，与社会现实的迫切需要相比，我们的政治哲学研究刚刚起步，尤其是基础建设相当薄弱，极大地制约了中国政治哲学学科的健康发展。一方面，掌握当代西方政治哲学的发展趋势，了解哲学家们对于全球化时代的政治哲学问题的立场、观点和方法，以之为中国政治哲学的重要理论资源和主要参照系，乃是中国政治哲学学科建设的当务之急。另一方面，鉴于中国的高速发展引发的一系列问题，如何总结出中国政治哲学的独特意涵，发掘传统资源对于中国的现代化之路的积极作用，深入关注中国现实，回应中国社会的重大理论问题和现实问题，从而为中国的发展提供思想资源，亦是摆在我们面前亟待开展的工作。有鉴于此，我们向中国人民大学申请了“政治哲学史（中西政治哲学研究·第一期·七卷本）”这一“重大基础研究计划”，希望立足国际学科前沿，体现国内外最新的研究成果，凝聚各高校的优势，培育新兴的政治哲学学科，集中中国哲学、西方哲学和马克思主义哲学等各学科中相关的学术力量，借助对这些领域内政治哲学的深入研究，为该学科在中国的发展做一些基础性的准备工作，进一步激发哲学对于当代社会的"批判性"作用。摆在读者面前的这套"政治哲学史"就是该项目的结项成果。

关于这套"政治哲学史"的编写工作，有必要向读者做一些解释和说明。

第一，我们这套"政治哲学史"虽然名为"政治哲学史"，但就目前的研究成果而言，距离全面、系统、详尽的政治哲学史还有相当的差距。中国的政治哲学研究虽然近些年受到人们的普遍关注，但是毕竟基础比较薄弱，梳理基于中国传统的政治哲学基本范畴也处于起步阶段，因而现在编纂一部全面、系统、详尽的政治哲学史还不具备充分的条件。据此，我们这套"政治哲学史"主要按照历史的顺序，突出那些在政治哲学史上具有重要影响的哲学家、思想家。与此同时，强化学术研究的深度，以某个问题或主题为研究的核心，以此叙述策略来架构政治哲学史的大框架，意在为将来编纂更加全面、系统、详尽的政治哲学史做一些基础性的准备工作。

第二，与此相关，这套"政治哲学史"的编写模式是，基本上每一章研究一位哲学家或一个流派，并且强调突出相关的主题而不要求全面系统地介绍哲学家或流派的政治哲学思想，因而几乎每一章都可以看作一篇围绕一个人物或流派而展开的论文。尽管我们并没有在政治哲学史的整体性线索上多做文章，但是由于问题意识的自觉、思想谱系的传承和社会历史背景的衬托，实际上各章内容之间自有其紧密的相关性。当作者们围绕各自的主题深入论述时，历史背景、问题演变和发展线索已然隐含于其中。

第三，我们这套"政治哲学史"是集体合作的结晶，编写者包括全国多所高校和研究机构的学者，他们都是相关研究领域的专家，基本上实现了项目启动之初就确立的"最合适的人写最合适的章节"的编写原则。也正是因为如此，对个别重要人物思想的介绍和阐述由于没有合适的写作人选，暂时付诸阙如，以待将来再做补充。

第四，虽然政治哲学历史悠久，但是作为专门的学科领域，政治哲学的历史并不长，其基本研究范式以欧美学术界为主导。不过，作为对各种政治概念、问题和方法的研究，各种政治哲学思想蔚为大观，古今中外概莫能外。因此，一方面，当代的政治哲学研究所面临的思想资源、现实难题和研究方法均有共同和共通的地方，另一方面，不同的理论背景和价值取向，也使西方政治哲学史、中国政治哲学史和马克思主义政治哲学史的编纂具有各自的风格和特色。我们这套"政治哲学史"的尝试，是以各自的学科取向为基础的。相对来说，西方政治哲学的研究范式比较成熟，问题、方法与理论的线索比较清晰，而中国政治哲学则是一块有待开垦的处女地。由于中西在语言、文化、社会历史等方面的差异，中国政治哲学与西方政治哲学在许多方面存在着差异，以至于学术界关于什么是中国的政治哲学等基本问题迄今尚未达成共识，因此《中国政治哲学史（三卷本）》具有很强的探索性。与此类似，学术界在马克思主义是否具有一种政治哲学乃至如何构成一种政治哲学等问题上亦存在着争论。由于各方面条件的限制，我们这套"政治哲学史"中马克思主义政治哲学史部分主要讨论马克思、恩格斯和列宁的政治哲学思想，至于现当代西方马克思主义以及其他丰富内容则有待来日补充。我们希望随着研究的逐步深入，我国政治哲学界在学习、借鉴、吸收的基础上，面对历史和现实中的大变局，推出富有原创性的理论和方法，深化政治哲学与政治哲学史的研究。

总而言之，由中国学者编写的这套"政治哲学史"包括《中国政治哲学史（三卷本）》《西方政治哲学史（三卷本）》和《马克思主义政治哲学史》，在学界尚属首次。我们在此抛砖引玉，希望学界同仁不吝赐教，共同努力，推动当代中国的政治哲学研究进一步健康发展。

最后，我们要向本套"政治哲学史"的各卷主编和参编的专家学者表示深切的谢意。感谢国家出版基金为本套"政治哲学史"提供出版资助，感谢中国人民大学出版社的潘宇女士和编辑们为本套"政治哲学史"的出版所做的辛勤工作。这套"政治哲学史"得到了中国人民大学科学研究基金暨中央高校基本科研业务费专项资金（批准号：11XNL007）的资助，在此表示衷心的感谢。

张志伟 韩东晖 干春松

第一卷作者简介

梁 涛 中国人民大学国学院教授、博士生导师、副院长，《国学学刊》执行主编。教育部“长江学者”特聘教授，山东省“泰山学者”特聘教授。主要研究中国哲学史、儒学史、经学史、出土简帛等，出版《郭店竹简与思孟学派》《儒家道统说新探》《“亲亲相隐”与二重证据法》等，其中《郭店竹简与思孟学派》获多项人文社科奖。入选北京市中青年社科理论人才“百人工程”、中国人民大学“明德学者”、教育部“新世纪优秀人才”、北京市“四个一批”社科理论人才等。

曹 峰 中国人民大学哲学院教授，日本东京大学大学院人文社会系博士。曾任早稻田大学客座副教授，大东文化大学客座研究员，山东大学文史哲研究院（现儒学高等研究院）教授，清华大学哲学系教授。出版《近年出土黄老思想文献研究》《楚地出土文献与先秦思想研究》《上博楚简思想研究》等。

杨武金 中国人民大学哲学院教授，博士生导师。任中国逻辑学会理事、中国逻辑学会中国逻辑史专业委员会副主任、中国逻辑学会中国辩证逻辑专业委员会秘书长等。主要研究逻辑学、中国逻辑史和墨学。著作《墨经逻辑研究》，获得中国逻辑学会第二届优秀成果奖科研奖（2008）、金岳霖学术奖（2010）。

王威威 华北电力大学思想政治理论课教学部教授。研究方向为中国哲学史，尤其偏重于道家、法家和中国古代教化思想的研究。至今已在《哲学研究》《光明日报》《道家文化研究》《周易研究》《中国宗教》等中英文报刊发表论文近三十篇，出版学术专著《庄子学派的思想演变与百家争鸣》《韩非思想研究：以黄老为本》等。

林宏星 笔名东方朔，复旦大学哲学学院教授，博士生导师。主要研究宋明理学、先秦儒学及当代新儒家等。出版《刘蕺山哲学研究》《刘宗周评传》《从横渠、明道到阳明——儒家生态伦理的一个侧面》《合理性之寻求——荀子思想研究论集》《〈荀子〉精读》等。

苟东锋 2001年考入复旦大学哲学学院，2005年直升研究生，师从杨泽波教授研习先秦儒学，2012年获得哲学博士学位。毕业后进入华东师范大学哲学系博士后流动站，在杨国荣教授的指导下继续从事中国哲学方面的研究，2014年出站，留校任教。研究方向为“新名学”，目前主要关注儒、道二家的名学问题。先后在《哲学研究》《哲学动态》《社会科学》等刊物发表论文二十余篇，著有《孔子正名思想研究》等。

目　录

前　言

近些年来，政治哲学越来越受到学界的关注，明显有成为显学之势，而早在五年之前，中国人民大学哲学院就提出了撰写政治哲学史的计划，包括中国政治哲学史、西方政治哲学史、马克思主义政治哲学史，意在对政治哲学的研究做出积极的推动。本书为《中国政治哲学史》的第一卷，主要讨论中国先秦政治哲学。鉴于系统的中国政治哲学史著作尚不多见，许多政治哲学的问题尚待展开讨论，因而我们采取了以人物为中心的写作方法，希望以点带面，由点及面，逐步深入，层层推进，最终对中国政治哲学史做出较为全面、系统的把握。本书主要选取了老子、孔子、墨子、商鞅、孟子、庄子、荀子、韩非八位思想家，以及黄老学派、名家学派，前八位当然是讨论先秦政治哲学绕不开的人物，而黄老、名家学派或在思想观念上或在理论方法上对先秦包括后世政治哲学影响较大，故一并讨论。

第一章讨论老子的政治哲学。老子的“道物论”是老子政治哲学的基础之一。从生成论的意义上讲，“道”既是万物产生的起点，又是万物复归的终点。形而上的“道”与形而下的“物”之间的关系是一种主宰与被主宰、本与末、一与多、统一与分散、整体与个体的关系。从人类社会的角度看，社会之所以会出现问题而且积重难返，关键在于道的衰降、人的异化。对老子来说，儒墨等各家的理论都还处在“物”的层面，只能提供暂时的、有限的解决方案，而把握住了“道”就等于把握住了事物的根本，把握住了运行的规律，就可以天然、必然地成为万物的主宰。“道物论”运用到政治领域，可以为一君万民式的中央集权政治体制提供理论基础，即“得道”者以所获“道”的万能之力为基础，登上帝王、天子之位，而天下臣民则必须无条件地接受其支配，从而形成一种稳定的政治结构。

老子政治哲学的另一个基础是关于“无为—自然”的理论。道是无名无形的，那么，体道、悟道、执道的圣人的政治行为与之对应，就必然是“无为”。在老子哲学中，“无”既是“道”的本体性特征之一，又是“道”功能性特征之一。“有”生于“无”，“无”代表着新的创造力和无限的可能性。在老子看来，政治的最大问题，不在于消除所有的矛盾，而在于将矛盾降到最低点。不在于给予百姓所需要的一切，而在于给予百姓自由伸展的足够空间。要做到这一点，最重要的出发点就是圣人的“无为”，圣人的“无为”必然导致百姓的“自然”，即圣人的无意识、无目的、不干预、不强制，必将导致百姓的自发性、主动性、积极性、创造性。这种政治理念，用一个图式来形容，就是圣人“无为”→百姓“自然”。政治的最大成功，不是直接给予百姓什么，而是帮助百姓自己成功建业。而百姓的成功最终会归结为某个圣人的成功。但老子也预想到了过度的“自然”会导致的危险，即为所欲为的发生，对此老子也提出了抑制（“镇”）的必要性，通过“无名之朴”使人回归于“道”的虚静素朴。

因此，如果用今天的政治学语言表述，老子的政治观念就呈现出两条基本的路线：一条基于“道物论”，可以发展出一君万民式的中央集权政治思想，容易导致后世法家、黄老道家的君主专制主义；一条基于“无为—自然”论，可以导致后世庄子类型的“无政府主义”。这两者看上去是矛盾的，但《老子》为这两条路线都留下了伏笔，构成了后世黄老道家政治哲学和庄子政治哲学的基本框架。

第二章讨论孔子的政治哲学。孔子的政治哲学主要围绕“仁”与“礼”两个概念展开。仁既指成己，又指爱人，是成己、爱人的统一。从这一点讲，仁既是道德的概念，也是政治的概念。孔子的“修己以敬”显然属于道德，但就其强调“修己以安人”“修己以安百姓”而论，则显然又是政治的，故孔子的仁学既是道德的，又是政治的，是由道德而政治。也正是在这一点上，孔子自称“吾道一以贯之”，“一”就是仁，“一以贯之”就是“仁以贯之”。

不过孔子的“安人”“安百姓”并不只是道德感化的结果和仁爱的表现，同时也是在礼义的秩序中得以实现的，故孔子除了谈仁之外，也谈礼。礼的核心是名分，而“名正”→“言顺”→“事成”的正名说则是其理论表达。在“名”→“言”→“行”三者中，“名”的本质内涵并非名言，而是儒家所特别强调的伦理政治意义的名分，“名”本身蕴含着“言”与“行”，“名正”即本然地包括可言而笃行。就“名”→“言”→“行”的致思格式而言，它是道德的，就“名”→“言”→“行”的致思格式在整体上又指向包含了“礼乐”“刑罚”与“民”的为政之“事”而言，它又是政治的。孔子正名说是以道德为形式而指向政治的一种学说，所以归根结底，它是一种政治学说，只是这种政治学说有其独特的道德内涵和结构，孔子的正名学说实际上是包含了道德因素的政治学。从道德与政治的视野来看，孔子的“正名”便有狭义和广义之别，狭义特指正其身，广义则指正其位，这也就是正名分与正名位之别，正名分指伦理角色而言，正名位则就政治权位来说。讲正名分的时候只要正其身就可以了，而讲正名位的时候就必须有“言”，否则就“事不成”了。为政的背后还须有强力的保障，道德教化讲究的是“礼乐”“辞让”，而政治操作还须有“刑罚”“狱讼”等内容。孔子为政虽然主张“礼乐”治国，但并不排除以“刑罚”为其保障。从内容来看，孔子的“正名”至少有三层内涵。一是社会层面的正名，名分需要得到社会的认可，这种认可赋予了当事人一定的身份和权力，决定了他言行的效力，产生一种命令—服从关系，有了这种关系，事才有可能成。二是道德层面的正名，为了达到“言顺”与“事成”的效果，为政者首先做到正己，然后才能做到正人，也就是孔子强调的“其身正，不令而行；其身不正，虽令不从”。三是政治层面的正名，道德上的“名正”虽然可以一定程度上保障“言顺”，但是事的成与不成还要看言语的内容，若言语的内容不明或不合理，那么即使有再多人愿意听从也无法做到事成。从这个意义上讲，政治上的正名是一种全面的正名，它是在名分的认可与正其身的基础上，对名言的进一步规范和矫正。还有一点值得注意，孔子的正名理论预设了君子和平民的差别，二者不可通约，可称之为正名政治中的二元现象。这种二元预设与中国古代社会长期以来士庶二分的社会现实是相应的，而当中国社会士庶二分的历史情况发生变化以后，如何面对以正名为核心的儒家王道理想便成为需要认真思考的问题。

第三章讨论墨家的政治哲学。墨家是由中国先秦时代的墨子所创立的学派，墨学在当时与孔子所创立的儒学并立为“显学”。墨家的政治梦想就是建立一个“兼相爱，交相利”的理性社会，从而结束各种乱象，建立一个和谐的理想社会制度。在墨子看来，要实现天下大治，要治理好国家社会，首先必须明白天下为什么会乱，就像医生要治病必须首先明白病因是什么一样。墨子认为，“兼相爱则治，交相恶则乱”，不相爱、交相恶是社会动乱的根源，交相恶发展到最极端就是战争。所以，只有提倡兼爱互利，才能实现人类社会的和谐稳定。墨子的兼爱与儒家的仁爱比较起来，特别地强调了不分亲疏贵贱和等级的相互关爱。墨子指出，要实现兼爱的理想和谐社会，关键在于领导者认可并加以提倡，尤其是处高位者必须兼爱处下位者。而且每一个人都有被爱的权利，同时也有爱别人的义务，也就是必须先爱别人，而后实现别人对己之爱，从而为无私之爱打开了端口。

关于如何实践兼爱社会的理想目标，墨子提出了“尚贤”和“尚同”。在墨家看来，要实现兼爱和谐的社会理想，首先必须反对“亲亲”的用人方法，必须选拔贤能之人来治理国家，认为“大人之务，将在于众贤而已”，得贤才者得天下，领导者最重要的事情不是别的，就是要将贤才选拔到需要的岗位上去。关于什么样的人是贤才，墨子认为，贤能之人必须是“厚乎德行，辩乎言谈，博乎道术者”，即必须是德才兼备的人，尤其强调德对于人才的重要性，因为德行差的人如果聪明，反而会干出更大更多的坏事。当然人才也必须有一定的才能，即使再高明的统治者也不会任用无能之人。关于如何重视人才，墨子认为，统治者既要重视更要尊重人才，即给予人才足够的条件，包括既要给予足够的经济地位和物质利益，同时要给予一定的社会地位和政治地位，因为没有这些条件，人才就不能很好地开展工作。同时，统治者必须采取任人唯贤、唯才是举的用人原则，而不是仅仅任用亲近或长得漂亮却没有才能的人，这样才能使得贵贱远近亲疏的人都能够竞相尚贤。

在墨子看来，要实现国家社会长治久安，除了尚贤外，还需要尚同。在墨子看来，若没有统一道义，每一个人都坚持自己的看法、主张自己的利益，社会就会陷入混乱和战争。因此，国家要实现治理，必须实行尚同下效、上下通情的社会管理模式，即尚同的社会管理模式。这个管理模式具体来说就是：“上之所是必皆是之，所非必皆非之。上有过则规谏之，下有善则傍荐之。”下级要按照上级的要求来做，同时对于上级的错误要加以劝谏，对于下边的好人好事要反映给上级。墨子认为，如果实行了尚同的管理模式，就可以使千里之外都有贤人发挥作用，从而保证下情上达和上情下达，能够真正实现依靠贤人来管理好社会，实现社会治理。

第四章讨论商鞅的政治哲学。商鞅是先秦法家中变法最有成效的实践者，不仅如此，他对法家思想的发展也做出了重要贡献。他的理论不仅仅是人们所熟悉的重刑论和耕战论，他对政治权力的起源及其合法性、公共利益与个人利益的关系、理想政治等政治哲学中的重要问题均发表了深刻的见解。

商鞅变法的理论依据是变化的历史观。商鞅曾多次描绘人类社会发展变化的进程，并在这些文献中表达出了对政治权力以及法的起源问题的看法。他在

《商君书・开塞》中将人类产生到君主制确立的过程划分为“上世”“中世”和“下世”三个时期。“上世”相当于西方政治哲学中所讲的没有政治权力、没有国家和政府存在的“自然状态”。此时所发生的是亲亲、爱私的民众之间的争斗，而且在民众发生争斗时并不存在一个正确的准则来解决问题，从而导致民众没有办法保证正常生活。为了解决这一问题，出现了有道德的贤人，为民众确立了公正的标准，主张无私，民众因而变得喜欢仁爱。这是人类社会发展的第二个时期。商鞅认为在贤人治理的“中世”时期，人口众多却没有制度，长期把推举贤人作为原则，于是发生了混乱。为了结束混乱的状态，圣人“定分”“立禁”，并“立官”和“立君”以保证法律的执行。在“下世”时期，产生了法律和执行法律的政权机构，也产生了管理民众、领导官吏的最高统治者——君主。这一时期真正脱离了“自然状态”而进入了有政治权力、有政府的状态。

在商鞅思想中，政治权力和权力机构的产生是为了解决社会混乱的问题，而“治”是天下之民的最大利益，也就是说，政治权力的产生可以“利天下之民”。那么，政治权力的存在也应该“利天下之民”，政治权力的掌握者——君主的存在及其权力的行使也应该“利天下之民”。他主张“为天下位天下”和“为天下治天下”，反对君主将天下人共同的利益占为自己的私利，要求君主做到“公私之分明”。此外，商鞅常将法与私对言，也就是说，法为公。法通过“定分”“立禁”来解决社会混乱的问题，以实现社会安定，所以说，法“利天下之民”，为保护和增进公共利益服务。同时，商鞅主张法令应该公开，也主张法应具有普遍适用性。也就是说，法在体现公共利益的同时也应该公开、公平、公正。因此，严格执法就能够保护和增进公共利益，就能够保证公平、公正。商鞅主张“任法去私”，“不以私害法”，要求君臣作为执法者应该严格遵照法的规定执行，不能以私利、私意、私情、私欲干扰法的执行。这一主张实际上也对君主的权力形成了一定的限制。

此外，商鞅提出人性好利的观点，认为这样的人性伴随着人的生命过程。他没有对人性进行善恶评价，也没有提出改变人的好利本性的主张，这就意味着他承认了人们追求个人利益的行为的正当性。但是，商鞅又认为民众的求利行为会带来消极的后果，主张通过立法对能够增进国家利益、整体利益的行为进行奖赏，而对有损于国家利益、整体利益的行为进行处罚。如此，通过法的规范，可以使民众在获得个人利益的同时也增进国家的利益和整体的利益。在商鞅看来，在当时国与国之间激烈竞争的时代，对国家和民众整体来讲最为重要的利益就是国家富强，而国家富强依赖于农战。因此，商鞅的法所提供给民众的求利渠道实际非常狭窄，只有农战。由此可见，商鞅对个人利益与国家利益的协调不是立足于个人利益的满足，而是将个人利益引向国家利益，有将民众的利益工具化和以国家利益压制民众利益的倾向。不过，通过农战以富国强兵并不是商鞅的最高政治理想。商鞅主张通过重刑发挥法的威慑作用，使民众因为对重刑的畏惧而不敢触犯法律，结果就是任何刑罚都不需要实际使用，“无刑”才是重刑的目的。通过重刑而达到“无刑”就是商鞅所讲的“以刑去刑”。商鞅还提出，通过法的长期实施，民众可以熟悉法令并从内心认同法令，对法的服从由他律变成自律，这就是“自治”，万民自治就可以实现“天下大治”。这样的“天下大治”实际上是一个高度法治化的社会，而商鞅认为，高度法治化的社会同时也是一个“至德复立”，“述仁义于天下”的社会，从而实现了“法治”与“德治”的统一。

第五章讨论孟子的政治哲学。孟子的政治哲学以性善论为理论基础，以民贵君轻为政权的合法性依据，以仁政、王道为政治的核心内容，以“以义为利”为政治的正义性原则，以“从道不从君”为士人的从政原则，从多个方面对儒家的政治哲学做了理论探讨。其中，孟子的性善论实际上是“以善为性”论，孟子发现了人性中的一个基本“真理”，即人人皆有善性，并进一步指出人只有扩充、实现自己的善性，才能获得人的价值与尊严，才能获得人格平等，才能获得人生之乐，才能实现“尽心、知性、知天”的终极关怀，从而确立起人生的目标与方向，这在历史上产生了深远的影响。孟子性善论的核心不在于性为什么是善的，而在于人是否有善性，以及为什么要把善性看作性。孟子用自己的理路对这些问题做出了说明与论证。孟子的民贵君轻说则从价值主体的角度确立了民在国家中的优先地位，认为君主不过是受“天”与“民”委托的管理者，只具有管理、行政权，而不具有对天下的所有权。对于官吏的任免，不能仅仅听取少数人的一面之词，而应以人民的意志、意愿为根据。“左右皆曰贤，未可也；诸大夫皆曰贤，未可也；国人皆曰贤，然后察之；见贤焉，然后用之。”（《孟子·梁惠王下》）更进一步，君主自身的统治，也应当得到“民”的认可。虽然孟子并不认为君主的权力直接来自民，而是保留了“君权天授”的形式，但其思想中显然包含了对君主统治合法性的思考，认为唯有被“民”接受和支持，君主的统治才具有合法的形式。孟子从民本说又发展出仁政说，提出“制民之产”等一系列主张，体现出对民众生命、财产的关注，同时又以王道说回应当时人们关注的“天下恶乎定”的问题，主张以王道统一天下，反对霸道和武力。从整体上看，孟子主要继承和发展了孔子的仁的学说，对儒家政治哲学做出了重大贡献，但在制度建构、礼义正名等问题上，相对关注不够，这些问题主要是由后来的荀子展开讨论的。

第六章讨论庄子及其后学的政治哲学。《庄子》一书是庄子及其后学的作品集，其思想呈现出比较复杂的形态，甚至出现完全相反的观点，这一点在政治哲学方面的表现尤其突出，但是其政治哲学所关注的中心问题、核心理念和理论基础仍然有着一贯性。庄子及其后学的政治哲学所关注的中心问题是君主的权力与百姓自然的关系问题。他们都承认老子所倡导的无为政治理念，推崇自然的价值，道与万物的关系是他们的政治哲学的共同基础。

庄子同老子一样承认道是万物的来源和存在、变化的根据，但他更加强调万物自然的方面，强调“使其自己”“咸其自取”，甚至提出“怒者其谁邪”的说法而威胁到“道”的地位。而且，庄子对“自己”“自取”的强调逆转了老子关于道的无为与万物自然之间的关系的思考方式，不再以道的无为作为万物自然的条件，而是突出了万物自然的独立性。也就是说，万物不仅是可以自然、应该自然的，而且万物本身就是自然的。以强调万物自然独立性的道物关系为基础，在君与民的两级架构中，百姓的自然也就具有了独立性。也就是说，百姓的自然不依赖于君主的无为，百姓发展的原因就内在于自身，而不是来自作为统治者的君主。在这样的君民关系中，君主的作用也只能被进一步否定，君主权力的使用也就成了不必要、不正当的。在庄子思想中，君主与道的理想对应关系，不是基于道为万物本原而获得的作为国家权力的执掌者和百姓的统治者的至上地位，而是通过心灵的修养所达到的体道境界。庄子认为理想的君主只需修养心灵以达到体道的境界，天下自然就会变好，这实际上完全认可了百姓的自治能力。庄子反对君主以仁、法、智等手段来治理国家、使用权力，因为在他看来，虽然使用权力的具体方式不同，但本质上都是将自己的专断意志强加于百姓的行为，都是对百姓行为的强制，对百姓自然发展的干涉。

庄子的部分后学发展出了丰富的人性论和万物本性论。在庄子后学看来，人性是人生而所有的本然状态，不是仁义，也不是情感和欲望。仁义是后天强加于人的，欲望是受外物刺激而形成的。此外，这部分后学非常重视不同的物和不同的人生而所有的个性、殊异性。个性虽然千差万别，却都来自道，因而没有贵贱之分，不应该强求一致。无论从人的共性还是从个性来看，仁、义、礼、法等约束人的行为的规范和制度都不符合人性，而且戕害人性，它们的制作和施行带来了人与人的争斗、社会的混乱和堕落。这部分后学提倡“安其性命之情”的无为政治，追求“至德之世”的理想社会。在“至德之世”，百姓不受君主权力的干涉，不受外在的道德规范的约束，完全按照自己的本性，自由自在地生活；百姓的心智处于“无知”的状态，不会有各种算计，也不会出现人和人之间互相倾轧的现象；百姓过着最简单的物质生活，没有对外物的过多欲求，也没有由于对外物的欲求而带来的生活负累，百姓满足于他们的生活状态，因而能够安宁快乐。

道超越于万物的特殊性，使得它无法为人的感官和心智所把握。因而，自老子开始，天、天地、天道就成为道和物之间的中介，人可以通过效法天或天地而效法道。庄子的部分后学则进一步提高了天和天地的地位，甚至使其超越了“道”，于是，天、天地或天道、天地之道成为人间社会的最高依据，“法自然”不再是“顺万物自然”或“顺百姓自然”，而是“法天”“法天地”或“法天道”。在天地及其运行规律之中，最为突出的表现就是其秩序性。这部分后学以天地为依据，赋予了道以秩序的内容，为人间社会尊卑先后的等级秩序提供了依据，进而承认了维护社会秩序的仁、义、礼、法等规范和制度的价值。天地有尊卑先后之序，天地又有无为的本性，二者相结合，使庄子后学对无为之治的思考有了新的角度。他们承认君臣之间有尊卑之序，这是来自对天尊地卑的效法。这一尊卑之序不可打破，因而，君和臣在政治秩序中应该处于上下不同的位置，发挥不同的作用。既然君主应该效法天地之无为，臣下就不能同君主一样无为，因此，庄子后学提出了“君无为而臣有为”的主张。

第七章讨论黄老道家的政治哲学。老庄道家虽具高深哲理，但缺乏落实到现实世界的方案，而黄老之学既以道家思想为主干，又援名、法入道，借用阴阳家之框架，重视儒家的伦理教化，不否定固有的文化传统，着眼于建构现实的价值和秩序，成为一种极具操作性的政治思想。学界多以《黄帝四经》为黄老道家的代表作。

一般认为，司马谈《论六家要指》所论及的“道家”就是黄老道家。从理论上讲，它是一种维护中央集权、君主地位，力图以最小政治资本获取最大政治效果的政治哲学。其思想特征可以概括为这样几点：第一，从天道到人道。黄老道家把老庄道家不可言、不可名的“道”转化成了可以感受、可以效法，却不失绝对性、权威性的“天道”。这也影响到黄老道家政治哲学独特的论述方式，即从道论到政论。第二，从养身到治国。圣人只有通过养身才能体道、得道，从而区别于“万物”，成为“执道者”，才能占据“道”的绝对性和权威性，从而顺理成章地成为天下的主宰。所以养身是手段，治国是目的。第三，虚无为本，因循为用。虚无和因循几乎是所有黄老道家政治学说中必然涉及的课题。这实际上是老子“道物”理论以及“无为—自然”的理论在政治实践中的发挥。君主必须以“无为”的姿态因循包括人类社会在内的天地万物的变化。因循又分为两个方面，首先是对天地之间自然规律的因循，其次是对物性（包括人性）、人情的因循。第四，兼综百家。黄老道家并不坚持一种独立的、偏狭的政治立场，而是在对各家长短做出评判之后，将有益于治的内容纳入到其体系中去。

黄老道家格外强调有序社会的塑造和管理，因此对“名”“法”的作用给予了充分的肯定。因为道生万物就是由无名、无形的道走向有名、有形的万物的过程，因此君主作为执道者，在人间所要从事的一项重要的工作，就是认识和把握形名，在此基础上，建立起人间的名分系统、规则系统，然后让名分、规则系统发挥自我组织、自我管理的功能。例如，在《黄帝四经》中，“道”“名”“法”三者相辅相成、缺一不可。三者的关系表现为两种图式，有时是三角形，即“道”居于上位，是最高范畴和出发点，“名”“法”居于下位，就“道”而言是平等的两端，视“道”为其存在依据；有时又是一条直线，即“道”在最前端，“名”是从“道”到“法”的媒介和过渡阶段，“法”则是最终的目标与手段。

简单而言，黄老道家政治理论就是“老子类型的道论和政论”及“黄帝类型的道论和政论”两种形态的结合体。“老子类型的道论和政论”既强调“道”为最高本体，又强调“道”对于社会和人生具有决定性的意义；既为万物存在的合理性提供了依据，又为圣人走上至高政治地位及完成天下一统之政治目标的合理性提供了依据。“黄帝类型的道论和政论”视天、地、人为相互联动的一个整体，根据宇宙秩序来指示人类的政治行为。认识、描述、遵从天道的目的是指导人事、安排人事，因循天道是掌握天下最为直接有效的手段。在黄老道家中，黄帝不是为了提高学说影响而设置的可有可无的假托，依靠了黄帝代表的规则、禁忌系统，从天道到人道才能得以真正落实。

由黄帝所代表的天道论绝非使人简单匍匐于天的权威之下那种宗教意识，而是让人主动积极地参与到天地之化育中去，其最为典型的学说就是阴阳刑德理论，其实质是政令必须与阴阳消长的自然节律吻合。如《黄帝四经·十大经·观》提出“并（秉）时以养民功，先德后刑，顺于天”，通过天道把德治和刑治有机地结合起来。《黄帝四经·经法·四度》提出“极而反，盛而衰：天地之道也，人之李（理）也”，强调因时而动、物极必反的原理。这样，政治行动就完全可以从自然原理中找到合法性依据了。

第八章讨论名家的政治哲学。先秦至两汉，有关“名”的论述极为丰富，《论语》《墨子》《老子》《荀子》《公孙龙子》《管子》《韩非子》《申子》《尸子》《黄帝四经》《吕氏春秋》《尹文子》《淮南子》《春秋繁露》及伪书《邓析子》等许多文献从不同角度论述过“名”。“名”之所以在中国古代思想中具有如此高的地位，与古已有之的“名”能够把握对象本质、表现对象实质的神秘观念有关。

在《论六家要指》中，司马谈依据学术宗旨总结出一个“名家”，在看似类似的学术宗旨下，其实包含着两种不同的“名家”，一种是伦理学、政治学意义上的，一种是语言学、逻辑学意义上的。或者说一种是“政论型名家”，一种是“知识型名家”。虽然学界目前的研究侧重后者，但前者在中国古代的影响更大。儒家所讨论的“名”，大致属于伦理学意义上的层次，在政治上所起的作用是调节性的而非规范性的。而战国中晚期法家及一些道家（黄老思想家）所讨论的“名”，往往与法思想密切相关，具有规范性的意义，是统治者可以直接把握和操作的工具。正因为“名”是一种重要的政治工具，如何把握它、管理它，由谁来把握它、管理它，就成为重要的话题。由此形成“名”“法”常常连用的现象，“名”成为确立是非、制定秩序的根本性法则，因此“名”“法”具有同质性，是统治者必不可少的两种统治手段。造成这一奇妙现象的原因，实际上是法治国家在形成过程中，对规范、准则的作用和意义过分追求和崇拜。

盛行于战国秦汉时代的“形名”论、“正名”论、“名实”论都有两条线索，既有知识论的体系，又有政治论的体系。就政治思想而言，“形名”论可能最早出现于阴阳术数类文献中。对于“形名”的态度，道家奇妙地呈现出两个极端：一方面是轻视与否定，如老庄道家通过强调“形名”的局限性来反衬“无名无形”之“道”的无限性；另一方面是重视与肯定，如黄老道家强调“形名”作为规则、规范在秩序形成过程中的作用。在这方面，法家、政论型名家和黄老道家的立场是一样的。“正名”论可以从三个角度去分析：第一，和语言能否正确使用的问题有关；第二，和身份、职责的确定及管理有关；第三，“正名”有时直接等同于法律法令。同“正名”论一样，“名实”论从语言控制和角色定位两个层面发挥政治作用，语言控制表现为“名定而实辨”（《荀子·正名》）的语言使用理论，角色定位表现为“循名责实”的政治操作手段。

孔子提出“正名”，并不是要通过“名”建立什么身份等级制度，而是在历史上第一个意识到了语言对政治的重要性。荀子的正名思想的根本精神是：语言的问题就是政治的问题，要解决政治的问题，必须首先解决语言的问题。“名”是《黄帝四经》最为重要的概念之一，其政治思想主要通过“道”“名”“法”关系的三元结构体现出来，“审名”是统治者最为主要的政治工作。在《韩非子》中，有关“名”的政治思想论述极为丰富，它主要表现在两个方面：第一，建立在“名实一致”观念基础上的“循名责实”论；第二，建立在黄老道家思想基础上的“君臣不同道”，“君操其名，臣效其形”（《韩非子·扬权》）理论。《吕氏春秋》整合了当时与“正名”相关的最为主要的两种思想，一种和语言相关，一种和名分相关。在中国即将走向统一的前夜，具备驳杂、兼容特征的《吕氏春秋》将这两条体系的“正名”思想汇合到了一起。《尹文子》的“名”思想来自当时各家的名学，几乎涉及“名”思想的所有重要命题，体现出与政治相关的“名”思想的集大成性，在古代文献中十分少见。

第九章讨论儒家殿军荀子的政治哲学。与孟子主要继承孔子的仁学，并将其运用到政治哲学上的思路不同，荀子主要发展了孔子的礼学，建构起隆礼重法的政治哲学。就孟、荀而言，在“建立何种秩序”的问题上，他们有大体相同的理论诉求；然而在“如何建立秩序”的问题上，孟、荀却存在着分歧。面对世衰道丧的现实，孟子主张，重建社会政治秩序的最有效也是最直接的方法就是推扩每个人内在的仁心。荀子则着眼于人类社会所存在的“欲多而物寡”（《荀子·富国》）的特殊状况，并以此作为自己重建新的政治秩序的理论前提。依荀子的逻辑，若“从人之欲，则势不能容，物不能赡也”（《荀子·荣辱》），若无必要的度量分界（礼），则必将导致“争、乱、穷”。因此，在荀子看来，礼在根源上首先是为了解决人类社会自古至今所存在的“欲”与“物”如何能够“相持而长”的问题的一套制度安排。在重建社会秩序的主题面前，荀子自觉地放弃了孟子从道德（仁）而说政治的思考方式，而采取了从政治（礼）而说道德的基本进路。从这一点可以说，孟子希望从道德而说政治，荀子则试图从政治而说道德。从道德而说政治，其结果则可能由道德的理想主义转而成为政治的空想主义；而从政治而说道德，其结果则可能由政治的现实主义导致道德的“控制主义”。不过，荀子言礼的最初意义虽是政治的或政治哲学的，但礼又不仅是政治的，同时也是道德的。这主要体现在荀子关于“凡古今天下之所谓善者，正理平治也；所谓恶者，偏险悖乱也”（《荀子·性恶》）的定义中，荀子的这一说法显然蕴含着从政治而说道德的意思。换言之，政治与道德的关系是，道德（善）是由政治（正理平治）来规定和理解的，道德的意义首先不是个人善的完成，而是“公共善”（common good）的实现。孟子由性善论直接引出的是道德哲学，荀子由性恶论直接引出的却是政治哲学。孟子的政治学乃是没有政治的政治学；而荀子为了求取圣王治道之落实，乃常常以政治的方式来处理道德问题，道德不免沦为维护政治的手段，其结果则是对专制政治的强化。学者批判荀子尊君、重势，倾向于独断，即源于此。

第十章讨论韩非的政治哲学。韩非是法家思想的集大成者，建立了法、术、势一体的政治哲学。好利、自为的人性论是韩非政治哲学的基础。他认为，顺应和利用好利、自为的本性，建立人与人之间的互利合作关系，可以促进社会的安定和发展。通过赏罚对个人求利的行为进行规范和引导，对增进国家利益的行为进行奖赏，对损害国家利益的行为进行惩罚，就可以使个人利益与国家利益一致而不冲突。

“法”是关于赏罚标准的成文规定。韩非肯定立法权为君主所掌握，但是，法的制定并不能完全出于君主个人的意志，甚至最理想的状态应该是排除君主的个人因素。可立之法应符合当时社会的现实情况，能够解决社会问题，能够发挥劝善禁奸的作用。法的执行也就是以法为依据支配赏罚，韩非认为法的执行权也应由君主控制。但是，他强调君主不能以个人的喜怒、好恶、智能影响法的执行，更不能放弃确定的作为赏罚依据的法，而任凭无常的喜怒、好恶和智能支配赏罚。如果君主执法不以法为依据，就是对权力的滥用，可以说，君主执法权的行使受到法的约束。此外，韩非认为臣民无论贵贱，均须接受法的约束和制裁，法对不同身份、不同地位、不同才能的人一视同仁，这在一定程度上体现出了法律平等的理念。同时，韩非主张不能处罚无罪之人，承认个人有依法受赏和无罪不受罚的权利，在法律规定的范围内可自由行为，因此，法又有保护个人权利的作用。

“势”是韩非思想中的核心概念之一，在韩非思想中主要有两方面的意义：一方面指事物变化的趋向，另一方面指权力、权势。韩非将“势”区分为“自然之势”和“人设之势”。“自然之势”并不是强调君主“生而在上位”，而是指人力所不能改变的事物的变化趋向，当然也包括社会的变化趋向。“人设之势”指君主由于其所处的地位而拥有的权力和权势，明确来讲，即以赏罚权为主要内容，也就是韩非所讲的“二柄”。君主是否掌握“人设之势”即是否拥有赏罚权，与国家治乱有直接对应关系，“人设之势”足以保证中等资质的君主治理好国家，这就是“势之足用”的观点。君主的权势是其“胜众之资”，韩非认为君主应牢牢掌握自己的威力、权势，并凭借、利用自己的“势”即赏罚权使臣下之能为己所用，为自己建立功业，这就是“因其势”。

韩非非常重视“名”的问题，认为检验“名”是否与“形”“实”相符，即“审合刑名”是区分是与非的途径。由于事物的存在不是孤立的，所以检验一种言论是否符合实际，要对多方面的情况加以考量，这就是“参验”。韩非关于名实问题的讨论虽然可以剥离出认识论的意义，但主要是针对政治问题的。他阐述了通过参验之法、以功用为标准判断名实是否相符即言论是否正确的主要意义在于君主可以用来判明臣下的言论是否符合实际，进而决定赏罚，以此来禁绝奸言，防止自己被臣下蒙蔽甚至控制，这就是他所谓的“术”。

韩非法、术、势一体的政治哲学所关注的核心问题是法与君主权力的关系问题。在韩非的思想中，法是道的体现，在人间社会拥有最高的权威性。势为君主所应独擅的赏罚大权。赏罚权可以具体化为赏罚标准的确定和赏罚的执行，也就是立法权和执法权。赏罚的执行并不是源于君主个人的喜怒和意见，而应以法为依据。而赏罚标准的确定也就是立法权的行使则比较复杂。法应该体现道和理，应该满足合于时势、利多弊少、可行有效的条件，在理想状态下，君主立法不是出于主观的意志，而应该来自对道理的发现。而术是拥有势即赏罚权的君主凭借其赏罚权来考核和控制臣下的手段。法、术、势三者相辅相成，但是有层级关系，法在韩非思想中处于最为重要的地位。

最后说一下本卷的写作分工。梁涛撰写了前言、孔子（与苟东锋合作）和孟子部分，并且负责主编统稿，曹峰撰写了老子、黄老道家和名家部分，杨武金撰写了墨子部分，王威威撰写了商鞅、庄子和韩非部分，林宏星撰写了荀子部分。先秦政治哲学涉及的人物、学派众多，分工合作这种写作方式虽然可以集中专家之力在某一领域达到较高学术水准，但是彼此之间也可能缺乏呼应，难以形成一以贯之的理路，这种情况在本书中是实际存在的。另外，本书曾计划撰写周公的政治哲学一章，但因涉及《尚书》及清华简等内容，最后完成的稿子过于史学化，哲学内涵不够，不得不割爱了。这些缺憾只能以后再版时来弥补了。不过值得欣慰的是，在本书的写作过程中，随着对先秦乃至整个古代政治哲学的理解不断加深，一个更体系化的中国政治哲学构想逐渐酝酿成熟了，只是由于时间、课题形式的限制，没有来得及在本书中展开而已。期望在不远的将来为大家提供一部更为系统也更为成熟的政治哲学史著作。

梁 涛

第一章
无为与自然：老子的政治哲学

老子是道家创始人，但《史记·老子韩非列传》关于老子的记载却极为简略，只有寥寥五百字，而且涉及三个人物，即李耳、老莱子和周太史儋，这三个人都可以成为“老子”的候选人。孔子生于公元前551年，卒于公元前479年，春秋末期的李耳比孔子大约年长20岁。虽然存在很多争议，但学界一般认为那位出生于楚国苦县厉乡曲仁里，曾经担任“周守藏室之史”（《史记·老子韩非列传》）的李耳就是《老子》（或称《道德经》）最初文本的撰写人。本书也以此为前提，并因此在年代顺序上，把老子的政治哲学当作首章来写。

作为“周守藏室之史”，老子应该是一位上知天文、下知地理，既洞察天道、自然又关注历史、人文的史官。他看惯存亡兴坏、阅尽人间沧桑，可以自由地感悟历史、随意地批判政治，眼界远较普通的人开阔、深远、理性、无情，《老子》一书的思想正符合这些特征。

《史记·老子韩非列传》也简单记录了《老子》一书的来历：“老子修道德，其学以自隐无名为务。居周久之，见周之衰，乃遂去。至关，关令尹喜曰：‘子将隐矣，强为我著书。’于是老子乃著书上下篇，言道德之意五千余言而去，莫知其所终。”就是说，老子目睹周王朝的衰败，失望地离开首都，准备隐居。到了边关时，负责边关守备的长官尹喜把老子强留下来，让他著书立说，于是才有了“五千余言”、分为上下两篇的一本书。

从严格意义上讲，其他文献所见老子（包括老聃、太史儋、老莱子）的学说与《老子》的思想并不完全一致。因此，必须指出，本书讨论的是作为文献的《老子》的政治哲学，本书使用的“老子”一词指的是《老子》一书所反映的老子思想。《老子》的文本极为复杂，出土文献主要有郭店楚简本、马王堆帛书甲乙本、北大汉简本，传世文献主要有严遵本、王弼本、河上公本、傅奕本等。本章所引《老子》及其分章以王弼本为主[①]，有时也会根据需要引用其他文本。

关于《老子》的最终成书时代，学界尚无定论。但至迟于战国中期，《老子》文本已经广为流传，这是可以肯定的。例如，《韩非子》中有《解老》《喻老》两章，汉初成书的《淮南子·道应训》篇对《老子》的话做了集中的解释。其他文献中也有大量对《老子》的引用。1993 年于湖北荆门郭店村出土的战国时代中期的楚简《老子》，虽然总字数只有今本的三分之一，但除了字词或语句次序有所不同外，内容上与今本并无显著差异。1973 年从湖南长沙马王堆汉墓中出土的帛书《老子》甲、乙本，分为上下两篇，上篇名为“德”，下篇名为“道”，虽然上下篇次序与今本相反，而且用词与今本也有所不同，但总的来讲，马王堆帛书《老子》和今本一样，都是上下篇结构，每篇的内容也大致相同。北京大学收藏的西汉中期的竹简《老子》名曰《老子上下经》，和马王堆帛书一样，上篇为“德”，下篇为“道”，但在内容上更接近今本。因此，可以相信，至少到战国晚期，《老子》已经被当作经典看待，尤其是西汉初年掌权的窦太后命令统治阶层研习《老子》，以黄老思想治国，可见，《老子》曾经被作为一种政治读本广为传播、研习、发扬，并被运用到政治实践中。历代的注释、研究对老子政治思想多有发挥，如东汉严遵本《老子》、三国王弼本《老子》、北宋苏辙《道德真经注》、明清之际王夫之《老子衍》、清代魏源《老子本义》，今人卢育三《老子释义》、古棣和周英《老子通》、陈鼓应《老子注译及评介》、王博《老子思想的史官特色》、刘笑敢《老子古今——五种对勘与析评引论》、池田知久《老子》等，都从政治哲学的角度做过深入考察，值得参考。[②]

《老子》中有着丰富而深刻的政治思想和治国理念、酣畅淋漓的政治批判，如“民不畏死，奈何以死惧之”（七十四章），有关于理想国的政治设计，如“小国寡民……邻国相望，鸡犬之声相闻，民至老死不相往来”（八十章），有关于政治运作方式的考量，如“治大国若烹小鲜”（六十章），还有关于最佳政治谋略的设计，如“将欲歙之，必固张之；将欲弱之，必固强之；将欲废之，

---

① 楼宇烈：《王弼集校释》，北京，中华书局，1980。本章中的直接引文，如无特殊说明，括号中的章序均指王弼本《老子》的章序。

② 具体信息详见本章末“参考文献”。

必固兴之；将欲夺之，必固与之”（三十六章）。这些早已脍炙人口，渗透到了中国古代政治文化的骨髓之中。或许有人认为，这些表述最多只能归为零散的智慧，而不能视为哲学。但我们认为，《老子》中那些丰富的政治思想背后有着明确而清晰的哲学思想。其原因有四：第一，从《老子》文本自身来看，老子的语言虽然极为特殊，如诗如歌，正言反说，表述散乱而不集中，但形散神聚，并不影响老子用这种特殊的语言去建立一个事实上完整的哲学系统，而老子的政治思想正是其哲学系统的必然反映或延伸。当然，中国古代没有西学意义上的纯粹哲学，无益于治的、不能应用于现实的理论难以生存。因此，也可以说老子的哲学系统从某种意义上讲是通过他的政治思想反映出来的。第二，较之其他诸子文献，《老子》的时代特征可以说最为薄弱，《老子》中没有出现具体的人名和地名，也没有出现朝代名称，这一点和《论语》等文献完全不同。可见，老子就是要刻意建立一种超越时空，具有创造性、普遍性和绝对性的理论，从整体上观照宇宙的规律、人类的命运，导出根本的法则，而这些正是哲学的特征之一。第三，在历史上，的确有思想家、政治家依赖老子的政治哲学建立起一整套具有实际效能的政治纲领，那就是黄老思想。其代表作是出土文献马王堆汉墓帛书《黄帝四经》，以及传世文献《韩非子》四篇（《主道》《扬权》《解老》《喻老》）和《文子》《淮南子》。第四，老子的政治哲学不仅在历史上影响巨大，而且今天仍然在多方面影响着我们的政治生活，如从“无为”到“无不为”的目标设定、“为之于未有，治之于未乱”（六十四章）的特殊智慧、“利而不害……为而不争”（八十一章）的双赢模式、“报怨以德”（六十三章）的宽大胸怀，体现出老子具有超凡脱俗、别具一格的思维方式。这些至今依然是管理者孜孜以求的高尚境界，具有强大的生命力。这种经久不衰的思想魅力，如果没有强大的哲学基础，那么显然是不可思议的。

第一节　老子对社会矛盾的揭露与批判

和孔子、墨子一样，老子的理论是直面现实的。因此，老子的政治哲学从批判出发，并最终致力于解决社会危机。从《老子》中所见强烈的社会批判来看，在老子生活的时代，社会矛盾显然已十分激化、上下的对立到了难以调和的地步，政治统治面临崩溃边缘。老子对此忧心忡忡，以大量篇幅揭露这些社会矛盾。老子激烈的社会批判主要表现在三个方面：在政治上，他抨击现实中种种残忍的统治；在道德上，他揭露精神的虚伪和文化的沦落；在人性上，他批判物欲的放纵和天性的泯灭。

从政治上看，老子认为统治者穷奢极欲，无情地把人民推向了水深火热的境地。例如：

> 朝甚除，田甚芜，仓甚虚。服文彩，带利剑，厌饮食，财货有余，是谓盗夸。非道也哉！（五十三章）
>
> 民之饥，以其上食税之多，是以饥。民之难治，以其上之有为，是以难治。民之轻死，以其求生之厚，是以轻死。夫唯无以生为者，是贤于贵生。（七十五章）

这是说，朝廷败坏、田地荒芜、仓库空虚，统治者却仍然穿着华丽的服饰、享受精美的食物、占有太多的财富。统治者的所作所为就像强盗头子，这是多么无道的一个世界。民众之所以吃不饱饭，是因为统治者征收的赋税太多。民众之所以难以治理，是因为统治者太喜欢有所作为，激起了民怨民愤。这是痛斥统治者用貌似正义的、神圣的目标牺牲人民的利益。民众之所以不把死当回事，是因为统治者的养生条件过于优越，以致压迫民众太甚。老子是注重养生的人，但如果统治者为了满足个人养生的要求，为所欲为，激起人民以死抗争，那么老子宁可放弃养生，所以他说“无以生为者，是贤于贵生”，即不注重养生的人，要胜过那些过于养生的人。老子大声痛斥那些所谓的“圣”与“贤”以及他们的智慧，因为正是这些圣贤破坏了人们的生活、剥夺了人们的自由。因此，他要“不尚贤”（三章），要“绝圣弃智”（十九章）。

老子生活的年代战争频仍，诸侯们征伐不断，不惜以成千上万的躯体丈量新兼并的土地。在各种残害社会、涂炭生灵的破坏行为中，老子对战争最为厌恶，抨击也最为激烈。他对战争的惨烈和危害有各种形象的描述，例如：“天下无道，戎马生于郊。”（四十六章）“师之所处，荆棘生焉。大军之后，必有凶年。”（三十章）无道之世，战马产驹于郊野，言外之意是，连怀驹的母马也被拉来当战马了。军队经过，那里的人民生产、生活就会遭到巨大破坏。战争过后，必有荒年。

老子在道德和文化层面上的批判也痛快淋漓。这种批判，有很多是针对儒家而发的，儒家认为有正面价值、有建设意义而努力创设、竭力鼓吹的东西，在老子看来却如鲁迅笔下九斤老太说的那样——一代不如一代。儒家和道家都认为上古是最为理想的时代，一切的努力，都是为了回到古代去。儒家通过不断地创制各种文明规范来帮助人们走向古代，但在老子眼中，整个人类文明进化史其实是一部道德倒退史。例如："大道废，有仁义；慧智出，有大伪；六亲不和，有孝慈；国家昏乱，有忠臣。"（十八章）"大道"被废弃之后，才出现了"仁义"这种人类的道德理念。人类的智巧出现之后，才产生了严重的伪诈。有六亲不和的现象出现，才产生了"孝慈"这种人类的价值标准。国家陷入混乱，才出现了所谓的"忠臣"。又如："失道而后德，失德而后仁，失仁而后义，失义而后礼。夫礼者，忠信之薄而乱之首。"（三十八章）"道"丧失之后才出现"德"，"德"丧失之后才出现"仁"，"仁"丧失之后才出现"义"，"义"丧失之后才出现"礼"。"礼"这种东西是"忠信"薄弱到极点的产物，是大乱的祸首。

因此，"绝圣弃智，民利百倍。绝仁弃义，民复孝慈。绝巧弃利，盗贼无有"（十九章）。不要聪明，抛弃智巧，人民就可以得到百倍好处。放弃"仁义"这些道德价值标准，人民就可以恢复孝慈的天性。杜绝精巧之物和货利，盗贼就会消失。在老子看来，"仁义""慧智""孝慈""忠臣"不是文明进步的产物，而是文明退步的结果，就像一个重症病人，不得不大把大把地吃各种各样的药，而这些药却越来越不起作用。用"仁义""慧智""孝慈""忠臣"来拯救人类，不仅不能回到本真本善的社会，而且会造成更大的混乱。只有放弃"仁义""慧智"这些所谓的道德，根绝各种巧利之心、巧利之作，人类才会得到真正的拯救。

老子同时深刻地认识到，和道德规范一样，制度规范越详细、越严格，离人们设置这些规范的初衷也就越远，人反而成为制度的受害者。人类的文明成果不但没有帮助人类走向亲近、和谐，反而使人类社会变得更为混乱不堪。这就是所谓"天下多忌讳，而民弥贫……法令滋彰，盗贼多有"（五十七章）。统治者设定的禁令越多，百姓越贫困；法令越发达，触犯法律的人反而越多。这些话可以说是至理名言，在今天看来也完全没有过时。

以上种种政治和道德上的问题，归根结底是人性问题。老子对人性的批判同样激烈而无情，这种批判主要指向人类无穷无尽的欲望。老子不否认食色这些天性，但在他看来，人一旦获得超过基本生存需要的条件，尤其是统治者，就会以各种各样的方式满足各种各样的欲望，乃至做出"令人心发狂""令人行妨"（十二章）的事情。统治者利用权力、资源乃至智巧，去填充欲壑，"损不足以奉有余”（七十七章），更是激化社会矛盾的祸根。所以老子说：“祸莫大于不知足，咎莫大于欲得”（四十六章），希望人能将欲望控制在合理的范围之内；“人多伎巧，奇物滋起”（五十七章），反对各种导致物欲放纵和天性泯灭的奇巧之物；“人之生，动之死地亦十有三。夫何故？以其生生之厚”（五十章），认为之所以有那么多人陷于死地，其原因就在于他们过于追求美好生活，厚自奉养。

可见，在老子所处时代，社会矛盾日益复杂、日趋尖锐。在老子看来，社会矛盾主要体现为统治者和民众之间的矛盾，矛盾的产生主要是由于统治者过分的贪欲和过度的“有为”。因此，老子主张屈君伸民，即通过统治者的克制和让步，来换取民众的生机和活力。陈霞指出：“在君民之间，道家主张屈君、限君、虚君，甚至主张‘无君’，更关注人的个体价值、个体自由、个体生命的境遇。所以他有制约君权，主张其少为的倾向，而对民则有所伸张。”[①] 但除了法家之外，包括儒家在内的先秦时期大部分学派主张屈君伸民。老子的屈君伸民与各家不同之处在于他的解决方案关联着宏人的思维和独特的理念。在猛烈的社会批判基础之上，老子开出了他的救世之方，那就是“无为”。“无为”绝非什么也不做，如“为无为，事无事，味无味”（六十三章）所示，“无为”正是“为”的对象或结果。“无为”不同于当时社会上其他学派所提倡的“有为”，是一种特殊的“为”。在老子看来，儒墨等学派所普遍提倡的“有为”，并不是根本性的“为”，而是用一种有限的“为”去解决另一种有限的“为”，属于治标不治本，无法从根本上解决问题。或者说越“有为”，矛盾越深化，当这些治世之药已经没有什么疗效时，不如放弃不用。如果说儒墨等学派是在做加法，老子要做的就是减法，只有走向“有为”的反面——“无为”，才是彻底的解决之道。因此，老子有其明确的政治目标，那就是“无为而无不为”（见三十七章、四十八章。类似的表述在《老子》中极为多见，“无为而无不为”是其中最为典型的说法）。“无为”的目的在于以最小的成本，最大限度地解决社会矛盾。

那么，为什么必须“无为”，又该怎样“无为”？这背后有一套深刻而复杂的哲学原理。如果我们使用一个最为简单的框架去说明这套深刻而复杂的原理，那莫过于“道物论”。

---

① 陈霞：《屈君伸民：老子政治思想新解》，载《哲学研究》，2014（5）。

第二节 “道物论”是老子政治哲学的基础

在老子看来，包括宇宙万物在内的世界可以划分为两个部分，即形而上的“道”和形而下的“物”。[①]“道”具有不同于万物的根本性特征，这些特征使“道”成为万物存在与运动的总根源、总依据、总动力，使“道”成为绝对的原理和永恒的存在。如“道生一，一生二，二生三，三生万物”（四十二章）、“天下万物生于有，有生于无”（四十章）、“夫物芸芸，各复归其根”（十六章）所示，从生成论的意义上讲，“道”既是万物产生的起点，又是万物复归的终点。二十五章有“有物混成，先天地生，寂兮寥兮，独立不改，周行而不殆，可以为天下母”。这是说，“道”这种东西，在天地出现以前就已经存在，而且会永远存在下去。万物借助“道”才能生成，但“道”却是“独立不改”的。所谓“独立不改”，借助其他道家的话讲，就是“物物者不物”，即“道”是使“物”成为“物”的那种东西，但其自身却不是“物”。类似的表述在《老子》中还有很多，如“无名，天地之始”（一章）。又如：“道之为物，惟恍惟惚。惚兮恍兮，其中有象；恍兮惚兮，其中有物。窈兮冥兮，其中有精；其精甚真，其中有信。自古及今，其名不去，以阅众甫。吾何以知众甫之状哉？以此。”（二十一章）即“道”这种东西，无名无形，恍恍惚惚，深远暗昧，似有还无，难以把握；但其中蕴藏着“精”，也就是本质性的、关键性的东西。这种本质性的、关键性的东西是最为真实和可信的。自古及今，“道”的名字永远不会抹去，我们必须通过“道”来观察、认识万物之始。因此，“道”的精微深远、幽隐玄妙，正是“道”区别于“物”的特征，如果我们能够通过感官感知、通过知识把握、通过器物测量计算“道”，那它就不具备超越性和绝对性了。然而，万物来源于“道”，要想真正认识万物，还是必须首先认识“道”。我们可以用下面的图示来模拟和概括老子的“道”“物”二分理论：

---

① 需要指出的是，“形而上”“形而下”的说法虽然见于《周易·系辞上》，但是老子用“无名”“有名”来区分“道”与“物”和“形而上”“形而下”的世界图景完全相通，因此可以挪用到对《老子》的分析上。

道

形而上、本体

独立、绝对、整体、永恒、无限、无待、无名、无形、无为

不可感知、不可描述、不可认识、不可把握

物（万物）

形而下、现象

有待、有限、局部、个别、有名、有形

可以感知、可以描述、可以认识、可以把握

由此，世界被老子区分为形而上和形而下的、本体的和现象的[①]两个部分。本体世界是独立的、绝对的、永恒的、无限的、不依赖于现象世界的存在；相反，现象世界则是有待的、有限的，依赖于本体世界才能得以产生、存在和运行。这种观念通过以下这段话也得到了明确的表达和印证："天得一以清，地得一以宁，神得一以灵，谷得一以盈，万物得一以生，侯王得一以为天下贞。其致之。天无以清将恐裂，地无以宁将恐发，神无以灵将恐歇，谷无以盈将恐竭，万物无以生将恐灭，侯王无以贵高将恐蹶。"（三十九章）这里用一种极为夸张的语言描述"道"：如果得"一"（亦即得"道"），天就能清明，地就能稳定，神就能有灵，河流就能丰盈，万物就能生育，侯王就能成为天下首领；相反，如果不能够得"道"，那么，天将会崩裂，地将会震动，神将会绝灭，河流将会枯竭，万物将会灭绝，侯王将无法保持首领的地位。天地、神灵、河流、万物、侯王，对人类而言，都是重要的存在，而"道"则超越这些存在，成为这些存在的发动者和引领者。老子以明确的口吻表示，顺"道"者昌，逆"道"者亡。

相对于"道"，"物"是有名的、有形的、有待的、有限的、可以感知、可以认识、可以计量、可以把握的存在。如"天下皆知美之为美，斯恶已；皆知善之为善，斯不善已。故有无相生，难易相成，长短相较，高下相倾，音声相和，前后相随"（二章）所示，物的世界由美与丑、善与恶、光与影、

① 虽然"本体"和"现象"是后世的概念，来自魏晋玄学和佛学，但是用来描述老子的"道""物"二分理论也十分贴切。需要指出的是，"本体"和"现象"完全是本土的概念，如果认为使用了这两个词汇就是在生吞活剥西方哲学概念，那真是本末倒置了。

有与无、难与易、长与短、上与下、强与弱等相互对立、相互依赖的因素构成。人虽然是万物之灵，但同样是“道”所生万物之一，因此也就不可能不受到“物”固有之性质的局限，只能生活在特定的时空，处于特定的位置，秉持特定的立场，带有特定的好恶。这必然造成自以为是、相互排斥的狭隘视野。

因此，“道”与“物”之间的关系，事实上是一种主宰与被主宰、本与末、一与多、统一与分散、整体与个体的关系。“道”是使所有“物”存在、运动、变化的主宰者，“物”则仅仅是因“道”而得以存在、得以运动、得以变化的被主宰者。“道”是超越了时空、超越了人类各种价值的伟大存在，而“物”不过是局踳于某个时空之下，抓住某种价值不放的卑小的存在者。这样，老子就通过他的“道物论”思想架构，有效地在“道”和“物”之间造就了巨大的对立和严重的紧张。

这样一种哲学理论，看上去只不过是一种关于宇宙万物的认识，和政治无关。其实，只要将这种世界框架平移到政治领域，很容易就能构建出一种政治框架，发挥出巨大的政治力量。因此，只要把老子的“道物论”讲清楚，其政治哲学的所有方面也就一通百通了。①

首先，社会之所以会出现问题，而且积重难返，关键在于“道”的衰降、人的异化。“失道而后德，失德而后仁，失仁而后义，失义而后礼。夫礼者，忠信之薄而乱之首。前识者，道之华而愚之始。”（三十八章）“仁”“义”“礼”这些站在人的立场创造出来的“前识”，只是表面的、做作的、华而不实的、有意为之的东西，不过是“道”之皮毛，是愚昧的体现，是对自然、率真之天性的戕害，使人变得越来越工具化、手段化，成为礼法、制度等外在规范的奴隶。因此文明的进展等同于异化的加深。老子的哲学是反异化的哲学，解决的方式是由“惟道是从”（二十一章）的“孔德”之人带领人们回到至德之世。

因此，政治问题或者说社会危机的解决，其实极为简单。之所以儒墨等各家的理论都治标不治本，是因为它们都还处在“物”的层面，只能被矛盾牵住鼻子，只能看到问题的某一个方面，只能提供暂时的、有限的解决方案，只能

---

① 关于“道物论”，还可参见陈鼓应：《论道与物的关系问题——中国哲学史上的一条主线》（上、下），载《哲学动态》，2005（7、8）；［日］池田知久：《道家思想的新研究——以〈庄子〉为中心》，王启发、曹峰译，第六章“‘道’的形而上学”第一节“两个世界的理论——‘道’和‘万物’”，郑州，中州古籍出版社，2009。

相互攻击否定，不可能产生基于道而形成的大视野、大胸怀。而把握住了“道”，就等于把握住了事物的根本，把握住了运行的规律，就可以天然、必然地成为万物的主宰。

其次，如果将这样一种哲学理论平移到政治领域，像《韩非子》那样，做出充分的发挥，就可以为一君万民式的中央集权政治体制提供理论基础。也就是说，“道”和“物”之间的关系，很容易转化为圣人与百姓之间的关系，圣人是“道”的执行者、代言人，而芸芸众生只是万物的一个部分。能够体道、悟道、执道的圣人天然地成为帝王，利用从“道”那里获得的超越性、绝对性、权威性，利用“道”和“物”之间一与多、本与末的对立关系，天然地与万民之间构成统治与被统治的关系。换言之，“得道”者以所获“道”的万能之力为基础，实现“取天下”（二十九章）的目标，成为“天下正”（四十五章）、“天下贵”（五十六章），从而登上帝王、天子之位，而天下臣民则必须无条件地接受其支配，从而形成一种稳定的政治结构。结合后面所要谈到的“圣人无为”与“百姓自然”，我们可以称之为“宽松的君主专制主义”。当然，《老子》中还没有“执道者”这样一个名称，所谓“以道佐人主者”（三十章），“以道莅天下”（六十章），更多带有按规律行事的意思。但是，这样一种框架和思路最终走向高度的君主专制主义是必然的事情，到了黄老道家那里，“执道者”站在“道”的立场、按照“道”的规律，对天下万民实施自上而下的严密统治，发展出了一套极为成熟的政治理论。①

最后，既然道是无名无形的，那么，体道、悟道、执道的圣人，其政治行为也就必然是无为的。在老子哲学中，“无”既是“道”的本体性特征之一，又是“道”功能性特征之一。如“有生于无”（四十章）所示，只有“无”才能生“有”，“有”是无法生“有”的②，因此，“无为”才是真正的“为”，“无用”才是真正的“用”。对于这一点，老子用“三十辐共一毂，当其无，有车之用。埏埴以为器，当其无，有器之用。凿户牖以为室，当其无，有室之用。有之以为利，无之以为用”（十一章）做了形象的比喻。正因为有虚空的存在，车轮、器皿、房屋才能发挥作用。老子还用山谷、大海、风箱乃至雌性生殖器官来形容“道”的作用，因为这些存在都具有空虚、不盈的特征，空虚、不盈具备无限的、神妙的、创造性的功能。“有”之所以能够成为“有”，是因为

① 汉以后的儒家消化吸收了黄老道家的政治理论，其实在骨子里完全接受了这套架构。

② 《老子》中的确有“有无相生”（二章）的说法，但那和美丑、善恶、前后、上下一样，指的是“物”必然由彼此对立、相反相成的因素构成。

“无”提供了时间和空间，创造了“有”活动的天地。“有”导致有限、既定、既成、现实、规范、堵塞、窒息，而“无”则没有被种种既定的、现实的东西塞满和限定，代表了未来和希望。“无”永远是灵动的、谦虚的，可以接受各种各样的可能性。就像一所房子，如果里面已经装满东西，就无法再接受其他物体，只有当它重新腾出空间，才能发挥新的作用。人类文明也一样，已经形成的制度、规范、价值、框架，必然会导致一元和强制，扼杀新的创造和可能。从这样一种理论出发，必然导出下面这个极为重要的政治哲学命题——圣人的“无为”与百姓的“自然”。

第三节　圣人的“无为”与百姓的“自然”

在老子看来，政治的最大问题，不在于消除所有的矛盾，而在于将矛盾降到最低点；不在于给予百姓所需要的一切，而在于给予百姓自由伸展的足够空间。要做到这一点，最重要的出发点就是圣人的“无为”。在《老子》中，圣人的“无为”必然导致百姓的“自然”。在《庄子》等后期的道家文献中，“自然”被提升为一个重要的哲学概念，表示天地万物存在运行的根本法则是自然而然的。但在《老子》那里，“自然”主要指的是圣人“无为”的结果，即圣人的无意识、无目的、不干预、不强制，必将导致百姓的自发性、主动性、积极性、创造性。这种自发性、主动性、积极性、创造性用一个词来概括，就是“自然”。二十五章有“人法地，地法天，天法道，道法自然”。在《老子》中，毋庸置疑，“道”是最高的哲学概念，因此我们不能因为“道法自然”这样一种语言结构，就说“自然”是高于“道”的。这里，老子以一种特殊的表达方式强调了圣人所效法的“地”“天”“道”，其终极的目标正在于达成万物的“自然”。[①] 此外，五十一章有“道之尊，德之贵，夫莫之命而常自然”，这是说“道”之所以受尊崇，“德”之所以被珍视，就是因为“道”“德”从不干涉万物而顺应万物的自然。这和二十五章的“道法自然”异曲同工，同样是圣人所

① 关于“道法自然”的解释，可参见卢育三：《老子释义》，129页，天津，天津古籍出版社，1987；［日］池田知久：《道家思想的新研究——以〈庄子〉为中心》，王启发、曹峰译，547～561页；王中江：《道与事物的自然：老子“道法自然”实义考论》，载《哲学研究》，2010（8）；王博：《权力的自我节制：对老子哲学的一种解读》，载《哲学研究》，2010（6）。

要效仿的姿态。如下所示，在《老子》中，圣人“无为”与百姓“自然”的对应非常多见，几乎都是因果关系：

> （圣人）悠兮其贵言〔原因〕→功成事遂，百姓皆谓我自然〔结果〕（十七章）

这是说，最好的统治者悠然自得，很少发出政令。其结果是即便取得了成功，百姓也都说这是他们自己做到的。

> （圣人）“希言”〔原因〕→“自然”〔结果〕（二十三章）

这是说如果统治者少说话、不说话，少发政令，百姓就能够获得自我发展的空间。①

> 是以圣人欲不欲，不贵难得之货。学不学，复众人之所过〔原因〕→以辅万物之自然，而不敢为〔结果〕（六十四章）

圣人通过克制欲望和放弃“有为”之学等自我约束和自我限定，来补救众人的过失，其结果是辅助促成万物的自然发展，而自己不敢妄为。

如果我们不限于“自然”这个词汇，而把目光转向其他的“自×”或类似的表达，那么，可以发现这种因果关系在《老子》中屡见不鲜。如五十七章说：“圣人云：我无为而民自化，我好静而民自正，我无事而民自富，我无欲而民自朴。”其因果结构如下所示：

> 我无为〔原因〕→而民自化〔结果〕
> 我好静〔原因〕→而民自正〔结果〕
> 我无事〔原因〕→而民自富〔结果〕
> 我无欲〔原因〕→而民自朴〔结果〕

这是说统治者无为则百姓自我化育，统治者好静则百姓自我端正，统治者不造事生端则百姓自我富足，统治者没有贪欲则百姓自然淳朴。这里的“好静”“无事”“无欲”就是“无为”，而“自化”“自正”“自富”“自朴”就是“自然”。即通过统治者向民众做出退让，为深受压迫的民众减压卸负，通过减少统治者的有为，让人民获得喘息之机，赢得民心，挽救岌岌可危的政治局面。三十七章有：“道常无为而无不为，侯王若能守之，万物将自化。……不

---

① 十七章和二十三章有很多相似之处，因此，可以确认，二十三章的“希言”就是十七章的“悠兮其贵言”，二十三章的“自然”就是十七章的“百姓皆谓我自然”。

欲以静，天下将自定。”所表达的思想是，假如“侯王”能够守住“无为”之道，就能使“万物”自我化育；假如“侯王”能够消除欲望、归于宁静，那么天下的人都将自发安定。类似的结构又见三十二章：“道常无名，朴虽小，天下莫能臣也。侯王若能守之，万物将自宾。天地相合以降甘露，民莫之令而自均。”这是说，假如“侯王”能够守住“无名”之道，就能使“万物”自愿“宾”从；即便“侯王”不下任何命令，他们也会自愿地被“均”一化。

其实，二章的“是以圣人处无为之事，行不言之教。万物作焉而不辞，生而不有，为而不恃，功成而弗居”，看上去是在讲“功成而弗居”的“玄德”，但实际上也暗含着圣人“无为”→百姓“自然”的逻辑。可以图示为：

> 圣人处无为之事，行不言之教〔原因〕→万物作……，生……，为……，功成……〔结果〕

总之，“无为”的结果是让百姓在精神上、政治上获得最大的自由。“自然”在这里可以等同为“自由”。

因此，政治的最大成功，不是直接给予百姓什么，而是帮助百姓自己成功建业。而百姓的成功最终会归结为某个圣人的成功。老子心目中的圣人，不是那种劳心焦神、鞠躬尽瘁，通过各种强制的手段将百姓引上某条“正路”的人，而只是一个辅助者、一个引导者、一个保姆。圣人所起的作用只是帮助百姓打开枷锁、放开手脚，极大地激发起百姓的主动性和创造性，让他们做自己的主人，自觉、自愿、自发、自动地去建功立业，让百姓陶醉在自己的成功中，却并不认为自己的成功和圣人有什么关系，从而使统治者的影响力降到最低。但实际上，这一切都是“无为而治”的结果，所以“自然”不是放任的产物，而是“无为而治”下的理想状态。①

《老子》虽然只有五千多言，但对于需要突出的地方，老子从不吝惜词汇，反复加以强调。五十一章“生而不有，为而不恃，长而不宰”的“玄德”亦见于二章的“万物作焉而不辞，生而不有，为而不恃，功成而弗居”，十章的“生之畜之，生而不有，为而不恃，长而不宰，是谓玄德”。类似的话还见于三十四章的“万物恃之而生而不辞，功成不名有，衣养万物而不为主。……万物归焉而不为主”，七十七章的“圣人为而不恃，功成而不处”。就是说，道虽然

① 这方面的论述可参见［日］池田知久：《道家思想的新研究——以〈庄子〉为中心》，王启发、曹峰译，第十二章“圣人的‘无为’和万物的‘自然’”；刘笑敢：《老子古今——五种对勘与析评引论》，第51章“道之自然与人文自然”，北京，中国社会科学出版社，2006。

是万物的生者、养者，但却从来不以主宰者自居，也从来不将万物的功劳据为己有。依道而行的圣人也一样，就是要刻意留出更大的、不会穷尽的空间，听任万物各遂其性，自然而然地、充满活力地生存发展下去。老子将这种和“有生于无”之哲学相对应的行为方式称为“玄德”，亦即最为玄妙的“德”，因为只有这种德才能最终达到“无为而无不为”的境界，正是百姓的“自然”，构成了“圣人”之“无不为”的实际内容。也就是说，圣人的“无不为”实际上是通过百姓的“自然”来实现的。

第四节　多元共生与公平公正

如果简单概括上述圣人“无为”→百姓“自然”的政治哲学，那就是，为了让百姓有自由作为、充分作为的空间，以“圣人”为代表的统治者通过“无事”“虚静”“不言”等行为，使人感觉他们在政治上几乎不起任何作用，不发挥任何影响——极端而言，几乎等同于没有这个支配者。“太上，下知有之。其次，亲而誉之。其次，畏之。其次，侮之”（十七章）就是生动的写照：最好的统治者，百姓仅仅知道他的存在而已。然而，这种政治哲学必然会导致一种结果，那就是过度的自然。用今天的政治术语来表达，就是“民主主义”和“无政府主义”的泛滥。对此，老子并非没有警觉。三十七章虽然说“道常无为而无不为，侯王若能守之，万物将自化”，显示出圣人“无为”→百姓“自然”的思想结构，但是紧随其后还有“化而欲作，吾将镇之以无名之朴。无名之朴，夫亦将无欲”。就是说，老子预想到了百姓的“自化”再往前走的危险性，即自主的、自发的、随心所欲的各种活动，必然会引发“欲作”，即发生为所欲为的事情。在这种情况下，对于“侯王”而言就产生了加以抑制（“镇”）的必要，镇压的方法是使用“无名之朴”，即努力使人回归于“道”的虚静素朴。可见，对于“万物”的“自然”，老子并非无条件地予以肯定、认可，而是在加以抑制之后，将其纳入到“侯王”可控的范围之内。

老子认识到，随着人欲的滋长，种种不良品行也会随之而生，如追求感官的刺激、追求智巧的竞争、好走极端、言行过分、浮夸急躁等等，所以老子提出“去甚，去奢，去泰”（二十九章），不追求声色的满足，崇尚“复归于婴儿”“复归于无极”“复归于朴”的“常德”（二十八章），希望恢复到人类天生所具有的，或者说“道”所赋予的本然的、纯粹的性状，摆脱人为的污染，如山谷、沟溪、赤子一般，具有超越性和本真性。作为相应的修养功夫，老子提出“常无欲”（一章、三十四章）、“致虚极，守静笃”（十六章），使人进入虚静，排除杂念，“见素抱朴，少私寡欲”（十九章），即体现出单纯和朴素，减少私心，降低欲望。这些看上去是为统治者设计的修身功夫，但从“化而欲作，吾将镇之以无名之朴。无名之朴，夫亦将无欲”来看，这同样适用于普通的人，从“镇”这一强制性手段看，老子甚至强调不惜以政治的强迫，来达到必要的效果。这种强制，通过“圣人之治，虚其心，实其腹；弱其志，强其骨。常使民无知无欲，使夫智者不敢为也”（三章）、“为腹不为目”（十二章）、“小国寡民，使有什伯之器而不用①，使民重死而不远徙②”（八十章）可以得到具体的展现。那就是使百姓头脑简单，只满足其口腹之欲；使百姓志气削弱，只强壮其身体；使玩弄智巧、聪明的人，不敢妄为；把大国当小国来治理，即使有先进的机械也不用；使百姓怕死，不冒险，不远离家乡。

可见，老子实际上并非对自己所倡导的“自然”思想无条件地加以礼赞。在老子的政治哲学中有两条基本的思路：一条是基于道物论的一君万民式政治思想，用今天的政治学语言表示，这条路线可以导致维护中央集权的君主专制主义；一条是基于圣人“无为”的百姓“自然”，用今天的政治学语言表示，这条路线可以导致“民主主义”和“无政府主义”。这两者看上去是矛盾的，但老子力图在这两者之间保持平衡、形成统一，在总体上维护君主至高地位的前提下，给予百姓的自主性与自发性以最大的空间。因此，在总体上，我们可以把老子的政治哲学称为“宽松的君主专制主义”。

如前所述，“道”不同于“物”，“物”有分别、对立、是非、善恶、成败，而“道”超越彼此对立的万物之上，表现为统一与整体。因此，对“道”而言，万物必然呈现为多元共生、矛盾交织的共同体。对万物而言，“道”一视同仁的立场既是绝情又是大爱。“天地不仁，以万物为刍狗”（五章），天道任万物自存自毁。“天道无亲”（七十九章），天道没有偏爱，无分亲疏。这表现为绝情，因为任何的仁爱都会有偏私。但“道”让每一种“物”都有生存的空间，让万物自己救自己，因此，在冷峻的外表下，其实内含着对万物的大爱

① 马王堆帛书本、北大汉简本作“使有十百人器而勿用”。可见“什伯之器”指相当于十倍、百倍人力的器物，即先进的机械。

② 马王堆帛书本、北大汉简本作“使民重死而远徙”。“远徙”意为远离迁徙，“不远徙”可能是后人的修改。

之心。

圣人的政治立场与之相应。“圣人不仁，以百姓为刍狗。”（五章）圣人任百姓自消自长。“圣人无常心，以百姓心为心。……圣人在天下歙歙，为天下浑其心。圣人皆孩之。”（四十九章）圣人没有他恒定的意志和主观的成见，以百姓之心为己心。圣人要做的就是使天下的人和事和谐、协调，让天下人的心归于混沌，将百姓当无知无欲的婴儿看待。在圣人眼中，没有绝对的对错、绝对的是非、绝对的善恶，万物都有其存在的理由和价值，芸芸众生都是可爱的人、有用的人，均应平等视之。所以他说：“唯之与阿，相去几何？善之与恶，相去若何？”（二十章）贵贱善恶，在老子眼里相差不了多少。“和其光，同其尘，是谓玄同。故不可得而亲，不可得而疏；不可得而利，不可得而害；不可得而贵，不可得而贱。”（五十六章）“玄同”的境界超出了亲疏、利害、贵贱之区分，为此圣人和光同尘，掩藏个人的喜怒与情感。“善者，吾善之，不善者，吾亦善之……信者，吾信之，不信者，吾亦信之。”（四十九章）善良的人，我善待之。不善的人，我也善待之。可信的人，我信之。不可信的人，我也信之。“圣人常善救人，故无弃人；常善救物，故无弃物。”（二十七章）圣人眼中没有遗弃之人、无用之人，没有遗弃之物、无用之物。“不知常，妄作凶。知常容，容乃公，公乃王，王乃天，天乃道，道乃久，没身不殆。”（十六章）懂得了大道的兼容万物，就会生出博大宽容之心，就能公平不偏，就能统摄天下，就能长治久安，终身无虞。三十五章的“执大象，天下往。往而不害，安平太”可以说是对这一终极理想的形象描述。天下之人虽然都归附于“道”，但却互不妨害，安宁、平和、通泰，这就是老子所追求的大同境界。

然而万物共生、天下共赢毕竟只是一种理想。老子要寻求的是能够拯救全人类的方式，这种方式无疑要使一部分人、一部分人类的文明成果被牺牲。因此，损益平衡之道，或者说持中之道，就成为老子政治哲学的必要组成部分。除了上述君主无为和百姓自然之间的平衡外，老子还强调物与物之间、人与人之间的平衡，以寻求最大限度的公平与公正。何谓持中？首先，中者，适度也。“中”并不是平均的产物，而是平衡的结果。其次，持者，持守也。“持”并非不变的静势，而是灵活的动势。老子要求圣人在对待事物的两端之间追求一种动态的平衡，从而避免因执于一端而陷入“物极必反”的循环。持中之道最为典型的写照，就是以下这段话：

> 天之道，其犹张弓与！高者抑之，下者举之；有余者损之，不足者补之。天之道，损有余而补不足。人之道则不然，损不足以奉有余。（七十

七章）

天道的运行犹如一张拉开的弓。瞄准射箭时，高了就压低一点，低了就抬高一点。过满过多时就有所减少，不足不满时就有所补足。“天之道”通过随时的损益调整走向平衡，在平衡中维持宇宙的终极和谐；而“人之道”往往只顾自身的利益，将差别扩大到极致，导致平静的社会动荡不安。于是，老子呼唤圣人向“天之道”学习，并形成了他特有的反向调整之道：世人好强，圣人教之以弱；世人好勇，圣人教之以柔；世人好动，圣人教之以静；世人嗜欲，圣人教之以寡欲；世人好上，圣人教之以处下；世人好争，圣人教之以不争。他是要让我们从早已习惯的“常规”中解脱出来，以运动的视角、全局的眼光审时度势。在动态平衡中实现万物的共荣共生、世界的公平公正。

第五节　反向的政治思维：守柔与不争

老子的政治思想丰富多彩、引人入胜，原因除了上述政治理念极为独特之外，还有就是其充满辩证思维、启人心智，故能千年流传而不衰，与时俱进而常新。其辩证思维，如果选用一句话来表述，那就是“反者道之动，弱者道之用”（四十章），因此，老子的辩证思维其实就是反向思维。我们说老子的哲学是实践的哲学，很大程度上与其辩证思维是一种在政治场合上可以实际运用和操作的思维有关。

老子认为，事物均由正反两方构成，正反两方相反相成，形成一个既对立又统一的矛盾体。老子进而认为，正反两方是相通的，事物的发展都是从一个方向向另一个方向转化，卑小总会走向高大、柔弱总会走向雄强、生命总会走向死亡，反过来，就是新的一次轮回和转化。但老子没有停留于对事物规律的客观描述，而是包含了价值判断和警示劝诫在其中：“强梁者不得其死”（四十二章），即强横逞凶者不得好死；“勇于敢则杀”（七十三章），即勇气用于逞强者不得好死；“坚强者死之徒”（七十六章），即凡是强硬的都归属死亡一类；“兵强则不胜，木强则兵”（七十六章），即用兵逞强就会走向失败，树木强大就会遭砍伐；“甚爱必大费，多藏必厚亡”（四十四章），即过分吝惜反会付出大的代价，过于收敛反而招致惨重的损失；“祸兮福之所倚，福兮祸之所伏”（五十八章）、“正复为奇，善复为妖”（五十八章），即灾祸会向幸福转化，幸福会向灾祸转化，正可以变成不正，善良可以变成妖孽。

老子的精辟之处在于在“有无”“正反”的两极互动中，他更重视“无”和“反”。一般人只看到“有”之存在，看不到“无”之功用，只知道正面的价值取向，不知道反面的价值取向。老子则不同，他看穿了事物必然走向反面的不可逆转性，积极利用物极必反的原理，将反向的视野和思路发挥到极致，以反求正，力图使自身在万物轮转之中永远立于不败不衰之地，这就是老子远远高明于同时代其他哲学家之所在，也是他辩证思维的精髓所在。

反向思维在于主动地预见矛盾发展的方向，做矛盾的主人，而不是做矛盾的奴隶，被动地等待矛盾发展的结果。例如，“将欲歙之，必固张之；将欲弱之，必固强之；将欲废之，必固兴之；将欲夺之，必固与之”（三十六章），类似“欲擒故纵”：想要让对方收敛，必先让对方扩张起来；想要让对方衰弱，必先让对方强大起来；想要让对方败落，必先让对方兴盛起来；想要从对方那里夺取什么东西，必先给予对方什么东西。因此，掌握反向思维的人，不再满足于事物自动地向其反方向转化，而是主动地挑起矛盾、激化矛盾，创造时机，使事态朝着有利于自己的方向发展。

相反，当事物的运行轨迹即将到达发展的顶点时，老子告诉你需要努力延缓发展的速度，设法改变发展的方向，以避免极限的降临；当事物的运行轨迹已经到达发展的顶点时，老子告诉你甚至需要不惜牺牲利益或尊严，以避免衰退的开始，或者从一开始就留出让步的空间，保持伸展的余地。“曲则全，枉则直；洼则盈，敝则新；少则得，多则惑”（二十二章），委曲者反能保全，弯曲者反能正直，卑下者反能盈满，凋敝者反能新生，少取者反能多得，贪多者反会迷惑；“物或损之而益，或益之而损”（四十二章），事物有时被贬低反得到抬高，有时被抬高反遭到贬低；“善有果而已，不敢以取强。果而勿矜，果而勿伐，果而勿骄，果而不得已”（三十章），善用兵者达到目标就罢手，不以兵力逞强，成功而不自高自大，成功而不夸耀，成功似乎是出于不得已；“圣人方而不割，廉而不刿。直而不肆，光而不耀”（五十八章），圣人方正有棱角但不割伤人，锋利但不刺伤人，直率但不放肆，明亮但不耀眼；“圣人不积，既以为人，己愈有。既以与人，己愈多”（八十一章），要想得到，首先必须付出，圣人没有保留，尽量帮助别人，自己反而更充足，尽量给予别人，自己反而更丰富；等等。在老子心目中，世上没有永恒的完美。百分之百的完美，其实并不完美，因为它只是一个即将消失的顶点，预示着衰退的开始；相反，接近完美却不达致完美，才是真正的完美，是动态的、可以把握的完美。

这种反向思维的论述，在《老子》中占据了相当大的比例。如果用老子自己的用语来归纳，有以下这样一些典型的、为后世的政治家所经常使用的表达方式。

第一，“守雌”。二十八章有：“知其雄，守其雌，为天下溪。”“雌”和“雄”各有所用，“雄”以力以强取胜，“雌”以柔以静保身。一般人往往只为雄强所吸引，而不知雌柔的作用。老子提倡“守雌”，是为了让人不要一味示强，以免过早过快地走向极点。“雌”代表柔和，代表让步，代表宽容，代表慈爱。六十一章将大国比作“天下之牝”，希望大国在天下中扮演女性的角色，因为“牝常以静胜牡”，即雌性常凭借其安静制服雄性。

第二，“处下”。六十六章有：“江海所以能为百谷王者，以其善下之，故能为百谷王。是以欲上民，必以言下之；欲先民，必以身后之。是以圣人处上而民不重，处前而民不害。是以天下乐推而不厌。”江海之所以能成为河流之王，是因为处在一切河流的下游。要想统治人民，必须先用语言对人民表示谦恭。要想领导人民，必须将自己的利益放到人民的后面。让人民不感到有重压，让人民不感到有妨害，这样人民就会拥戴统治者。“上德若谷”（四十一章）、“为天下溪”（二十八章）也是同样的意思。六十一章有：“大国者下流。天下之交，天下之牝。牝常以静胜牡，以静为下。故大国以下小国，则取小国；小国以下大国，则取大国①。故或下以取，或下而取。……大者宜为下。”意思是大国要像江河那样居于下流，居于天下交集、归附之处。大国要在天下中扮演女性的角色，因为雌性常以安静制服雄性，雌性是安静的，所以是谦下的。故大国对小国表示谦下的姿态，就可以使小国归附。小国对大国表示谦下的姿态，就可取得大国的信任，见容于大国。有时是大国谦下使小国归附，有时是小国谦下使大国宽容。在大国和小国的关系中，大国尤其应该注意谦下。

第三，“谦卑”。“谦卑”之意，在很多地方其实和“守雌”“处下”相合、相通，意为为了实现长远的目标，不惜纡尊降贵，忍辱负重，经得起委屈，经得起卑辱。如三十九章有：“故贵以贱为本，高以下为基。是以侯王自谓孤、寡、不穀。此非以贱为本邪？”“孤”“寡”有孤德、寡德之意，“不穀”有不善之意，君王自称“孤”“寡”“不穀”，这不就是刻意降低身段、谦恭示人吗？四章和五十六章有“挫其锐，解其纷（分），和其光，同其尘”，意为收敛锋芒、韬光养晦、低调做事、谨慎做人。能够做到谦卑者，也就必然能看淡一

① “则取大国”，当如马王堆帛书本和北大汉简本，作“则取于大国”。

切，宠辱不惊。十三章有："何谓宠辱若惊？宠为下，得之若惊，失之若惊，是谓宠辱若惊。"老子将那种得之便会惊喜，失之便会惊惶，将虚荣看得太重，患得患失的行为称作"宠辱若惊"，视之为卑劣可笑的行径。

第四，"不争"。《老子》中多次使用"不争"这个词汇。争与祸，总是联系在一起。老子提出的解决方法是，凡事不走极端，留有余地，通过不争来达到无尤的效果。此类表述有："上善若水，水善利万物而不争。"（八章）意为最高的善如水一般，善于帮助万物，却不与万物争胜。这是用水的特性来凸显"不争"的重要性。"天之道，不争而善胜。"（七十三章）意为天之道，不争胜却善于取胜。"天之道，利而不害。圣人之道，为而不争。"（八十一章）这是说天道利人而不害人，圣人之道，虽有所为，但谦卑不争。老子尤其强调军事上的"不争"："善为士者不武，善战者不怒，善胜敌者不与，善用人者为之下。是谓不争之德。"（六十八章）意为善为将帅者，不逞勇武；善战者不轻易发怒；善于取胜者，不待交锋，就已胜敌；善用人者，甘为人下。这就是"不争之德"。"用兵有言，吾不敢为主而为客，不敢进寸而退尺。"（六十九章）是说在军事上，不敢取攻势，宁愿取守势；不敢进一寸，宁愿退一尺。竭力不主动挑起杀伐争斗，可避免杀身之祸。"勇于不敢则活。"（七十三章）意为只有那些不将勇气用于逞强者才会有生路。老子有做人"三宝"之说，其实质也是"不争"："我有三宝，持而保之。一曰慈，二曰俭，三曰不敢为天下先。慈，故能勇。俭，故能广。不敢为天下先，故能成器长。"（六十七章）"三宝"就是"慈"，即宽容、爱护；"俭"，即吝惜、节约；"不敢为天下先"，即谦下和不争。因为慈爱，故能勇敢；因为节俭，故能广大；因为谦下不争，故能成为天下领袖。"不争"的极致，乃是"报怨以德"（六十三章）。因为，"报怨以德"，虽然包含着令人难以忍受的委屈和让步，但比起怨怨相报，仍然是明智的选择。

第五，"知足"。四十四章有"知足不辱，知止不殆，可以长久"，即知道满足就不会感到屈辱，知道休止就不会遇到危险，懂得适可而止的人才能保有他的满足。相反，"祸莫大于不知足，咎莫大于欲得。故知足之足，常足矣"（四十六章），意为没有比不知足更大的灾祸，没有比贪得无厌更大的罪过。知道满足的这种满足，是永恒的满足。不知足就会放纵贪欲，不知足就会无所顾忌，就会招致杀身之祸。作为史官的老子，在这方面的感受远比一般人深切。

第六，"退身"。这是依据盛极必反的原理，通过对事物发展必然规律的预测，而对走上顶点的人做出的忠告。"持而盈之，不如其已。揣而棁之，不可长保。金玉满堂，莫之能守。富贵而骄，自遗其咎。功遂身退，天之道。”（九章）意为与其竭力保持盈满旺盛，不如早些放弃。与其抓住不放，追求圆满，不如早些罢手。金玉满堂，没有谁能守住。富贵骄横，将自取其祸。功成而不居，退回所有的名利，这才符合天之道。

第七，“守柔”。以上各种政治姿态，其实都可以用“守柔”二字涵盖。从“弱者道之用”（四十章）的命题来看，老子是将“柔弱”作为“无”“虚”这类“道”的性征转移到人事之用时，所能采用的最佳表现。前面已经说过，老子认为，“道”通过“无”来体现其功能，“无”比“有”更重要，世界的存在方式是通过虚无来保证存有。“道”的创造性，来源于其虚无、空灵、不盈，非既定、非常识、非现实、非规范，因而能够不窒息、不阻塞，永远创生出新的东西。与之相应，人也应该像“道”那样，使自己处于新生的、弱小的、生动的、充满活力的一面。而“柔弱”的性格正符合这样的要求，这也正是老子赞赏女性、赞赏婴儿、赞赏水的原因。七十八章有：“天下莫柔弱于水，而攻坚强者莫之能胜，其无以易之。弱之胜强，柔之胜刚，天下莫不知，莫能行。”天下没有比水更柔弱的东西，但在战胜坚硬的东西上，没有什么能比得上它。弱能胜过强，柔能胜过刚。这些无人不知，却没人能做到。老子从水滴石穿中悟出柔弱胜刚强的道理，因此，他希望人能像水那样柔弱、卑下，甘于寂寞、屈辱，充满生命活力，这样就能远离死亡、腐朽，摆脱外在的污染，保持纯粹的本性。然而，即便作为一种实战计谋来使用，如“将欲歙之，必固张之；将欲弱之，必固强之；将欲废之，必固兴之；将欲夺之，必固与之，是谓微明。柔弱胜刚强”（三十六章）所言，“柔弱”依然可以发挥巨大的力量。

第八，“为之于未有”。如果说前面论述的各项还只是两极之间看得见的此消彼长，那么，第八项则是深入到无形的领域，力图通过无形把握有形，通过未然把握已然。“图难于其易，为大于其细。天下难事必作于易，天下大事必作于细，是以圣人终不为大，故能成其大。”（六十三章）这是说，做难做的事情，要从容易的地方做起，做大事要从小事做起。圣人始终从小事、琐事、易事入手，所以能成就大事。“其安易持，其未兆易谋，其脆易泮，其微易散。为之于未有，治之于未乱。”（六十四章）意为事物还安定的时候容易掌握、把持。问题还没有出现苗头的时候，容易设法应对。事物还脆弱的时候，容易化解。事物还细微的时候，容易消散。所以要在事情发生之前就采取行动，要在混乱出现之前就开始处理。老子希望人注意观察事物发展变化的征兆，把握契机，以免招致大的困难和祸患。人要么无为，不引发事端；要么“为之于未有”，将不利因素消灭于萌芽状态。

在《老子》中，与反向思维有关的论述还有很多，以上八项只是典型和概括。从《老子》中可以找到大量的否定式说法，如不争、不言、不美、不为、不武、不怒、不尚贤、无心、无知、无欲、无身、无事、勿骄、勿强、勿伐等等数十种，这些说法几乎都指向老子的反向思维，以各种各样的否定方式体现出老子独特的思维法则和行动法则。

然而，如果说反向思维只是看到了“无”之功用，发挥了“无”之功用，还不能算伟大，那么老子反向思维的伟大之处，用今天的语言来表达，近似于一种辩证的否定，是否定之否定，是向更高层面发展。可以看到，老子所有的“无为”最终指向的是“无不为”。“无为”是对“有为”的否定，而“无不为”是对“无为”的否定。老子不厌其烦地强调这一点，除了“无为而无不为”（三十七章、四十八章）外，类似的表述在《老子》中比比皆是。例如：“圣人……功成而弗居。夫唯弗居，是以不去。”（二章）意为圣人对万物的生长发展有功，却不居功自负，正因为圣人不居功，他的功绩反而不会失去。“为无为，则无不治。”（三章）意为行无为之道，反而走向大治。“不自见，故明。不自是，故彰。不自伐，故有功。不自矜，故长。”（二十二章）意为不只凭自己所见，反而看得分明；不自以为是，反而是非昭彰；不自我夸耀，反而能建功立业；不自我骄矜，反而能成为领袖。否定“自见”的目的是“明”，否定“自是”的目的是“彰”，否定“自伐”的目的是“有功”，否定“自矜”的目的是“长”。“是以圣人后其身而身先，外其身而身存。非以其无私邪？故能成其私。”（七章）意为圣人不计较个人的名利得失，结果反而处身人先。置己身于度外，结果反而保存自身。正是因为圣人无私，所以能成就其自身。很明显，“后其身”的目的指向“身先”。“外其身”的目的指向“身存”，“无私”的目的指向“成其私”。又如：“以其不自生，故能长生”（七章），因为不只顾自己的生存，反而能长生；“夫唯不争，故无尤”（八章），正因为谦卑无争，所以没有怨咎、过失；“以其终不自为大，故能成其大”（三十四章），正因为自己不觉得伟大，故而能成就伟大；“以其不争，故天下莫能与之争”（六十六章），正因为做到了柔弱不争，结果天下反而没有人能与之相争。

从以上分析看，老子有时是一个冷酷的或悠闲的旁观者，而有时又是一个真正的参与者，一个真正的高手。老子并非消极、退隐，相反，他积极、进取，只不过不是单向、直线的进取，而是迂回、渐进、不张扬、不过分的进取。表面的被动和消极，其实是为了争取更大的主动和更好的效果。老子的反向思维运用得好，小可以消极避祸、明哲保身，大可以有所作为、建功立业。

老子的反向思维是老子哲学中的精彩华章，因为它现实、直观、易懂、易行，所以最容易为常人所接受和运用。这些反向思维后来在政治领域得到了充分的发挥，形成了一整套无形把握有形、无名把握有名、以阴制阳、以柔克刚、以静制动、以逸待劳、以不变应万变的因应之术，在申不害、韩非的君主驭臣之术中，在黄老道家的治国理论中得到了充分的发扬。汉以后，中国的主流思想表面上为崇尚刚健有为、规矩厚重的儒家思想所占据，实际上，在各种具体操作中，老子思想仍大行其道，尤其被政治家奉为法宝，成为一种政治艺术。

余论　老子的政治哲学是否为愚民之策和权谋之术

老子的政治哲学很容易被视为一种愚民之策。例如，老子说："是以圣人之治，虚其心，实其腹；弱其志，强其骨。常使民无知无欲，使夫智者不敢为也。"（三章）"为腹不为目。"（十二章）"慧智出，有大伪。"（十八章）"绝圣弃智，民利百倍。……见素抱朴，少私寡欲。"（十九章）"绝学无忧。"（二十章）"古之善为道者，非以明民，将以愚之。民之难治，以其智多。故以智治国，国之贼；不以智治国，国之福。"（六十五章）八十章"小国寡民"篇是老子的理想国："使有什伯之器而不用，使民重死而不远徙。虽有舟舆，无所乘之；虽有甲兵，无所陈之；使人复结绳而用之。甘其食，美其服，安其居，乐其俗。邻国相望，鸡犬之声相闻，民至老死不相往来。"在这个理想国里，即使有先进的机械也不用。让百姓怕死，不冒险，不远离家乡。即使有车船，也没必要乘坐。即使有铠甲兵器，也没机会使用。让人民回到远古结绳记事的时代。人民满足于他们的饮食、喜爱他们的服装、安于他们的居处、陶醉于他们的风俗。邻国间能相互看见，鸡狗之声能相互听见，百姓却老死不相往来。可见老子毫不掩饰自己反对知识、反对文化、反对制度，尤其反对智巧的态度，力图将人的社会性降到最低限度，只突出人的生物性。因此说老子的政治哲学中有愚民成分，并不为过。但老子所生活的时代战争频仍，人民痛苦，上下对立严重，统治面临崩溃，而种种"有为"的政治纲领，非但不能从根本上解决矛盾，反而使社会矛盾更加深化。按照老子用"无名之朴"强行将人"复归于婴儿”“复归于无极”“复归于朴”（二十八章）的社会改造计划，愚民之策无疑是一剂猛药，一种不得已的、极端的解决方式，目的在于用最直接、最快速的方式消除导致社会弊病的根本原因。老子并不是不知道智巧能给人带来方便和幸福，但他认为，对人类而言，智巧不是根本的拯救之道，当人的智巧和人类的文明成果使社会变得残酷，使朴质和真情丧失，使人类的基本生存受到威胁，聪明反被聪明误时，老子宁可回到桃花源中去。老子看穿了人心险恶，不可挽救，所以宁可要充满爱心的傻子，也不要充满机心的智者。这样去理解老子的意图，我们就不会为老子这位智者公然的反智行为感到奇怪了。我们不能因为他看似荒唐的愚民之策而否定他对于人类命运、对于合理政治格局及其运作方式的整体思考。同时，老子对智巧可能导致的人类危害以及人性异化保持高度的警惕，这也应该视为其政治哲学中最为精辟、最有魅力的内容之一。

在政治领域，老子的无为立场和反向思维很容易导向权谋之术。历史上，早就有人对老子的政治思维嗤之以鼻，甚至大加挞伐。例如，朱熹就说“老子所谓无为，便是全不事事”[①]，这表明朱熹并不理解“无为而无不为”的精神实质，或只能说这是朱熹的恶意贬低。朱熹又说：“老子心最毒，其所以不与人争者，乃所以深争之也……闲时他只是如此柔伏，遇着那刚强底人，它便是如此待你。”[②]“老氏之学最忍，它闲时似个虚无卑弱底人，莫教紧要处发出来，更教你枝梧不住。”[③] 这是将老子看成了一个耍权术、玩诡计的阴谋家，这虽然与朱熹坚守儒家立场有关，但也属不应有的偏见和误解[④]，因为老子的无为姿态和反向思维是一种哲学观念和行动方式，它并没有规定使用者的道德立场和使用场合，所以不能将这种哲学观念和行动方式产生的负面结果归罪于老子。老子也并非没有道德感的冷血动物，只不过他对人类的同情之心和仁爱之心被遮盖于冷峻的面孔和严厉的口吻之下。如果他希望人类相互算计、尔虞我诈，乃至道德沦丧、走向毁灭，他就不可能创作《老子》以拯救人类了。如“天之道，利而不害。圣人之道，为而不争”（八十一章）所言，他在内心深处，希望追求的是既竞争又合作、既利己又不害人、既有所作为又谦卑容人的双赢局面，这比那种单一的道德取向和排他的行为方式更符合文明进步的潮流，更值

① 黎靖德编：《朱子语类》，537 页，北京，中华书局，1986。

② 同上书，3266 页。

③ 同上书，2987 页。

④ 关于历史上对老子的种种误解，可参见陈鼓应：《误解的澄清》，见《老子注译及评介》，15～22 页，北京，中华书局，1984。

得尊重。

总之，老子论“道”是为了论“人”，说“无”是为了说“有”，谈“一”是为了谈“多”，讲“虚”是为了讲“实”，谈“无名”是为了落实到“有名”，讲“无形”是为了引申到“有形”，阐发“柔弱”是为了战胜“刚强”，倡扬“无为”是为了达致“无不为”。老子不只是一个破坏者，更是一个建设者。老子的“道”论兼顾形而上和形而下、本体和现象两个世界。他不反对文明的建构和制度的确立，反对的只是文明和制度对人性的摧残和压抑，希望建立的是一个自然和谐、多元共生的社会，是每个生命都受到充分尊重，能够自由生长、发挥天性的社会。这就是其政治哲学能够永久保持魅力的原因。

曹　峰

参考文献

楼宇烈．王弼集校释．北京：中华书局，1980.

陈鼓应．老子注译及评介．北京：中华书局，1984.

卢育三．老子释义．天津：天津古籍出版社，1987.

古棣，周英．老子通．长春：吉林人民出版社，1991.

王博．老子思想的史官特色．台北：文津出版社，1993.

严遵．老子指归译注．王德有，译注．北京：商务印书馆，2004.

孙以楷．老子通论．合肥：安徽大学出版社，2004.

熊铁基，马良怀，刘韶军．中国老学史．福州：福建人民出版社，2005.

刘笑敢．老子古今——五种对勘与析评引论．北京：中国社会科学出版社，2006.

池田知久．老子．東京：東方書店，2006.

邓立光．老子新诠——无为之治及其形上理则．上海：上海古籍出版社，2007.

池田知久．道家思想的新研究——以《庄子》为中心．王启发，曹峰，译．郑州：中州古籍出版社，2009.

第二章
正名致思：孔子的政治哲学

孔子（前551—前479），姓孔，名丘，字仲尼，春秋末年鲁国陬邑人（今山东曲阜）。孔子早年做过乘田、委吏的小官，后升为鲁国大司寇，摄相事。因在“隳三都”事件中与鲁国掌握实际权力的三桓发生矛盾，被迫离开鲁国，周游列国，先后到过卫、曹、宋、郑、陈等国，晚年回到鲁国，整理六经，传道授业，相传有弟子三千，其中有七十二贤人。孔子去世后，其弟子及再传弟子把孔子及其弟子的言行语录和思想记录下来，整理编成《论语》一书。

孔子生当周文疲敝、“礼崩乐坏”的乱世，却对宗周礼乐文明心驰神往，“郁郁乎文哉！吾从周”（《论语·八佾》），对宗周文明的缔造者周公更是仰慕不已，希望重建“礼乐征伐自天子出”（《论语·季氏》）的有道社会。他倡导仁，重视礼，以仁释礼，以礼落实仁，故孔子政治哲学的两个核心概念乃是仁和礼。其中仁是“成己”“爱人”，是内在自觉、主体原则；礼是“名分”，是道德规范、伦理义务，是礼节仪式。仁、礼构成孔子政治哲学的重要内容。梁启超先生曾说：“儒家哲学，范围广博。概括说起来，其功用所在，可以《论语》‘修己安人’一语括之。其学问最高目的，可以《庄子》‘内圣外王’一语括之。做修己的功夫，做到极处，就是内圣；做安人的功夫，做到极处，就是外王。至于条理次第，以《大学》上说得最简明。”[①] 具体到孔子这里，仁代表了内圣的一面，而礼尤其是正名则反映了外王的一面。探讨孔子的政治哲学当从分析仁与礼入手，从仁探讨孔子政治哲学的内在精神，从礼尤其是正名讨论

---

① 梁启超：《清代学术概论　儒家哲学》，100～101页，天津，天津古籍出版社，2003。

孔子政治哲学的具体运思。

第一节 仁:“成己”与“爱人”

任何伟大的思想创造，都离不开对“已”或自我的思考，一种思想学说只有和个人的存在有关，只有解决、回答了“人之为人”这一人生的“终极性”问题，才能在历史上产生深远、持久的影响，故对这一问题的思考，必然要落实到对“已”的思考，“人之为人”实际也就是“已之为人”。不过，虽然几乎所有的思想家都有可能涉及“已”或自我的问题，但具体的思考方法是不同的。作为在西周礼乐文化传统下成长起来的思想家，孔子对“已”或自我的思考具有华夏民族的鲜明特色。在孔子看来，“已”与“（他）人”并不是截然对立的，对于什么是“已”或自我，并不能关起门来苦思冥想，也不能在神的启示下获得灵感顿悟，“已”或自我的意义只有在与他人的共存、互动中，才能得到理解和说明。“鸟兽不可与同群，吾非斯人之徒与而谁与?”（《论语·微子》）人总是生活于社会中，因此，与人“相偶”便成为“已”不可摆脱的存在形式，也成为理解“已”或自我的前提和出发点。但是自然状态的“相人偶”还只是一种客观、外在的形式，还没有经过自觉的反省过程，还不可能领悟真正的自我。此时若有自我意识出现，也一定是与他人的对立相伴随的。因此，从自然状态的“相人偶”，到自觉、自为的“相人偶”，需经历一次伟大的文化创造活动，需经历自我意识的自觉、自反。在孔子看来，周公“制礼作乐”无疑正是这样的创造活动，礼乐不仅奠定了人类生存、交往的人伦秩序，其所包含的“敬德”“保民”等德性意识还是维系当时社会的精神纽带，是早期人道精神的体现。然而春秋的“礼崩乐坏”，使周公以来的文明创制遭遇严峻考验。要重建“有道”的社会秩序，恢复礼乐的文明形式，除了肯定“君臣”“父子”的人伦秩序外，更重要的是，要通过对“已”的自觉、自反，确立起“修已以敬”“修已以安人”“修已以安百姓”（《论语·宪问》）的人生理想和目标。也就是说，“已”的终极意义要和天下的福祉、利益联系在一起，而扶危济贫、平治天下、“吾其为东周乎”（《论语·阳货》）的人生使命，又需通过“修已”“克已”“为已”来实现。在这样一种信念中，人、已的对立便不复存在，“于是对已的责任感同时即表现为对人的责任感，人的痛痒休戚同时即是己的痛痒休戚，于是根于对人的责任感而来的对人之爱，自然与根于对己的责任感而来的无限向上之心，浑而为一。经过这种反省过程而来的‘爱人’，乃出于一个人的生命中不容自己的要求，才是《论语》所说的‘仁者爱人’的真意”①。所以，孔子的“仁”是于春秋末年提出的一个使“己”挺立、振作起来，关涉人生终极意义的概念，它虽然也指“爱人”，但“爱人”只有和人生的终极意义联系起来才能得到理解。

孔子谈仁，常常指一些具体的德目，例如：“能行五者于天下为仁矣。……恭，宽，信，敏，惠。”（《论语·阳货》）“刚、毅、木、讷近仁。”（《论语·子路》）“樊迟问仁。子曰：‘居处恭，执事敬，与人忠。’”（《论语·子路》）这里的“恭”“宽”“信”“敏”“惠”等一方面总是对他人而言，是指对他人的“恭”“宽”“信”“敏”“惠”，但另一方面又落实在个人的品质上，是指“己”之“恭”“宽”“信”“敏”“惠”。只有“己”具有了“恭”“宽”“信”“敏”“惠”的品质，才有可能对他人表现出“恭”“宽”“信”“敏”“惠”的德行。同样，对他人的“恭”“宽”“信”“敏”“惠”成就了“己”之“恭”“宽”“信”“敏”“惠”。“居处恭”“执事敬”“与人忠”等也是如此。所以，“成己”与“爱人”实际是相辅相成、互为因果的，它们共同构成了仁的基本内涵。由于仁代表了自我成就、自我实现的过程，故往往也表现为一种内心境况，一种自觉向上的乐观精神。“（颜回）其心三月不违仁……在陋巷，人不堪其忧，回也不改其乐。”（《论语·雍也》）“仁者不忧。”（《论语·子罕》）“君子坦荡荡，小人长戚戚。”（《论语·述而》）颜回“其心三月不违仁”，绝不是说他在三个月里一直想着“爱人”，而应是指“成己”“修己”而言。在追求人生理想，成就、实现自己的过程中，必感到精神上的无限快乐，而不会为一时的外在境遇所困，这正是“孔颜之乐”的真谛所在。所以仁绝不仅仅是消极地适应外在规范，而是一种创造力，一种不可遏止的成就、实现自己的冲动。“子曰：‘唯仁者能好人，能恶人。’”（《论语·里仁》）仁能辨别是非、善恶，进行理性判断，所以在处理己与人的关系时，好恶、爱憎都是合理的。“子曰：‘苟志于仁矣，无恶也。’”（《论语·里仁》）假如以仁为意志的方向，那么，一切行为都合理，不会招致人的厌恶了。仁恰恰成为主体实践的动力和原则。

孔子谈仁也常常指“爱人”，但孔子的“爱人”实际也与“己”的自觉、自反有关。孔子所谓的仁往往与“孝弟（悌）”等血缘情感联系在一起，是以

① 徐复观：《释〈论语〉的“仁”——孔学新论》，见《中国思想史论集续篇》，237页，上海，上海书店出版社，2004。

孝悌为心理根据的。“孝弟也者，其为仁之本与!”（《论语·学而》）弟子有若的这句话一定程度上反映了孔子的思想。需要指出的是，这句话中的“为”字是动词而非系词。“言为仁之本，非仁之本也。”（《河南程氏遗书》卷十一）“谓行仁自孝弟始。”（《河南程氏遗书》卷十八）在孔子看来，孝悌是人人都具有的一种真实情感，而这种情感正是仁的根源所在，是否孝悌是判定一个人仁与不仁的标准。在孔子与宰我关于“三年之丧”的一段讨论中，孔子用内心的“安”与“不安”点醒宰我，要他从孝悌的自然情感中发现仁，体验仁。宰我居丧期间仍然安于食稻衣锦，完全丧失了孝悌之心，所以孔子说“予（宰我之名）之不仁也”（《论语·阳货》）。孔子讲仁，源于孝悌而又不等于孝悌，是从孝悌出发，层层向外推广，上升为君臣间的“忠”、朋友间的“信”，最后达到“泛爱众”，即上升为普遍的人类之爱。“子曰：‘弟子，入则孝，出则悌，谨而信，泛爱众，而亲仁。’”（《论语·学而》）“樊迟问仁。子曰：‘爱人。’”（《论语·颜渊》）“子曰：‘……夫仁者，己欲立而立人，己欲达而达人。’”（《论语·雍也》）可见，孔子的“爱人”实际上也是一个“推己及人”的实践过程，“爱人”恰恰源于“己”的自觉、自反。若没有“己”的自觉、自反，便是对自己麻木不仁；对自己麻木不仁，对他人就不会有休戚相关的感觉，当然更不会去爱人。所以“爱人”的实现同时即是“成己”“立己”的过程，这即是孔子强调“己欲立而立人，己欲达而达人”的原因所在。以往学者理解这句话时，往往以为仁是在“而立人”“而达人”上表现出来的，于是无形中把立己与立人、达己与达人看作两件事，因而在谈到仁的时候，重点自然落在立人、达人和爱人上面。“殊不知孔子这句话，是把两者说成一种必然的互相含摄的关系，在立己、达己之内须必然地含摄着立人、达人。在立人、达人之内，须必然地来自立己、达己。虽然下手是在己欲立、己欲达，但就其自身的内在关联说，实是一事的两面。”①

所以仁在内容上是指“成己”与“爱人”，而具体表现为自觉向上的道德精神。从孔子的一些论述来看，仁是一个超越性的概念。“‘克、伐、怨、欲不行焉，可以为仁矣?’子曰：‘可以为难矣，仁则吾不知也。’”（《论语·宪问》）“仁者必有勇，勇者不必有仁。”（《论语·宪问》）令尹子文三次被任命为令尹，三次被免职，喜怒不形于色，这可以说做到了“忠”，却未必可称作仁。陈文子每到一个城邦，见有坏人当政，必违而弃之，这可以说做到了“清”，却未

① 徐复观：《中国思想史论集续篇》，243页。

必可说是仁（参见《论语·公冶长》）。仁包含了“忠”“清”“勇”等，但“忠”“清”“勇”等并不等于仁。所以仁是最高的德，是不断企及的理想和目标。从这一点看，它与柏拉图的“至善”倒有某些相近之处。不过柏拉图的至善是一个抽象的理念，它与各种具体的善是普遍与特殊的关系。孔子的仁却不是抽象的，而是一个实践超越的过程，它包括互相联系的两个方面：一方面是由“己”不断向外施爱，由“孝悌”到“泛爱众”，实现仁爱的普遍化；另一方面在向外施爱的基础上，反过来成就自己、完善自己、实现自己，并最终上达天道，实现心灵的超越。

因此，仁不是一个抽象的概念，而是心灵的活动和实践；它不是现成的，而是在具体的境遇中不断生成和显现的；它似乎没有确切的界限和范围，而只是规定了实践的过程和方向。故孔子谈仁很少从定义入手，而是根据仁的特点随处指点。“司马牛问仁。子曰：‘仁者，其言也讱。’曰：‘其言也讱，斯谓之仁已乎？’子曰：‘为之难，言之得无讱乎？’”（《论语·颜渊》）据《史记·仲尼弟子列传》，司马牛“多言而躁”，故孔子要求他“其言也讱”，说话要谨慎。这表明克服了自身的缺点便可达到仁。当然，“其言也讱”本身并不等于仁。“樊迟……问仁。曰：‘仁者先难而后获，可谓仁矣。’”（《论语·雍也》）仁代表了“成己”“爱人”的实践超越过程，需要“先难而后获”，不是一蹴而就的，这是就实践过程言仁。同样，“先难而后获”本身并不等于仁。所以要给仁下一个定义的话，可以说：仁表达、反映的是道德生命实践超越，是“成己”“爱人”的整个过程，凡属于这一过程的、凡有利于实现这一过程的，都可称作仁。仁是全体，仁是过程。这是孔子的仁的独特之处，也是理解孔子的仁的关键所在。

李泽厚先生说：“中国古代哲学范畴（阴阳、五行、气、道、神、理、心），无论是唯物论还是唯心论，其特点大都是功能性的概念，而非实体性的概念，中国哲学重视的是事物的性质、功能、作用和关系，而不是事物构成的元素和实体。”[①] 仁也是如此。孔子通过仁表达的正是道德生命生生不息，“成己”“爱人”，不断创造、发展的全体和过程。如果离开了仁的这一“功能”或“作用”，如果不能从内心去体会、理解这一“功能”或“作用”，仁便没有任何意义。正因为如此，孔子很少用概念、定义界说仁，而是从内心直接点拨仁、唤醒仁；不轻易许人以仁，而是告诉人们如何为仁。表面上看，孔子言仁

---

① 李泽厚：《孔子再评价》，见《中国古代思想史论》，33页，北京，人民出版社，1986。

零散而缺乏联系，让人不好理解。实际上，孔子的仁包含了一套完整的思想，是有体系、有方法的。这就是为什么孔子没有给仁下一个明确的定义，而任何一个阅读过《论语》的人，无不能体会仁、理解仁，而一旦把仁上升为人生的最高理想，便会积极地实践仁，维护仁，“无求生以害仁，有杀身以成仁”（《论语·卫灵公》）。

在孔子那里，仁代表了道德主体“成己”“爱人”的实践超越过程，所以一方面，仁的获得要靠自觉、自反，靠直觉体悟。“子曰：‘仁远乎哉？我欲仁，斯仁至矣。’”（《论语·述而》）这里的“至”，不是从外而至，而是由内而至，是由内而外的显现。所以从内心出发，便会体会仁，发现仁。但另一方面，孔子又认为通过学习、认知也能实现、完成仁。故孔子谈仁，也谈知，常常将二者并举，如：“知者乐水，仁者乐山。知者动，仁者静。”（《论语·雍也》）“仁者安仁，知者利仁。”（《论语·里仁》）“知及之，仁能守之。”（《论语·卫灵公》）孟子也称孔子为“仁且智”（《孟子·公孙丑上》）。在孔子那里，仁与知存在密切联系。

从仁、知的内容来看，二者是有差别的。仁是人的内在自觉和活动，是主体的实践能力，是人生的最高理想；而知是人的认知活动和能力，是知人论事，获取智慧。仁虽然也能判断是非善恶，但它是德性之知（道德理性），用孟子的话说是良知；而知主要是闻见之知（认识理性），是对外物的认知活动。一般说来，知总要有外在对象；而仁却难以说是一种外在对象，毋宁说是道德生命本身。不过孔子谈知，并非一般地认识外物，而主要以“人事”为内容，包括“知人”“知十世”“知礼”“知乐”“知过”“知言”等，是一种伦理性认知。孔子的知往往又可以写作智[①]，智不仅是知的完成和实现，还是对“所知”的灵活运用，是处理、解决具体问题的智慧。这种知或智显然不是以认识自然、获取知识为目的，而是与道德实践密切相关。

> 子曰：“君子食无求饱，居无求安，敏于事而慎于言，就有道而正焉，可谓好学也已。”（《论语·学而》）
>
> 哀公问：“弟子孰为好学？”孔子对曰：“有颜回者好学，不迁怒，不贰过。不幸短命死矣，今也则亡，未闻好学者也。”（《论语·雍也》）

这里的“学”显然不是指获取知识，而是指学习正确的行为，塑造道德人格，

① 《论语》中只有“知”字，但有些“知”显然当作“智”讲，如《孟子·公孙丑上》引《论语·里仁》：“里仁为美。择不处仁，焉得智？”“知”即作“智”。

发明道德主体。这样，孔子的“知”“学”便和“仁”存在密切的联系。“好仁不好学，其蔽也愚。”（《论语·阳货》）仁虽然表达的是“成己”“爱人”的实践活动，但需要学、知的扩充、培养，否则便会产生“愚”的弊端。故在孔子看来，知可以丰富、充实仁，转化为仁；仁也可以提高、完善知。“子曰：‘知之者不如好之者，好之者不如乐之者。’”（《论语·雍也》）“知之”是主体对客体的认知反映，是人的经验认知活动；而“好之”“乐之”则是认知活动的升华，带有主观的情感和意志，是主体的自觉自愿。“子曰：‘不仁者不可以久处约，不可以长处乐。仁者安仁，知者利仁。’”（《论语·里仁》）“仁者安仁”容易理解，也较少分歧，关键是“知者利仁”。以往多解说此句为：“利仁者，知仁为利而行之也。”按照这种说法，“仁者安仁”和“知者利仁”是两个不同层次，二者有高低之分。但孔子仁、知并举，二者往往是一种并列的关系，而不是主从的关系，可见以往的注释并未道出此句的真谛。实际上，“知者利仁”是说知者利于成仁，它和“仁者安仁”分别是指两种完成、实现仁的方法。孔子下面的一段论述，可以说是此句的最好注解：

> 子曰：“知及之，仁不能守之；虽得之，必失之。知及之，仁能守之。不庄以莅之，则民不敬。知及之，仁能守之，庄以莅之，动之不以礼，未善也。”（《论语·卫灵公》）

这里“知及之”“仁能守之”说明了知与仁的关系。孔子认为，只是认识到了（“知及之”），却没能转化为仁，为仁所把守（“仁不能守之”），那么还只是停留在“知”的阶段，是不能长久的；相反，认识到了，又转化为仁，并在容貌行为上表现出来（“庄以莅之”），行动也符合礼，这才是知的最终结果，也才称得上善。这样，仁就不仅是内在的自觉，同时也是实践经验、智慧结晶，包含了经验认识的成果。仁不仅如学者所指出的，“是一种内在的力量和自我认识”，是一种内在原则①；同时也可以指某种德行和活动，是一种规范原则②。如：“仲弓问仁。子曰：‘出门如见大宾，使民如承大祭。己所

---

① 杜维明说：“仁是一种内在的原则，‘内在’即指仁不是从外部获得的品质；它不是生物的，社会的，或者政治力量的产物……仁基本上是同个人的自我把握、自我完善、自我实现的过程联系在一起的。”（［美］杜维明：《人性与自我修养》，胡军、于民雄译，8页，北京，中国和平出版社，1988。）

② 芬格莱特（Herbert Fingarette）说：“我们绝不能把《论语》中孔子的仁心理学化，认清这一点的第一步，是认识仁以及和它联系在一起的德行。”“仁是一种行为，它是把我们的注意力引向特定的人以及作为行动者的人的倾向。”“礼和仁是同一事物的两个方面，每一个方面都表现了人在扮演自己特定角色时的一种活动。”（［美］赫伯特·芬格莱特：《孔子：即凡而圣》，彭国翔、张华译，43～45页，南京，江苏人民出版社，2002。）

不欲，勿施于人。在邦无怨，在家无怨。’”（《论语·颜渊》）“子贡问为仁。子曰：‘工欲善其事，必先利其器。居是邦也，事其大夫之贤者，友其士之仁者。’”（《论语·卫灵公》）仁作为道德生命实践超越的过程和全体，它的实现和完成，不仅靠内在直觉和体悟，同时也离不开外在环境和经验认知的安顿和涵养。“子曰：‘里仁为美。择不处仁，焉得知？’”（《论语·里仁》）“子曰：‘人之过也，各于其党。观过，斯知仁矣。’”（《论语·里仁》）可以说，由于孔子仁、知并举，相互含摄，使仁具有了多层次的复杂内涵。仁既是内在自觉，又包含了外在经验，是内在与外在的统一。

第二节 “一以贯之”与“下学上达”

仁包含了“成己”与“爱人”，而“成己”与“爱人”又完整地统一于孔子的道德实践活动中，孔子将此形象地概括为“一以贯之”和“下学上达”。《论语·卫灵公》篇说：

> 子曰：“赐也，女以予为多学而识之者与？”对曰：“然，非与？”曰：“非也，予一以贯之。”

据《史记·孔子世家》，周敬王三十一年（前489），孔子与弟子困于陈蔡之间，“绝粮。从者病，莫能兴。孔子讲诵弦歌不衰。子路愠见曰：‘君子亦有穷乎？’孔子曰：‘君子固穷，小人穷斯滥矣。’子贡色作。孔子曰：‘赐，尔以予为多学而识之者与？’曰：‘然。非与？’孔子曰：‘非也，予一以贯之’”。人们常有这样的体会，生活中的挫折、困顿既会使人颓唐萎靡，也会使人感愤振厉，甚至思想出现质的飞跃，有意外的收获，这就是所谓的顿悟、悟道。《卫灵公》篇所记，应当是孔子首次提出“一以贯之”时的情景，不妨称之为“陈蔡悟道”。不过，孔子虽然提出“一以贯之”，但对“一”是什么，却没有说明，给后人留下了一个难解之谜。后来较早解开这个谜的是弟子曾参，他认为“一以贯之”是指“忠恕”而言。

> 子曰：“参乎！吾道一以贯之。”曾子曰：“唯。”子出，门人问曰：“何谓也？”曾子曰：“夫子之道，忠恕而已矣。”（《论语·里仁》）

对曾参这个说法，后人一直存有疑问，宋代叶适说：“余尝疑孔子既以一贯语曾子，直唯而止，无所问质，若素知之者……未知于一贯之指果合否？曾子又自转为忠恕。忠以尽己，恕以及人，虽曰内外合一，而自古圣人经纬天地之妙用固不止于是，疑此语未经孔子是正，恐亦不可便以为准也。”（《习学记言》卷十三）叶适认为用忠恕解“一贯”，只是曾参个人的理解，并没有得到孔子的首肯，是有根据的。[①] 因为据《史记·仲尼弟子列传》，曾参比孔子小四十六岁，为孔子晚年弟子，陈蔡之困时曾参仅十七岁，尚未及门[②]，不了解孔子提出“一以贯之”时的具体背景，以忠恕解之，只是曾子事后的推测，未必能反映孔子的思想。而且，在陈蔡之困中，孔子正经历人生的一次低潮，弟子的信心又发生动摇，孔子自当以精神信念与弟子相勉，使“己”挺立、振作起来，以信仰的力量战胜险恶的环境；而在孔子那里，这种“成己”“立己”的精神力量显然非仁莫属，若提出作为交往原则的忠恕，便不好理解。况且，忠恕只是仁的一个方面，“古人经纬天地之妙用固不止于是”，说孔子用忠恕“一以贯之”，明显不合适。还有，孔子的“一以贯之”是针对子贡误解自己“多学而识之”提出来的。前已论述，孔子的“学”并非仅仅指获取知识，而是指学习正确的行为，发明道德主体，颜回“其心三月不违仁”，“在陋巷，人不堪其忧，回也不改其乐”，故在孔子眼里最为“好学”（《论语·雍也》）。子贡遇到

---

① 由于曾参的“忠恕”不能很好地说明孔子的“一以贯之”，后代学者又提出种种不同的解释，归纳起来，大致有以下五种：（1）“一以贯之”是一种认识方法。何晏《论语集解》引《周易·系辞》云：“善有元，事有会。天下殊涂而同归，百虑而一致。知其元，则众善举矣。故不待多学而一知之。”认为“贯”是指贯通，“一”则是指事物的条理。清代焦循认为“一以贯之”即忠恕，也即格物：“忠恕者，絜矩也。絜矩者，格物也。物格而后知至，故无不知。由身以达乎家、国、天下，是一以贯之也。”（《孟子正义》卷五）近代章太炎对此做了进一步发挥：“心能推度曰恕，周以察物曰忠。故夫闻一以知十，举一隅而以三隅反者，恕之事也。”“周以察物，举其征符，而辨其骨理者，忠之事也。”（《检论·订孔》）（2）“一以贯之”指统一于天理。朱熹《论语集注》云：“贯，通也。……圣人之心，浑然一理，而泛应曲当，用各不同。”认为世间事物虽然众多，但都有一个形上的根据，都是天理的显现。孔子能认识到天理，虽然有种种不同的言论，但都是对天理的反映。（3）“一以贯之”指突破认识的束缚，达到“天地一贯”的精神境界。方以智说：“圣门之几本一，而本不执一，其圆如珠。……不能变即是不能权；不能权，不可与几；不可与几，岂可谓之贯！”又说：“一是多中之一，多是一中之多；一外无多，多外无一，此乃真一贯者也。一贯者，无碍也。”（《一贯问答》）（4）“一以贯之”指“一以行之”。王念孙据《广雅释诂》训“贯，行也”，认为：“一以贯之，即一以行之也。《荀子·王制》篇云：‘为之贯之。’贯亦为也。”（《广雅疏证》）阮元亦持此说：“‘吾道一以贯之。’此言孔子之道，皆于行事见之，非徒以文章为教也。一与壹同，一以贯之，犹言壹是皆以行事为教也。”（《揅经室集·〈论语〉一贯说》）（5）郭沫若说：“孔子曾说‘吾道一以贯之’，但他自己不曾说出这所谓‘一’究竟是什么。曾子给他解释为‘忠恕’，是不是孔子的原意无从判定。但照比较可信的孔子的一些言论看来，这所谓‘一’应该就是仁了。”（《十批判书》）

② 曾参入门时间不可确考，钱穆以为当在哀公十一年（前484）孔子自卫返鲁之后（参见《先秦诸子系年·孔子弟子通考》），故曾子此时尚未及门，《里仁》所记，当为孔子后来的言论。

挫折便“色作”，显然还没有真正懂得“学”，故孔子向其委婉地表示，“学”不能只停留在知识积累上，更重要的是，还要有个“一以贯之”的东西。这个“一”显然应该就是仁了，“一以贯之”就是“仁以贯之”。

人们可能会有疑问：仁是如何贯穿孔子思想始终的呢？其实，只要了解仁“成己”“立己”的特点及其在孔子思想中所处的地位，这一问题便很好理解了。前面说过，孔子的仁并非一个抽象的概念和原则，而是一个动态的活动和过程，它贯穿于孔子思想之中，构成孔子思想的核心，孔子的其他活动如“学”“知”等都是围绕着这一核心展开的，是服务于这一核心的。所以，“一以贯之”并非思维上、逻辑上的“贯之”，而是实践上、方法上的“贯之”；仁并非静态地平躺于孔子的思想中，而是动态地贯穿于孔子的生命实践中。孔子的一生也就是实践仁的生命过程：“仁以为己任，不亦重乎？死而后已，不亦远乎？”（《论语·泰伯》）“无终食之间违仁，造次必于是，颠沛必于是。”（《论语·里仁》）“学而不厌，诲人不倦。”（《论语·述而》）“发愤忘食，乐以忘忧，不知老之将至云尔。”（《论语·述而》）“朝闻道，夕死可矣。”（《论语·里仁》）可以说，只有仁才可以被称作贯穿孔子思想的“一”，“一以贯之”形象地道出了孔子仁的特点。与“一以贯之”相关，孔子又提出“下学上达”：

> 子曰：“莫我知也夫！”子贡曰：“何为其莫知子也？”子曰：“不怨天，不尤人，下学而上达。知我者其天乎！”（《论语·宪问》）
>
> 子曰：“君子上达，小人下达。”（《论语·宪问》）

什么是“上达”呢？刘宝楠引《论语比考谶》说：“‘君子上达，与天合符。’言君子德能与天合也。”（《论语正义》卷十七）程颐说：“盖凡下学人事，便是上达天理。”（《论语集注》卷七引）结合“知我者其天乎”[①] 来看，应该是符合孔子思想的。故“下学”是塑造道德人格，发明道德主体；“上达”是上达天道，实现心灵超越。“下学上达”即是仁充实、发展、完善、提升的整个过程。它与“一以贯之”一样，均是对仁的超越性特点、对仁的实践过程的描述。只不过“一以贯之”是从横向说，“下学上达”是从纵向说，而仁正兼括横向和纵向而成为“致广大而尽精微”（《中庸》）的精神活动。因此，孔子的仁不仅是沟通“己”与他人的活动，同时也是沟通“己”与天道的活动，是与古代天命观密切相关的概念。已有学者注意到，孔子的天保留有人格神的含义：“获

---

① 南朝梁皇侃《论语义疏》释此句：“上达者，达于仁义也，下达谓达于财利。”但与上下文不符，不可取。

罪于天，无所祷也。”（《论语·八佾》）“予所否者，天厌之！天厌之！”（《论语·雍也》）“吾谁欺？欺天乎！”（《论语·子罕》）“子曰：‘天生德于予，桓魋其如予何？’”（《论语·述而》）不过孔子之为孔子，并不在于他延续了古代的天命观念，而在于他“以仁发明此道”，认为通过仁即可上达天道，打破了自重、黎“绝地天通”以来少数贵族对天命的垄断，使天与个人发生了联系，为个人成圣提供了可能。因此，仁作为心灵的自觉和活动，虽然具有某种开放性，但并非没有自身的目标和方向，而是始终以天道为归宿，是一个向天道的无限超越过程。就孔子将仁与天统一起来，我们也可以说，孔子提出了道德形上学的问题。但这里所谓“形上学”，并非仅仅指“天生德于予”，即指我的德乃是天的赋予，具有形上的根据；更重要的，乃是要通过“下学上达”，践仁知天，将作为道德禀赋的仁上达天道。后一方面才是孔子仁的实践形上学的重点所在[①]，是孔子通过仁所开启的新的精神方向。这一新的精神方向后来经由子思的“尽其性”“尽人之性”“尽物之性”“赞天地之化育”（《中庸》），以及孟子的“尽心”“知性”“知天”进一步发展，成为儒家实践形上学的一个重要内容；而在这一“上达”的实践活动中，天逐渐内在化、虚位化，而仁（诚、心）则成为无所不包的精神存在，成为一个自由的精神境界。

第三节　孔子正名研究范式之反省

礼也是孔子思想的一个重要概念，是孔子对社会人生之道的思考。如果说，孔子的仁主要是一种思想创造的话，那么，孔子的礼则更多的是一种继承，由此反映出孔子社会人生之学与六艺之学的复杂联系。礼原指祭祀中的仪式，后又演变为人际交往中的礼仪、仪节等等。周代实行分封，通过大宗、小宗的区分，确立起天子、诸侯、大夫、士的等级制度，同时又“制礼作乐”，通过朝觐享聘等一系列礼仪，规定彼此的责任和义务，于是礼成为联系西周宗法统一体的精神力量，成为贵族交往中的行为语言。由于礼的特殊地位和作

① 牟宗三曾区别“道德底形上学”和“道德的形上学”，前者为“道德之形上的解析”，后者则是“由道德进路而契接的形上学”，即通过道德实践达到形上本体的形而上学理论。故“道德的形上学”亦可称“实践的形上学”。参见牟宗三：《心体与性体（上）》，第三章“自律道德与道德的形上学”，上海，上海古籍出版社，1999。

用，西周贵族非常重视礼的教育，习礼成为贵族生活的重要内容。在王室和诸侯国中往往藏有专门记录礼仪的“礼书”，以供贵族习礼之用。《周礼·春官·大宗伯》云：“大祭祀，与执事卜日，戒及宿之日，与群执事，读礼书而协事，祭之日，执书以次位常。”《左传·哀公三年》云：“夏，五月辛卯，司铎火。火逾公宫，桓、僖灾。救火者皆曰顾府。南宫敬叔至，命周人出御书，俟于宫。……子服景伯至，命宰人出礼书，以待命。”鲁国发生火灾，子服景伯首先让人抢救礼书。这说明在孔子之前，礼已成为贵族所垄断的专门之学，是贵族必备的知识修养。孔子在创立自己的思想时，吸取了礼的合理内涵，并对其进行了重新阐释，表达了自己对社会人生的思考；同时对三代之礼进行“损益”，归纳、总结出符合时代要求的礼仪，并运用于教学之中。这样，孔子的礼虽然主要是从周礼继承而来，但并非只是因循守旧，而是在继承中有所发挥创造，具有鲜明的时代特色。

孔子生当“礼崩乐坏”的乱世，却对“郁郁乎文哉”的周礼心向往之，对周礼的缔造者周公更是仰慕不已。在他看来，西周的礼乐制度虽然无可挽回地衰败了，但礼的精神并没有过时，礼不仅在三代社会中不断因循，而且在未来仍会发挥积极作用。

> 殷因于夏礼，所损益，可知也；周因于殷礼，所损益，可知也。其或继周者，虽百世，可知也。（《论语·为政》）

通过观察历史，孔子发现礼既是因循的，又是变化的。一方面，夏礼、殷礼、周礼存在着损益，互不相同；另一方面，它们又是继承因循、一脉相承的，礼在变化的形式下又具有不变的内在本质，所以说“其或继周者，虽百世，可知也”，礼要一代一代地延续下去，百代之后也不会改变。可见，孔子对于周礼实际上是一种“抽象继承”。他将礼看作一种社会秩序和组织原则，称作“名”，认为复礼就是正名。虽然具体的社会制度，如周代的分封制度等是可以变化的，但作为礼之核心的名分却是永恒的。所谓名分，用孔子的话来说，即是“君君，臣臣，父父，子子”（《论语·颜渊》）。这里，“君君，臣臣”中的前一个“君”和“臣”，是指作为君和臣的具体的人，后一个“君”和“臣”则是指君、臣的名分，“君君，臣臣”是说做君的人要符合君的名分，做臣的人要符合臣的名分；“父父，子子”也是如此。所以，名分其实也就是身份人伦关系，它从名和分两个方面对每一个社会成员进行了规定和认同。其中，名是具有次序的人际关系中的个体身份标志，是个人在社会关系中所处的位置，如君臣关系中的君与臣，父子关系中的父与子，等等；分是指具有某种身份或处于某个位置的个体所应遵守的伦理规范和所应履行的伦理义务。由于人总是生活在一定的社会关系中，每个人都应具有一定的名分，没有名分便意味着不被社会认可，不能成为社会中的一分子。同时，由于个人的名分总是在社会关系中获得的，是相对于一定的人伦而言的，所以名分和人伦又是联系在一起的，人伦构成了社会的网状结构，名分则限定了个人在社会中的位置和义务，没有人伦便不会有名分，没有名分也不会构成人伦。因此在孔子看来，要挽救“礼崩乐坏”的社会危机，就必须从正名做起，重建社会秩序，使社会每一成员都有相应的名，符合相应的分，这样，才能恢复上下有序的有道社会。否则，“名不正，则言不顺；言不顺，则事不成；事不成，则礼乐不兴；礼乐不兴，则刑罚不中；刑罚不中，则民无所错手足”（《论语·子路》）。这段文字可以说是孔子对于礼之正名作用的集中表达，而如何理解这段文字，也是学术界讨论的热点问题。从上文的表述来看，在“名不正”→“言不顺”→“事不成”→“礼乐不兴”→“刑罚不中”→“民无所错手足”的推论致思中，前一项可以看作后一项的先决条件，但是关于这种先决条件的性质问题，各方看法却有不同。古人对这一问题付之阙如，那是因为在他们看来这根本不成其为问题。问题的产生肇始于中国学者以西方思想尤其是柏拉图主义来解读孔子正名说。自从胡适等人开始以西方哲学的“理念”“概念”或“定义”来理解孔子所说的“名”之后，这种解说方式便一发而不可收，影响非常深远。① 除了对中国哲学史学科本身的影响之外，这种思想还波及其他领域，尤以三个领域为甚：一为政治思想史领域，该领域将正名理解为按照“名”的定义尽其应尽之事，然后再根据西方政治哲学中权利、义务的观念将这种应尽之事分为权利和义务两面。② 二为逻辑学领域，该领域主要将“名”理解为“概念”，将“言”看作“判断”，这样“名正言顺”就成了逻辑学的一般问题。③ 三为马克思主义思想领域，该领域将“名”理解为“概念”或“观念”，从而将有循“名”责实意味的孔子正名说看作观念论或唯心主义。④ 总之，按照柏拉图主义的范式，孔子正名说就是经验世界对观念世界的模仿和逼近，是从理念世界开始，中间

---

① 以胡适和冯友兰为代表。参见胡适：《先秦名学史》，30～40 页，上海，学林出版社，1983；冯友兰：《中国哲学史》，上册，53 页，上海，华东师范大学出版社，2000。

② 以萧公权、劳思光为代表。参见萧公权：《中国政治思想史》，第 1 卷，55 页，沈阳，辽宁教育出版社，1998；劳思光：《新编中国哲学史》，第 1 卷，91 页，桂林，广西师范大学出版社，2005。

③ 以温公颐为代表。参见温公颐：《先秦逻辑史》，172～174 页，上海，上海人民出版社，1983。

④ 以陈伯达、毛泽东为代表。参见陈伯达：《孔子的哲学思想》，载《解放》，1939 (69)；《毛泽东书信选集》，144～145 页，北京，人民出版社，1983。

历经对理念加以认知的环节，最终实践认知的过程。

不过，对于用以上方法来解读孔子正名思想，也有人提出严正质疑，最具代表性的意见来自美国学者陈汉生（Chad Hansen）。他认为孔子的正名说并没有诉诸精神实体、抽象实体或者观念实体，没有任何可靠的理由使我们接受正名理论的柏拉图解释。① 陈氏从语言的视角提出了一种中西思想差别论，认为古汉语名词本质上“不具个体性，而是可以任意分割的素质名词”，这与西语名词本质上是“具体名词和抽象名词相对立”的情况不同，所以汉语只重“名词文字”，而不重“文句语法”，进而在儒家正名思想中表现为只重视名理、名义、名分、名教上的“道德态度”，而不去关注思维和语法构造的法则。以现代术语来讲，就是只偏重于“正确的观点和立场”，而不在乎“真理真知”。② 陈汉生的研究立足于中西思想比较，他所细心体会的不能采取本质主义来理解正名的看法与很多对西方哲学有较多了解的人尤其是汉学家的观点不谋而合。③ 但是最值得注意的是他对孔子正名说的解读。陈氏之所以反对柏拉图主义的解释，固然是因为他发现了所谓中西语言的差异，但最根本的一点还是他觉得不能以本质主义的方式来理解与道德学说密切相关的孔子正名说。换句话说，他注意到本质主义的认知主义本质并不足以解释道德领域中言语对行动的影响，所以他实际上将儒家的学说理解为一种权威主义下的语言灌输论。④

陈汉生对于柏拉图主义解释的反省得到了诸多学者的认同，但是他对孔子正名说的理解却大有问题。陈启云对此有一个详细的辨析。他针锋相对地指出，孔子正名说后来虽然不可避免地发展为一种有道德权威色彩的儒家学说，但是这种“权威”是包含了“真理内涵”的，这表现为孔子对“言”的重视，孔子的正名思想注重的是“言”而不是“名”。陈启云对于孔子重“言”这一点的观察是有见地的。在“言”“行”之间，孔子更看重“行”，但这并不意味着他轻视“言”。“言”与“行”在这里是一致或不一致的关系，而不是后人所

---

① 参见［美］陈汉生：《中国古代的语言和逻辑》，周云之等译，99～100 页，北京，社会科学文献出版社，1998。

② 关于陈汉生对于中西语言思想差异的概括，可参见陈启云：《孔子的正名论、真理观和语言哲学》，载《汉学研究》，1992（2）。

③ 如张东荪、赫伯特·芬格莱特、郝大维（David L. Hall）、安乐哲（Roger T. Ames）等都反对正名理论的柏拉图解释。分别参见张汝伦编选：《理性与良知——张东荪文选》，342 页，上海，上海远东出版社，1995；［美］赫伯特·芬格莱特：《孔子：即凡而圣》，彭国翔 、张华译，11～12 页；［美］郝大维、安乐哲：《孔子哲学思微》，蒋弋为、李志林译，206～210 页，南京，江苏人民出版社，1996。

④ 参见［美］陈汉生：《中国古代的语言和逻辑》，周云之等译，93～95 页。

讲的一体或不一体的关系。在孔子的思考中，“言”本身有其独立的内容和价值，并不依附于“行”。[①] 孔子所说的“夫人不言，言必有中”（《论语·先进》）、“君子不以言举人，不以人废言”（《论语·卫灵公》）等都能明显体现这一点。总之，孔子所言之“言”是一种“言而及义”“言之有物”，并且“言而有信”的“言”，因此这种“言”并不完全是一种立场正确的说教。但是对于陈启云所云孔子正名说只重“言”而不重“名”的论断，笔者却以为失之轻率。孔子正名说最重要的一环当然还是“名”。孔子在这里提到的“言”是有条件的，这就是“名”，所谓“名正言顺”“君子名之必可言也”（《论语·子路》），也就是说“名”可以决定言语的内容、形式及效果。

综上所论，孔子在正名章提出了一种“名正”→“言顺”→“事成”的推论致思。关于对这种致思格式的理解，柏拉图主义认为这是一种“理想”→“原则”→“实践”的过程。陈汉生的看法其实是一种西方行为主义的解释，所以他认为这种致思格式是“行为 1”→“行为 2”→“行为 3”的过程。[②] 陈启云的解释对前两种看法有所反省，最主要的一点是他认为“名”并不是简单的名词，而是具有思想内容和理想含义的命题，说到底也是“言”的问题，所以他理解的致思格式是“言（知）1”→“言（知）2”→“行”的过程。

这三种对正名的致思格式的理解各有优劣。柏拉图主义的优点在于它将中西思想的核心内容融会贯通，比较成功地从一种异域思想的视角解释了正名思想的几个要素，比如为什么“名”对“实”有限定作用，为什么“名”有其确定性、明晰性和界限性的要求。令人遗憾的是柏拉图主义的解释也带来了水土不服的问题，就是在说明道德问题时面临着无法解决道德动力问题的窘境，以至于在以这种思维模式理解孔子正名思想的时候，忘记了它与道德的密切关系。陈汉生的行为主义解释是一种对西方思想有所省定之后的学说，因此他所着眼的首先是道德行为之所以发生的问题，从而将孔子正名说解读为一种权威主义下的言语说教。在陈启云看来，陈汉生的学说显然用力过猛了，因为他完全忽视了孔子的“言语”中所当然蕴含的“真理内涵”。陈启云的解释可以看作一种语言学说，因为他在发掘出孔子言语的“真理内涵”之后，仍然固执地跟随陈汉生等人，仅将“名”理解为一种名词，只是补充性地认为这种“名”有思想内容，因而其实还是一种“言”。这样一来，他仍然没有发现“名”的

---

① 参见陈启云：《孔子的正名论、真理观和语言哲学》，载《汉学研究》，1992（2）。

② 这是陈启云的分析，参见上文。

实质意义。

由是可见，对于孔子正名致思格式的研究，不能简单采取柏拉图主义模式，也不宜完全采取行为主义或语言学立场，但是通过对这些学说之间交互辩难关系的考察，能够发现孔子正名的致思格式至少包含了以下要素：（1）孔子正名说具有道德因素，因而必然包含了道德动力的原理；（2）能够说明为什么“名”可以决定“实”；（3）能够说明为什么“名”有确定性、明晰性和界限性的要求；（4）可以有效地说明“名”的“真理内涵”的问题。有鉴于此，笔者认为对正名致思格式的把握应该深入到文本与儒家思想的语境中去，尽量展现出孔子思想的本来意蕴。质言之，孔子正名的致思结构按其自身的语词表达就是“名”→“言”→“行”。对孔子正名致思格式的探讨也主要应该围绕这三个关键术语及其关系展开。

第四节　孔子正名致思的双重结构

在“名”→“言”→“行”三者中，“名”是至为关键的一环，其本质内涵并非名言义，而是儒家所特别强调的伦理政治意义上的名分义。如果承认这一前提，那么“名”之一项即蕴含着“言”与“行”，“名正”即本然地包括可言而笃行。[①] 于是，“名正”→“言顺”→“事成”→“礼乐兴”→“刑罚中”→“民有所错手足”这一推论致思中其实存在着一个嵌套。从外部看，整个“名正”“言顺”“事成”等可以看作一个“名”→“言”→“行”的格式，从内部看，“名正”里面也包括了一个“名”→“言”→“行”的格式。我们姑且将这种嵌套的现象称作正名致思的双重结构。

指出正名致思的这种双重结构有十分重要的意义。笔者以为，这种结构里面的一层主要是道德领域，外面的一层则涉及政治领域。孔子针对子路的提问当场随宜指出这段正名说的时候，或许没有有意在言语中布置这种结构，但是这并不妨碍他在提出一种为政之学时已经自然地在其言语中加入了政治与道德

① 孔子说：“君子去仁，恶乎成名？”（《论语·里仁》）“君子疾没世而名不称焉。”（《论语·卫灵公》）这种名实相依的思想可以表述为：若有一定的名，就应有一定的实；反过来，若有一定的实，也应有一定的名。所以，“名”若要得“正”，从根本上来讲，就一定意味着有“实”与之相符。而这个“实”主要是言、行二者。

关系的考虑。正名说的这种双重致思结构正好对应于道德与政治，可以借此来探讨孔子对道德与政治关系的处理。这种处理主要表现如下：

就道德与政治的关联来看，整个正名致思的双重结构表明在孔子的心中，政治与道德是同构的，其基本的致思格式都是“名”→“言”→“行”。这又表现在两个方面：一方面，由于“名”→“言”→“行”的致思格式从根本上是一种道德的格式，所以政治从形式上说是道德的；另一方面，又由于“名”之一项的内涵主要是道德的，而“名”→“言”→“行”的格式在整体上又指向包含了“礼乐”“刑罚”与“民”的为政之“事”，所以道德的最终指向是政治的。因此，正名章实际上是包含了道德因素的政治学。

就道德与政治的差异来看，从正名的这种致思结构中还可以发现，政治虽说是道德的，但其与道德比较起来还有两个重大区别：其一，为政除了讲“德”之外，还必须讲“言”。简言之，“正名”有狭义和广义的分别，狭义特指正其身，广义则指正其位。这也就是正名分与正名位之别，正名分指伦理角色而言，正名位则指政治权位来说。讲正名分的时候只要正其身就可以了，“言”的作用在其次，甚至讲究的是不言而行或先行而后言；然而讲正名位的时候就必须有“言”，否则就“事不成”了，而为政者要有“言”，就要有“智”，有“果”，有“达”，有“艺”，等等。其二，为政的背后还须有强力的保障，道德教化讲究的是“礼乐”“礼让”“辞让”，而政治操作还须有“刑罚”“杀伐”“狱讼”等内容。孔子为政虽然主张“礼乐”治国，但并不排除以“刑罚”为其保障。

道德与政治的这种交融关系不仅表现在正名说的致思结构中，也完全体现在《论语》的思想中。应该说，正名说是孔子关于政治与道德的思想的一个经典表达。下面以孔子直接讨论为政问题的材料对此做一简单说明。

首先，关于政治与道德的关联。有三段话可以说是孔子为政的基本主张：

> 子曰：“为政以德，譬如北辰居其所而众星共之。”（《论语·为政》）
>
> 或谓孔子曰：“子奚不为政?”子曰：“《书》云：‘孝乎惟孝，友于兄弟，施于有政。’是亦为政，奚其为为政?”（《论语·为政》）
>
> 子曰：“能以礼让为国乎？何有？不能以礼让为国，如礼何?”（《论语·里仁》）

孔子表达了一种有强烈道德色彩的政治思想，道德在这种为政思想中的重要地位在三段材料中从不同的角度尽显无遗。“为政以德”一段可以看作一个总的表达，“北辰”之喻说明道德是政治之权柄，握之即可操控全局。“孝乎惟孝”

一段侧重于指出“德”的重要内容之一是孝道。“以礼让为国”一段则主要阐明“德”的根本内涵是“礼让”。

此外，还有大量材料不仅表明“为政以德”的重要，还从正其身的角度具体阐述了这种“德”，如：

> 哀公问曰：“何为则民服?”孔子对曰：“举直错诸枉，则民服；举枉错诸直，则民不服。”（《论语·为政》）
>
> 子张问政。子曰：“居之无倦，行之以忠。”（《论语·颜渊》）
>
> 季康子问政于孔子。孔子对曰：“政者，正也。子帅以正，孰敢不正?”（《论语·颜渊》）
>
> 季康子问政于孔子曰：“如杀无道，以就有道，何如?”孔子对曰：“子为政，焉用杀？子欲善而民善矣。君子之德风，小人之德草。草上之风，必偃。”（《论语·颜渊》）
>
> 子路问政。子曰：“先之劳之。”请益。曰：“无倦。”（《论语·子路》）
>
> 仲弓为季氏宰，问政。子曰：“先有司，赦小过，举贤才。”（《论语·子路》）
>
> 子曰：“苟正其身矣，于从政乎何有？不能正其身，如正人何?”（《论语·子路》）

这些论述的中心意思是一致的，都强调为政首先要做的是正其身，执政者只有自己的行为端正了（“正其身”），凡事能发挥带头作用（“先之劳之”“先有司”），在自己的职位上勤敏无倦（“无倦”），才能使下面的人心服口服地像自己一样为善（“民服”“民善”“正人”）。并且执政者不仅自己要以身作则，还要“举直错诸枉”“举贤才”，使居上位者都能做到其身正，这样才有效果。为此，孔子还用了一个“君子之德风，小人之德草”的比喻。孔子所理解的为政方式主要就是这种上行下效的方式，其致思格式正是“名”→“言”→“行”。此外，由这些材料还能看到为政的根本目的是使民归正、欲民为善，这也说明了政治从本质上说是道德的，而道德从其用意上说是指向政治的。

其次，关于政治与道德的区别。先要指出的是在政治活动中，“言”有着非常重大的意义，如：

> 定公问：“一言而可以兴邦，有诸?”孔子对曰：“言不可以若是其几也。人之言曰：‘为君难，为臣不易。’如知为君之难也，不几乎一言而兴

邦乎？”（《论语·子路》）

“言”在治国中的作用甚大，甚至“一言而可以兴邦”，孔子虽然觉得这多少有点夸张，但也基本表示认同。实际上，“言”只是除了“德”之外为政所需众多才智的表现而已，这些才智的具体内容有很多方面：

> 季康子问：“仲由可使从政也与？”子曰：“由也果，于从政乎何有？”曰：“赐也可使从政也与？”曰：“赐也达，于从政乎何有？”曰：“求也可使从政也与？”曰：“求也艺，于从政乎何有？”（《论语·雍也》）
>
> 子曰：“诵《诗》三百，授之以政，不达；使于四方，不能专对；虽多，亦奚以为？”（《论语·子路》）
>
> 谨权量，审法度，修废官，四方之政行焉。（《论语·尧曰》）

可见，为政除了要做到正其身以外，还有很多其他要求。譬如子路具备的“果”的品质、子贡具有的“达”的素质，以及冉求拥有的“艺”的本事，这说明政治充满了复杂性，有时候需要果敢的决断能力，有时候需要圆融的外交能力，有时候还需要出众的才艺。又如，若是出使四方，还要熟诵《诗》三百，能够“专对”，这就需要学诗、学礼、学乐，融会贯通。再如，为政还需要“谨权量”“审法度”“修废官”。这些情况表明为政除了要有“德”，还要有“智”。为政所需的诸多能力需要通过不断学习才能掌握，子夏曾将出仕与学习的关系概括为：“仕而优则学，学而优则仕。”（《论语·子张》）这说明为政是需要学习之后才能胜任的，即使已经出仕，也应当不断学习。孔子的一句话也透露出这种意思：“不患无位，患所以立。”（《论语·里仁》）所谓“患所以立”强调的也一定不单纯是道德。

此外，为政之道除了有与道德相关的礼乐之外，也有刑罚的内容，如：

> 子曰：“听讼，吾犹人也。必也使无讼乎！”（《论语·颜渊》）
>
> 孔子曰：“天下有道，则礼乐征伐自天子出；天下无道，则礼乐征伐自诸侯出。”（《论语·季氏》）

孔子的刑罚观念值得琢磨，由他对断案的态度可知他不反对为政需要听讼，但他设想的理想状态却是一种“无讼”的情形：人人都能礼让，自然无讼了。又，他也不反对征伐，只是认为征伐需要“自天子出”。所以，我们有理由相信孔子对刑罚所持的看法应该是，认为它是政治的最终保障和底线。

第五节　孔子正名政治的运作模式

由正名致思的双重结构能够看到，孔子正名说是以道德为形式而指向政治的一种学说，所以归根结底，它是一种政治学说，只是这种政治学说有其独特的道德内涵和结构。以下我们就着重探讨这种政治学说的运作模式。

孔子这样总结其正名思想："君子名之必可言也，言之必可行也。君子于其言，无所苟而已矣。"（《论语·子路》）如果我们从名分入手来理解这里的"名"，这句话就是说，如果一个君子被赋予了一定的名分，就一定对这个名分之义能够言说，更一定会按照说的去做。由此可见"名"→"言"→"行"的致思格式。具言之，这种格式又可以区分为道德与政治两种，而之所以有这种区分，主要是因为"行"与"事"有别。讲道德，名之必可言，言之必可行就可以了；讲政治，却必须名正而言顺，言顺而事成。很明显，有行动并不代表事情最终一定能够办成，这就造成了政治与道德的一个重大区别。可以说，"事成"是正名政治的核心环节。此环节又涉及两个基本问题：如何成事与成什么事。

第一，关于如何成事，主要由"名正"→"言顺"→"事成"三个环节组成。实际上，倘若不论"事成"的具体内容，这已经包含正名说的所有环节了；并且从根本上说，所有三个环节都可以归到"名正"中去。一言以蔽之，"名正"即可"事成"。但是，若笼统地这样讲，容易造成误解，因为"名正"有三层内涵，必须三层都说到，才能最终"事成"：

其一，社会层面的正名分。名分首要的一层意思是某种社会的认可度，这也是名的基本内涵，只是作为政治伦理意义的名分的这种属性更加突出。政治名分的被认可与否直接决定着当事人言行是否有效力，所以在这层意义上也可以说"名正"→"言顺"→"事成"。就是说名分确定和被承认了以后，当事人说的话就有人听了，有人听了之后，事情自然就有可能办成。

其二，道德层面的正名分。名分被认可后，的确可以"言顺"乃至"事成"，但这种"言顺"与"事成"都有或然性。为了增强"言顺"与"事成"的效力，就需要启动道德的权柄了。既然为政的根本目的是欲民为善，那么为了达到此效果，上位者首先要做到正己，才可能做到正人，这里面的结构也是

“名正”→“言顺”→“事成”。正其身这种行为，当然也包括在名分所意指的行为中，所以也是“正名”，有了这种“正名”的行为，就可以使别人心悦诚服地听从自己的话，一旦自己所说的话有了效力，那么离“事成”也就不远了。

其三，政治层面的正名分。道德上的“名正”虽然可以在相当程度上保障“言顺”，但是事情最终能不能成不仅要看言语的效力，还取决于言语的内容，言语的内容若不明智，即使有再多人愿意听从这个言语，最终欲民为善的事情也会办砸。从这个意义上来讲，政治上的正名分是一种全面的正名分，它是在名分的认可与正其身的基础上，对名分所含意蕴的一种穷尽的贯彻。

第二，关于成什么事，主要由“事成”→“礼乐兴”→“刑罚中”→“民有所错手足”四个环节组成。严格来说，“事成”包括了“礼乐兴”“刑罚中”和“民有所错手足”，这四个环节都可以归到“事成”中来。在此意义下，应当引起注意的是“名正”→“言顺”→“事成”与“事成”→“礼乐兴”→“刑罚中”→“民有所错手足”，这两段内容的推论方式并不一样。在前一段中，“名正”是“言顺”的必要条件①，“言顺”是“事成”的必要条件。而后一段则不然，“事成”应当看作“礼乐兴”的充要条件，“礼乐兴”是“刑罚中”的必要条件，“刑罚中”是“民有所错手足”的必要条件。② 不过，即使注意到了这种逻辑推论方式的不同，也并不等于已经了解了其中的含义，因为导致相同逻辑推论方式的具体内容不一定相同，而重要的是了解具体内容。下面我们就来考察一下“事成”“礼乐兴”“刑罚中”“民有所错手足”之间的具体内容和关系。

其一，先来看“事成”。“事”是《论语》中常见的用语。用法大致可分两类。一类是动词。其中一义表示侍奉、服侍，如：“事父母，能竭其力；事君，能致其身。”（《论语・学而》）“事君尽礼，人以为谄也。”（《论语・八佾》）“三分天下有其二，以服事殷。”（《论语・泰伯》）另有一义表示从事、实行，如：“昔者吾友尝从事于斯矣。”（《论语・泰伯》）“回虽不敏，请事斯语矣。”（《论语・颜渊》）另一类是名词，也有两个含义。一个是一般的事情，如：“有事，

---

① 作为推论的一个环节，只能是名分的确定或道德上的正名分意义下的“名正”。因为从政治角度来讲，名正即事成，此时并无推论可言。

② 这种推论方式的不同常常被人们忽略。就笔者所见的材料，人们一般仅将孔子这段话理解为一种逻辑上的假言推理，中间并无详细辨析。如张志林认为：“名正是言顺的先决条件，言顺是事成的先决条件……要言之，孔子认为正名乃为政之根本。”颜华东认为：“孔子在这段话里，使用了一个假言连锁推理，最后实际推出：‘名不正，则民无所错手足。’”分别参见张志林：《孔子正名思想的现代诠释》，载《孔子研究》，1996（4）；颜华东：《孔子“正名”逻辑思想别谈》，载《甘肃理论学刊》，2000（1）。

弟子服其劳。”（《论语·为政》）“成事不说，遂事不谏。”（《论语·八佾》）“吾少也贱，故多能鄙事。”（《论语·子罕》）“入太庙，每事问。”（《论语·乡党》）“工欲善其事，必先利其器。”（《论语·卫灵公》）另一个则特指政事，如：“政事：冉有，季路。”（《论语·先进》）“事君，敬其事而后其食。”（《论语·卫灵公》）“季氏将有事于颛臾。”（《论语·季氏》）“好从事而亟失时，可谓知乎？”（《论语·阳货》）孔子对政与事做过一层区分：

> 冉子退朝。子曰：“何晏也？”对曰：“有政。”子曰：“其事也。如有政，虽不吾以，吾其与闻之。”（《论语·子路》）

为何提出政、事之别？马融曰：“政者，有所改更匡正。事者，凡行常事。”郑玄注：“君之教令为政，臣之教令为事也。”学者多主郑说，如朱熹谓：“政，国政。事，家事。”刘宝楠说：“揆郑之意，当以政、事有公、私之别，故夫子辨之，亦正名定分之意。”依此来看，郑说似乎说到点子上了，但严格说来，国、家，公、私之别只是就名分性质的判断，而没有涉及内容，所以完整的表述当属《魏书·高闾传》之说：“政者，君上之所施行，合于法度、经国治民之属，皆谓之政。臣下奉教承旨，作而行之，谓之事。”因而马、郑之说都不错。但话说回来，孔子特意做了政、事之别，这恰恰说明政、事是有联系的，诚如程树德所言：“二字对文虽异，散文亦通。故仲弓为季氏宰问政，而《诗》亦言王事，是政事不分别也。”[①] 关于这种“事”，还可以从其他角度来说，如：“有澹台灭明者，行不由径，非公事，未尝至于偃之室也。”（《论语·雍也》）“俎豆之事，则尝闻之矣；军旅之事，未之学也。”（《论语·卫灵公》）“见小利，则大事不成。”（《论语·子路》）“公事”，当指邦国之事，与私家之事相对；“俎豆之事”，当指礼乐之事，与杀伐之事相对；“大事”，当然是君子应行之事，与“小事”相对。总而言之，“事”在孔子那里最重要的一个含义是指政事，而政事主要是公事、大事或礼乐之事。

其二，再来看“礼乐”“刑罚”。孔子认为“事成”主要是兴“礼乐”之事，“礼乐兴”是“刑罚中”的前提条件。孔子主张礼乐治国，这在《论语》中表现得很清楚，但是关于如何兴“礼乐”，却要仔细琢磨。通过“吾与点也”一章弟子各言其志能看出一些信息。子路率尔言：“千乘之国，摄乎大国之间，加之以师旅，因之以饥馑；由也为之，比及三年，可使有勇，且知方也。”（《论语·先进》）孔子听了之后对其哂之以鼻，原因正是“为国以礼，其言不

① 以上相关材料均引自程树德：《论语集释》，915～916页，北京，中华书局，1990。

让”（《论语·先进》）。冉有的志向是：“方六七十，如五六十，求也为之，比及三年，可使足民。如其礼乐，以俟君子。”（《论语·先进》）孔子听后叹其气量太小，不敢称“方六七十，如五六十”之地为“邦”，在孔子看来，治国安邦一开始不能只看其大小，正如后来孟子说的：“以德行仁者王，王不待大——汤以七十里，文王以百里。”（《孟子·公孙丑上》）不过这也说明孔子对冉有“足民”而后兴“礼乐”的治国次序是认可的，甚至这本就是他教导的结果。他曾针对子贡问政而明确提出“足食，足兵，民信之矣”（《论语·颜渊》）的为政次第，将作为礼乐层面的“信”放在后面。子路的回答大概也不全系其私见，因为那也体现了“足食”“足兵”的思路，只是他丝毫未言“礼乐”，是故孔子“哂之”。由此可见，以礼乐治国，并不是先以礼乐治国。在兴礼乐之前，还要做些准备工作。孔子大概非常了解管子所谓“仓廪实而知礼节”的道理。只是因为礼乐、礼让在治国过程中发挥着根本性的作用，所以才给人礼乐凸显的印象。

关于礼乐，还需进一步考察的是，礼乐为什么可以治国。有两段材料可供参考，一段是关于“乐”的：

> 子之武城，闻弦歌之声。夫子莞尔而笑，曰：“割鸡焉用牛刀？”子游对曰：“昔者偃也闻诸夫子曰：‘君子学道则爱人，小人学道则易使也。’”子曰：“二三子！偃之言是也。前言戏之耳。”（《论语·阳货》）

“弦歌之声”属礼乐之事而但言“乐”，子游名之曰“学道”，孔子默以为然，这说明在孔门中人看来，礼乐即学道、求道之事，礼乐之重要性可见一斑。尤为重要的是这里还提出了礼乐之治的作用和意义，即“君子学道则爱人，小人学道则易使也”。朱熹注此段云：“君子小人以位言之。子游所称，盖夫子之常言，言君子小人皆不可以不学，故武城虽小，亦必教以礼乐。”① 朱子这个解说强调的是君子、小人皆需学习礼乐，而孔安国的一个解释则侧重于说明为什么小人学道则易使：“道，谓礼乐也。乐以和人，人和则易使也。”② 至于为何君子学道就能爱人，孔氏付之阙如，或许在他看来，这是不言而喻的，不过释其为“乐以和人，人和则爱人也”，想必也无不可。另有一段是关于“礼”的：

> 子曰：“上好礼，则民易使也。”（《论语·宪问》）

“上好礼”也是礼乐治国而偏言“礼”。对于以礼治国的重大意义，孔子同样解

---

① 转引自程树德：《论语集释》，1190页。

② 同上书，1189页。

释为“民易使也”，这与“小人学道则易使也”的说法不二，但两者之所以如此的原理却不尽相同。何晏《论语集解》引用《论语》的另一句话“上好礼，则民莫敢不敬”（《论语·子路》）对此做了解释：“民莫敢不敬，故易使。”朱熹《论语集注》引谢良佐语认为：“礼达而分定，故民易使。”① 从《礼记·乐记》的思想来看，孔安国和谢良佐的解释相映成趣而得其大端，所谓：“乐者，天地之和也。礼者，天地之序也。和，故百物皆化；序，故群物皆别。”“乐”是从“和”的角度讲，“礼”是从“序”的角度讲，“和”是有序之和，“序”是和而不同，两者相得益彰的效果就是“百物皆化”，就是“民服”，就是“民易使也”。②

谈了礼乐，还要进一步说到刑罚。在孔子看来，礼乐与刑罚从根本上说是一致的。这表现在：首先，礼乐与刑罚的性质是相同的。子曰：“君子之于天下也，无适也，无莫也，义之与比。”（《论语·里仁》）因此，我们相信孔子所认可的刑罚一定与礼乐一样，本身就蕴含着一种“义”。其次，刑罚有教化之功，应该包含着欲民为善的目的，而不是为了刑罚而刑罚。孔子所谓为政“四恶”之一就是“不教而杀谓之虐”（《论语·尧曰》），“教”固然主要指礼乐教化，但也应当包含了刑罚的训诫。刑罚的本意是一种警示和惩戒，用来使人改过迁善。最后，刑罚是一种秩序的底线。最好的状况是全以礼让行事，刑罚存而不用。然而这种理想状态一般是不可能存在的，在此情形下应该保障刑罚发挥应有的作用，既要对应受惩罚的人严惩不贷，同时也要使不该受罚的人心安理得，只有这样才叫作“刑罚中”。当然，这是就刑罚与礼乐的统一性来讲的，是一种经过孔子改造的礼乐之后的刑罚。若单纯只讲刑罚，孔子则坚决反对，这在《论语》中表现得也很明显，如：“道之以政，齐之以刑，民免而无耻；道之以德，齐之以礼，有耻且格。”（《论语·为政》）“君子怀德，小人怀土；君子怀刑，小人怀惠。”（《论语·里仁》）③ 这都是将刑罚放在治国方略的立场

---

① 转引自程树德：《论语集释》，1040页。

② 孔安国释“事不成，则礼乐不兴；礼乐不兴，则刑罚不中”为：“礼以安上，乐以移风。二者不行，则淫刑滥罚。”（转引自程树德：《论语集释》，893页。）这是从礼、乐分别对上、下的作用而言的，可以看作对于“和”与“序”之别的又一补充。

③ 此章言人人殊，以皇侃《论语义疏》所引李充的解释为确：“凡言君子者，德足轨物，义兼君人，不唯独善而已也。言小人者，向化从风，博通下民，不但反是之谓也。故曰‘君子之德风，小人之德草’也。此言君导之以德，则民安其居而乐其俗，邻国相望而不相与往来，化之至也。……齐之以刑，则民惠利矣。夫以刑制物者，刑胜则民离。以利望上者，利极则生叛也。”另有一解是就君子小人之趋向而言，但这需要将“君子怀刑”曲解为安分守法，如朱熹释“怀刑”为“畏法”，这就有曲字成解之嫌。李充等人的解释是言君子对小人上行下效之义，这与“道之以政，齐之以刑，民免而无耻；道之以德，齐之以礼，有耻且格”的意思是一样的，说明孔子只是反对“齐之以刑”或“君子怀刑”之类的以刑罚为治国方略的做法，并没有否定刑罚在礼乐之后的特定意义。

上，孔子对此坚决反对，旗帜鲜明地主张以礼乐治国。

其三，最后来看“民有所错手足”。如前所述，为政的关键是“成事”，并且主要是成礼乐之事，但是礼乐之事并不是单纯关乎礼乐，在兴礼乐之前，还必须保障百姓的温饱和安全，即“足食”“足兵”。在兴礼乐的治国方略下，还要使刑罚发挥应有的作用，这样水到渠成的结果就是“民有所错手足”。知道自己的手脚应当放在哪里，这个说法形象地表明了儒家为政的终极目标：使众民远离躁乱，身心安定。这是孔子的最高志向，子路曾问孔子：“愿闻子之志。”孔子答曰：“老者安之，朋友信之，少者怀之。”（《论语·公冶长》）这是对“民有所错手足”的一种更加细致的表达，将“民”根据与自己的关系分为“老者”“朋友”和“少者”，并分别予以各适其宜的安置。子路又有一次问“君子”，“子曰：‘修己以敬。’曰：‘如斯而已乎？’曰：‘修己以安人。’曰：‘如斯而已乎？’曰：‘修己以安百姓。修己以安百姓，尧、舜其犹病诸’”（《论语·宪问》）。这段也说明君子的最高志向是“安百姓”，并且声称这是尧、舜这样的圣人向往而难以实现的事。这种意思并非只此一见。“子贡曰：‘如有博施于民而能济众，何如？可谓仁乎？’子曰：‘何事于仁！必也圣乎！尧、舜其犹病诸！’”（《论语·雍也》）“圣”是比“仁”还要更高一层的德，其较“仁”多出的这层意思主要就是安顿众民。由此可见，孔子为政的最高目的就是安民，当然，这种“安”也包含了多个层次。孔子这种施政思路是儒家的一个共识，《礼记·大传》中的一段材料可资参考：

> 自仁率亲，等而上之至于祖。自义率祖，顺而下之至于祢。是故，人道亲亲也。亲亲故尊祖，尊祖故敬宗，敬宗故收族，收族故宗庙严，宗庙严故重社稷，重社稷故爱百姓，爱百姓故刑罚中，刑罚中故庶民安，庶民安故财用足，财用足故百志成，百志成故礼俗刑，礼俗刑然后乐。

总之，正名作为一种与道德同构的政治学说，其运作模式是以正名的方式去实现包含了刑罚的题中应有之义的礼乐之治，最终安顿众民。

第六节　正名政治中的二元现象

了解了正名政治的运作模式之后，最后需要对这种政治模式做一个初步审查。从历史的视角来看，正名的政治理论最值得注意的特点莫过于它预设了两种完全不同的人，一种为“君子”，一种为“平民”①。因为两者不可通约，所以笔者称其为正名政治中的二元现象，这也是儒家政治思想的一个基本特点。

“君子”一词，最初指有位者，但“位”仅仅是一种名分、名位，孔子认为真正的君子必须有与其名分相应之德，于是君子在孔子那里主要指有德者。在此背景之下，所谓君子可从两方面来概括：其一，君子是有德者，君子“修己以敬”，着眼的是“正其身”，因此君子首先意味着个人道德领域内的无限追求；其二，君子还不满足于有德，而是在有德的基础上进而要求有位，君子要“修己以安人”，最终达到“修己以安百姓”，所以君子还意味着有远大的政治志向。孔子正名说以及孔门学说的受众都被期许成为这种君子，从而引以为同道。总之，君子是一群“道”的积极追求者，他们在做任何事情的时候都以“道”为优先，最典型的表现就是“君子谋道不谋食……君子忧道不忧贫”（《论语·卫灵公》）。

“平民”又称为“民”“百姓”“庶人”“小人”等，其基本特征是无位。孔子对平民一方面取一种他者视角，孔门中人都不会引以为同道，因此孔子会说：“民可使由之，不可使知之。”（《论语·泰伯》）强调君子与平民之别在于知与不知。另一方面对平民取一种客观视角，承认他们固有所长，并认为这些长处不必与君子相同。因此面对樊迟请学稼圃时，孔子称其为“小人”，并申述君子之学主要在于使上位者“好礼”“好义”“好信”，这是强调君子与平民的事业不同。不过，同君子的情况相应，平民也发展出一种价值义，即“小人”。小人是君子的反面，小人相对于君子所具备的种种特点往往也被归在平民的特性中。总之，平民是君子之外的一群他者，应当先富而后教（《论语·子路》），或依孟子之说，“明君制民之产”，“然后驱而之善”。而君子与平民的区别就在于：“无恒产而有恒心者，惟士为能。若民，则无恒产，因无恒心。”（《孟子·梁惠王上》）

前述正名政治的运作模式明显表现出这种二元现象。在如何成事方面，我们看到成事的主语是君子。君子成事，首先得有名有位，否则就显得“名不正则言不顺”。在有位的前提下，君子要做到有德，这样才能正己而正人。但仅仅做到有德，还无法成事，君子还需有政治智慧，如此方能成礼乐之事，安顿众民。在成什么事方面，事主要指大事、公事或礼乐之事，做这些事情最终

---

① “民”在《论语》中有两种用法，一是老百姓，二是一般人，多数指前者（参见杨伯峻：《论语译注》，2版，231页，北京，中华书局，1980）。为了明确起见，笔者将民的百姓的含义用“平民”一词来表示。

是为了平民，但是平民在这个过程中只是被动的参与者。对一个无位的君子而言，这些事情似乎也超越了他的个人范围，但是我们发现，孔门中人当仁不让地把安顿众民的事情作为自己的讨论对象和伟大志向。另外，兴礼乐的准备工作是足食、足兵等，这说明礼乐教化的受众是平民，君子认为对平民而言，食色应当在礼节之先。最后，在礼乐教化的过程中，孔子对君子和平民是区别看待的，君子学道爱人，小人学道易使，这也充分说明了君子、平民的二元预设。

大致说来，正名政治中的这种二元预设与中国古代社会长期以来士庶二分的社会现实是相应的。在孔子之前，“士”本是周代封建制度中贵族阶级的最低一层，在森严的封建等级制度下，士的身份相当固定，所从事的主要是一些操作性较强的职事性工作。然而，当时代推至春秋战国，随着封建等级制度的崩坏，社会各阶层之间的流动也愈见频繁，于是导致了士阶层人数激增。士阶层的膨胀一方面是由于贵族下降，另一方面则源于庶民上升。最终，士阶层从固定的封建秩序中游离出来，从而变成一种“游士”。在新的社会秩序中，游士为自己找到了“劳心者”的位置，即知武子所言：“君子劳心，小人劳力，先王之制也。”（《左传·襄公九年》）“劳心者”亦即有知者，所以孔子有“民可使由之，不可使知之”的说法，这是与君子有知相对的。孟子则总结道：“劳心者治人，劳力者治于人；治于人者食人，治人者食于人，天下之通义也。”（《孟子·滕文公上》）①

从士庶二分出发，儒家政治顶层设计的特点就在于君子作为“道统”一极的挺立，一方面牵制了“政统”，另一方面照顾了平民利益。这是一种以君子为核心而为平民操心的格局。君子在这一格局中是主动者，他通过正己而正人，通过修己而安人，通过内圣而外王。平民在这一格局中则完全是被动者，他们被作为一个整体来安排、照顾和关爱，作为个体而发出声音的平民是没有的。如此一来，整个天下就成为善的一体了，君子是其大体，平民是其小体。对整个天下来说，需要先立乎其大，也即先要有君子。大体爱其小体，这是君子爱人；小体听其大体，这是小人易使。儒家政治的这个原理，笔者称其为“二元而一体”。这个原理在现实政治中的应用表现为，士君子逐渐形成一股现实的力量，他们努力与王权结合，一方面从理论上宣扬“圣王合一”，另一方面从实践上讲究“士仕转化”，此即儒家的王道政治。不过，倘若我们对儒家

① 具体情况可参见余英时：《士与中国文化》，84～87页，上海，上海人民出版社，1987。

政治的二元现象有所省察的话，就会发现，当中国社会士庶二分的历史情况发生变化以后，王道政治的合法性也将受到根本的挑战。

梁　涛　苟东锋

参考文献

徐复观．释《论语》的“仁”——孔学新论//中国思想史论集续篇．上海：上海书店出版社，2004.

李泽厚．孔子再评价//中国古代思想史论．北京：人民出版社，1986.

杜维明．人性与自我修养．胡军，于民雄，译．北京：中国和平出版社，1988.

赫伯特·芬格莱特．孔子：即凡而圣．彭国翔，张华，译．南京：江苏人民出版社，2002.

牟宗三．心体与性体：上．上海：上海古籍出版社，1999.

余英时．士与中国文化．上海：上海人民出版社，1987.

陈启云．孔子的正名论、真理观和语言哲学．汉学研究，1992（2）.

胡适．先秦名学史．上海：学林出版社，1983.

萧公权．中国政治思想史．沈阳：辽宁教育出版社，1998.

温公颐．先秦逻辑史．上海：上海人民出版社，1983.

陈汉生．中国古代的语言和逻辑．周云之，张清宇，崔清田，等，译．北京：社会科学文献出版社，1998.

张志林．孔子正名思想的现代诠释．孔子研究，1996（4）.

第三章
兼爱：墨家的政治哲学

墨家的政治哲学是墨家对国家政治应该如何的一种思考。墨家所处的时代为春秋战国时期，诸侯国之间纷争、兼并，混战连绵，人民生活长期不得安宁。面对这种情况，《庄子·天下》说："天下之治方术者多矣，皆以其有为不可加矣。"诸子百家纷纷提出自己的救世方略。为了使人民能够幸福生活，为了结束这种老百姓"饥者不得食，寒者不得衣，劳者不得息"（《墨子·非乐上》，本章以下凡引该著，只注篇名）的局面，墨家提出了以"兼爱"为核心的政治思想学说。墨家学派的创始人为墨子。关于墨子的生平资料，今存甚少。仅司马迁在《史记·孟子荀卿列传》中叙述了二十四个字："盖墨翟，宋之大夫，善守御，为节用，或曰并孔子时，或曰在其后。"墨子姓墨名翟，先秦时期鲁国人，大约生活于孔子之后而在孟子之前，做过宋国的大夫。墨子所创立的墨学，是中国先秦时代的显学，与儒学并立。《韩非子·显学》说："世之显学，儒、墨也。儒之所至，孔丘也。墨之所至，墨翟也。"墨子是一位由手工业工匠而上升的士，士这个阶层在中国古代社会，处于平民之上而在贵族之下，相当于今天的知识分子。墨家所代表的是普通人，为普通人说话，其思想具有平民特色。相比较之下，儒家、法家等更为统治者说话。儒学在古代被称为"圣王之道"或"君子之学"，墨学则被称为"役夫之道"（《荀子·王霸》）或"贱人之所为"（《贵义》）。墨家的思想学说体现了"农与工肆之人"（《尚贤上》）的利益，表达了被奴役的劳动者的要求，是对老百姓有亲近感的一种十分重要的政治思想学说。

第一节　“兼相爱，交相利”

墨家的政治梦想就是要建立一个“兼相爱，交相利”的理性社会，从而结束各种乱象，建立一个和谐的理想社会。《兼爱上》说：“故天下兼相爱则治，交相恶则乱。”国家社会治还是乱的根本原因在于人们是兼相爱（相互尊重、相互关爱）还是交相恶、交相非（相互憎恶、相互攻伐）。

墨家思想以逻辑立论。[①] 墨家认为，要做出一个断定，必须明确做出这个断定的充足理由。《经上》说：“故，所得而后成也。”“故”即理由是有了它就能够使所做出的断定成立的东西，也称为“大故”。《经说上》说：“大故，有之必然，无之必不然，若见之成见也。”就像有了足够的视力、适当的距离和充足的光线之后，就一定可以看见物体一样，有了理由就一定能够推出自己要做的判断来。墨子认为，要实现天下大治，要治理好国家社会，就必须明白天下乱的原因。《兼爱上》说：“圣人以治天下为事者也，必知乱之所自起，焉能治之；不知乱之所自起，则不能治。譬之如医之攻人之疾者然，必知疾之所自起，焉能攻之；不知疾之所自起，则弗能攻。”就像医生要治病就必须清楚病因一样，统治者要治理好天下，首先必须清楚认识导致社会乱象的原因是什么。认识导致社会乱象的原因，是实现国家社会安定的必要条件。

那么，天下动乱的原因是什么呢？墨子认为天下动乱的根本原因就是不相爱、不兼爱。《兼爱上》说：“圣人以治天下为事者也，不可不察乱之所自起，当察乱何自起？起不相爱。臣子之不孝君父，所谓乱也。子自爱不爱父，故亏父而自利；弟自爱不爱兄，故亏兄而自利；臣自爱不爱君，故亏君而自利，此所谓乱也。虽父之不慈子，兄之不慈弟，君之不慈臣，此亦天下之所谓乱也。父自爱也不爱子，故亏子而自利；兄自爱也不爱弟，故亏弟而自利；君自爱也不爱臣，故亏臣而自利。是何也？皆起不相爱。”种种乱象，都产生于不相爱，所以，要实现天下大治，必须提倡兼爱。墨子认为，通过提倡兼相爱、交相利，就能实现天下大治。《兼爱中》说：“是故诸侯相爱则不野战，家主相爱则不相篡，人与人相爱则不相贼，君臣相爱则惠忠，父子相爱则慈孝，兄弟相爱

---

① 参见杨武金：《逻辑：墨学的“批判武器”》，载《中国社会科学报》，2012－11－12。

则和调。天下之人皆相爱，强不执弱，众不劫寡，富不侮贫，贵不敖贱，诈不欺愚。凡天下祸篡怨恨可使毋起者，以相爱生也，是以仁者誉之。”如果国家之间、君臣之间、父子之间、兄弟之间，人与人之间不分强弱、众寡、富贫、贵贱，都能平等地相亲相爱，则社会就安定，国家就太平。

“兼爱”的“兼”具有整体、全部的意思。墨家的“兼爱”和“尽爱”“俱爱”“周爱”等都是相通的，它是一种整体的爱、平等的爱，即是说人与人相爱，不能有人、己，亲、疏的区别。[①]《兼爱中》曰：“然则兼相爱、交相利之法将奈何哉？子墨子言：视人之国若视其国，视人之家若视其家，视人之身若视其身。”“兼爱”从根本上就是要人我平等、一视同仁地对待。老子强调思想自由，反对限制和秩序；以孔子为代表的儒家则强调人与人之间严格的上下等级秩序，这使人与人之间的关系陷入一种僵化的、严重不自由的、失去个性自由的“异化”状态。墨学正是在批评儒家这样一种“亲亲有术”“爱有差等”的严格化的上下等级制的基础上，提出了人与人之间，既要有下对上的“敬”也要有上对下的“爱”，既可以有上对下的“统治”或“治理”也可以有下对上的“谏”和“议”，从而保证人与人之间的关系和谐与畅通，保证社会组织及国家的团队绩效和长治久安。[②]

当时社会上有人曾经对兼爱学说的可行性提出质疑，认为兼爱不可行、难行。墨子对此做了驳斥。《兼爱中》载：当时有人说：“然，乃若兼则善矣。虽然，天下之难物于故也。”认为兼爱当然很好啦，但它却是天底下最难实行的事情啊。墨子回应说：“天下之士君子，特不识其利、辩其故也。”墨子认为这些人不知道兼爱的好处，也不明白兼爱为什么可以实行。墨子指出，攻城野战，杀身为名，这些才是最难做的事情，但只要统治者想做，老百姓都能够跟从去做。况且兼爱与此大不同，因为“爱人者，人必从而爱之；利人者，人必从而利之；恶人者，人必从而恶之；害人者，人必从而害之”。兼爱是人人都会觉得容易做、愿意做的事情。关键是统治者能不能把兼爱作为根本的政治理念来加以提倡，老百姓能不能对兼爱加以实行的问题。墨家学者为实现“兼爱”，亲自作为、死而后已，但墨子的兼爱理想在当时并没有得到实现。如《庄子·天下》说墨子“其生也勤，其死也薄”，“使人忧，使人悲，其行难为也”，认为墨家兼爱思想难以推行。

---

① 参见王讚源：《再论墨家的兼爱思想》，载《职大学报》，2007（1）。

② 参见杨武金：《必须重视墨学在当今社会建设中的重要作用》，见《哲学家 2013》，216 页，北京，人民出版社，2014。

如前所说，墨子事实上也认识到，兼爱的实行关键在于上对下的爱。《鲁问》篇载：墨子弟子曹公子在宋国做官三年后来见墨子，说：“始吾游于子之门，短褐之衣，藜藿之羹，朝得之则夕弗得，祭祀鬼神。今而以夫子之教，家厚于始也。有家厚，谨祭祀鬼神。然而人徒多死，六畜不蕃，身湛于病，吾未知夫子之道之可用也。”即当初很穷的时候，没有什么可以用来祭祀鬼神的，但自己各方面都很好，可现在自己有钱了，也经常祭祀鬼神，却各方面都不好，那学习兼爱之道有什么用呢？墨子回答说：“不然，夫鬼神之所欲于人者多，欲人之处高爵禄则以让贤也，多财则以分贫也。”认为鬼神希望人做的事是多方面的：希望人处在高爵厚禄上的时候，能够让贤；财产多的时候，能够赡济穷人。[①] 兼爱在现实中难以实行的真正原因在于身处高位的人不能兼爱地位低下的人。

爱不是单方面的，每个人都有被爱的权利，同时也有爱的义务。墨子特别强调自己先爱人，然后，人从而爱己，爱是一种主动的、自主的行为，这一观点为无私之爱开启了端口。墨子说：“必吾先从事乎爱利人之亲，然后人报我以爱利吾亲也。”（《兼爱下》）我先爱别人，然后这种爱又以各种不同的形式回报于我。

同时，墨家的爱又是有立场的。墨家不爱盗。《小取》说：“盗，人也。多盗，非多人也。无盗，非无人也。”“盗，人也。爱盗，非爱人也。不爱盗，非不爱人也。杀盗，非杀人也。”盗是人，但盗多不能说人就多，没有盗不能说就没有人。盗是人，但是爱盗并非爱人，不爱盗也并非不爱人。杀盗并非杀人，即杀盗并不犯杀人罪。在墨家看来：“万事莫贵于义。”（《贵义》）义或爱至上，凡是违反爱或义的行为，都是该被谴责的，自然也就不在爱的范围之内。相反，对于这些不仁不义的思想或行为，都必须去除。所以，墨子说：“仁人之所以为事者，必兴天下之利，除去天下之害，以此为事者也。”（《兼爱中》）在墨子看来，去害才能为利，除暴才能安良，这体现出了墨家爱憎分明的立场。

兼爱表现在处理国与国之间的关系上，就是要非攻。墨子认为，侵略战争是一种不义行为。统治者往往在小的事情上知道是非，而在大的事情上就不知道了，即知小不知大。《非攻上》说：“今有一人，入人园圃，窃其桃李，众闻则非之，上为政者得则罚之。此何也？以亏人自利也。至攘人犬豕鸡豚者，其

① 参见杨武金：《墨家兼爱思想及其可行性的逻辑分析》，见《哲学家 2012》，333 页，北京，人民出版社，2013。

不义又甚入人园圃窃桃李。是何故也？以亏人愈多，其不仁兹甚，罪益厚。至入人栏厩，取人马牛者，其不仁义又甚攘人犬豕鸡豚。此何故也？以其亏人愈多。苟亏人愈多，其不仁兹甚，罪益厚。至杀不辜人也，扡其衣裘，取戈剑者，其不义又甚入人栏厩取人马牛。此何故也？以其亏人愈多。苟亏人愈多，其不仁兹甚矣，罪益厚。当此，天下之君子皆知而非之，谓之不义。今至大为攻国，则弗知非，从而誉之，谓之义。此可谓知义与不义之别乎？”墨家认为，发动侵略战争，是极端的损人不利己行为。对本国来说，荒废农事、损兵折将；对他国来说，则被“入其国家边境，芟刈其禾稼，斩其树木”“杀其万民，覆其老弱”（《非攻下》），遭到灭顶之灾。所以，墨家特别强调“非攻”。攻伐战争是不兼爱的重要表现，是建构和谐社会、和谐世界所必须清除的人类劣习。《兼爱上》说：“若使天下兼相爱，爱人若爱其身，犹有不孝者乎？视父兄与君若其身，恶施不孝？犹有不慈者乎？视弟子与臣若其身，恶施不慈？故不孝不慈亡有。犹有盗贼乎？故视人之室若其室，谁窃？视人身若其身，谁贼？故盗贼亡有。犹有大夫之相乱家、诸侯之相攻国者乎？视人家若其家，谁乱？视人国若其国，谁攻？故大夫之相乱家、诸侯之相攻国者亡有。若使天下兼相爱，国与国不相攻，家与家不相乱，盗贼无有，君臣父子皆能孝慈，若此，则天下治。”如果每一个人都按照兼爱来行事，则和谐社会不难到来。

总之，墨子的政治理想就是要建立一个兼爱互利的和谐社会，兼爱既是目的也是手段。天下大治的社会就是兼爱互利的社会，而要实现这样的社会，就必须君臣之间、上下之间、兄弟之间、人我之间普遍平等地互相关爱。

第二节　选贤任能，尚同下效

如上所述，兼爱是墨家思想学说的核心主张。那么，兼爱理想该如何来实现呢？即需要什么样的人来实行、如何来实行的问题。“政治的实质是管理，谁来管理、怎样管理，是政治的核心问题。墨子主张贤人用智慧的方法管理国家。”①

周代社会，用人的标准主要是亲亲，即只任用自己亲近的人。孔子主张

① 孙中原主编：《墨学与现代文化》（修订版），55页，北京，中国广播电视出版社，2007。

“亲亲有术，尊贤有等”（《非儒》）、“故旧不遗”（《论语·泰伯》），又说“故旧无大故，则不弃也”（《论语·微子》）。虽然也重视贤才，但这种重视是有范围的。而墨子则主张任人唯贤。

墨子认为，选用贤才对于国家政治具有重要作用，认为是否尚贤是关系到国家生死存亡的大问题。《亲士》说：“入国而不存其士，则亡国矣。见贤而不急，则缓其君矣。非贤无急，非士无与虑国。缓贤忘士，而能以其国存者，未曾有也。”尚贤是一个国家能够长治久安的必要条件。《尚贤上》说：“今者王公大人为政于国家者，皆欲国家之富，人民之众，刑政之治。然而不得富而得贫，不得众而得寡，不得治而得乱，则是本失其所欲，得其所恶，是其故何也?”“是在王公大人为政于国家者，不能以尚贤事能为政也。是故国有贤良之士众，则国家之治厚，贤良之士寡，则国家之治薄。故大人之务，将在于众贤而已。”没有一个统治者希望把自己的国家治理得越来越糟糕，而是总希望把国家治理得好，但为什么希望的是把国家治理好，结果却总是国家被治理得很差呢？墨子认为，一个国家是否治理得好，关键就在于能否众贤，即得到大量的人才。《所染》说：“善为君者，劳于论人，而佚于治官。不能为君者，伤形费神，愁心劳意，然国逾危，身逾辱。”《尚贤上》说：“故得士，则谋不困，体不劳，名立而功成，美章而恶不生，则由得士也。”好的统治者、管理者一定要善于把精力集中在人才的选拔上，只有选拔好的人才来管理，才能把国家治理好。因此，《尚贤中》说：“今王公大人之君人民、主社稷、治国家，欲修保而勿失，故不察尚贤为政之本也？何以知尚贤之为政本也？曰：自贵且智者为政乎愚且贱者则治，自愚贱者为政乎贵且智者则乱。是以知尚贤之为政本也。”尚贤是国家政治的根本。

那么，贤才需要具备什么样的素质和素养呢？《尚贤上》指出，贤才的基本标准是“厚乎德行，辩乎言谈，博乎道术”，这相当于今天说的人才必须德才兼备。时下有这样的说法，有德有才是合格品，有德无才是次品，无德无才是废品，有才无德是危险品。作为人才，德和才均属重要素养，实际情况下，甚至德要远重于才。所以，墨子认为，人才首先必须具有高尚的德行修养，德是人才之本。《修身》篇说：“君子战虽有陈，而勇为本焉；丧虽有礼，而哀为本焉；士虽有学，而行为本焉。”品行是衡量一个人才的根本。《鲁问》篇载：鲁君曾问墨子：“我有二子，一人者好学，一人者好分人财，孰以为太子而可?”墨子回答说：“未可知也。或所为赏与（赏誉）为是也。钓者之恭，非为鱼赐也；饵鼠以蛊，非爱之也。吾愿主君之合其志功而观焉。”必须既知其然也知其所以然，即必须了解他们这样做的动机和目的是什么，才能做出立谁为太子的决定。《修身》篇说："志不强者智不达，言不信者行不果。据财不能以分人者，不足与友；守道不笃、遍（辨）物不博、辩是非不察者，不足与游。本不固者末必几，雄而不修者其后必惰，原浊者流不清，行不信者名必秏。名不徒生，而誉不自长，功成名遂，名誉不可虚假，反之身者也。务言而缓行，虽辩必不听；多力而伐功，虽劳必不图。慧者心辩而不繁说，多力而不伐功，此以名誉扬天下。言无务为多而务为智，无务为文而务为察。故彼（非）智无察，在身而情（惰），反其路（务）者也。"人才必须是具有高远的志向、讲诚信、公平正义、学识渊博、行胜于言、言行一致的人，是能够"反之身者也"，即能够经常进行自我反思、反省的人。例如，关于诚信问题，《经上》说："信，言合于意也。"《经说上》说："信，不（必）以其言之当也。"言语诚信，就是怎么想就怎么说，虽然所说的最终不一定发生。《经上》说："行，为也。"《经说上》说："所为不善名，行也。所为善名，巧也，若为盗。"行就在于有所作为，这种作为并不是为了取得某种好的名声，否则就和盗贼的行为没有两样了。所以，人才必须首先具有很深厚的修养。

其次，人才必须具有过硬的本事及专长。《耕柱》篇说："能谈辩者谈辩，能说书者说书，能从事者从事。"人才不一定是全才，但必须具有自己的专长。没有才能的人不值得被重视。《亲士》篇说："故虽有贤君，不爱无功之臣；虽有慈父，不爱无益之子。是故不胜其任而处其位，非此位之人也；不胜其爵而处其禄，非此禄之主也。"一个人是否为人才，既要听其言，更要观其行，尤其要考察实际行动和实际效果。《耕柱》篇载墨子曰："言足以复行（履行）者，常之；不足以举行者，勿常。不足以举行而常之，是荡口也。"除非能在实践中发挥作用，否则不是什么好的言论。《公孟》篇载：告子曾经对墨子说："我〔能〕治国为政。"墨子说道："政者，口言之，身必行之。今子口言之，而身不行，是子之身乱也。子不能治子之身，恶能治国政？子姑亡（言），子之身乱之矣！"空谈误国，实干兴邦。言论只有在实践中真正发挥作用，才可以体现其意义。

墨子也看到，人才存在自身的弱点。首先，人才因为其有才华，所以很容易被摧残。《亲士》篇说："今有五锥，此其铦，铦者必先挫；有五刀，此其错，错者必先靡。是以甘井近竭，招木近伐，灵龟近灼，神蛇近暴。是故比干之殪，其抗也；孟贲之杀，其勇也；西施之沈，其美也；吴起之裂，其事也。故彼人者，寡不死其所长。故曰'太盛难守'也。"其次，人才因为有其所长，所以很容易自负。《亲士》篇说："良弓难张，然可以及高入深；良马难乘，然可以任重致远；良才难令，然可以致君见尊。"人才虽然存在这样那样的弱点和问题，但是却可以为聪明的统治者出谋划策，发挥作用。《鲁问》篇载：鲁阳文君曾经问墨子："有语我以忠臣者，令之俯则俯，令之仰则仰，处则静，呼则应，可谓忠臣乎?"墨子回答道："令之俯则俯，令之仰则仰，是似景也；处则静，呼则应，是似响也。君将何得于景与响哉？若以翟之所谓忠臣者，上有过则微之以谏，己有善则访之上，而无敢以告。外匡其邪而入其善，尚同而无下比。是以美善在上，而怨仇在下；安乐在上，而忧戚在臣。此翟之所谓忠臣者也。"只知道听从领导者任意指挥的人算不得真正的人才，因为这种人与影子和回声的作用类似，真正的人才必须能够对领导者的过错进行劝谏，具有捍卫真理的勇气。

因此，作为统治者来说，必须不拘一格用人才。首先，统治者必须任人唯贤，不能任人唯亲。《尚贤下》说："今王公大人有一牛羊之财不能杀，必索良宰；有一衣裳之财不能制，必索良工。……王公大人有一罢马不能治，必索良医；有一危弓不能张，必索良工。……当王公大人之于此也，则不失尚贤而使能。逮至其国家则不然。王公大人骨肉之亲，无故富贵、面目美好者，则举之，则王公大人之亲其国家也，不若亲其一危弓、罢马、衣裳、牛羊之财与?我以此知天下之士君子皆明于小而不明于大也。"统治者在小事情上知道尚贤，但在治理国家这样的大事情上却不知道尚贤，是"知小而不知大"的表现，其在逻辑上的矛盾之处就是把国家看得不如牛羊或衣服重要。所以，《尚贤中》说："今王公大人有一衣裳不能制也，必借良工；有一牛羊不能杀也，必借良宰。故当若之二物者，王公大人未〔尝不〕知以尚贤使能为政也。逮至其国家之乱，社稷之危，则不知使能以治之。亲戚则使之，无故富贵、面目佼好则使之。夫无故富贵、面目佼好则使之，岂必智且有慧哉？若使之治国家，则此使不智慧者治国家也。"统治者在治理国家时重用没有智慧的无故富贵、面目姣好者，是不尚贤的重要表现。任人唯亲是封建宗法制社会的普遍现象，墨子对这种不合理的做法进行了否定，强调不分血缘亲疏、等级贵贱，必须任人唯贤。《尚贤中》说："甚尊尚贤而任使能，不党父兄，不偏富贵，不嬖颜色，贤者举而上之。"主张用任人唯贤来代替、否定血缘宗法制的"亲亲尊尊"的用人原则，反对封建贵族世袭垄断的政治特权，强调唯才是举、唯贤是举。所以，《尚贤上》说："是故古者圣王之为政也，言曰：'不义不富，不义不贵，不义不亲，不义不近。'是以国之富贵人闻之，皆退而谋曰：'始我所恃者，富贵也，今上举义不辟贫贱，然则我不可不为义。’亲者闻之，亦退而谋曰：‘始我所恃者亲也。今上举义不辟疏，然则我不可不为义。’近者闻之，亦退而谋曰：‘始我所恃者近也，今上举义不避远，然则我不可不为义。’远者闻之，亦退而谋曰：‘我始以远为无恃，今上举义不辟远，然则我不可不为义。’逮至远鄙郊外之臣、门庭庶子、国中之众、四鄙之萌人，闻之皆竞为义。是其故何也？曰：上之所以使下者，一物也；下之所以事上者，一术也。”对于统治者来说，必须任人唯贤，唯才是举，以德才兼备作为用人的标准，而且只要统治者能够真正唯才是举，就能够众贤。

其次，统治者必须采取有效的措施来真正地重视人才。《尚贤上》说：“然则众贤之术将奈何哉？子墨子言曰：譬若欲众其国之善射御之士者，必将富之，贵之，敬之，誉之，然后国之善射御之士将可得而众也。况又有贤良之士厚乎德行，辩乎言谈，博乎道术者乎，此固国家之珍，而社稷之佐也。亦必且富之，贵之，敬之，誉之，然后国之良士亦将可得而众也。”对人才要富之、贵之、敬之、誉之，即必须充分地尊重人才。《尚贤中》说：“是以必为置三本。何谓三本？曰：爵位不高，则民不敬也；蓄禄不厚，则民不信也；政令不断，则民不畏也。故古圣王高予之爵，重予之禄，任之以事，断予之令。夫岂为其臣赐哉？欲其事之成也。”必须给予人才以足够的地位、适当的待遇、应有的权力，人才才能发挥其作用。《鲁问》篇载：墨子曾经派遣公尚过到越国去。公尚过游说越王，越王很高兴，并对公尚过说：“先生苟能使子墨子于越而教寡人，请裂故吴之地，方五百里，以封子墨子。”公尚过答应了这件事，于是越王为公尚过套车五十乘，请他到鲁国迎接墨子来越国。公尚过对墨子说：“吾以夫子之道说越王，越王大说，谓过曰：‘苟能使子墨子至于越而教寡人，请裂故吴之地，方五百里，以封子。’”墨子回答公尚过说：“子观越王之志何若？意越王将听吾言，用我道，则翟将往，量腹而食，度身而衣，自比于群臣，奚能以封为哉！抑越不听吾言，不用吾道，而吾往焉，则是我以义粜也。钧之粜，亦于中国耳，何必于越哉！”如果越王充分重视墨子的学说，那么即使生活条件差，墨子也会到越国效力；但是如果越王并不重视墨子的学说，则即使生活条件再优厚，墨子也不会到越国去。所以，对于人才来说，“尊重”比待遇丰厚更重要。所以，《尚贤上》说：“故得士则谋不困，体不劳，名立而功成，美章而恶不生，则由得士也。”只要统治者能够唯才是举并真正地重视人才，就能够充分地发挥人才的作用，实现天下大治。

在墨家看来，要实现天下大治，除了要任用贤人来管理国家外，还要解决一个如何管理好国家的问题。墨子认为，国家的管理最重要的是尚同，即上同，也就是要全国上下一心，“一同天下之义”（《尚同中》），从而实现天下太平、社会安定。

墨子认为，人类最初由于没有“一同天下之义”，因此完全处于一种“人是其义，以非人之义”的混乱状态。思想认识上的混乱状态，造成了人与人之间相互亏害和仇恨。《尚同上》说：“子墨子言曰：古者民始生，未有刑政之时，盖其语‘人异义’。是以一人则一义，二人则二义，十人则十义，其人兹众，其所谓义者亦兹众。是以人是其义，以非人之义，故交相非也。是以内者父子兄弟作怨恶，离散不能相和合。天下之百姓，皆以水火毒药相亏害，至有余力不能以相劳，腐朽余财不以相分，隐匿良道不以相教，天下之乱，若禽兽然。”《尚同中》也说：“子墨子曰：方今之时，复古之民始生，未有正长之时，盖其语曰‘天下之人异义’。是以一人一义，十人十义，百人百义，其人数兹众，其所谓义者亦兹众。是以人是其义，而非人之义，故交相非也。内之父子兄弟作怨仇，皆有离散之心，不能相和合。至乎舍余力，不以相劳；隐匿良道，不以相教；腐朽余财，不以相分。天下之乱也，至如禽兽然。”在没有统一道义的情况下，人与人之间处于一种“交相非”，即互相否定、互相排斥的“禽兽”般的关系中。梁启超认为，墨子的上述思想和欧洲初期的“民约论”类似。[①]“民约论”虽大成于法国的卢梭，但其实发源于英国的霍布斯和洛克。他们都说，在人类建国之前，人人都是野蛮的自由人，漫无限制，不得已聚起来商量，立一个首长，于是乎就产生出国家来了。他们的见解正和墨子一样。[②]

国家起源于统一道义的需要，只有统一道义才能息争止乱，而政长的任务就是“一同天下之义”。《尚同上》说：“夫明虖天下之所以乱者，生于无政长。是故选天下之贤可者，立以为天子。天子立，以其力为未足，又选择天下之贤可者，置立之以为三公。天子三公既以立，以天下为博大，远国异土之民，是非利害之辩，不可一二而明知，故画分万国，立诸侯国君。诸侯国君既已立，以其力为未足，又选择其国之贤可者，置立之以为正长。正长既已具，天子发政于天下之百姓，言曰：‘闻善而不善，皆以告其上。上之所是必皆是之，所非必皆非之。上有过则规谏之，下有善则傍（访）荐之。上同而不下比者，此上之所赏，而下之所誉也。意若闻善而不善，不以告其上。上之所是弗能是，

① 参见吴进安：《墨家哲学》，186页，台北，五南图书出版股份有限公司，2003。

② 参见梁启超：《墨子学案》，见《饮冰室合集》，第8卷，28页，北京，中华书局，1989。

上之所非弗能非。上有过弗规谏，下有善弗傍荐。下比不能上同者，此上之所罚，而百姓所毁也。’上以此为赏罚，甚明察以审信。”在墨子所设计的政权机构蓝图中，从天子、诸侯到乡长、里长等，各个级别的领导者都是从仁人、贤者中选拔任命的。由于各级领导者都由仁人、贤者来担任，他们首先便能够以身作则，推行兼爱，然后上行下效，下边学着上边的样子做，这样整个国家便能够用仁义统一起来了。为了维持政权的良性运转机制，墨子主张运用批评、表扬、奖励和惩罚等各种方式，即运用认识和道德评价，以及行政和法律的手段。①

墨家的“尚同”即“上同”的意思，就是要上下通情，上情下达，下情上达，做到信息畅通。《尚同中》说：“故古者圣王唯而审以尚同，以为正长，是故上下情请为通。上有隐事遗利，下得而利之；下有蓄怨积害，上得而除之。是以数千万里之外有为善者，其室人未遍知，乡里未遍闻，天子得而赏之；数千万里之外有为不善者，其室人未遍知，乡里未遍闻，天子得而罚之。是以举天下之人，皆恐惧振动惕栗，不敢为淫暴，曰：‘天子之视听也神！’先王之言曰：‘非神也。夫唯能使人之耳目助己视听，使人之吻助己言谈，使人之心助己思虑，使人之股肱助己动作。’助之视听者众，则其所闻见者远矣；助之言谈者众，则其德音之所抚循者博矣；助之思虑者众，则其谈谋度速得矣；助之动作者众，即其举事速成矣。故古者圣人之所以济事成功，垂名于后世者，无他故异物焉，曰：唯能以尚同为政者也。”通过尚同，领导者就能够使人耳目助己视听，使人嘴巴助己言谈，使人心智助己思考，使人手脚助己作为。助己视听的人多了，就能闻见远；助己言谈的人多了，好话就能传播广；助己思考的人多了，谋划的效率就高；助己作为的人多了，做事的效率就高。② 有人攻击墨子的尚同论是封建专制，笔者认为这是不妥的。事实上，墨子的尚同思想主要是为了让领导者更多地、更好地、更快地得下之情，以便更好地做判断、做决策，是为了更好地走群众路线。中国台湾学者张伟国说：“墨子的政治思想就算与西洋现代民主政治理想比，也绝不失色。从迎合中国现实的历史条件和社会环境来说，墨子政治理想的价值，不一定在西洋现代民主政治理想之下。”③ 这种观点是值得我们加以注意的。

---

① 参见孙中原：《墨学通论》，28页，沈阳，辽宁教育出版社，1993。

② 参见孙中原：《墨子解读》，250页，北京，中国人民大学出版社，2013。

③ 参见张伟国：《尚同非极权》，载《鹅湖》，1980，5（7）。

第三节 强本节用，尚力明法

墨家认为，一个国家要长治久安，必须强本节用。强本从根本上说就是要发展生产。衣、食、住、行是人最基本的生活需要，要解决这些问题，根本出路就是发展生产。《七患》篇说："凡五谷者，民之所仰也，君之所以为养也。故民无仰则君无养，民无食则不可事。故食不可不务也，地不可不力也，用不可不节也。"粮食是老百姓所仰仗的，也是统治者所赖以给养的物资。如果老百姓失去了生存依赖，则统治者也就失去了给养，老百姓没有粮食，就不可以供役使。马克思曾经说："任何一个民族，如果停止劳动，不用说一年，就是几个星期，也要灭亡，这是每一个小孩都知道的。"[①] 同样，《非乐上》说："今人固与禽兽麋鹿、蜚鸟、贞虫异者也。今之禽兽麋鹿、蜚鸟、贞虫因其羽毛以为衣裘，因其蹄蚤以为绔屦，因其水草以为饮食。故唯使雄不耕稼树艺，雌亦不纺绩织纴，衣食之财固已具矣。今人与此异者也，赖其力者生，不赖其力者不生。"人与动物的根本区别在于，人必须解决衣食住行等基本问题，所以，必须耕稼树艺、纺绩织纴。不从事生产，人就不能解决衣食住行等问题，所以，墨子说"赖其力者生，不赖其力者不生"，从事物质财富的生产是人类的第一需要。

在国与国的关系问题上，墨家强调的是非攻，各国之间应该和平相处，平等互利。事实上，墨子的非攻是一种积极防御战略，即自己必须有充分的准备。墨子将粮食、兵力和城池称为国家的三种重要防备。《七患》篇说："夫桀无待汤之备，故放；纣无待武之备，故杀。桀、纣贵为天子，富有天下，然而皆灭亡于百里之君者，何也？有富贵而不为备也。故备者国之重也，食者国之宝也，兵者国之爪也，城者所以自守也，此三者国之具也。"所以，防备是国家头等大事，其中粮食又是国家之根本。《公输》篇载，公输般（鲁班）在斗法的过程中输了之后，准备杀墨子。墨子说："公输子之意，不过欲杀臣。杀臣，宋莫能守，可攻也。然臣之弟子禽滑釐等三百人，已持臣守圉之器，在宋城上而待楚寇矣。虽杀臣，不能绝也。"正是因为墨子做了充分准备和防备，

① 《马克思恩格斯选集》，2版，第4卷，580页，北京，人民出版社，1995。

才使得止楚攻宋一事成功，最后楚王不得不放了墨子。所以，墨子强调要做好国备。在三大国备中，墨子又特别看重粮食。我们今天认识到，战争的关键是后勤保障。最后取胜的一方，往往都是有后勤保障的一方。

墨子在强调物质财富生产的同时，还特别强调节俭节约的重要性，提出了节用、节葬、非乐等主张。《节用上》说："圣人为政一国，一国可倍也；大之为政天下，天下可倍也。其倍之，非外取地也，因其国家去其无用之费，足以倍之。圣王为政，其发令兴事、使民用财也，无不加用而为者，是故用财不费，民德不劳，其兴利多矣。"对物的使用不得随意浪费。墨子认为，统治者必须在衣、食、住、行、性五个方面做到节用。《辞过》篇说："凡此五者，圣人之所俭节也，小人之所淫佚也。俭节则昌，淫佚则亡，此五者不可不节。夫妇节而天地和，风雨节而五谷孰，衣服节而肌肤和。""俭节则昌，淫佚则亡"，做好在衣、食、住、行、性等基本生活方面的节俭、节用是一个国家能够长治久安的关键。

关于在衣、食、住、行、性等方面如何做到节俭、节用，墨子提出了具体的主张。《节用中》曰："是故古者圣王制为节用之法，曰：'凡天下群百工，轮、车、鞼、匏、陶、冶、梓、匠，使各从事其所能。'曰：'凡足以奉给民用，则止。'诸加费不加于民利者，圣王弗为。古者圣王制为饮食之法，曰：'足以充虚继气，强股肱，耳目聪明，则止。'不极五味之调、芬香之和，不致远国珍怪异物。何以知其然？古者尧治天下，南抚交阯，北降幽都，东、西至日所出、入，莫不宾服，逮至其厚爱。黍稷不二，羹胾不重，饭于土熘，啜于土形，斗以酌，俯仰周旋威仪之礼，圣王弗为。古者圣王制为衣服之法，曰：'冬服绀緅之衣，轻且暖；夏服絺绤之衣，轻且清，则止。'诸加费不加于民利者，圣王弗为。古者圣人为猛禽狡兽暴人害民，于是教民以兵行，日带剑，为刺则入，击则断，旁击而不折，此剑之利也。甲为衣则轻且利，动则兵且从，此甲之利也。车为服重致远，乘之则安，引之则利，安以不伤人，利以速至，此车之利也。古者圣王为大川广谷之不可济，于是利为舟楫，足以将之则止。虽上者三公、诸侯至，舟楫不易，津人不饰，此舟之利也。古者圣王制为节葬之法，曰：'衣三领，足以朽肉；棺三寸，足以朽骸；堀穴深不通于泉，流不发泄，则止。死者既葬，生者毋久丧用哀。'古者人之始生未有宫室之时，因陵丘堀穴而处焉。圣王虑之，以为堀穴，曰：'冬可以辟风寒。'逮夏，下润湿，上熏烝，恐伤民之气，于是作为宫室而利。然则为宫室之法将奈何哉？子墨子言曰：其旁可以圉风寒，上可以圉雪霜雨露，其中蠲洁，可以祭祀，宫墙足以为男女之别，则止。诸加费不加民利者，圣王弗为。”住房是为了避风寒，饮食是为了充虚继气等，穿衣服是为了冬暖夏凉，乘舟车是为了安全及时到达，丧葬是为了让死者也能够有尊严，只要满足这些基本需要即可。这样就可以做到人力、财力都不被浪费，生产不被耽误，老百姓也就不会增加负担，从而能够过上安定的生活。

墨子认为，要保证基本的劳动和生产，必须非命，即必须反对命定论。儒家主张命定论。《论语·颜渊》说：“死生有命，富贵在天。”具体情况是这样的，当时孔子的学生司马牛忧愁地说：“人皆有兄弟，我独亡。”子夏（商）回应说：“商闻之矣：死生有命，富贵在天。君子敬而无失，与人恭而有礼。四海之内，皆兄弟也——君子何患乎无兄弟也?”有人认为，这里子夏所说的话只是对司马牛的心理安慰，未必就是儒家的观点。但是，“商闻之矣”也可理解为我子夏听老师孔子说过。也就是说，子夏说这句话虽然是在心理上安慰司马牛，但却体现了孔子的命定论思想。针对儒家的命定论，墨子提出了非命的思想。墨子认为，命定论是十分有害的。《非命上》载：墨子认为当时的统治者希望国家富裕，国家却依旧很贫穷的原因是主张命定论的人太多，他说：“执有命者以杂于民间者众。执有命者之言曰：‘命富则富，命贫则贫，命众则众，命寡则寡，命治则治，命乱则乱，命寿则寿，命夭则夭，命，虽强劲，何益哉?’以上说王公大人，下以驵百姓之从事，故执有命者不仁。故当执有命者之言，不可不明辨。”命定论，即宿命论，将一切事情都看成是由“命”决定的，从而完全否定了人的主观努力的作用，也就会从根本上妨害老百姓进行生产和劳动，所以对命定论必须加以反对。为了反对命定论，墨子提出了三表法，作为否定命定论的依据和标准。墨子认为，凡是说话，做判断，都必须有标准，否则这种言论和判断都是有问题的。《非命上》说：“然则明辨此之说将奈何哉？子墨子言曰：〔言〕必立仪，言而毋仪，譬犹运钧之上而立朝夕者也，是非利害之辨，不可得而明知也。故言必有三表。何谓三表？子墨子言曰：有本之者，有原之者，有用之者。于何本之？上本之于古者圣王之事。于何原之？下原察百姓耳目之实。于何用之？废以为刑政，观其中国家百姓人民之利。此所谓言有三表也。”墨子把古者圣王之事、百姓耳目之实、国家百姓人民之利这三个方面称为三表或者三法，作为判断一切言论是非的标准。从这三表出发，可以说古者圣王之事没有过“命”这种东西，百姓耳目之实也没有见过“命”为何物，而就国家百姓人民之利来说，相信命定论只能是否认人力的作用，对国家和人民没有任何好处。《非命中》说：“今天下之士君子，〔或以命为有，〕或以命为亡。我所以知命之有与亡者，以众人耳目之情知有与亡。有闻之，有见之，谓之有；莫之闻，莫之见，谓之亡。然胡不尝考之百姓之情？自古以及今，生民以来者，亦尝见命之物，闻命之声者乎？则未尝有也。”“命”纯粹是一个子虚乌有的东西。

墨子还运用三表法反对音乐的消极作用。《非乐上》说：“是故子墨子之所以非乐者，非以大钟鸣鼓琴瑟竽笙之声以为不乐也，非以刻镂华文章之色以为不美也，非以犓豢煎炙之味以为不甘也，非以高台厚榭邃野之居以为不安也。虽身知其安也，口知其甘也，目知其美也，耳知其乐也，然上考之不中圣王之事，下度之不中万民之利，是故子墨子曰：为乐非也。”墨子认为，从古者圣王之事看，圣王基本不为乐，而且为乐越多的圣王，其功劳就越少；从国家百姓万民之利看，为乐也没有什么好处。墨子认为，制作乐器需要花费很多人力、财力和物力，演奏这些乐器又需要花费很多人力、物力，而且统治者还号召大量的百姓来欣赏音乐，这样就会妨碍生产，使得男子不能耕稼树艺，女子不能纺纱织布，所以，为了保证老百姓最基本的劳动和生产时间，对为乐必须加以反对。

墨家不仅认为言谈判断需要有“法”做标准，而且要求一切行事都有“法”可度。《法仪》篇载墨子说：“天下从事者不可以无法仪，无法仪而其事能成者，无有也。虽至士之为将相者皆有法，虽至百工从事者亦皆有法。百工为方以矩，为圆以规，直以绳，正以县。无巧工不巧工，皆以此五者为法。巧者能中之，不巧者虽不能中，放依以从事，犹逾已。故百工从事，皆有法所度。今大者治天下，其次治大国，而无法所度，此不若百工辩也。”墨子以百工从事皆有法可度，来论证统治者治理国家也必须有法所度。那么统治者治理国家，需要以什么为法呢？墨子认为，统治者治理国家必须以天为法。

为什么统治者必须以天为法呢？《法仪》篇说：“然则奚以为治法而可？故曰莫若法天。天之行广而无私，其施厚而不德，其明久而不衰，故圣王法之。既以天为法，动作有为必度于天，天之所欲则为之，天所不欲则止。然而天何欲何恶者也？天必欲人之相爱相利，而不欲人之相恶相贼也。奚以知天之欲人之相爱相利，而不欲人之相恶相贼也？以其兼而爱之、兼而利之也。奚以知天兼而爱之、兼而利之也？以其兼而有之、兼而食之也。今天下无大小国，皆天之邑也。人无幼长贵贱，皆天之臣也。此以莫不犓牛羊、豢犬猪，絜为酒醴粢盛，以敬事天，此不为兼而有之、兼而食之邪？天苟兼而有食之，夫奚说以不欲人之相爱相利也！故曰爱人利人者，天必福之；恶人贼人者，天必祸之。曰杀不辜者，得不祥焉。夫奚说人为其相杀而天与祸乎？是以知天欲人相爱相利，而不欲人相恶相贼也。”天的意志就是要人们“兼相爱，交相利”，天对人们是平等相待的，因此人们能够兼爱互利也就是对天的意志的体现和实践。

墨子认为，天是人世间最高的裁判者和监督者，天的意志就是要人们“兼相爱，交相利”，只要顺从天的意志，必然得到奖赏，而违背天的意志则要遭到惩罚。所以，墨子认为，天子也同样要尚同于天。这一点非常重要，意味着天才是最后的裁判者，实际上天就是真理的化身。《尚同上》说：“天下之百姓皆上同于天子，而不上同于天，则菑犹未去也。今若天飘风苦雨，溱溱而至者，此天之所以罚百姓之不上同于天者也。是故子墨子言曰：古者圣王为五刑，请以治其民。譬若丝缕之有纪，罔罟之有纲，所连收天下之百姓不尚同其上者也。”如果天下之百姓尚同于天子，而不尚同于天，则灾难还不能避免。所以，天子最终也必须尚同于天，才可能避免灾难。从这里看，说墨家的尚同论并不是专制，是有依据的。墨子认为，天子即国家的最高统治者也必须尚同于天，这一点百姓或统治者并不知道。《天志上》说：“且夫义者，政也。无从下之政上，必从上之政下。是故庶人竭力从事，未得次己而为政，有士政之；士竭力从事，未得次己而为政，有将军、大夫政之；将军、大夫竭力从事，未得次己而为政，有三公、诸侯政之；三公、诸侯竭力听治，未得次己而为政，有天子政之；天子未得次己而为政，有天政之。天子为政于三公、诸侯、士、庶人，天下之士君子固明知；天之为政于天子，天下百姓未得之明知也。”所以，在墨子看来，要大家都明白天是人世间一切是非的最终裁判者，真正按天的意志来办事，即按客观规律办事，这一点并不是十分容易的。所以，墨子认为，天具有奖善罚恶的意志，这种意志具体地可以通过鬼神履行职能。人们只有对上天、对鬼神有敬畏之心，尊重客观规律，才能得赏；反之，就要受到惩罚。

如上所述，墨子提倡天志、明鬼，实际上就是要人们必须按照兼爱互利的原则行事，从而实现天下大治的理想社会。所以，《天志上》说：“我有天志，譬若轮人之有规，匠人之有矩。”轮人有规就可以画出最美的圆形，匠人有矩就能画出最好的方形，墨子相信有了天志，就一定可以实现兼爱和谐的理想社会。

总之，墨家思想博大精深。但是，由于墨家的兼爱非攻、节用非乐等思想所体现的主要是中下层民众的利益和需求，从根本上不符合统治者的需要，再加上中国社会发展的特殊性，比如汉武帝实行“罢黜百家，独尊儒术”的政策等，因而墨家思想中的兼爱、节用等精神虽然也部分地渗透到其他学派的思想之中，但从根本上来说还是受到排斥，没有受到重视，没有人研究，逐渐成为绝学。明末清初，傅山注释《大取》，乾嘉学派注释《墨子》，到孙诒让写作《墨子间诂》，从而使得墨家思想逐渐开始进入人们的研究范围。历史进入20世纪，墨学开始复苏。随着西学输入，梁启超、胡适等学者认识到墨家思想中存在着与西方思想“相悬契者”，希望用墨家来对抗西方，或者通过研究墨家的思想来移植或更好地学习西方学术。于是，墨家的思想学说越来越得到学术界的重视和研究，墨家的政治哲学思想必将焕发出新的生命与活力。

杨武金

参考文献

杨武金．逻辑：墨学的“批判武器”．中国社会科学报（哲学版），2012-11-12.

王讃源．再论墨家的兼爱思想．职大学报，2007（1）．

杨武金．必须重视墨学在当今社会建设中的重要作用//哲学家2013. 北京：人民出版社，2014.

杨武金．墨家兼爱思想及其可行性的逻辑分析//哲学家2012. 北京：人民出版社，2013.

孙中原．墨学与现代文化．修订版．北京：中国广播电视出版社，2007.

吴进安．墨家哲学．台北：五南图书出版股份有限公司，2003.

梁启超．墨子学案//饮冰室合集：第8卷．北京：中华书局，1989.

孙中原．墨学通论．沈阳：辽宁教育出版社，1993.

孙中原．墨子解读．北京：中国人民大学出版社，2013.

张伟国．尚同非极权．鹅湖，1980，5（7）．

马克思恩格斯选集：第4卷．2版．北京：人民出版社，1995.

第四章
天下与国家：商鞅的政治哲学

商鞅，公孙氏，名鞅，战国时期卫国人，因而也称为卫鞅。秦孝公二十二年（前340），因军功被封於、商十五邑，号为商君，因而称为商鞅。他曾经做过魏相公叔痤的家臣，了解李悝和吴起的变法理论以及实践，后携带李悝的《法经》来到秦国，得秦孝公重用而主持变法。商鞅在秦国的变法涉及众多方面，而最为核心的是通过法治督促耕战从而实现富国强兵。商鞅重视立法，将变法的各项内容以法律的形式公布于民众，变法中几乎所有政治、经济、军事政策都通过法律来体现和实施。商鞅亦重视法的执行，强调法律面前人人平等，禁绝私情对执法的干扰，赏罚完全以法为准，而且认为国君必须带头守法，以使国内人人守法。可以说，商鞅是先秦法家中变法最有成效的实践者。不仅如此，他对法家思想的发展成熟也做出了重要贡献。他的理论不仅仅是人们所熟悉的重刑论和耕战论，他对政治权力的起源及其合法性、公共利益与个人利益的关系、理想政治等政治哲学中的重要问题均发表了深刻的见解，而贯穿于其中的天下理论尤其值得关注。本章将以《商君书》的部分篇章（本章以下凡引该著，只注篇名）为依据，围绕以上问题探讨商鞅的政治哲学。①

① 《汉书·艺文志》法家类著录有《商君》29篇，兵家类著录有《公孙鞅》27篇。《公孙鞅》已逸失。现存《商君书》共26篇，其中《刑约》和《御盗》内容已逸失。《商君书》旧题商鞅撰，实际上也有商鞅后学的作品，但思想上比较一贯。

第一节　政治权力及法的起源

商鞅变法的理论依据是变化的历史观。因为时代在变化，社会的需要也会发生变化，治国的方法和社会的制度应该顺应新时代的社会需要而改变，不可固执地遵循不合时宜的古代制度，即《更法》中所讲的“礼法以时而定，制令各顺其宜”“治世不一道，便国不必法古”。该篇以不同时代、不同帝王采用不同的治国方法进行论证：“伏羲、神农，教而不诛；黄帝、尧、舜，诛而不怒；及至文、武，各当时而立法，因事而制礼。”伏羲、神农施行教化但是不用诛杀；黄帝、尧、舜与之不同，采用诛杀但不过分；文王、武王亦均针对当时的形势建立法度、制定礼制。《画策》也表达了这样的观点：

> 神农之世，男耕而食，妇织而衣，刑政不用而治，甲兵不起而王。神农既没，以强胜弱，以众暴寡，故黄帝作为君臣上下之义、父子兄弟之礼、夫妇妃匹之合，内行刀锯，外用甲兵，故时变也。

商鞅将神农之治与黄帝之治进行比较。神农之治不使用刑罚和政令却能够天下安定，不用军队就能称王天下；黄帝则制定了人与人相互交往应该遵循的道德准则和礼仪规范，并且对内使用刑罚，对外用军队征伐。他认为神农和黄帝采用不同的治理方式根源于时代的变化，黄帝之治在制定礼仪规范的同时使用刑罚和征伐，是为了解决“以强胜弱，以众暴寡”的社会现实问题。他并不认为不使用刑罚的神农德治就高于黄帝的礼治和法治。因而，采用何种治理方式，关键在于社会现实的需要。

学者们多从历史观的角度分析商鞅描绘人类社会发展变化进程的文献，甚至指出他所描绘的社会发展阶段不完全符合历史发展的实际，叙述不严谨，把问题看得比较简单，甚至是幼稚和含混的，却忽视了他在这些文献中所表达出来的对政治权力以及法的起源问题的看法。《开塞》讲：

> 天地设而民生之。当此之时也，民知其母而不知其父，其道亲亲而爱私。亲亲则别，爱私则险民众，而以别险为务，则民乱。当此之时，民务胜而力征。务胜则争，力征则讼。讼而无正，则莫得其性也。故贤者立中正，设无私，而民说仁。当此时也，亲亲废，上贤立矣。凡仁者以爱为

> 务，而贤者以相出为道。民众而无制，久而相出为道，则有乱。故圣人承之，作为土地货财男女之分。分定而无制，不可，故立禁。禁立而莫之司，不可，故立官。官设而莫之一，不可，故立君。既立君，则上贤废而贵贵立矣。然则上世亲亲而爱私，中世上贤而说仁，下世贵贵而尊官。

商鞅在此段文字中将人类产生到君主制确立的过程划分为“上世”“中世”和“下世”三个时期。“上世”时期在人类产生之初，民众只知其母不知其父，他们的处世原则是爱自己的亲人，喜欢私利，并且因为爱自己的亲人而划分了亲疏，因为喜欢私利而心存奸险。人数众多，又都划分亲疏，心存奸险，于是社会就变得混乱。在这一时期，民众都设法战胜对方，竭力夺取私利，因此就发生了争斗。这实际上就是西方政治哲学中所讲的没有政治权力、没有国家和政府存在的“自然状态”。

自然状态学说是众多西方哲学家政治哲学的起点，“自然状态”的提出所要解决的首先是政治权力的起源问题。洛克认为：“为了正确了解政治权力，并追溯它的起源，我们必须考究人类原来自然地处在什么状态。”① 商鞅也是沿着这一思路进行讨论的。他认为在没有政治权力，没有人掌握政治权力的状态下所发生的是亲亲、爱私的民众之间的争斗，而且在民众发生争斗时并不存在一个正确的准则来解决问题，从而导致民众没有办法保证正常的生活需求。正是为了解决这一问题，出现了有道德的贤人，为民众确立了不偏不倚的公正标准，主张无私，民众因而变得喜欢仁爱。这是人类社会发展的第二个时期。在这一时期，民众以崇尚贤人的观念代替了爱自己亲人的观念。仁者将爱护他人作为自己的事务，而贤者把推举贤人当作自己的原则。可见，这一时期出现了与普通民众不同的贤人，贤人拥有普通民众所缺乏的道德和智慧，为民众所推崇而拥有了权威，并在一定程度上实行了对民众的教化和对社会的治理。但是，这一时期仍然没有完全脱离“自然状态”。洛克曾经对“自然状态”的缺陷进行如下概括：缺少一种确定的、规定了的、众所周知的法律；缺少一个有权依照既定的法律来裁判一切争执的裁判者；缺少权力支持正确的判决。② 而在商鞅所讲的“中世”时期仍然具有这些缺陷。商鞅也指出了这一问题，认为在贤人治理的“中世”时期，人口众多却没有制度，长期把推举贤人作为原则，于是发生了混乱。为了结束混乱的状态，圣人划定了土地、财货、男女的

---

① ［英］洛克：《政府论》，下篇，叶启芳、瞿菊农译，3页，北京，商务印书馆，1964。

② 参见上书，77～78页。

分界，也就是确认了民众对土地、财货的所有权以及夫妻之间的权利义务关系，这就是“定分”。分界确定而没有制度不行，因而创立了法律制度，对侵犯他人权利的行为进行制裁，即“立禁”。法律制度已创立却无人执行也不行，因而设立了官职。官职已设立却没有人统一领导不行，因而设立了君主。“立官”和“立君”是为了保证法律的执行。正如曾振宇所说：“仅有保护私有财产的法律规范还不够，还必须设立保证执行这种法律的政权机构；仅有分散在各地的这种执行法律的机构还不够，还必须有统一管理这些机构的国君。因为只有具有国家政权的支持，法律才会发生效力。”① 可见，在“下世”时期，产生了法律和执行法律的政权机构，也产生了管理民众、领导官吏的最高统治者君主。这一时期真正脱离了“自然状态”而进入了有政治权力、有政府的状态。

此外，在《君臣》篇中，商鞅直接通过古与今的对比论证了君主、官吏、法制产生的过程及其必要性，更为简洁，可以与《开塞》篇对照理解：

> 古者未有君臣上下之时，民乱而不治。是以圣人列贵贱，制爵位，立名号，以别君臣上下之义。地广，民众，万物多，故分五官而守之。民众而奸邪生，故立法制、为度量以禁之。是故有君臣之义、五官之分、法制之禁，不可不慎也。

古时没有君臣上下之分，也就是在未立君主之时，民众纷乱无序，因此圣人通过贵贱、爵位、名号来区别君臣上下的关系，这就是《开塞》篇所讲的“立君”。国土广，民众多，物资丰富，因此圣人设立五官来管理，这就是“立官”。民众数量多就会出现各种奸邪之事，因此圣人创立法制作为行为标准，来防止奸邪产生，这就是“立禁”。

在政治哲学中，对政治权力起源问题的讨论实际上是在论证其正当性。在商鞅的论述中，在“自然状态”之下，民众因为别亲疏、争财物而导致社会混乱，而在政治权力产生后，有法律制度保护人们对土地和财物的所有权，而且有政权机构保证法令的执行，这样就可以解决“自然状态”下无法解决的人与人的争斗问题，使民众不为奸邪之事，从而使社会安定、和谐、有秩序。因而，政治权力的存在优越于“自然状态”。此外，从商鞅对政治权力产生过程的论述来看，由“上世”进入“中世”是为了解决民众因为私利争斗而导致的社会混乱，由“中世”进入“下世”是为了解决因为推举贤人而导致的混乱，

① 曾振宇：《前期法家研究》，184页，济南，山东大学出版社，1996。

由古而今是为了解决“民乱而不治”“民众而奸邪生”的问题。可以说，政治权力就是在解决社会混乱问题的过程中产生的，是为了使社会由乱而治。商鞅从以上两个方面论证了政治权力存在的正当性。

应该强调的是，因为政治权力所覆盖的地域不同，中国政治哲学中又有“天下”与“国家”的区别，所以政治权力也就有了“天下权力”和“国家权力”的区别。这一区别在商鞅的政治哲学中同样存在。赵汀阳曾提出：“中国的政治哲学把天下看成是最高级的政治分析单位，而且同时是优先的分析单位。……政治问题的优先排序是‘天下—国—家’。”[①] 而“天下”这一维度是西方政治哲学所缺乏的。正如赵汀阳所讲：“在西方概念里，国家就已经是最大的政治单位了。”[②] “西方思考政治问题的基本单位是各种意义上的‘国家’(country/state/nation)，国家被当作思考和衡量各种问题的绝对根据、准绳或尺度。”[③]

第二节　天下之利、国家利益与个人利益

在商鞅看来，政治权力的产生是为了实现社会由乱而治，而他在《开塞》中也提出“夫利天下之民者莫大于治”。也就是说，政治权力的产生可以“利天下之民”，那么，政治权力的存在也应该“利天下之民”，政治权力的掌握者君主的存在及其权力的行使同样应该“利天下之民”。《开塞》中也讲道：“古者，民藂生而群处，乱，故求有上也。然则天下之乐有上也，将以为治也。”古时人们群居生活，出现混乱的现象，所以才需要有君主，就是说，天下之民愿意有君主，是为了追求天下的安定。从中可见，“立君”是为了实现“治”这一利于天下之民的目的，而不是以天下之利去奉养君主以满足君主一人之私利。商鞅在《修权》篇中明确提出了“为天下位天下”和“为天下治天下”的观点：

> 故尧、舜之位天下也，非私天下之利也，为天下位天下也；论贤举能而传焉，非疏父子亲越人也，明于治乱之道也。故三王以义亲，五伯以法

① 赵汀阳：《天下体系——世界制度哲学导论》，11页，北京，中国人民大学出版社，2011。

② 同上书，30页。

③ 同上书，31页。

正诸侯，皆非私天下之利也，为天下治天下。

天下不是君主一人的天下，而是天下人的天下。因此，君主掌握治理天下的权力，行使对天下的治理行为，是为了增进天下人共同的利益，而不能将天下作为自己的私有之物，将天下人共同的利益占为己有，来满足自己的私利。商鞅认为这就是“治乱之道”。

在商鞅的思想中，政治权力和权力机构的产生是为了解决社会混乱的问题，而“治”是天下之民的最大利益。而且，他明确指出天下非君主一人的私有物，君主不能将天下的利益占为己有。他提出“为天下治天下”，要求君主治理天下应以增进天下之民的共同利益为目的。这里所涉及的“天下之利”与君主私利之间的关系是值得深入探讨的问题，这一问题也是公私关系问题的一个方面。商鞅对天下之公利与君主的私利有着明确的区分。《修权》篇在提出“为天下位天下”和“为天下治天下”之后指出，在他所生活的多国并立的混乱时代，君主却与“为天下位天下”的尧舜和“为天下治天下”的三王五霸相反：“今乱世之君、臣，区区然皆擅一国之利而管一官之重，以便其私，此国之所以危也。”“一国之利”应是一国之民众的共同利益，乱世之君却将其独占为个人的私利，而臣子所掌握的权力应为一国之民众的共同利益服务，却被臣子用来为自己谋取私利，这是君臣的私利对公共利益的侵犯，是使国家陷于危险的原因。他进而提出：“故公私之交，存亡之本也。”因而他要求君主做到“公私之分明”。

此外，商鞅经常将法与私对言，也就是说，法为公。在前文所讲的政治权力的起源过程中也伴随着法的产生，法通过“定分”“立禁”来解决社会混乱的问题，以实现社会安定，所以说，法“利天下之民”，为保护和增进公共利益服务。而且，在商鞅的设想中，“立官”和“立君”都是为了保证法的执行，也说明法的制定不是为君主和官吏个人的私利服务的。《更法》中也讲到“法者，所以爱民也”，《画策》讲“民本，法也”，《错法》讲“法明而民利之也”。正如王中江所言：“法家确有把君主绝对化的情形，但也主张天下国家和法律，是公，不能化为私有。”① 同时，商鞅主张法令应该公开，使“万民皆知所避就”，使“吏不敢以非法遇民”（《定分》）；也主张法具有普遍适用性，刑罚对不同等级、不同身份的人一视同仁，这就是他所说的“壹刑”。“所谓壹刑者，刑无等级，自卿相、将军以至大夫、庶人，有不从王令、犯国禁、乱上制者，

① 王中江：《中国哲学中的“公私之辨”》，载《中州学刊》，1995（6）。

罪死不赦。”（《赏刑》）也就是说，法在体现公共利益的同时，也体现了公开、公平、公正。因此，严格执法，就能够保护和增进公共利益，就能够保证公平、公正。商鞅主张“任法去私”“不以私害法”，反对“释法任私”“以私害法”，认为“任法去私”“不以私害法”则治，“释法任私”“以私害法”则乱。《修权》篇对这一问题有比较集中的讨论：

> 国之所以治者三：一曰法，二曰信，三曰权。法者，君臣之所共操也；信者，君臣之所共立也；权者，君之所独制也，人主失守则危。君臣释法任私必乱。故立法明分，而不以私害法，则治。权制独断于君，则威。民信其赏，则事功成；信其刑，则奸无端。惟明主爱权重信，而不以私害法。故上多惠言而不克其赏，则下不用；数加严令而不致其刑，则民傲死。凡赏者，文也；刑者，武也。文武者，法之约也。故明主任法。

需要注意的是，此段文字中的“私”不仅指“私利”，也包含君臣个人的私意、私情、私欲等。“任法去私”“不以私害法”就是要求君臣作为执法者应该严格遵照法的规定执行，不能以私利、私意、私情、私欲干扰法的执行。这一主张实际上也对君主的权力形成了一定的限制。

此外，天下之民构成了一个整体，作为整体而有其共同的利益，这也应是“天下之利”之所指；同理，一国之民作为一个整体也有其共同利益，这应是“国家之利”之所指。但是，每一个民众个体也有各自不同的利益，这又涉及整体利益与个人利益的关系问题，这是公私关系问题的另一个方面。在商鞅看来，对利益的追求出自人的本性。《算地》篇关于人性问题有较多讨论：“民之性，饥而求食，劳而求佚，苦则索乐，辱则求荣，此民之情也。”“羞辱劳苦者，民之所恶也。显荣佚乐者，民之所务也。”“民之生，度而取长，称而取重，权而索利。”“民生则计利，死则虑名。”“名利之所凑，则民道之。”此外，《错法》讲：“人君而有好恶。”[①]《君臣》讲：“民之于利也，若水于下也，四旁无择也。”《赏刑》也讲：“民之欲富贵也，共阖棺而后止。”由这些文献可见，商鞅是从人的生理需求和心理欲望的角度理解人性的，认为人有好恶，好名利，欲富贵，好显荣佚乐，恶羞辱劳苦。概括来讲，商鞅所持的是“人性好利”的观点，人所好之“利”包括物质利益，如土地、财物、利禄等，也包括精神利益，如名誉、地位、声望等。值得注意的是，《开塞》讲：“古之民朴以厚，今之民巧以伪。”是否意味着古代之民不好利？实际上并非如此，因为该

---

① 陶鸿庆《读诸子札记》认为“人君而有好恶”应当为“人生而有好恶”，可从。

篇同时讲到在人类发展的第一阶段，民众“亲亲而爱私”，并导致“务胜而力征”。但是，人的好利本性的表现会因为人的需求与物质财富数量的比例关系而发生变化。当人口数量较少，物质财富比较充足，能够满足人的需求时，人们满足个人的需求难度较小，人和人之间的利益冲突也会相对较小，民众一般不需要为了满足自己的利益而使用各种手段，因而会表现得比较朴实敦厚。而随着人口数量的增加，有限的物质财富比较难以满足所有人的需要，于是人与人之间的利益冲突就会增强，民众为了满足自己的利益就需要与他人进行激烈的竞争，为了在竞争中获胜就会采用各种诈伪的手段，因而民众就会变得狡诈虚伪。《画策》中就讲到“昔者昊英之世，以伐木杀兽，人民少而木兽多”，那是物质财富比较充足的时代。也就是说，好利的人性会随着时代的变化而有不同的表现。

商鞅提出人性好利的观点，认为这样的人性伴随着人的生命过程。他没有对人性进行善恶评价，也没有提出改变人的好利本性的主张，这就意味着他承认了人们追求个人利益的行为的正当性。在前文所讲到的法的起源中，我们看到法确认了民众对土地、财物的所有权，并对侵犯个人所有权的行为进行处罚。所以说，法代表公共利益，但也保护个人的利益免受侵犯。但是，商鞅也提出民众的求利行为会带来消极的后果。《算地》讲：“今夫盗贼上犯君上之所禁，而下失臣子之礼，故名辱而身危，犹不止者，利也。”而在《开塞》中的“上世”时期，民众之间的争斗、社会的混乱也是源于个人对私利的追求。因而，民众的求利行为需要被规范和引导。《君臣》就讲道：“道民之门，在上所先。故民，可令农战，可令游宦，可令学问，在上所与。上以功劳与，则民战；上以《诗》《书》与，则民学问。”而法具有规范个人求利行为的作用，这种规范作用之所以有效，就在于人有好利恶害的本性。《错法》讲：“人生而有好恶，故民可治也。人君不可以不审好恶。好恶者，赏罚之本也。夫人情好爵禄而恶刑罚，人君设二者以御民之志，而立所欲焉。”法是关于赏罚的成文规定，商鞅主张通过立法确定何种行为可以获得奖赏，何种行为会受到处罚，并将法令公开发布，让百姓广泛了解。因为好利，民众就会去做法所规定的可以获得奖赏的行为；因为恶害，民众就不会去做会受到处罚的行为。当然，在立法之时，立法者也应权衡利害来确定赏罚的标准，对能够增进国家利益、整体利益的行为进行奖赏，而对有损于国家利益、整体利益的行为进行处罚。如此，通过法的规范，可以使民众在获得个人利益的同时，也增进国家利益和整体利益。因此，商鞅极力反对奖赏危害国家利益、整体利益的行为而处罚增进国家利益、整体利益的行为，认为这样会加重个人利益与国家利益、整体利益的冲突，会带来社会的混乱和国家的危亡。

在商鞅看来，在当时国与国之间激烈竞争的时代，对国家和民众整体来讲最为重要的利益就是国家的昌盛兴旺、富有强大，而国家的兴旺富强依赖于农战。《农战》篇讲："国之所以兴者，农战也。"因此，商鞅的法所提供给民众的求利渠道实际非常狭窄，只有农战，这就是他所讲的"利出一孔"（《弱民》）。《农战》讲："民见上利之从壹孔出也，则作壹；作壹，则民不偷营；民不偷营，则多力；多力，则国强。"《慎法》讲："故吾教令：民之欲利者，非耕不得；避害者，非战不免。境内之民莫不先务耕战，而后得其所乐。故地少粟多，民少兵强。"《算地》也讲："故圣人之为国也，入令民以属农，出令民以计战……利出于地，则民尽力；名出于战，则民致死。入使民尽力，则草不荒；出使民致死，则胜敌。胜敌而草不荒，富强之功可坐而致也。"商鞅认为，如果民众求利只有农战这一条途径，民众为了获得个人利益就只能尽力于农战，由此会实现国家的富强。如果存在其他的获利途径，民众通过利益计算，就会选择逃避辛苦的耕作和危险的战争，而从事损害国家利益的行为，这会带来国家的贫弱甚至危亡。《农战》讲："今境内之民皆曰：'农战可避而官爵可得也。'是故豪杰皆可变业，务学《诗》《书》，随从外权，上可以得显，下可以求官爵；要靡事商贾，为技艺，皆以避农战。具备，国之危也。""故其境内之民皆化而好辩乐学，事商贾，为技艺，避农战。""民以此为教，则粟焉得无少，而兵焉得无弱也？"《靳令》篇则得出以下论断："利出一空者其国无敌，利出二空者国半利，利出十空者其国不守。"由此可见，商鞅对个人利益与国家利益的协调不是立足于个人利益的满足，而是将个人利益引向国家利益。也正因为这一点，学界多认为商鞅并不真正重视民众的个人利益，如刘泽华讲道："作者并不是为人民谋利益，而是以利益为诱饵，从人民中钓出巨大的力量。"[①] 同时，我们也应注意到商鞅思想中"国"与"天下"的区别。商鞅在讨论天下的政治问题时，更强调对天下之民的共同利益的保护和增进，但是在讨论国家的政治问题时，更重视利用民众对个人利益的追求来增进国家的利益。虽然他指出国家利益也符合民众的个人利益，但是却有将民众的利益工具化和以国家利益压制民众利益的倾向。也可以说，商鞅在讨论天下问题时所表达出来的是他的政治理想，而在讨论国家问题时，则要直接解决秦国的现实问题，

① 刘泽华：《中国政治思想史集》，第 1 卷，149 页，北京，人民出版社，2008。

欲短期内实现富国强兵的目标。

第三节　“述仁义于天下”的政治理想

通读《商君书》，会发现其中的大部分内容与利用法治即刑赏督促民众从事耕战以实现国家富强相关；但是，如果据此以为国家富强就是商鞅的政治理想，就过于简单武断了。

基于好利的人性，商鞅主张通过法规定赏罚的标准以规范和引导人的行为。奖赏和刑罚在国家治理中均具有重要的作用，但二者相比较，商鞅更为重视刑罚的威慑作用，因而反复阐述重刑轻赏、刑多赏少的主张。如《去强》讲：“重罚轻赏，则上爱民，民死上；重赏轻罚，则上不爱民，民不死上。”《靳令》讲：“重刑少赏，上爱民，民死赏；重赏轻刑，上不爱民，民不死赏。”《说民》也讲：“罚重，爵尊；赏轻，刑威。爵尊，上爱民；刑威，民死上。”在商鞅看来，国家的强弱与刑赏的轻重、多少有直接关系。《去强》讲：“王者刑九赏一，强国刑七赏三，削国刑五赏五。”《开塞》讲：“治国刑多而赏少。故王者刑九而赏一，削国赏九而刑一。”

重刑一直被看作商鞅的代表性观点，他也因为这一主张招致很多批评，但是，商鞅强调实施重刑的目的并不是刻意要伤害民众，而是充分发挥法的威慑作用，使民众因为对重刑的畏惧而不敢触犯法律，结果就是任何刑罚都不需要实际使用，这就是“无刑”。所以说，“无刑”才是重刑的目的。这一思想在多篇中都有表达。《赏刑》篇讲：

> 重刑连其罪，则民不敢试。民不敢试，故无刑也。夫先王之禁，刺杀断人之足，黥人之面，非求伤民也，以禁奸止过也。故禁奸止过，莫若重刑。刑重而必得，则民不敢试，故国无刑民。国无刑民，故曰明刑不戮。……故曰：明刑之犹，至于无刑也。

《画策》讲：

> 故以战去战，虽战可也；以杀去杀，虽杀可也；以刑去刑，虽重刑可也。……刑重者，民不敢犯，故无刑也。

通过重刑而达到“无刑”就是商鞅所讲的“以刑去刑”。他认为如果采用轻刑，则民众计算利害后，仍会选择犯法求利，因而刑罚会更多被使用，这就是“以刑致刑”。《靳令》讲：

> 行罚，重其轻者，轻其重者，轻者不至，重者不来。此谓以刑去刑，刑去事成。罪重刑轻，刑至事生。此谓以刑致刑，其国必削。

商鞅还提出，通过法治的长期实施，可以实现万民的自治，并最终实现“天下大治”。《定分》讲：

> 故圣人必为法令置官也置吏也为天下师，所以定名分也。名分定，则大诈贞信，民皆愿悫而各自治也。夫名分定，势治之道也；名分不定，势乱之道也。……故圣人为法，必使之明白易知，名正愚知遍能知之。为置法官，置主法之吏以为天下师，令万民无陷于险危。故圣人立天下而无刑死者，非不刑杀也，行法令明白易知，为置法官吏为之师以道之，知万民皆知所避就，避祸就福而皆以自治也。故明主因治而终治之，故天下大治也。

法令规定人的权利范围，也就是名分，名分确定才不致纷争。法令必须明白易懂，而且需要设置法官、法吏来解答民众在法令上的疑问，民众就可以明悉法令所规定的利害之处，从而自觉地用法令规范和约束自己的行为。可见，民众对法的服从已经由他律变成自律，这就是商鞅所讲的“自治”。万民皆能自治，就可以实现天下大治。《说民》讲“故王者刑赏断于民心”“故有道之国，治不听君，民不从官”，认为在“有道之国”，民众对法熟悉并认同，他们将法作为判断是非的标准和行为的准绳，民众既不需要听从君主，也不需要服从官吏，而只需要用心去判断，这也是“自治”之义。

《靳令》篇更是直接提出了“述仁义于天下”的政治理想：

> 圣君知物之要，故其治民有至要，故执赏罚以壹辅仁者，心之续也，圣君之治人也，必得其心，故能用力。力生强，强生威，威生德，德生于力。圣君独有之，故能述仁义于天下。

此段之中，“仁”“德”“仁义”的出现非常惹人注意。一般认为商鞅主张“法治”，而反对儒家的“德治”，《商君书》中也确实有多处对儒家经典和儒家德行的批评。如《农战》中讲：“《诗》、《书》、礼、乐、善、修、仁、廉、辩、慧，国有十者，上无使战守。”《靳令》篇将礼、乐，《诗》《书》，修善、孝弟，诚信、贞廉，仁、义，非兵、羞战称为“六虱”：“六虱：曰礼乐，曰

《诗》《书》，曰修善，曰孝弟，曰诚信，曰贞廉，曰仁义，曰非兵，曰羞战。国有十二者，上无使农战，必贫至削。”商鞅认为提倡学习儒家经典和倡导儒家的德行会使民众逃避耕战，因而会妨害国家富强目标的实现。是否研习儒家经典，是否推崇儒家的思想，成为国家兴旺和贫亡的关键。《去强》中讲：

> 国有礼、有乐、有《诗》、有《书》、有善、有修、有孝、有弟、有廉、有辩。国有十者，上无使战，必削至亡；国无十者，上有使战，必兴至王。……国用《诗》、《书》、礼、乐、孝、弟、善、修治者，敌至必削，国不至必贫。国不用八者治，敌不敢至，虽至必却。

但是，从《靳令》中的表述来看，商鞅并非从根本上否定“德治”。他认为圣君掌握刑赏，可以辅以仁爱，如此则能使民众心悦诚服，从而发挥民众的力量，“德”就是力量的产物。圣君掌握这一点，就能够成就“仁义”于天下。前文也讲到，商鞅将神农之治与黄帝之治进行比较。神农之治“教而不诛”(《更法》)，“刑政不用而治，甲兵不起而王”(《画策》)，这就是“德治”的时代；黄帝之治则“内行刀锯，外用甲兵”(《画策》)，这是“法治”时代。商鞅认为运用“德治”还是“法治”要根据不同时代的社会情况。所以，他反对“德治”，是从当时的时代状况出发的，正如《开塞》所讲：“古之民朴以厚，今之民巧以伪。故效于古者，先德而治；效于今者，前刑而法。”于是，通过“任法而治”(《慎法》)、“缘法而治”(《君臣》)，依靠重刑产生强大的威慑力，使民众不敢犯法，从而实现“无刑”，同时，使民众真正从内心认同法律而自觉守法，从而“自治”。在这样高度法治化的社会中，就可以实现“德治”。《开塞》篇具体解释了如何从一国之法治发展到成就“仁义”于天下：

> 故王者刑用于将过，则大邪不生；赏施于告奸，则细过不失。治民能使大邪不生，细过不失，则国治，国治必强。一国行之，境内独治；二国行之，兵则少寝；天下行之，至德复立。此吾以杀（效）刑之反于德而义合于暴也。

在一国之内施行赏罚，可以实现一国的安定和强大；两国同时施行，那么两个安定而强大的国家就会相互制衡，从而使战争少发；天下的国家都这样做，最高的道德就会重新建立起来。正如曾振宇、崔明德所讲：“社会完全法治化之日，恰恰又是社会高度道德化之时，至大至刚的法之精神与至善至美的伦理境界水乳交融，这才是仁义的真正底蕴。”① “至德复立”也就是“述仁义于天下”，这才是商鞅的政治理想。吴保平、林存光就认为：“商鞅‘以法治国’的主体虽是君主，但‘以法治国’除了要达到富国强兵的目标外，还要实现‘万民自治’‘天下大治’和‘天下行之，至德复立’及‘能述仁义于天下’的政治理想。”②

商鞅在对历史发展进程的描述中讨论了政治权力的起源问题，政治权力在解决社会混乱的过程中逐步产生，可以通过法制及官吏、君主对法的执行来解决“自然状态”下无法解决的人与人的争斗问题，从而使社会安定、和谐、有秩序。他认为权力的掌握者君主的存在及权力的使用应该“利天下之民”，主张“为天下位天下”和“为天下治天下”，反对君主将天下人共同的利益占为自己的私利。商鞅从好利的人性出发，承认人追求个人利益的行为的正当性，但是，为了防止个人的求利行为危害国家和整体的利益，他主张通过法律对赏罚的标准进行规定，从而使民众在获取个人利益的同时也能增进国家和整体的利益。为了实现在短期内富国强兵的目标，商鞅将人的求利途径完全限制在农战之上，因而压制了民众多样的利益需求。然而，通过法对农战的推动而实现富国强兵并不是商鞅最高的政治理想。他主张通过重刑发挥法的威慑作用，使民众不敢犯法，从而达致“无刑”，又主张使民众熟悉法令并由内心认同，从而能够自觉守法，这就是“自治”，万民自治就可以实现“天下大治”。这样的“天下大治”实际上是一个高度法治化的社会，而商鞅认为，高度法治化的社会同时也是一个“至德复立”“述仁义于天下”的社会，从而实现了“法治”与“德治”的统一。

王威威

参考文献

洛克．政府论：下篇．叶启芳，瞿菊农，译．北京：商务印书馆，1964.

乔纳森·沃尔夫．政治哲学导论．王涛，赵荣华，陈任博，译．长春：吉林出版集团有限责任公司，2009.

蒋礼鸿．商君书锥指．北京：中华书局，1986.

王晓波．先秦法家思想史论．台北：联经出版事业公司，1991.

---

① 曾振宇、崔明德：《由法返德：商鞅社会理想之分析》，载《中国史研究》，1997（1）。

② 吴保平、林存光：《商鞅之“法”的政治哲学反思——兼论法治的功能、价值和精神》，载《武汉大学学报》（哲学社会科学版），2015（3）。

曾振宇．前期法家研究．济南：山东大学出版社，1996.

郑良树．商鞅评传．南京：南京大学出版社，1998.

赵汀阳．天下体系：世界制度哲学导论．北京：中国人民大学出版社，2011.

刘泽华．中国政治思想史集：第1卷．北京：人民出版社，2008.

Pines Y. From Historical Evolution to the End of History：Past，Present and Future from Shang Yang to the First Emperor//Goldin P R，Han F，Philosophie C. Dao Companion to the Philosophy of Han Fei. Springer，2013：25－45.

第五章
民贵君轻：孟子的政治哲学

孟子，名轲，战国邹（今山东邹城东南）人，鲁国贵族的后代，著名的思想家，儒家学者。关于孟子生卒年，司马迁《史记·孟子荀卿列传》、东汉赵岐《孟子章句》等均无记载。学者根据《孟子》一书的相关记载做了很多推测，大致而言，孟子生活于战国中晚期，与战国时期另一位著名的思想家庄子处于同一时代。相对通行的说法是，孟子约生于公元前 372 年，卒于公元前 289 年，共活了八十三岁。[①]

孟子生活的战国中后期，正是诸侯争霸愈演愈烈的时代。诸侯之间相互混战，“争地以战，杀人盈野；争城以战，杀人盈城”（《孟子·离娄上》，本章以下凡引该著，只注篇名）。连年的战争，不仅给社会生产造成极大破坏，也给人民的生命、财产带来深重的灾难。到了战国后期，战争规模又不断升级，使广大民众饱受战争之苦。秦国攻打楚国的时候，秦将白起引水灌鄢城，淹死百姓数十万。统治阶级穷奢极欲，想尽一切办法聚敛财物，广大民众却弃尸沟壑，挣扎在死亡线，出现了“庖有肥肉，厩有肥马，民有饥色，野有饿莩”（《梁惠王上》）的惨状。为了改变残酷的社会现状，救民于水火，孟子“道性善”，主张“民贵君轻”，倡导义利之辨、以道抗势，从多个方面对儒家的政治哲学做了进一步的发展。

① 持此说者有元代程复心（《孟子年谱》），清代陈宝泉（《孟子时事考征》）、狄子奇（《孟子编年》）等。

第一节　以善为性：仁政的人性论根据

孟子“道性善”，其直接的现实关怀是为仁政确立人性论的根据，从思想的发展来看，则是对在他之前的论性方式及人性观点的超越。人们之所以对孟子性善论产生种种误解，往往也是因为将孟子“道性善”与之前的论性方式混同起来。故讨论孟子性善论，先要了解孟子以前论性的方式与特点。据《孟子·告子上》：

> 公都子曰：“告子曰：‘性无善无不善也。’或曰：‘性可以为善，可以为不善。是故文武兴，则民好善；幽厉兴，则民好暴。’或曰：‘有性善，有性不善。是故以尧为君而有象（舜同父异母弟）；以瞽瞍为父而有舜；以纣为兄之子，且以为君，而有微子启、王子比干。’今曰‘性善’，然则彼皆非与?”

公都子在这里列举了孟子以前的三种不同的人性主张，分别是告子的“性无善无不善”说，无名氏的“性可以为善，可以为不善”说，以及同为无名氏的“有性善，有性不善”说。可以看到，这三种人性论有一共同特点，即它们都将“性”看作客观对象、事实，根据性的种种具体表现，对其做经验性的描述、概括，类似一种科学实证的研究方法。由于观察、分析的角度不同，其具体结论也有所不同。告子由于着眼于性的具体内容，认为“食色，性也”，而“食色”本身无所谓善与不善，关键在于外界的引导，故认为“性犹湍水也，决诸东方则东流，决诸西方则西流。人性之无分于善不善也，犹水之无分于东西也”（《告子上》）。第二种人性论关注环境与人性的关系，注意到当文王、武王这样的贤君出现，社会得到治理时，百姓往往乐于为善，当幽王、厉王这样的暴君出现，社会陷入混乱时，百姓则往往变得凶暴。故认为人性可以为善，也可以为恶，关键在于环境的影响。第三种人性论则注意到，人性之善恶似乎并不完全是由外因所决定的。如有尧这样的贤明君主，却有象这样坏的百姓；有瞽叟这样坏的父亲，却有舜这样好的儿子；有纣这样邪恶的侄儿，且为君主，却有微子启、王子比干这样的贤臣。所以合理的解释只能是，有些人性善，有些人性不善。以上三种人性主张，虽然具体观点有所不同，但其论性方式则是相同的，其中有些观点也是可以协调、相通的。例如，告子的“性无善无不善”说，若着眼于“决诸东方则东流，决诸西方则西流”的结果，也可以说等同于“性可以为善，可以为不善”。

对于以上言性方式，孟子并不一概反对。孟子说：“富岁，子弟多赖（懒）；凶岁，子弟多暴。”（《告子上》）即是承认，人性之善恶与环境有着密切的关系。孟子亦承认，对于一般民众来说，“无恒产，因无恒心。苟无恒心，放辟邪侈，无不为已”（《梁惠王上》），认为物质财产对于一般民众的道德水准，起着基础性的决定作用。但以上言性方式，只是对性的一种外在概括和描述，不足以突出人的道德主体性，无法确立人生的信念和目标，不能给人以精神的方向和指导，更不能安顿生命，满足人的终极关怀。故孟子言性，不采取以上进路，而是另辟蹊径，提出了他对人性的独特理解。

> 孟子曰：“口之于味也，目之于色也，耳之于声也，鼻之于臭也，四肢之于安佚也，性也，有命焉，君子不谓性也。仁之于父子也，义之于君臣也，礼之于宾主也，知之于贤者也，圣人之于天道也，命也，有性焉，君子不谓命也。”（《尽心下》）

在孟子之前，人们往往把性看作客观的对象与事实，孟子则不然。这里“性也”一句，表明孟子亦承认“口之于味”“目之于色”“耳之于声”“鼻之于臭”“四肢之于安佚”事实上也是性，但又认为君子并不将其看作性。前面的“性也”，是一个事实判断；后面的“不谓性也”，则是一个价值判断。孟子又认为，仁义礼智的实现，虽然一定程度上也要受到命的限制，但“有性焉，君子不谓命也”。这里的“不谓命也”，同样是一种价值判断。故在孟子看来，人生而具有恻隐、羞恶、辞让、是非之心，此四心作为内在的道德禀赋与品质，“求则得之，舍则失之”（《告子上》），是“可欲”“可求”的，同时可以由内而外表现为具体的善行，因而是善的。恻隐、羞恶、辞让、是非之心虽非人性之全部，但它们是人之异于禽兽者，是人之“真性”所在，人当以此为性，人之为人就在于充分扩充、实现此善性。所以孟子性善论实际上是以善为性论，孟子性善论的核心并不在于性为什么是善的——因为“把善看作性”与“性是善的”，二者是同义反复，实际上是一致的——而在于为什么要把善看作性，以及人是否有善性存在。

关于人有善性，孟子主要从两个方面予以说明。首先是承继了“天命之谓性”的传统，将善性溯源于形上、超越的层面，认为是天的赋予。孟子称，“仁义礼智，非由外铄我也，我固有之也”（《告子上》），即是认为仁义礼智不是通过学习、实践从外部获得的，而是本来即有的。孟子又说：“心之官则思，思则得之，不思则不得也。此天之所与我者。”（《告子上》）“心之官”即心之器官，是就心的经验层面而言的，“得之”则是得心所具有的仁义，而此仁义即是“天之所与我者”。由于仁义来自形上、超越的天，故能不受感性欲望、生理机能的限制与束缚，“思则得之”“求则得之”，是“可欲”“可求”的，因而是善的。所以，对于孟子而言，由于人皆有“天之所与我者”，因而皆有善性。不过，天赋予人善性或“此天之所与我者”乃是一个超越的命题，而不是知识的命题；其所反映的是理性的事实，而不是经验的事实。孟子论性，虽然不限于感性层、实然层，同时也上升至超越的当然层，但并不是将其分为两截，而是看作连续性存有之整体。故孟子在溯源于天，肯定善有形上、超越的源头之后，又强调人有善性亦有着事实的根据，可以在经验世界中得到显现与证明。

> 孟子曰：“人皆有不忍人之心。……所以谓人皆有不忍人之心者：今人乍见孺子将入于井，皆有怵惕恻隐之心；非所以内交于孺子之父母也，非所以要誉于乡党朋友也，非恶其声而然也。由是观之，无恻隐之心，非人也；无羞恶之心，非人也；无辞让之心，非人也；无是非之心，非人也。”（《公孙丑上》）

以上文字常常被学者看作孟子对性善的证明，此乃大误。人性善是对人性的全称判断，是说人性的全部内容及表现都是善，而这显然是不能靠有限的举例来证明的，若要举人性可以为善之例来证明性善，同样也可以举人性可以为不善之例来证明性恶，这样的举例可以是无限的，故对于证明性善实际上没有任何意义。其实，孟子以上论述只是要证明“人皆有不忍人之心”，也就是人皆有善性，而人皆有善性与人性是善的虽有联系，但所指显然是不同的。人皆有善性是说人性中皆有善的品质和禀赋，皆有为善的能力，但不排除人性中还有其他的内容，所以即使为不善，也不能否认善性的存在。人皆有善性当然也不可以通过有限的举例来证明，但由于它近乎一种事实，实际上是任何人都难以否认的，故孟子举出“今人乍见孺子将入于井”这一特殊事例，以说明人确有本心、良心或善性存在。大凡一个人行善，无非有两种可能：一是发源于内，是本心、良心的呈现；二是来源于外，是为了达到某种世俗、现实的目的。前者是真正的善，由这种具体的善行可以反推它一定有内在的根源、根据，也就是善性；后者虽符合人们一般对善的理解，即“人与人之间适当关系的实现”，但道德力量却大打折扣，不属于孟子所理解的善。而孟子上文所说的“怵惕恻隐之心”，是在“乍见孺子将入于井”，也就是在没有任何目的、没有任何预期的心理状态下突然发生的，它显然是发源于内，而不是来源于外，是发自“不忍人之心”、内在善性，而不是出于外在世俗目的，不是为了讨好孩子的父母，不是为了邀取乡党的美誉，也不是讨厌孩子的哭哭啼啼。所以，“怵惕恻隐之心”的显露，最足以说明人确有“不忍人之心”，也就是内在善性。而孟子举出此例，用意在于使每个人都可以设身处地，反省到自己亦必生“怵惕恻隐之心”，并援之以手，更进一步反省到自己在以往的生活中亦有过众多类似的经历，从而洞见到内在善性的存在。的确，任何人在其生活中都会有本心、良心的呈现，这恐怕是谁也否定不了的。既然否定不了，那就应该承认，人确实有善性存在。孟子只需要通过一“启发性的示例”，将此点明、显现出来即可，故孟子上文所举，乃是一项“示例”，而不是一个例证。面对这一“示例”，假如有人认为自己确实从没有产生过同情心、羞恶心、是非心、恭敬心，那么孟子的回答是，“非人也”，认为他已不是严格意义上的人了，故不在讨论的范围之内。

孟子肯定了人有善性后，进一步需要说明，人为什么要把善性看作真正的性。对此，孟子又从“人禽之辨”“大体小体之别”等方面做了论证。先看“人禽之辨”：

> 孟子曰：“人之所以异于禽兽者几希；庶民去之，君子存之。舜明于庶物，察于人伦，由仁义行，非行仁义也。”（《离娄下》）
>
> 孟子曰：“舜之居深山之中，与木石居，与鹿豕游，其所以异于深山之野人者几希；及其闻一善言，见一善行，若决江河，沛然莫之能御也。”（《尽心上》）

张岱年先生分析说：“孟子亦尝说：……‘人之所以异于禽兽者几希’，则孟子以为人之与禽兽，所异者不若所同者之多，是孟子并不否认人有不善的性质即与禽兽相同的性质。又谓‘无教，则近于禽兽’，便更可以见了。然则何以仍讲性善？此由于孟子所谓性者，实有其特殊意谓。孟子所谓性者，正指人之所以异于禽兽之特殊性征。人之所同于禽兽者，不可谓人之性；所谓人之性，乃专指人之所以为人者，实即是人之‘特性’。而任何一物之性，亦即该物所以为该物者。所以孟子讲性，最注重物类之不同。”① 徐复观先生亦说：“孟子这几句话的意思是说人与一般禽兽，在渴饮饥食等一般的生理刺激反应上，都是相同的；只在一点点（几希）的地方与禽兽不同。这是意味着要了解人之所以

① 张岱年：《中国哲学大纲》，184～185页，北京，中国社会科学出版社，1982。

为人的本性，只能从这一点点上去加以把握。……孟子不是从人身的一切本能而言性善，而只是从异于禽兽的几希处言性善。几希是生而即有的，所以可称之为性；几希即是仁义之端，本来是善的，所以可称之为性善。因此，孟子所说的性善之性的范围，比一般所说的性的范围要小。”① 在现实生活中，谁都不愿被骂为畜生，不愿意与禽兽为伍，这最清楚不过地说明，人还有不同于、高于禽兽的特性，这些特性才能真正显示出人不同于禽兽之所在，显现出人之为人的价值与尊严。所以，如果不是把“性”看作对生命活动、生理现象的客观描述，而是看作一个凸显人的主体性、能动性，确立人的价值与尊严的概念，那么，当然就应该以人之不同于禽兽的特性，也就是仁义礼智为性，而不应以人与禽兽都具有的自然本能、生理欲望为性。

再看“大体小体之别”。孟子弟子公都子曾问：同样是人，为什么有的人成为有德的大人，有的人成为无德的小人？孟子认为，这是因为人有“大体”“小体”的区别：“从其大体为大人，从其小体为小人。”并分析了为什么有人会从其大体，有人会从其小体：

> 耳目之官不思，而蔽于物。物交物，则引之而已矣。心之官则思，思则得之，不思则不得也。此天之所与我者。先立乎其大者，则其小者不能夺也。此为大人而已矣。(《告子上》)

小体指“耳目之官”，大体则指“心”，二者具有不同的性质与作用。“耳目之官”不能“思”，也就是不具有自主性，只能以外物的作用为作用，故当其与外物接触时，便会受到遮蔽与引诱。“心之官”则不同，它可以“思”，此“思”为反思、为逆觉体证，故“心之官”一方面会受到外物的干扰、引诱，另一方面又可以通过“思”，反求诸己，发现“天之所与我”的仁义礼智，具有自主性、能动性。因此，只要首先将心中的仁义确立起来，耳目之欲就不会扰乱、夺取它，这样便能成为有德的大人君子。既然“大体”“心之官”能“思”，具有自主性，其仁义来自天的赋予，反映了人的内在本质，“小体”“耳目之官”不能“思”，不具有自主性，其耳目之欲来自外物的作用，不能反映人的自由意志，那么，自然应当将“心之官”所具有的仁义也就是善性看作性，而不应将“耳目之官”所产生的耳目之欲看作性。

所以，孟子以善为性，虽然是一种价值选择、价值判断，但并非没有事实依据，并非没有充分的理由与根据。孟子以善为性，也并非只是出于自我论证

① 徐复观：《中国人性论史·先秦篇》，165页，台北，台湾商务印书馆，1969。

的需要，而是具有重要的思想意义。因为孟子“道性善”，本身就不在于对性做客观的描述与分析，而在于将性看作人之为人之所在，通过对性的反省、自觉，确立人生信念，安顿精神生命，实现终极关怀。故孟子又从“天爵”和“人爵”、人格平等等方面，进一步说明性善对人之存在的价值与意义。

先看“天爵”“人爵”。人生在世，其价值、意义何在？除了财富、权势、地位这些世俗的价值外，还有没有一种更为根本、更能体现人之为人的价值存在？孟子通过天爵、人爵对此做了回答：

> 孟子曰：“有天爵者，有人爵者。仁义忠信，乐善不倦，此天爵也。公卿大夫，此人爵也。古之人修其天爵，而人爵从之。今之人修其天爵，以要人爵；既得人爵，而弃其天爵，则惑之甚者也，终亦必亡而已矣。”（《告子上》）

人爵指“公卿大夫”，即现实中的权势、地位；天爵指“仁义忠信，乐善不倦”，即内在的善性和对此善性的自觉、喜好。天爵的“天”有二义，一是指尊贵，二是指“此天之所与我者”。故天爵具有超越的来源，高于现实的人爵。古代的人将天爵置于人爵之上，“修其天爵，而人爵从之”，体现了天爵、人爵的价值秩序；而今天的人修其天爵，是为了获取人爵，获取了人爵，便抛弃了天爵，完全违背了天爵高于人爵的价值原则。所以在孟子看来，人的价值、意义不在于权势、地位，而在于善性、德性。人爵只有少数人可以获得，而天爵则是人人都具有的，是天对我们每一个人的赋予，这就保证了每个人都有与生俱来的价值与尊严，都有实现其价值与尊严的可能，从而确立起人生的信念与方向。“欲贵者，人之同心也。人人有贵于己者，弗思耳矣。”（《告子上》）在现实中，每个人都想获得尊贵，都希望得到社会和他人的尊重与认可，但往往忽略了自己本来就具有比生命还尊贵的善性，忘记了人的价值、意义首先在于善性、德性；如果试图通过追求权势、地位获得尊贵，更有甚者，为了人爵放弃天爵，那么其结果只能是适得其反。

> 夫仁，天之尊爵也，人之安宅也。……不仁不智，无礼无义，人役也。人役而耻为役，由（犹）弓人而耻为弓，矢人而耻为矢也。如耻之，莫如为仁。仁者如射：射者正己而后发，发而不中，不怨胜己者，反求诸己而已矣。（《公孙丑上》）

仁是天赋予我们的尊贵爵位，是人居住于其中的安宅。在一个公正、合理的社会中，人爵服从于天爵，只要我们尊崇仁义，扩充、培养我们的善性，堂堂正正做个人，自然便会获得相应的社会地位，赢得他人的尊重。所以我们要想改变自己的处境，实现自我的价值，就应当反求诸己，从“修其天爵”、培养自己的善性做起，同时维护天爵、人爵的价值秩序。所以在孟子那里，性善不仅是人生的信念与方向，同时还是社会公正的基础。

再看人格平等。在现实中，人与人是不平等的，这便是人爵得以产生的原因所在；但在不平等的现实面前，人们一直没有放弃对平等的向往与追求，所以古往今来许多思想家对平等做出过深入思考与理论探讨。在儒家内部，首先对平等问题做出思考的是孟子，而孟子肯定人格平等，又是建立在“性善”论的信仰之上的。

> 成瞯谓齐景公曰：“彼，丈夫也；我，丈夫也。吾何畏彼哉！”颜渊曰：“舜，何人也？予，何人也？有为者亦若是！”（《滕文公上》）
>
> 曹交问曰：“人皆可以为尧舜，有诸？”
>
> 孟子曰：“然。”（《告子下》）
>
> 故凡同类者，举相似也，何独至于人而疑之？圣人，与我同类者。（《告子上》）
>
> 尧舜与人同耳。（《离娄下》）
>
> 孟子曰：“说大人，则藐之，勿视其巍巍然。堂高数仞，榱题数尺，我得志，弗为也。食前方丈，侍妾数百人，我得志，弗为也。般乐饮酒，驱骋田猎，后车千乘，我得志，弗为也。在彼者，皆我所不为也；在我者，皆古之制也，吾何畏彼哉？”（《尽心下》）

孟子将善性看作人的价值与意义之所在，而善性又是天平等地赋予我们每一个人的，只要扩充、培养我们的善性，“人皆可以为尧舜”，这样便从根本上保障了人与人之间平等的可能。虽然“夫物之不齐，物之情也”（《滕文公上》），人与人之间存在能力、才智的差别，存在财富、地位甚至是阶级的不平等，但在人格上又是绝对平等的。现实中的达官贵人往往以堂屋之高，饮食之美，饮酒纵欲、驰骋田猎之乐炫耀于世，以显示他们的特殊与尊贵，然而这些“皆我所不为也”，即不是“我”所追求的。“我”所追求的是充分实现自己的善性，是成为尧舜那样的圣人。“我”的所作所为符合古代的理想之制，符合天爵高于人爵的价值秩序，所以即使面对在财富、地位上优于“我”的达官显贵，“我”也无所畏惧，依然可以获得一种平等感。孟子的人格平等，是一种内在平等，一种精神上的平等，不同于法律、制度上的外在平等，不同于近代以来的法律面前人人平等，但它可以转化为追求外在平等的精神动力，可以为法律、制度上的平等提供精神、信仰上的支持。

最后来看人生之乐。性善论不仅保证了人格的平等，同时还使我们获得了人生之乐，这是孟子向我们揭示的人性中最神奇、最奥妙之处。

> 乐（音 yuè）之实，乐（音 lè）斯二者（指仁、义），乐则生矣；生则恶可已也，恶可已，则不知足之蹈之手之舞之。（《离娄上》）
>
> 反身而诚，乐莫大焉。（《尽心上》）
>
> 君子所性，仁义礼智根于心，其生色也睟然，见于面，盎于背，施于四体，四体不言而喻。（《尽心上》）

人们都有这样的经验，当我们积极行善的时候，总能感到一种“乐”，这种“乐”油然而生、情不自禁，“不知足之蹈之手之舞之”。这最能说明善才是我们真正的性。虽然成为君子、善人还需经过后天的努力，但成为君子、善人是符合我们本性的，是我们扩充、实现善性的结果，用孟子的比喻，是“顺杞柳之性而以为桮棬”；相反，为恶则会戕害人性，使人感到不自然、不快乐，成为小人、恶人只能是“戕贼杞柳而以为桮棬”（《告子上》）的结果。这样的例子在现实生活中比比皆是，如一个人做坏事，内心会扭曲，人格无法得到健康发展。现代心理学也证明，人积极行善，处在友善的环境中，往往有利于生理、心理的健康发展；相反，若处在猜疑、敌视的环境中，则会出现心理失调、发育迟缓等不良后果。这些都说明，人生之乐、人生的价值意义只有在扩充、实现我们善性中才能实现、获得，而一味追求食色欲望并由此而为恶是不符合人性的，也不可能得到真正的人生之乐。对于统治者而言，教化和治理的主要任务不是强迫人们服从规范和教条，而是让人们“尽性”，尽情地发展、实现自己的善性；不是用严刑峻法威吓民众，而是“制民之产”，在提供基本生活物质保障的基础上，使每一个个体尽可能地充分实现自己的性。这一点在今天仍具有无比重大的现实意义。

以上所论，便是孟子“道性善”的基本内容，包括了孟子对人性的内容与作用、人的价值与意义、人的终极关怀等一系列问题的思考。人们之所以对孟子的性善论感到不好理解，并产生种种误解，其中一个原因便是没有从孟子自身的理路出发，没有用孟子的思维方式来思考问题，而是将后人的思维带入其中。例如，很多学者将“孟子道性善”理解为“孟子认为人性是善的”。[①] 实际

---

① 这种误解可能始于东汉王充，其《论衡·本性篇》云：“孟子作《性善》之篇，以为‘人性皆善，及其不善，物乱之也’。”

上，《孟子》一书中只说孟子“道性善”“言性善”，而“道性善”“言性善”是宣传、言说关于性善的一种学说、理论，不能直接等同于“人性是善的”。“人性是善的”是一个命题，是对人性的直言判断，而“性善”则是孟子对人性的独特理解，是基于孟子特殊生活经历的一种体验与智慧，是一种意味深长、富有启发意义的道理。理解孟子的性善论，固然要重视孟子提出的种种理由与根据，更为重要的则是要对孟子“道性善”的深刻意蕴有一种“觉悟”，而这种深刻意蕴绝不是“人性是善的”这样一个命题所能表达得了的。如果一定要用命题表述的话，孟子“道性善”也应表述为：人人皆有善性；人应当以此善性为性；人的价值、意义即在于充分扩充、实现自己的性。

所以孟子“道性善”并非提出一种人性假说或理论预设，而是发现了人性中的一个基本“真理”，即“恻隐之心，人皆有之；羞恶之心，人皆有之……”，也就是人人皆有善性，并进一步指出人只有扩充、实现自己的善性，才能获得人的价值与尊严，才能获得人格平等，才能获得人生之乐，才能实现“尽心、知性、知天”的终极关怀，从而确立起人生的目标与方向。他为中国人提供了基本的生活“样式”，在思想史上产生了深远影响。故唐宋以来，不断有学者称赞孟子“道性善”“功不在禹下”（韩愈《与孟尚书书》），认为“求观圣人之道，必自孟子始”（韩愈《送王秀才序》），“孟氏醇乎醇者也”（韩愈《读荀》）。

第二节　民贵君轻：政权的合法性基础

周人以“小邑周”的地位灭了“大邑商”之后，为适应形势的变化，在宗教观念上也进行了变革：一是提出天命靡常，认为“天不可信”；二是突出了民的地位，主张敬德、保民。原来在殷人的观念中，天乃神秘的外在力量，是历史与命运的主宰，它赐予并决定人世王朝的统治权力和政治寿命。当初殷人灭夏，就是遵行天的意志：“有夏多罪，天命殛之。”“予畏上帝，不敢不正。”（《尚书·汤誓》）殷人获得天命后，便会受到天的恩宠，并长久地保持之。“天其永我命于兹新邑。”（《尚书·盘庚上》）所以当纣王身陷内外交困之境时，不是及时自我反省，而是感慨：“呜呼！我生不有命在天?”（《尚书·西伯戡黎》）周人汲取了殷人的教训，不再一味地依赖天命，而是认为“皇天无亲，惟德是辅”（《左传·僖公五年》引《周书》），“天不可信，我道惟宁王（文王）德延”（《尚书·君奭》）。天不可能长久地眷顾一族一姓，天曾降命、眷顾于夏人、殷人，但因其“惟不敬厥德，乃早坠厥命”，所以，“我不可不监于有夏，亦不可不监于有殷”（《尚书·召诰》），只有像文王一样敬德，才能保住天降于周人的大命。可见，获得天命的关键在于敬德，而敬德又主要体现为保民。在周人看来：“天惟时求民主。”（《尚书·多方》）“天佑下民，作之君，作之师，惟其克相上帝，宠绥四方。”（《尚书·泰誓上》）也就是说，天赋予了君管理、统治民的权力，但这种“为民之主”的政治权力又主要体现为“保民”“佑民”的责任义务。这是因为“惟天惠民”（《尚书·泰誓中》），“天矜于民，民之所欲，天必从之”（《尚书·泰誓上》），“天视自我民视，天听自我民听”（《尚书·泰誓中》）。天是民意的代表，是根据民意主张行事的。既然天惠顾、同情民，那么，天所选立的君主自然也应该根据天的意志——实际上也就是民的意志来进行统治，否则，便得不到天的认可，不具有统治的合法性。

与殷人的宗教观相比，周人是在天、君的二分结构中增加了民这一因素的，突出了民意在宗教、政治中的作用，故陈来称之为“民意论”的天命观，认为这是世界文化史上十分独特的现象。“在这样一种类似泛神论结构的民意论中，殷商以前不可捉摸的皇天上帝的意志，被由人间社会投射去的人民意志所形塑，上天的意志不再是喜怒无常的，而被认为有了明确的伦理内涵，成了民意的终极支持者和最高代表。”① 对于周人天、君、民的三分结构，李存山曾设一比喻，认为其中实际隐含着三权分立的观念。“因为天的意志代表民的意志，而王又须按照天的意志来执政，那么民似乎具有立法权，王则行使行政权，而对王的选举、监督和罢免权则属于天。……在此结构中，人民并没有真正的政治权利，其意志的实现要靠统治者对‘天’的敬畏、信仰或尧、舜、禹、汤、文、武等‘圣王’的道德自觉。”② 这无疑是有一定道理的。所以与殷人相比，周人的天命观表现出一定的进步性，主要是突出了民的地位和作用，将殷人的自然宗教发展成了伦理宗教。但随着时代的发展，周人的天命观也逐渐暴露出其不足：一是周人的天主要被少数统治者垄断，是其统治合法性的根据，而没有与个人发生联系，没有成为个人的终极信仰和精神动力；二是周人虽然突出了民意，但民还是一种消极、被动的存在，不具有政治上的独立地

① 陈来：《古代宗教与伦理——儒家思想的根源》，184页，北京，三联书店，1996。

② 李存山：《儒家的民本与人权》，载《孔子研究》，2001（6）。

位，其意志、意愿要靠神秘莫测的天来表达。特别是随着春秋战国的“礼崩乐坏”，周天子的权威名存实亡，天的观念逐渐遭到质疑甚至否定，统治者的私欲越发膨胀，民虽然逐渐成为一支重要的社会力量，但并没有获得相应的政治权利，其生命、财产因诸侯间的连年征战而受到极大威胁。这时，周人的天命观已难以为继，在天、君、民的结构之外，一种新的社会力量出现了，这就是以孔子儒家为代表的“士”。作为新生的社会力量，他们一方面承继周人的天命观，将其中的“敬德”“保民”转化为明确的政治理念——“仁”，将周人的政治伦理宗教转化为人生伦理宗教；另一方面，他们以“仁”的思想启发、教导君主，“以不忍人之心，行不忍人之政”（《公孙丑上》），希望通过“格君心之非”，做到“君仁莫不仁，君义莫不义……一正君而国定矣”（《离娄上》）。同时，他们为民的利益大声呐喊、呼吁，对暴君污吏的种种“残民”“害民”等不义之举进行猛烈的抨击和抗议。在这一背景下，孟子提出了著名的“民贵君轻”说。

> 孟子曰：“民为贵，社稷次之，君为轻。是故得乎丘民而为天子，得乎天子为诸侯，得乎诸侯为大夫。诸侯危社稷，则变置。牺牲既成，粢盛既絜，祭祀以时，然而旱干水溢，则变置社稷。”（《尽心下》）

“民为贵”的“贵”，是贵重、尊贵之意，相当于今天所说“最为重要”“最有价值”。故上文是说，人民与社稷、君主相比是最为重要、最有价值的。孟子提出“民贵君轻”，首先是从对国家治理的重要程度来讲的，是对“水能载舟，亦能覆舟”的概括总结。孟子从长期的历史经验中认识到“得乎丘民而为天子”，民心的向背往往决定着政权的兴衰得失，故认为得民心者得天下，民心对于国家政权是最为重要的。孟子说：“桀、纣之失天下也，失其民也；失其民者，失其心也。得天下有道：得其民，斯得天下矣；得其民有道：得其心，斯得民矣；得其心有道：所欲与之聚之，所恶勿施，尔也。民之归仁也，犹水之就下、兽之走圹也。”（《离娄上》）同时，孟子的“民贵”说也包含了对政权合法性的思考，认为人民的利益构成君主权力的基础，人民的生命、财产是最为珍贵的，是设立国家、君主的唯一理由与根据，君主应尽职保障人民的生命与财产，否则便不具有合法性。“民贵”说的前一个方面，是对历史经验的概括和总结，可称为“民心”说，主要是针对君主、统治者来讲的。后一个方面，则是在长期历史发展中形成的人道主义思想，是对“争地以战，杀人盈野；争城以战，杀人盈城”（《离娄上》）的兼并战争的否定，是对“庖有肥肉，厩有肥马，民有饥色，野有饿莩”（《梁惠王上》）的不合理现实的抗议，是一种价值理念与信仰，是孟子抨击暴政、“处士横议”的精神根源和动力，也是孟子政治思想中最核心、最有价值的部分。

由于目睹了燕王哙“让国”失败的惨状，孟子不再主张国君应选贤与能，实行禅让。当弟子万章问：“尧以天下与舜，有诸?”孟子回答：“否；天子不能以天下与人。”认为天子之位是“天与之”（《万章上》），这样便回到了传统的“君权天授”思想。孟子说：“唐、虞禅，夏后、殷、周继，其义一也。”（《万章上》）表明他不再看重禅让与世袭的差别。在《礼记 · 礼运》那里，被认为存在根本差别且分别是“大同”“小康”的政治原则，却被孟子说成是“其义一也”。这说明，出于现实的考虑，孟子一定程度上放弃了“选贤与能”的政治理想，不再主张权力公有，只强调“民本”“民为贵”，主张实行仁政，而仁政的实现，又要靠君主的“不忍人之心”，靠君主的道德自觉，而始终缺乏制度的保障。从这一点看，孟子的政治思想与《礼运》相比，无疑是一个退步。不过孟子虽然不再坚持“选贤与能”的政治理想，但仍肯定人民在国家中的主体地位，肯定“民为贵”，认为人民的好恶决定政治的具体内容，君主在治理国家的过程中，应充分考察民意，认为君主的权力根本上仍是由人民赋予的。孟子通过舜继尧位说明，天子之位既来自天，也来自民，是“天与之”“人与之”。

> （孟子）曰：“天子能荐人于天，不能使天与之天下；诸侯能荐人于天子，不能使天子与之诸侯；大夫能荐人于诸侯，不能使诸侯与之大夫。昔者，尧荐舜于天，而天受之；暴（音 pù，显）之于民，而民受之；故曰，天不言，以行与事示之而已矣。”
>
> 曰：“敢问荐之于天，而天受之；暴之于民，而民受之，如何?”
>
> 曰：“使之主祭，而百神享之，是天受之；使之主事，而事治，百姓安之，是民受之也。天与之，人与之。故曰，天子不能以天下与人。……”（《万章上》）

“天子能荐人于天，不能使天与之天下”，从这一点看，最高权力掌握在天的手里，给谁不给谁应由天说了算，而不能由天子私自决定。但“天不言，以行与事示之而已矣”，天是根据人们的行为和事件表示天命授予的。尧使舜“主祭，而百神享之，是天受之；使之主事，而事治，百姓安之，是民受之也”。所以舜的天子之位既是天赋予的，也是人民给予的。天只是形式，人民的意志、意愿才是最高目的，真可谓“天视自我民视，天听自我民听”。孟子认为“天子不能以天下与人”，而应经过天与人民的认可，表明天下并非天子个人的私有物。“这种区分的内在含义，在于肯定天下非天子个人的天下，而是天下之人或天下之民的天下。”[①] 故在孟子看来，天子不过是受“天”与“民”委托的管理者，只具有管理、行政权，而不具有对天下的所有权。以官吏的任免而言，其进其退，都不能仅仅听取少数人的一面之词，而应以人民的意志、意愿为根据。“左右皆曰贤，未可也；诸大夫皆曰贤，未可也；国人皆曰贤，然后察之；见贤焉，然后用之。”（《梁惠王下》）更进一步，君主自身的统治，也应当得到“民”的认可。虽然孟子并不认为君主的权力是直接来自民，而是保留了“君权天授”的形式，但其思想中显然也包含了对君主统治合法性的思考，认为唯有被“民”接受和支持，君主的统治才具有合法的形式。换言之，民众的认可和接受，构成了判断、衡量君主统治合法性的尺度。正因为如此，孟子肯定了汤武革命的合理性，不认为君主的地位是绝对的，君主如果不能保民、“施仁政于民”（《梁惠王上》），便可易位，甚至被诛杀。

可以看到，在肯定“立君以为民”、以民为国家之主体上，孟子与《礼运》无疑是一致的。但孟子不是将民的主体地位落实在“天下为公”“选贤与能”的政治原则上，而是体现在“民贵君轻”的价值原则以及仁政王道的政治实践上。故在孟子那里，民虽然是国家的价值主体，但非政治的权利主体。孟子主要强调的是人民的生命权、财产权，也就是生存权以及受教育权，而不是直接的政治参与权。诚如梁启超所言：“孟子仅言‘保民’，言‘牧民’，言‘民之父母’，而未尝言民自为治，近世所谓 Of the people、For the people、By the people 之三原则，孟子仅发明 of 与 for 之两义，而未能发明 by 义。”[②] 本来“天下为公”“选贤与能”与民本、仁政是相辅相成、缺一不可的。只有坚持“天下为公”、权力公有，才可逐渐发展出主权在民的思想，才可在 Of the people（民享）、For the people（民有）之上，进一步发展出 By the people（民治），人民才可以由价值主体进一步上升为政治主体，民本政治也才有可能转化为民主政治。同时，也只有肯定“民为贵”，倡导仁政王道，“天下为公”、权力公有才可能具有实质的内容，而不是流于外在的形式。

---

① 杨国荣：《儒家政治哲学的多重面向——以孟子为中心的思考》，载《浙江学刊》，2005（5）。

② 梁启超：《老孔墨以后学派概观》，37 页，见《饮冰室合集》，第 8 卷。

第三节　仁政与王道：政治的核心内容

孟子由“民为贵”进一步提出了“仁政”说，对孔子“仁者爱人”“为政以德”的思想做了进一步发展。孟子“仁政”说的思想基础是民本论，其根据则是性善论。孟子说：

> 人皆有不忍人之心。先王有不忍人之心，斯有不忍人之政矣。以不忍人之心，行不忍人之政，治天下可运之掌上。(《公孙丑上》)

“不忍人之心”即“恻隐之心”，也就是人皆生而即有的仁爱、同情心。“先王”指尧、舜和三代之王，孟子认为“先王”将生而即有的“不忍人之心”施于社会政治中，于是就有了“不忍人之政”，即“仁政”。只要实行仁政，治理天下便可“运之掌上”。在孟子看来，推行仁政不仅富有成效，而且是完全可能的，原因就在于“人皆有不忍人之心”，今之君王与古之“先王”一样，也都有仁爱、同情之心。孟子在游说齐宣王时，以宣王不忍杀牛衅钟而“以羊易之”，“见其生，不忍见其死”，启发齐宣王扩充此仁心，即可“保民而王”(《梁惠王上》)。孟子将仁政寄托在君主的不忍人之心上，似天真、不切实际，如后人所批评的，是“迂远而阔于事情”(《史记·孟子荀卿列传》)。但孟子以仁心启发齐宣王，不过是一种进言的策略，是在当时历史条件下的无奈之举。孟子提倡仁政，其根本原因并不在于相信君王的不忍人之心，而在于坚信“民为贵”，认为人民的生命、财产是最为珍贵的，故以人民代言人的身份登上当时的政治舞台，要求统治者放下屠刀，实行仁政，解民于倒悬，救民于水火。对于孟子而言，性善论只是实行仁政的可能条件，民本论才是其根本原因。故在《孟子》中，我们还可以看到孟子与齐宣王之间的另外一幕：

> 孟子谓齐宣王曰：“王之臣有托其妻子于其友而之楚游者，比其反也，则冻馁其妻子，则如之何?”
>
> 王曰：“弃之。”
>
> 曰：“士师不能治士，则如之何?”
>
> 王曰：“已之。”
>
> 曰：“四境之内不治，则如之何?”

> 王顾左右而言他。(《梁惠王下》)

孟子从某人受人之托，照顾朋友的妻室儿女，却使其受冻挨饿，到被任命为士师的高官，却不能管理好其下属，一步步地追问“则如之何”，意在提醒宣王注意，君主亦不过是受天之托来管理民众，如果“四境之内不治”，则同样面临着“如之何”的问题。故在孟子看来，仁政绝不仅仅是君主的一种施舍、怜悯，而是其应尽的责任与义务，是其获得统治地位的理由和根据。而从“王顾左右而言他”的表现来看，孟子的主张显然是齐宣王自己也无法完全否认的。

孟子通过总结三代“废兴存亡”的历史教训指出：“三代之得天下也以仁，其失天下也以不仁。国之所以废兴存亡者亦然。”(《离娄上》)认为天子不施行仁政，便不能保全四海；诸侯不施行仁政，便不能保住社稷；大夫不施行仁政，便不能保住宗庙；士和庶人不施行仁政，便不能保全生命。他像孔子一样，一生中周游列国，游说魏、齐等国的君主，希望他们能效法尧、舜以及三代之王，“制民之产”，施行仁政，结束战乱，使人民过上安定、富裕的生活。

> 孟子曰：“规矩，方员之至也；圣人，人伦之至也。欲为君，尽君道；欲为臣，尽臣道。二者皆法尧、舜而已矣。不以舜之所以事尧事君，不敬其君者也；不以尧之所以治民治民，贼其民者也。孔子曰：‘道二：仁与不仁而已矣。’”(《离娄上》)

尧、舜等圣人是人伦的极致，是君道、臣道的最高榜样。后世当效法尧、舜，“以舜之所以事尧事君”，“以尧之所以治民治民”，而尧、舜所体现的君道、臣道不过就是仁而已。孟子又说：“尧舜之道，不以仁政，不能平治天下。今有仁心仁闻而民不被其泽、不可法于后世者，不行先王之道也。故曰，徒善不足以为政，徒法不能以自行。”(《离娄上》)认为施行仁政不仅要有善良之心和好的名声(“仁心仁闻”)，同时还应有一套具体的、可操作的制度。只有其中的一项，“徒善”或“徒法”，都不能真正实现仁政。只有“既竭心思焉，继之以不忍人之政”，也就是扩充不忍人之心，急民所急，想民所想，同时“遵先王之法”，才能达到“仁覆天下”(《离娄上》)的效果。故在仁政的问题上，孟子不仅重人治，亦重法治，其所谓“法”主要是指“先王之法”或“先王之道”。孟子说：

> 无恒产而有恒心者，惟士为能。若民，则无恒产，因无恒心。苟无恒心，放辟邪侈，无不为已。及陷于罪，然后从而刑之，是罔民也。焉有仁人在位罔民而可为也？(《梁惠王上》)

民众与士的不同之处，就在于他们具有了固定的“恒产”，才能有为善的“恒心”。如果没有“恒产”，人民生活陷入困顿，也就没有了“恒心”，“放辟邪侈，无不为已”。所以先王、明君施行仁政，首先要“制民之产”，设计相应的经济制度，使民众“仰足以事父母，俯足以畜妻子，乐岁终身饱，凶年免于死亡；然后驱而之善，故民之从之也轻”（《梁惠王上》）。具体来讲，就是要正经界，均井田；“薄税敛”，“省刑罚”（《梁惠王上》）；“去关市之征”（《滕文公下》），废除市场税；等等。孟子说：

> 仁政必自经界始，经界不正，井地不钧，谷禄不平，是故暴君污吏必慢其经界。经界既正，分田制禄可坐而定也。（《滕文公上》）

“正经界”就是要明确土地的所有权，避免暴君污吏对人民土地、财产的侵夺，故孟子视其为“仁政之始”，认为是施行仁政首先要做的事情。就孟子承认人民的土地所有权而言，他是肯定土地私有的。但春秋战国以来出现的土地私有，虽然调动了人民的生产积极性，有利于富国强兵，但也暴露出相应的弊端，国家税敛无度，社会贫富分化，致使“富者田连阡陌，贫者无立锥之地”（《前汉纪·孝武皇帝纪四》）。有鉴于此，孟子以恢复古代井田为名，提出了一个公有、私有相混合的土地所有模式，其具体内容是：“方里而井，井九百亩，其中为公田。八家皆私百亩，同养公田；公事毕，然后敢治私事。”（《滕文公上》）在这个方案中，孟子既肯定了私田，也保留了公田。肯定私田，是为了鼓励生产，满足人民的基本生活需要；保留公田，则是为了使百姓“出入相友，守望相助，疾病相扶持”（《滕文公上》）。孟子讲，“公事毕，然后敢治私事”，强调首先要治理好公田，然后才能治理私田。但就施行仁政而言，他更重视的是私田，要求每家都有“百亩之田”可从事生产，统治者“勿夺其时”，这样才能真正实现仁政、王道。孟子说：

> 五亩之宅，树之以桑，五十者可以衣帛矣。鸡豚狗彘之畜，无失其时，七十者可以食肉矣。百亩之田，勿夺其时，八口之家可以无饥矣。谨庠序之教，申之以孝悌之义，颁白者不负戴于道路矣。老者衣帛食肉，黎民不饥不寒，然而不王者，未之有也。（《梁惠王上》）

在人民有了“五亩之宅”“百亩之田”后，国家还应“薄其税敛”，避免对人民的横征暴敛。孟子说：“易其田畴，薄其税敛，民可使富也。”（《尽心上》）他比较了夏、商、周三代的税法，认为：“夏后氏五十而贡，殷人七十而助，周人百亩而彻，其实皆什一也。”（《滕文公上》）但相比较而言，“治地莫善于助，莫不善于贡”（《滕文公上》）。贡是实物税，它根据若干年的收成确定一个平均值，不分灾年、丰年都按这一固定数字征收，实行起来比较刻板，不利于人民的生活。助是劳役税（“助者，藉也”），实行起来则比较灵活。故孟子主张“请野九一而助，国中什一使自赋”（《滕文公上》）。孟子批评当时的统治者“不制民之产”，人民的生活得不到保障，最终被逼无奈，以身试法。“及陷于罪，然后从而刑之，是罔民也。焉有仁人在位罔民而可为也？”（《梁惠王上》）认为统治者等于是张着罗网捕民，哪有仁人在位却以网捕民的？所以真正的仁君、明主应“制民之产”“薄税敛”“省刑罚”，这样才能做到天下无敌。“王如施仁政于民，省刑罚，薄税敛，深耕易耨；壮者以暇日修其孝弟忠信，入以事其父兄，出以事其长上，可使制梃以挞秦楚之坚甲利兵矣。……夫谁与王敌？故曰：‘仁者无敌。’”（《滕文公上》）

战国时期，商品经济已较为繁荣，出现了集市贸易，孟子主张“关市讥而不征”，反对统治者与人民争利，将其作为仁政的一个重要内容。他说：

> 昔者文王之治岐也，耕者九一，仕者世禄，关市讥而不征，泽梁无禁，罪人不孥。（《梁惠王下》）
>
> 市，廛而不征，法而不廛，则天下之商皆悦，而愿藏于其市矣；关，讥而不征，则天下之旅皆悦，而愿出于其路矣；耕者，助而不税，则天下之农皆悦，而愿耕于其野矣；廛，无夫里之布，则天下之民皆悦，而愿为之氓矣。（《公孙丑上》）

对于市场，提供空地储藏货物却不征税，如果滞销，就依法收购不让其长期积压。对于关卡，只稽查而不征税。对于耕田的人，实行助法而不征税。对于人民的住宅，不征收额外的税钱。这样，天下之民便会欣然归附。“如此，则无敌于天下。无敌于天下者，天吏也。然而不王者，未之有也。”（《公孙丑上》）孟子对向市场征税之举十分愤慨，称其为“龙断”，并编造了故事，称率先向市场征税的人为“贱丈夫”：

> 古之为市也，以其所有易其所无者，有司者治之耳。有贱丈夫焉，必求龙断而登之，以左右望，而罔市利。人皆以为贱，故从而征之。征商自此贱丈夫始矣。（《公孙丑下》）

孟子说：“人之有道也，饱食、暖衣、逸居而无教，则近于禽兽。”（《滕文公上》）认为人的伦理生活高于物质生活，故在“制民之产”，人民的生活得到基本保障后，便需要“谨庠序之教，申之以孝悌之义”（《梁惠王上》），培养人民的向善之心。仁政、王道的最终目的就是要“富而教之”（《汉书·食货志》），实现“父子有亲，君臣有义，夫妇有别，长幼有序，朋友有信”，“人伦明于上，小民亲于下”（《滕文公上》）的和谐伦理社会。

在孟子生活的战国时代，统一已成为大势所趋，对此孟子亦持肯定的态度。他曾转述与梁襄王的几句对话：“（襄王）卒然问曰：‘天下恶乎定?’吾对曰：‘定于一。’‘孰能一之?’对曰：‘不嗜杀人者能一之。’”（《梁惠王上》）在孟子看来，只有统一才能实现天下的安定。但当时各国都将统一的方式寄托在暴力上，希望通过“富国强兵”，“战胜弱敌”，当时形势如《史记·孟子荀卿列传》所言，“天下方务于合从连横，以攻伐为贤”。而孟子则大义凛然地反潮流，“述唐、虞、三代之德”，倡仁政，提出了“以德服人”的王道思想。

> 孟子曰：“以力假仁者霸，霸必有大国；以德行仁者王，王不待大——汤以七十里，文王以百里。以力服人者，非心服也，力不赡也；以德服人者，中心悦而诚服也，如七十子之服孔子也。《诗》云：‘自西自东，自南自北，无思不服。’此之谓也。”（《公孙丑上》）

孟子主张用“以德服人”的“王道”统一天下，反对“以力服人”的“霸道”，也就是反对法家以严刑峻法驱民耕战，凭借“富国强兵”的实力和暴力来统一天下。因为前者符合人民的普遍利益，体现了对人民生命、财产和意志的尊重，“以德服人者，中心悦而诚服也”；后者则是从统治者的个人私利出发，是为了满足统治者个人的私欲，会给人民的生命、财产带来巨大的灾难，是违背人民的意愿的，它虽可以称霸一时，但不可长久。孟子说：

> 五霸者，三王之罪人也；今之诸侯，五霸之罪人也；今之大夫，今之诸侯之罪人也。（《告子下》）
>
> 君不行仁政而富之，皆弃于孔子者也，况于为之强战？争地以战，杀人盈野；争城以战，杀人盈城，此所谓率土地而食人肉，罪不容于死。故善战者服上刑，连诸侯者次之，辟草莱、任土地者次之。（《离娄上》）

“弃于孔子者”即违背了孔子、儒家的价值原则，具体讲，就是违背了“民为贵”的价值原则。孟子说，“行一不义，杀一不辜，而得天下，皆不为也”（《公孙丑上》），认为人民的生命高于君主、天下之位，天下虽大，亦不能以牺牲民之生命为代价。这当然是一种很高的人道主义和价值理想，夏禹、商汤、周文王实行仁政、王道，正体现了这种价值理想，而齐桓、晋文及当时之诸侯攻伐征战，违背了这一价值理想，“率土地而食人肉，罪不容于死”。

孟子曾向齐宣王进言，称其试图用“兴甲兵，危士臣，构怨于诸侯”的方式，以实现“辟土地，朝秦楚，莅中国而抚四夷”的“大欲”，无异于“缘木而求鱼”（《梁惠王上》），是根本无法实现的。只有实行仁政、王道，“使天下仕者皆欲立于王之朝，耕者皆欲耕于王之野，商贾皆欲藏于王之市，行旅皆欲出于王之涂，天下之欲疾其君者皆欲赴诉于王”（《梁惠王上》），才能真正统一天下。可见，仁政、王道不仅体现了“民为贵”的价值原则，同时还可以“得民心”，是富有成效、切实可行的。孟子说：

> 天时不如地利，地利不如人和。……故曰：域民不以封疆之界，固国不以山溪之险，威天下不以兵革之利。得道者多助，失道者寡助。寡助之至，亲戚畔之；多助之至，天下顺之。以天下之所顺，攻亲戚之所畔；故君子有不战，战必胜矣。（《公孙丑下》）

孟子以商汤伐桀，“民望之，若大旱之望云霓也。归市者不止，耕者不变，诛其君而吊其民，若时雨降。民大悦”（《梁惠王下》）说明“仁人无敌于天下”（《尽心下》）。他分析当时的形势，认为：“王者之不作，未有疏于此时者也；民之憔悴于虐政，未有甚于此时者也。”“当今之时，万乘之国行仁政，民之悦之，犹解倒悬也。故事半古之人，功必倍之，惟此时为然。”（《公孙丑上》）基于这种认识，孟子甚至对《尚书·武成》篇关于武王伐纣的记载持怀疑态度：“以至仁伐至不仁，而何其血之流杵也?”（《尽心下》）显然，孟子将正义战争理想化了，他的“以德服人”“仁人无敌”的思想在当时也不免受“迂远”之讥。但孟子重视人民的力量，关心民众的疾苦，特别是将人民的生命、财产看作是最为珍贵的，认为任何统治者只有行仁政、王道，维护人民的生命、财产，才最有资格也最有可能统一天下，这种人道主义思想无疑是具有超越的时代价值的，一定程度上也反映了历史的实际。

第四节　“以义为利”：政治的正义性原则

朱熹说：“义利之说，乃儒者第一义。”“义利之辨”之所以在儒学中占有如此重要的地位，不仅是因为涉及伦理学上道德与利益这一普遍问题，更重要的是还关涉到政治学上权力与正义的问题。具体讲，就是政治权力（包括制度与行为）是应追求公正、正义，还是物质利益。孔、孟等儒者认为，政治权力当然应当首先追求“义”而不应是“利”，但其所谓“义”实际上又落实于民众的“利”，认为凡符合民众的“利”才是真正的“义”。反之，若只是为了少数执政者的“利”，则是不“义”。故“义利之辨”某种意义上也就是公利与私利之辨。《孟子》开篇的一段文字，对这种关系做了生动的说明。

> 孟子见梁惠王。王曰：“叟！不远千里而来，亦将有以利吾国乎？”
>
> 孟子对曰：“王！何必曰利？亦有仁义而已矣。王曰：‘何以利吾国？’大夫曰：‘何以利吾家？’士庶人曰：‘何以利吾身？’上下交征利而国危矣。万乘之国，弑其君者，必千乘之家；千乘之国，弑其君者，必百乘之家。万取千焉，千取百焉，不为不多矣。苟为后义而先利，不夺不餍。未有仁而遗其亲者也，未有义而后其君者也。王亦曰仁义而已矣，何必曰利？”（《梁惠王上》）

这段文字被置于《孟子》的开篇，可能不是偶然的[①]，一定程度上是当时社会趋“利”若鹜，而孟子却独树一帜，倡导仁义的反映。孟子主张“何必曰利？亦有仁义而已矣”，此语被后人做抽象理解，成为儒家“重义轻利”的证据。但问题是，孟子“何必曰利”的“利”并非一般意义上的利，而是具体的利，实际上也就是梁惠王“欲辟土地，朝秦楚，莅中国而抚四夷也”的“大欲”，是一己之私利。孟子认为，如果执政者都追求这种利，“上下交征利”，那么，必然发生弑君、篡国的悲剧，危及公正、正义与政治秩序。更重要的是，这种“利”乃是君之利而非民之利，是利于君而害于民的。孟子说：“今之事君者皆曰：‘我能为君辟土地，充府库。’今之所谓良臣，古之所谓民贼也。君不乡道，不志于仁，而求富之，是富桀也。”（《告子下》）所以为君的关键在于仁义，如果君主不向往道、志于仁，却视汲汲于“辟土地，充府库”者为良臣，那么这些“良臣”实际上便是在帮助桀、纣，只能算是民贼而已。对于他们，最好的选择便是“何必曰利，亦有仁义而已亦”。这里的“仁义”既是一种道义原则、道德品质，同时还关涉着天下的公利，包含着对政治正义性的思考。《孔丛子》中子思与孟轲的一段对话，对义、利的这种关系讲得更为清楚：

> 孟轲问牧民何先，子思曰：“先利之。”

---

① 如在《史记》中，司马迁多次提到孟子与梁惠王间的这段著名对话。《史记·孟子荀卿列传》：“（孟子）适梁，梁惠王不果所言，则见以为迂远而阔于事情。”《史记·六国年表》魏惠王三十五年：“孟子来，王问利国，对曰：‘君不可言利。’”《史记·魏世家》：“邹衍、淳于髡、孟轲皆至梁。梁惠王曰：‘……叟不远千里，辱幸至弊邑之廷，将何利吾国？’孟轲曰：‘君不可以言利若是。夫君欲利则大夫欲利，大夫欲利则庶人欲利，上下争利，国则危矣。为人君，仁义而已矣，何以利为！’”

曰："君子之所以教民，亦有仁义而已矣，何必曰利？"

子思曰："仁义，固所以利之也。上不仁则下不得其所，上不义则下乐为乱也，此为不利大矣。故《易》曰：'利者，义之和也。'又曰：'利用安身，以崇德也。'此皆利之大者也。"（《孔丛子·杂训》）

这段文字可能出自子思后学之手，未必有事实的根据，但其思想却是符合早期儒家的一贯主张的。孟子主张"何必曰利"，这里子思却教导其"先利之"，固然是要回答人们对于"君子之所以教民，亦有仁义而已矣，何必曰利"的疑问，但更重要的是强调"义"和"利"本来就是统一的。《孟子》上文中的"利"是指君王的"大欲"，故孟子主张"何必曰利"，而此段文字中的"利"是指民众的利益，故子思主张"先利之"。① 在早期儒家学者看来："夫王人者，将导利而布之上下者也。"（《国语·周语上》）在上的执政者本来就是要为天下百姓创造、谋取利的。若执政者奉行仁，遵守义，则百姓安居乐业，各得其所，"此皆利之大者也"；若执政者放弃了仁，违背了义，则百姓的生活得不到保障，流离失所，甚至铤而走险，"此为不利大矣"。所以，义和利实际上是统一的，或者说应该是统一的，义是指道义原则和公正、正义，利则是指社会的整体利益，是百姓民众的利。早期儒家的义利统一观并非子思、孟子等儒者的天才发明，而是来自古代先哲的政治实践，是对后者政治智慧的概括和总结。翻开《左传》《国语》等古籍，不难发现古代先哲关于义、利的精辟论述："德、义，利之本也。"（《左传·僖公二十七年》）"礼以行义，义以生利，利以平民，政之大节也。"（《左传·成公二年》）"义以建利。"（《左传·成公十六年》）"利，义之和也。"（《左传·襄公九年》）"夫义所以生利也。"（《国语·周语中》）"言义必及利。"（《国语·周语下》）"义以生利，利以丰民。"（《国语·晋语一》）"义以导利，利以阜姓。"（《国语·晋语四》）"利而不义，其利淫

① 对于《孟子》与《孔丛子》这两段文字的关系，学术界存在不同的看法。司马光《资治通鉴》卷二引上面两段文字后，评述说："子思、孟子之言，一也。夫唯仁者为知仁义之利，不仁者不知也。故孟子对梁王，直以仁义而不及利者，所与言之人异故也。"（《周纪二·显王三十三年》）李明辉则认为："子思的观点有异于孟子的观点，因为子思并未正视'义'与'利'之异质性。……就现实经验而言，义、利之间未必始终一致；一旦两者之间有所冲突时，我们应当如何抉择呢？子思似乎未考虑到这种现实的可能性，而在理论上假定义、利之间必然一致。……反之，孟子则视义、利为异质的，强调'先义后利'。"李明辉更重视"义利之辨"对于凸显人格尊严的意义，认为"人格尊严之维护亦属于'义'的范围。否定了义利之辨，则人格之尊严与现实的利害便可按照同一尺度去衡量，尊严也就不成其为尊严了"（李明辉：《儒家视野下的政治思想》，60、62页，北京，北京大学出版社，2005）。按，儒家"义利之辨"涉及不同的面相，不可一概而论。上面两段文字主要讨论物质利益与正义、道义的问题，子思、孟子立论不同，是由于他们针对不同的对象（君与民），从深层看，二人的观点仍是一致的。

矣。”（《国语·周语下》）“夫义者，利之足也……废义则利不立。”（《国语·晋语二》）这些论述一方面强调“言义必及利”，反对脱离了“利”（主要指百姓民众的利）去谈抽象的“义”；另一方面又主张“义以导利”，要求以“义”去节制、引导“利”（主要指执政者的利）。在这些真知灼见的基础上，曾子一派提出了“以义为利”，对义、利在政治中的关系做了明确的说明：

> 未有上好仁而下不好义者也，未有好义其事不终者也，未有府库财非其财者也。孟献子曰：“畜马乘，不察于鸡豚；伐冰之家，不畜牛羊；百乘之家，不畜聚敛之臣。与其有聚敛之臣，宁有盗臣。”此谓国不以利为利，以义为利也。（《大学》）

“未有上好仁而下不好义者”，强调的是执政者对于建立道德伦理秩序的重要性，用荀子的话说，是“上重义则义克利，上重利则利克义”（《荀子·大略》），其伦理道德的意味较浓，而“未有府库财非其财者”，则涉及利益的分配问题。君主不把府库中的财物看作一己的私有物，而是拿出来与民共享，以获得民众的拥护，这样天下的财物都可为其所用、归其所有。这实际上强调的是与民同利，而不与民争利。故“不察于鸡豚”“不畜牛羊”“不畜聚敛之臣”，就是要从制度上对利益分配关系进行调整，防止执政者对利益的独占。荀子对此说得更为明白：“有国之君不息牛羊，错质之臣不息鸡豚，冢卿不修币，大夫不为场园，从士以上皆羞利而不与民争业，乐分施而耻积藏。”（《荀子·大略》）可见，义利之辨的政治学含义实际上源自执政者的私利与百姓民众的公利的紧张，它表达的是对制度（君主行为）之“私利”化、“专利”化趋势的否定。曾子一派主张“国不以利为利，以义为利也”，就是要求国家、执政者不应垄断、独占天下之利，而应与百姓民众共享之。这里的“义”是指公正、正义，而在早期儒家看来，关注民众的利益就是公正、正义的。

综上所论，“义利之辨”中的“义”实际上具有政治学中公正、正义的含义，而“利”指物质利益或功利、效果，包括执政者的私利和百姓民众的公利等。儒家“义利之辨”强调，政治制度和行为只有符合民众的普遍利益才是公正、合理的，反之，若只是满足少数执政者的私利，则是不公正、不合理的。它一方面对君主提出了基本的政治责任和道德要求，告诫其应关注民众的普遍利益，只有与民众同利、同欲，“民之所好好之，民之所恶恶之”（《大学》），“乐民之乐者……忧民之忧者……乐以天下，忧以天下”（《孟子·梁惠王下》），才能获得“王”天下的大利，“今王与百姓同乐，则王矣”（《梁惠王下》）。另一方面则对民的利益表示了极大的关注，以其是否得到实现作为衡量政治制度与行为正义性的标准，但主要是指物质利益，而不是政治权利。而作为特殊身份的士，则是“义利之辨”价值原则的倡导者和维护者，故应超越自身的物质利益，对任何不“义”的行为进行批判、抗议，抵死维护儒家政治理念的尊严与神圣性。明白了这一点，便可对子思“恒称其君之恶”的主张有了更进一步的理解。

> (鲁穆）公曰：“乡者吾问忠臣于子思，子思曰：‘恒称其君之恶者，可谓忠臣矣。’寡人惑焉，而未之得也。”成孙弋曰：“噫，善哉言乎！夫为其君之故杀其身者，尝有之矣；恒称其君之恶，未之有也。夫为其〔君〕之故杀其身者，效禄爵者也。恒称其君之恶者，远禄爵者〔也〕。为义而远禄爵，非子思，吾恶闻之矣。”（郭店竹简《鲁穆公问子思》第3～8简）

“为其君之故杀其身者”，效忠的对象是君主，目的是爵禄；而“恒称其君之恶者”，则是为了更高的“义”，是为了政治的公正、正义，是为了民众的普遍利益，所以即使牺牲了个人的物质利益乃至生命也在所不惜。而子思乃是这一批判精神的倡导者，也是身体力行儒者人生信念与政治理想的典范与代表。

第五节　“从道不从君”：士的为政原则

从孔子开始，儒家不是自己建立组织，并依托此组织以伸张其思想主义，而是选择了“仕”，希望通过出仕将其思想主张贯彻到政治实践中去。这样，儒家与当时的政权、执政者之间便存在着一种特殊的依附关系。儒者一旦进入官场，便不再是纯粹的士子、读书人，而成为臣子，与君主之间存在着“君臣之义”，需要承担相应的责任与义务。故孔子主张“事君，能致其身”（《论语・学而》），要求“事君尽礼”“事君以忠”（《论语・八佾》）。对于君，他亦抱有极大的敬意：“君在，踧踖如也，与与如也。”“君召使摈，色勃如也，足躩如也。……宾退，必复命曰：‘宾不顾矣。’”“入公门，鞠躬如也，如不容。”（《论语・乡党》）不过，儒者选择仕，不是为了个人的利禄，而是“行其义也”（《论语・微子》），是为了实现其政治理念与人生理想，故在“君”之上，他们还安置了更高的“道”，以“道”为人间的价值原则和政治理想，而自视为“道”的维护和实践者。在君与民之间，他们亦不因为受雇于前者，便无条件地为其俯首效忠，而是自觉地以民众利益代言人自居。所以从孔子起，便主张“以道事君，不可则止”（《论语·先进》），要求“勿欺也，而犯之”（《论语·宪问》），体现了“以仕行道”的价值取向。

不过儒家的政治选择，也使其陷入一种不可避免的两难境地：一方面他们虽然遵循“不仕无义”的政治理想，希望通过出仕来改造“无道”的政治秩序和社会现实；但另一方面，“以仕行道”又必须以“得君”为条件，如果昏君当道，明主不遇，则不仅“行道”无法实现，自己的人格乃至生命还会受到威胁和伤害。面对这一困境，孔子提出：“天下有道则见，无道则隐。”（《论语·泰伯》）“邦有道，则仕；邦无道，则可卷而怀之。”（《论语·卫灵公》）“道不行，乘桴浮于海。”（《论语·公冶长》）在“仕”之外，又保留了“隐”，主张“隐居以求其志，行义以达其道”（《论语·季氏》）。“仕”是积极意义上的推行、实现“道”，而“隐”是消极意义上的坚守、维护“道”，故“行道”才是儒者的最高目标和理想，而“出仕”不过是实现这一目标的手段而已。如果“行义”不得，宁可“隐居”以保持意志的独立，亦不可为了利禄而放弃儒者的原则与理想。做不到这一点，便不配做一名儒者，便会受到孔门的抨击和讨伐。“季氏富于周公，而求（孔子弟子冉有）也为之聚敛而附益之。子曰：‘非吾徒也。小子鸣鼓而攻之，可也。’”（《论语·先进》）正说明了这一点。不过，“隐”虽然一定程度上缓解了“出仕”与“行道”之间的紧张，使儒者在“行道”不得时，可以暂时从官场中抽身而出，以不合作的方式维护人格的完整，同时表达对执政者的抗议，但它终归是在消极的意义上寻求解决之道。更重要的是，“出仕”是为了“行道”，而它本身又必须以“天下有道”为条件，否则只能退隐，这不能不说是一个矛盾，也是“以仕行道”需要克服的局限。所以当“天下无道”时，儒者应采取什么样的态度和选择，仍是一个需要探索的问题。

孔子之后，曾子一派一方面继承了“以仕行道”的思想，主张“国有道，则突若入焉；国无道，则突若出焉，如此之谓义”（《大戴礼记·曾子制言下》），另一方面则提出“循道而行”“直言直行”，试图以士的独立人格和批评精神来对抗“天下无道”。“曾子曰：天下有道，则君子䜣然以交同；天下无道，则衡言不革；诸侯不听，则不干其土；听而不贤，则不践其朝。”（《大戴礼记·曾子制言下》）“君子直言直行，不宛言而取富，不屈行而取位。……天下无道，循道而行，衡涂而偾，手足不掩，四支不被。此则非士之罪也，有士者之羞也。”（《大戴礼记·曾子制言中》）当“天下无道”时，他们不是“卷而怀之”，而是“衡言不革”“循道而行”，坚持主张，不会改变；遵从道义，身体力行，甚至牺牲了生命也在所不惜，体现了以身殉道的大无畏精神。子思一派也提出：“事君可贵可贱，可富可贫，可生可杀，而不可使为乱。”“故君命顺则臣有顺命，君命逆则臣有逆命。”（《礼记·表记》）主张“与屈己以富贵，不若抗志以贫贱。屈己则制于人，抗志则不愧于道”（《孔丛子·抗志》），甚至“恒称其君之恶”。与曾子一派一样，他们也是将“道”置于“君”之上，并以一种知其不可为而为之的“宗教热忱”来维护、实现“道”。由于曾子、子思主要试图以士的道德精神来面对“天下无道”，故他们的主张可称为道德解决方案。

与曾子、子思不同，子游一派则提出了“大道”的概念。在他们看来，道不仅是一种政治秩序和道德原则，更重要的是，它还指政治制度和权力所有。所以天下的“有道”“无道”主要不在于君主个人品性的好坏，而在于实行什么样的制度，在于是权力公有还是私有。他们认为，“天下为公”、权力公有才是符合“大道”的，其具体的制度是“选贤与能”，即根据贤能推举产生天子乃至各级执政者。只有在“大道之行”的条件下，“男有分，女有归”，人们各得其所，积极地从事政治、经济活动，才可以实现政治清明和共同富裕的“大同”社会。反之，在“大道既隐”、“天下为家”、权力私有的条件下，虽然通过“礼义以为纪，以正君臣，以笃父子，以睦兄弟，以和夫妇”（《礼记·礼运》），亦可达到“小康”，但终归是次一等的、非理想的社会。而“大同”“小康”之分的潜在含义是，要想真正实现“大道”，就必须从政治制度入手，实行权力公有、“选贤与能”，故它所揭示的是一套政治解决方案。

子游一派不是将“行道”寄托于君主身上，而是着眼于政治制度本身，一定程度上超越了“以仕行道”的局限，其思想无疑更有深度。然而令人遗憾的是，随着燕王哙“让国”的失败，这一倡导“天下为公”、权力公有的思想暂时遭到了挫折，没有得到进一步的发展。故此后的孟子主要回到了曾子、子思的道德解决方案，并对其做了进一步的发展。孟子曰：“天下有道，以道殉身；天下无道，以身殉道。未闻以道殉乎人者也。”（《尽心上》）“以身殉道”表明，道才是儒者所追求的最高理想，具有比君主更高的地位，所以至死也要维护、坚守之。孟子说：“君子之事君也，务引其君以当道，志于仁而已。”（《告子下》）认为出仕的目的就是要引导君主服从道，而不可使其违背道。又称：“惟大人为能格君心之非。君仁莫不仁，君义莫不义，君正莫不正，一正君而国定矣。”（《离娄上》）认为君主的行为决定国家的治乱，“一正君而国定”。这表明孟子主要是从“格君心之非”，而不是从政治制度本身来思考“天下无道”的。从这一点看，与子游一派相比，孟子在思想深度上似有不足，但他发展了儒家的批判、抗议精神，肯定了人民的革命权、反抗权，则是一大贡献。在孟子看来，士一旦选择出仕，便进入了既定的等级秩序中，便会产生君臣的上下关系。但是士既然“志于道也”，是为了“行道”，那么他同时又具有“道”与“德”上的优越地位。“以位，则子，君也；我，臣也；何敢与君友也？以德，则子事我者也，奚可以与我友？”（《万章下》）既然“道”高于“位”，当君违背了道，或与道发生冲突时，士就应坚定地站在“道”的一边，以道抗位。所以，他反对对君主一味顺从，认为“以顺为正者，妾妇之道也”（《滕文公下》），主张“说大人，则藐之，勿视其巍巍然”（《尽心下》）。他向齐宣王进言：“君之视臣如手足，则臣视君如腹心；君之视臣如犬马，则臣视君如国人；君之视臣如土芥，则臣视君如寇雠。”（《离娄下》）臣不应无条件地服从君。对于“贵戚之卿”来说，“君有大过则谏，反覆之而不听，则易位”；对于“异姓之卿”来说，“君有过则谏，反覆之而不听，则去”（《万章下》）。与君位相比，士更应关注人民的利益与福祉，应该“守先王之道”（《滕文公下》），“乐其道而忘人之势”（《尽心上》），直言进谏，为民请命。而对于桀、纣之类的暴君来说，杀之、诛之亦完全合理。

> 齐宣王问曰：“汤放桀，武王伐纣，有诸？”孟子对曰：“于传有之。”曰：“臣弑其君，可乎？”曰：“贼仁者谓之‘贼’，贼义者谓之‘残’。残贼之人谓之‘一夫’。闻诛一夫纣矣，未闻弑君也。”（《梁惠王下》）

诚如学者所言：“孟子之政治思想，遂成为针对虐政之永久抗议。”“专制时代忠君不贰之论，诚非孟子所能许可。”① 而孟子倡导的“富贵不能淫，贫贱不能移，威武不能屈”的“大丈夫”（《滕文公下》）精神，“穷不失义，达不离道”（《尽心上》）的独立人格，也成为批判专制、抗议暴政的强大精神力量。正是在此基础上，荀子将“从道不从君”看作“人之大行也”（《荀子·子道》），是儒者为政的基本原则。主张面对不同素质的君主，采取不同的臣道：“事圣君者，有听从无谏争；事中君者，有谏争无谄谀；事暴君者，有补削无挢拂。”（《荀子·子道》）在出仕、为政的态度上，荀子与孔、曾、思、孟基本上是一致的。

可以看到，面对“天下无道”，早期儒家学者不论是选择“循道而行”“以身殉道”，还是寻求制度的根本变革，都不是把君看作是最高的，而是认为君之上还有更高的道，并把“行道”看作儒者的终极使命和理想。在曾子、子

---

① 萧公权：《中国政治思想史》，第一册，87～87页。

思、孟子那里，道主要体现为政治秩序和仁道原则；而在子游一派那里，道则体现为政治制度，体现为“天下为公”“选贤与能”的权力公有。二者虽有层次的差别，但也存在融合、互补的可能。因为君臣有义、博施济众同样是“天下为公”的目标，甚或可以说，只有在“大道既行”“天下为公”的条件下，君臣有义、博施济众才有可能得到真正的实现。儒者关注人间的政治秩序，希望通过积极的出仕来改变“无道”的社会现实，亦有其积极意义。所以无论是曾子、子思的道德解决方案，还是子游一派的政治解决方案，都凝结了古代儒者为“殉道”“行道”所做的种种尝试和努力，是他们政治智慧和道德人格的反映和写照，在历史上自有其不可否认的价值和意义。但道德和政治解决方案只有结合在一起，才能摆脱“以仕行道”的困境和局限，才能在未来儒家政治文化的重建中发挥积极作用。

第六节　孟子政治哲学的反省与评价

一些学者从主观印象出发，将儒学等同于专制主义，视为君主驯化民众的工具，认为“王权至尊”乃是儒学政治思想的核心。但如我们前面分析的，不论是周人的宗教天命观，还是孟子，都不是将君看作是最高的，都坚持在人君的上面，另外还要拿出一个“天”或“道”压在他头上，使人君不能自有其意志，必须以“天”或“道”实际上也就是民的意志为意志；否则不配做人君，而可对其“革命”和“易位”。诚如徐复观所言：“人君上面的神，人君所凭借的国，以及人君本身，在中国思想正统的儒家看来，都是为民的存在……可以说神、国、君，都是政治中的虚位，而民才是实体。”“就是从统治者的角度来看，不仅那些残民以逞的暴君污吏没有政治上的主体地位，而且那些不能‘以一人养天下’，而要‘以天下养一人’的为统治而统治的统治者，中国正统的思想亦皆不承认其政治上的地位。”① 也就是说，中国传统政治中不仅存在着君这样的政治主体，而且还存在着超越其上的以“天意”“民心”“道”为表现的道德主体与人民主体。这种主体虽然隐而不显，但实际上却是历史观念的真正主宰，也是历史评价的真正标准。孟子肯定、承认君在政治中的地位，在当时

① 徐复观：《儒家对中国历史命运挣扎之一例——西汉政治与董仲舒》，见《学术与政治之间》，51～52页，台北，台湾学生书局，1985。

的历史条件下应属正常，并不奇怪；特殊的是他在肯定君的地位的同时，又拿出民置于君之上，认为“立君”“置君”都是为了民，君如果不能“保民”“养民”“安民”，便不具有合法性。这才是孟子及儒家政治思想中特别值得关注的地方。中国历史上的政治之所以没有完全走向由申、韩等法家所代表的极权政治，之所以没有完全漆黑一团，不能不说与儒家的这一政治理念密切相关，是儒家以其道德主体性与人民主体性相抗衡的结果。

亦有学者认为，儒家政治思想的核心是圣王崇拜，由此发展出“内圣外王”的政治思维模式，“开创了一种崇拜圣王统治的政治文化传统”，使中国古代政治走上了与近代民主法治完全不同的道路。他们提出，儒家的圣王理想使其错误地以为：“政治权力可通过内在德性的培养去转化，而非通过外在制度的建立去防范。”“因为原始儒家从一开始便坚持一个信念：既然人有体现至善、成圣成贤的可能，政治权力就应该交在已经体现至善的圣贤手里，让德性与智能来指导和驾驭政治权力。这就是所谓的‘圣王’和‘德治’思想，这就是先秦儒家解决政治问题的基本途径。”这也是“中国传统为什么开不出民主宪政之方的一部分结症”[①]。孔孟的确崇拜尧舜圣王，圣王崇拜也是早期儒学的一个重要内容。但尧舜在儒家那里，乃是一价值理想，而非一实有存在，其地位类似于idea，类似于道，是可以表达不同的政治理念与思想的。他们既可以用来宣扬禅让，表达儒者寻求制度变革的努力和尝试（如郭店楚简《唐虞之道》），也可以被描述为平治水土、关注父子人伦的德治形象（如《孟子》）。所以孟子虽然“言必称尧舜”，但绝少将现实的君王等同于古代圣王。“孟子三见宣王，不言事。……曰：‘吾先攻其邪心。’”（《荀子·大略》）“孟子见梁襄王，出，语人曰：‘望之不似人君。’”（《孟子·梁惠王上》）这些都说明，在现实君王与古代圣王之间，孔孟等儒者心中实际上是存在分界的。所以，与其说圣王崇拜是相信君主可以成圣成贤的结果，不如说是孟子看到现实君王的不理想、不完满，对其有深刻的“幽暗意识”，故抬出尧舜圣王，对其予以政治批判的结果。尧舜圣王的存在，一方面使君王们意识到在他们之上还有更高的权威，一个不得不努力追求的目标与榜样；另一方面也使其如芒在背，时时感到道义的权威与压力，不得不保持必要的敬畏之心，而不致残民以逞、肆意妄为。生活在乱世的孟子，何尝不知道现实政治的种种弊病，何尝不清楚现实政治距离其圣王理想相去甚远。只是在寻求制度变革失败之后，他们对于君王所能施加

① 张灏：《幽暗意识与民主传统》，40～41页，北京，新星出版社，2006。

的影响，除了造成一种道义的力量，力求其尽可能开明一些以外，已别无选择。①

所以，孟子政治哲学的根本问题不在于“圣王崇拜”或“内圣外王”的思维方式，而在于在孔孟生活的时代，虽然有“士”的自觉，但还没有经过一个“民”的自觉阶段，民没有成为独立的政治力量，无法在政治舞台上表达自己的意见、主张。在君、士、民的关系中，虽然“民贵君轻”，但民没有实际的政治权利，其利益、要求要靠士来维护、主张，统治权则完全掌握在君的手中。这一状况造成儒家政治思想一是缺乏政治上的平等观念，二是缺乏普遍的权利思想。所以孟子虽然倡导民本，主张“民为贵”，但其“劳心”“劳力”说又否定了民（“劳力者”）的政治权利，肯定了人在政治上的不平等。孟子说：“劳心者治人，劳力者治于人；治于人者食人，治人者食于人，天下之通义也。”（《滕文公上》）如果说“劳心”“劳力”这种划分只是经济学意义上的劳动分工以及彼此间的“通功易食”——“治于人者食人，治人者食于人”，尚有合理之处的话，那么，孟子将其与政治学意义上的社会等级混同在一起，并用前者论证后者的合理性，则出现了偏差。按照这样的规定，“治人”或政治管理就成了少数“劳心者”的特权，而广大的“劳力者”只能“治于人”，而不能积极地去“治人”，不能参与到社会的管理决策中去。而现代民主政治的基本原则之一，便是肯定每一合乎法定要求的社会成员都具有参与社会决策的权利，它的前提是承认每一社会成员在社会政治结构中具有平等的地位。在这一点上，儒家政治思想显然存在着历史的局限。与之相关，儒家没有建立起普遍的权利思想。对于民，只重视其生存权、财产权以及受教育权，而不承认其有参政、议政权，以及其他一些权利；对于士，肯定其有参政、议政权，言论、批评权，而不重视或超越了其财产、经济权；对于君，则肯定其有管理、统治权，以及生活中的某些特权（如“寡人好色”等）。君、士、民不是被看作抽象的“人”而具有相同的权利，而是因为身份不同，分配的权利就不同，这也不同于近代意义上的主权在民、法律（权利）面前人人平等。

孟子倡导民本、仁政，重视民的生存权、财产权，在当时无疑有积极的意义，但就文化全体而论，终究缺少了个体自觉的阶段，而就政治思想而论，则缺少了治于人者的自觉阶段。因此民不能提出政治上的独立要求，不能真正掌握自己的命运，而只能被动地接受执政者的同情和怜悯。诚如梁启超所言：“我先民极知民意之当尊重，惟民意如何而始能实现，则始终未尝当作一问题

① 参见胡平：《儒家人性论与民主宪政——与张灏教授商榷》，见《从自由出发》，台北，风云时代出版公司，1994。

以从事研究。故执政若违反民意，除却到恶贯满盈群起革命外，在平时更无相当的制裁之法。此吾国政治思想中之最大缺点也。"① 孟子虽然始终站在民的立场，要求统治者"以不忍人之心，行不忍人之政"，但因政治的主体未立，政治的发动力完全在朝廷而不在社会，他们所陈述的思想，"总是居于统治者的地位来为被统治者想办法，总是居于统治者的地位以求解决政治问题，而很少以被统治者的地位，去规定统治者的政治行动，很少站在被统治者的地位来谋求解决政治问题"。从道德的角度看，"其德是一种被覆之德，是一种风行草上之德。而人民始终处于一种消极被动的地位：尽管以民为本，而总不能跳出一步，达到以民为主"②。鲁迅先生曾以悲愤的心情将中国的历史划分为"想做奴隶而不得的时代"和"暂时做稳了奴隶的时代"，认为"中国人向来就没有争到过'人'的价格，至多不过是奴隶"③，可以说正是对"民"在中国两千多年历史上政治地位的真实概括。同样，孔孟等儒者虽然怀抱"士志于道"的政治理想，试图通过"以仕行道"改变"滔滔者天下皆是"的无道现实，但由于没有可以依靠的社会力量，无法对君权形成抗衡、制约，只能成为民的利益代言人，而不能成为民的政治代表。他们对君主的批判，也只限于精神和道义方面，而无法对其形成制度、权力的制衡。他们所能成就的，也只是"忠臣义士"而已。从这一点看，"我国历史，也可以说是一部忠臣义士的流血流泪史。这些忠臣义士，一方面说明了他们以生命坚持了天下的是非；另一方面，则是汉以后'君臣之义'的牺牲品"④。所以虽有一代代儒者的不懈努力，但中国古代政治仍陷入了一治一乱的恶性循环；虽有无数儒者的呼吁、呐喊，但依然没有为民争到做人的资格，没有创造出鲁迅所期待的"中国历史上未曾有过的第三样时代"。

这样讲，并不是苛求古人，而是从现代性的角度对古人的思想加以反省和检讨。孟子政治哲学的局限与不足，也并非孟子个人的品质和智力的问题，而是源自时代因素，是时代因素限制了儒学政治思想的进一步发展。例如，孟子倡导"民贵君轻"，要求"格君心之非"，端正君主的思想与行为，按照正常的逻辑，自然就应该赋予民以参政、议政的权利，设计出三权分立的政治制度，对君主的思想、行为予以限制与监督，使其不得不为善而不敢为恶。然而孟子

---

① 梁启超：《先秦政治思想史》，39 页，北京，东方出版社，1996。

② 徐复观：《儒家政治思想的构造及其转进》，见《学术与政治之间》，51～55 页。

③ 鲁迅：《灯下漫笔》，见《鲁迅全集》，第 1 卷，217、218 页，北京，人民文学出版社，1981。

④ 徐复观：《儒家对中国历史命运挣扎之一例——西汉政治与董仲舒》，见《学术与政治之间》，387 页。

没有这样做，而是着眼于对君主的道德熏陶与教化，主要是因为当时还没有出现实行民主政治的历史条件[①]，维护民众的基本生存才是时代的主要任务，思想的逻辑不能超越历史的条件。但从思想的发展来看，早期儒家“立君以为民”“从道不从君”的政治理念客观上又需要一个主权在民、三权分立的民主政治制度，或者说只有在民主政治制度的框架下，孟子“民贵君轻”“格君心之非”的政治主张才能得到真正的落实和实现。早期儒家将“天下为公”“选贤与能”看作最高的政治理想，并投身到当时宣传禅让的政治思潮中去，一定程度上也是朝着这个方向努力的，只是由于政治实践的失败，这一努力遭遇了挫折而已。所以早期儒家的政治理念虽然与现代民主政治存在一定的距离，甚至个别主张还存在着矛盾和对立，但二者之间并不是完全的排斥关系，随着历史条件的成熟，早期儒家的政治理念又存在着向民主观念转化的趋势。

而且孟子的政治哲学本身也存在着向民主政治思想转化的基础与可能，孟子倡导“民本”“民为贵”，把人民看作国家的价值主体，把“保民”“安民”“养民”看作政治的最高目的，把人民答应不答应、同意不同意看作判断国家治乱的政治标准，认为只有符合这样的价值、政治法则，统治才具有合法性。“正是基于这样的合法性观念，儒家得以通过义利之辨来抑制统治者的特权利益，在王霸之争上贵王贱霸，在君臣之际上提倡从道不从君。”[②] 孟子民本的政治理念虽然还不完全等同于后世的民主政治思想，但在精神上与后者是相通的，所以在一定的历史条件下，确乎存在着向民主政治思想转化的可能。

更重要的是，孟子虽然在社会、政治的层面肯定“劳心”“劳力”者的不平等，但同时又在哲学的层面提出了一套人性平等的心性论思想，通过“天爵”肯定了人格上的平等，后者在儒学思想中占有更为基础和重要的地位，这便为政治上的平等权利之论提供了宗教与道德的保障。众所周知，西方近代自由民主思想的形成与基督教、斯多葛主义的道德观念密切相关，有了宗教与道德方面的平等基点，乃有西方近代推出政治社会上的平等，以及人的基本权利。孟子的“天爵”论与其情况应该相似。[③] 据学者研究，孔子的“性相近”，郭店竹简的“四

---

① 有学者提出，民主政治的产生需要有一系列横向的现实条件和纵向的历史条件。横向的现实条件包括：(1) 血缘纽带的冲破；(2) 公共领域的形成；(3) 公民社会的诞生。纵向的历史条件是指：(1) 从农业经济济向商业经济的过渡；(2) 交通工具或者信息传播工具的发达；(3) 新型公共权威的形成。在这些条件尚未达到的情况下，即使是再高明的思想家也不可能把民主当作政治制度的理想。参见方朝晖：《民主、市民社会与儒学社会政治思想的现代意义》，载《中国思想史研究通讯》，2005 (7)。

② 夏勇：《中国民权哲学》，7～8 页，北京，三联书店，2004。

③ 参见何信全：《儒学与现代民主》，116～117 页，北京，中国社会科学出版社，2001。

海之内，其性一也”（《性自命出》）已蕴含了人性平等的思想。[1] 而子思的“天命之谓性”则将其提升到一个新的高度，它不仅为人性提供了一个超越的、普遍的终极依据，同时，“使人感觉到，自己的性，是由天所命，与天有内在的关联；因而人与天，乃至万物与天，是同质的，因而也是平等的。天的无限价值，即具备于自己的性之中，而成为自己生命的根源，所以在生命之自身，在生命活动所关涉到的现世，即可以实现人生崇高的价值”[2]。在此基础上，孟子进一步提出性善说，肯定人人皆有恻隐、羞恶、辞让、是非之心，人人皆有善性。此善性乃是天颁给人的爵位，是天爵；而“公卿大夫”不过是人颁给人的爵位，是人爵。天爵是先天的、内在的、不可剥夺的人的价值与尊严，而人爵则是后天的、外在的、可以剥夺的“价值”与“尊严”。从人爵来看，人与人是不平等的，存在着权力、身份、地位的差别；但从天爵看，人与人又是绝对平等的，存在着相同的价值与尊严。所以“舜，人也；我，亦人也”（《离娄下》），“尧舜与人同耳”（《离娄下》），“人皆可以为尧舜”（《告子下》）。诚如学者所言：“原始儒家人性思想的核心，是人性源于天道、天赋人性本善、天赋人性平等。这一思想的实践意义，是肯定人的内在价值、尊严，及其平等，及其不可剥夺，并为之提供形上的终极依据。”[3] 正因为如此，“原始儒家的人性平等、人格平等的思想，乃是涵盖人类全体，而不分阶级差别，不分男女差别。‘四海之内皆兄弟’，表示人道面前人人平等。‘有教无类’，表示教育面前人人平等，而不分阶级。……‘人皆可以为尧舜’，表示道德面前人人平等。这些思想，皆潜在地和显性地表示人类平等而不分阶级”[4]。孟子的人性平等、人格平等虽然主要是就个人的成德而言的，但也蕴含了权利的思想，因为既然“人皆可以为尧舜”，那么自然也就意味着人人皆具有参政、议政的权利。孟子的心性论中实际上也存在着权利的萌芽，只是囿于时代的因素没有得到充分发展而已。[5] 所以在孟子政治哲学的基础上，如何由“士”的自觉走向“人”的

---

① 关于早期儒学人性平等的问题，参见以下文献。Ning Chen（陈宁），“The Ideological Background of the Mencian Discussion of Human Nature,” in Alan Chan, ed., *Mencius Contexts and Interpretations*, University of Hawaii Press, 2002, pp. 1-17.

② 徐复观：《中国人性论史·先秦篇》，117～118 页。

③ 邓小军：《儒家思想与民主思想的逻辑结合》，239 页，成都，四川人民出版社，1995。

④ 同上书，233 页。

⑤ 邓小军认为，儒家政治思想“缺少了天赋人权这一关键环节，缺少了权利观念。这正是儒家思想未能开出民主的关键所在。这同时表明，儒家思想自身亦缺乏足够产生和运用权利观念的知性理性思维模式、知性理性方法”（同上书，421 页）。这是有一定道理的。但亦不可否认，早期儒学中也存在权利思想的萌芽。

自觉，如何由德性主体发展出权利主体，便成为儒学在当代面临的一大挑战，也是儒学需要解决的重大理论问题。

梁　涛

参考文献

黄俊杰．孟学思想史论：第1卷．台北：东大图书公司，1991.

袁保新．孟子三辨之学的历史省察与现代诠释．台北：文津出版社，1972.

杨泽波．孟子性善论研究．北京：中国社会科学出版社，1995.

李明辉．孟子思想的哲学探讨．台北："中央研究院"中国文哲研究所筹备处，1995.

梁涛．郭店竹简与思孟学派．北京：中国人民大学出版社，2008.

杜维明．孟子：士的自觉//人性与自我修养．胡军，于民雄，译．北京：中国和平出版社，1988.

徐复观．从心到性：孟子以心善言性善//中国人性论史・先秦篇．台北：台湾商务印书馆，1969.

姜广辉．孟子在中国经学发生史上的地位//中国经学思想史：第1卷．北京：中国社会科学出版社，2010.

杨儒宾．论孟子的践形观：以持志养气为中心展开的工夫论面向．清华学报，1990，20（1）．

庞朴．马王堆帛书解开了思孟五行说之谜：帛书《老子》甲本卷后古佚书之一的初步研究．文物，1977（10）．

杨泽波．孟子义利观的三重向度．东岳论丛，1993（4）．

夏勇．民本和民权//中国民权哲学．北京：三联书店，2004.

胡平．儒家人性论与民主宪政：与张灏教授商榷//从自由出发．台北：风云时代出版公司，1994.

杨国荣．儒家政治哲学的多重面向：以孟子为中心的思考．浙江学刊，2005（5）．

黄俊杰．孟子学研究的回顾与展望：《钱宾四先生百龄纪念会》宣读论文//国际儒学联合会．国际儒学研究：第1辑．北京：人民出版社，1995.

徐洪兴．唐宋间的孟子升格运动．中国社会科学，1993（5）．

Chan A K L, ed. Mencius: Contexts and Interpretations. Honolulu: University of Hawaii Press, 2002.

Gramham A C. The Background of the Mencius Theory of Human Nature. Singapore: The institute of East Asian Philosophies, 1986.

Shun K L. Mencius on Jen-hsing. Philosophy East & West, 1997, 47 (1): 1-20.

Shun K L. Mencius and Early Chinese Thought. Stanford, Calif.: Stanford University Press, 1997.

第六章 自然与无为：庄子的政治哲学

庄子是老子之后道家的代表性人物，常与老子并称为老庄。《史记·老子韩非列传》为我们提供了关于庄子的基本线索："庄子者，蒙人也，名周。周尝为蒙漆园吏，与梁惠王、齐宣王同时。"庄子是"蒙人"，蒙地属宋，宋之蒙在今河南商丘附近，战国时与魏之东南、楚之东北接壤。庄子生活于战国中期，与梁惠王、齐宣王同时，但关于他的生卒年缺乏确凿证据，马叙伦推断他的生年最晚在公元前369年，卒年下限为公元前286年。[①]《史记·老子韩非列传》讲"其著书十余万言"。《汉书·艺文志》云："《庄子》，五十二篇。"今本《庄子》共33篇，为西晋郭象删减后的版本，包括内篇7篇，外篇15篇，杂篇11篇。一般认为，内篇为庄子自著，外杂篇为庄子后学所著。本章接受这一观点，并以《庄子》全书为研究对象，在论述过程中也会关注代表庄子思想的内篇和代表庄子后学思想的外杂篇之间的关系。

"道"是道家哲学的最高概念。在老子看来，道先天地而生，为天地之始、万物之母，是天地万物的来源，也是天地万物存在和变化的根据。道虽然产生了天地万物，但在万物的变化过程中，道并不加以干涉，而能够取法万物之"自然"，这就是"道法自然"的意义，而道对万物发展不加以干涉就是道的"无为"。在人类社会中，道与物的关系就转化为君与民的关系。老子认为君主应该取法道的"无为"，治理国家的时候让百姓"自然"，而不应该使用自己的权力去干涉，这就是"无为之治"。在老子的思想中，我们看到了无形之道与有形之物的区分，也可以看到以此为基础的人类社会中君与民的区分。道是万

① 马叙伦：《庄子年表》，见《庄子义证》，上海，商务印书馆，1930。

物的来源和存在、变化的根据，可以说，万物的产生、存在、变化都依赖道，道当然地具有超越于万物的至高无上的地位，可以成为万物的主宰、万物命运的决定者。但是，老子又提出道对万物持“生而不有，为而不恃，长而不宰”（《老子》五十一章）的态度，不做万物的主宰而顺应万物的自然。老子倡导道的“无为”，高扬起“自然”的价值，以期达到道和万物之间关系的平衡。在人类社会中，君主和百姓之间也是这样的关系。君主掌握治理天下的权力，是万民的统治者，也可以说是主宰者，那么，百姓处于被统治、被主宰的地位，在君主的权力面前就没有了任何自由和权利。但是，老子以道无为而顺万物自然为依据，希望君主自我约束其权力而尊重百姓自然发展的权利，以此达到君主的权力和百姓的自由、权利之间的平衡。[①] 但是，道与物之间、君与民之间的紧张却一直存在，老子所建构起来的这种平衡是非常微妙的、极易被打破的平衡。而在老子之后，庄子和他的后学也因为对道物关系的不同解读而阐发出具有不同发展方向的政治哲学。

第一节　道与万物自然

庄子对本原之道的讨论以《庄子·大宗师》（本章以下凡引该著，只注篇名）中的一段为代表：

> 夫道，有情有信，无为无形；可传而不可受，可得而不可见；自本自根，未有天地，自古以固存；神鬼神帝，生天生地；在太极之先而不为高，在六极之下而不为深，先天地生而不为久，长于上古而不为老。

这一段中有对老子道论的因袭，如道是天地万物的来源，是无为无形的真实存在，不能通过人的感官来认识，但也有对老子道论的发展。庄子强调道“自本自根，未有天地，自古以固存”，而老子则认为道“先天地生”（《老子》二十

① 权利指人所享有的作为或不作为的资格。权利与自由紧密相连。某人拥有某种权利，意味着他在这一方面可以自由选择和自由行动。老子虽然没有提出权利的概念，但他尊重百姓的自然，将自然视为至高的价值。也可以说，他认为百姓有不受外力强迫而自己发展的权利，对百姓自然发展权利的侵犯是不合乎道的，因此，百姓自然发展的权利是君主行使权力的界限。关于这一问题的讨论可参见王威威：《老子的无为政治与诺奇克“最低限度的国家”之比较》，载《苏州大学学报》（哲学社会科学版），2016（1）。

五章）。既然道有生，就有未生之时，就会产生在道之先是否有更根本的存在产生道、作为道的本根的疑问。为了解决这一问题，庄子明确提出道自己是自己的本根，在道之先没有更根本的存在作为道的根据；道“自古以固存”，没有由不存在到存在的产生过程。此外，如果道有从不存在到存在的产生过程，就会有一个开端。但庄子在《齐物论》中讲：“有始也者，有未始有始也者，有未始有夫未始有始也者。”如果说有一个开端存在，那么就存在还没有这个开端的时候，还存在连没有这个开端也没有的时候，这就会导致无限的后退。因此，道是没有开端的。

庄子和老子对道持有不同看法的根本原因在于对道与物的关系有不同的理解。《老子》二十五章有“有物混成，先天地生”的说法，《老子》二十一章还讲到“道之为物，惟恍惟惚”。可见，老子的道虽然产生天地万物，具有区别于物的特殊性，但他又以物表述道，没有完全厘清道与物的界限。而庄子并不同意将道表述为物。他在《齐物论》中讲道：

> 古之人，其知有所至矣。恶乎至？有以为未始有物者，至矣，尽矣，不可以加矣！其次以为有物矣，而未始有封也。其次以为有封焉，而未始有是非也。是非之彰也，道之所以亏也。

在庄子看来，老子将本原之道表述为物，这已经不是最高的认识。最高的认识是以“未始有物”为本原。也就是说，作为万物本原的、自本自根的道是“未始有物者”，道非物，二者有严格的区分。

《知北游》篇则明确提出了“物物者非物”的命题：“有先天地生者物邪？物物者非物。物出不得先物也，犹其有物也。犹其有物也，无已。”这段表述可直接与老子的“有物混成，先天地生”相对照。“有先天地生者物邪”的设问正是来自对老子思想的质疑。先于天地产生的“物物者”指道，如果按照老子的说法，在天地之先产生的道是“混成之物”，那么，它本身就是一物，不可能在物之先。因此，使物成为物的只能是非物，道作为“物物者”不能是物。

道是天地万物的来源，是非物的特殊存在。这样的道对万物的存在和变化又起到怎样的作用呢？《大宗师》认为道是“万物之所系，而一化之所待”，就是说，道是天地万物存在和变化所依赖的根据。《齐物论》中也讲道：

> 非彼无我，非我无所取。是亦近矣，而不知其所为使。若有真宰，而特不得其眹。可行已信，而不见其形，有情而无形。

在物的世界中，有“彼”和“我”的分别和对待，这些对待背后是否有一个主使者存在？如果存在一个“真宰”主宰这一切，却又不能得到“真宰”的任何迹象。但是，从“真宰”所发挥的作用来看，我们可以确信它的存在。可见，庄子仍然承认在万物的背后有“真宰”存在，但“真宰”无形而不能为人所感知。此处的“真宰”也就是道。

但是，《齐物论》开篇在解释何谓“天籁”时却说：“夫吹万不同，而使其自已也，咸其自取，怒者其谁邪！”“吹万不同”指风吹万窍所发出的不同的声音，庄子以此来喻指各不相同的事物。这段文字强调“使其自己”“咸其自取”，借不同声音是自己形成的来表达千差万别的事物是自己如此的观点。“自己”“自取”也是“自然”的不同表达方式。“怒者其谁邪”则以反问的口气否定了“怒者”的存在。也就是说，庄子认为各不相同的事物之存在及各自之变化皆是自己如此，并不存在一个万物之外的鼓动者来主使这一切。

于是，我们看到了庄子思想中关于道物关系的矛盾解释。庄子认为道是天地万物的来源和存在、变化的根据，是万物背后的“真宰”；与此同时，他又认为万物的存在和变化完全是自己发生的，并不存在一个鼓动者。对于这一点，郭象在解释庄子的“天籁”时讲：“然则生生者谁哉？块然而自生耳……谁主役物乎？故物各自生而无所出焉，此天道也。”① 在解释“真宰”时讲：“万物万情，趣舍不同，若有真宰使之然也。起索真宰之眹迹，而亦终不得，则明物皆自然，无使物然也。”② 郭象强调万物自生、自然而直接地否定了道的实存，用“天籁”的思想否定了“真宰”的存在，但这并不符合庄子的本意。

实际上，这一矛盾的发生正根源于老子思想中已经存在的，道的本原地位与万物自然之间的紧张关系。如果强调道对万物的存在和变化具有主宰作用，就会否定万物自然的可能性；而如果强调万物自然的方面，承认万物存在和变化的原因和动力来自自身，是自己如此，那么必然要否定道对万物的主使作用，也就会撼动道作为天地万物来源和根据的地位。《则阳》篇在讨论这一问题时引入了季真的“莫为”说和接子的“或使”说。“或使”说认为世界在根本上有一个主宰者，这个主宰者主使着万物的生成和变化。“莫为”说主张万物自生、自长、自化、自为，认为一切都是自然的，并没有一个主宰者。这两种相反的观点就代表了解决这一问题的两种方式。而庄子的“天籁”主张万物自然，否定背后有鼓动者，比较接近“莫为”的主张，但“真宰”的说法又更

① 郭庆藩：《庄子集释》，50页，北京，中华书局，2004。

② 同上书，56页。

接近接子的“或使”说。庄子同时持有两个方面的主张，也说明他并不是采取以上两种方式解决道的主宰作用和万物自然之间的紧张关系，而是首先承认道作为万物本原的真实存在，继而通过进一步厘清道和物的界限，取消道对万物变化过程的直接参与，最终将万物存在和变化的原因和动力落实于万物自身。也就是说，道是真实存在的，是万物的来源，是万物存在和变化的根据，但万物的变化过程并不需要道的参与，它们发展变化的直接原因和动力都来自自身。所以说，道作为“真宰”而存在，但它并不是万物存在和变化的鼓动者即“怒者”，如此，否定“怒者”也并非否定作为真宰的道的存在。

与季真的“莫为”说和接子的“或使”说相比，庄子的处理方式和老子更为接近。但庄子更加强调万物自然的方面，强调“使其自己”“咸其自取”，以至于提出了“怒者其谁邪”的说法而威胁到了道的地位。更为重要的是，庄子对“自己”“自取”的强调逆转了老子关于道的无为和万物自然之间的关系的思考方式。在老子思想中，万物是可以自然也是应该自然的，但万物的自然有原因和条件，即道的无为，万物的自然是道无为的结果。也就是说，因为道采取了对万物无为的态度，万物的自然才成为可能。《老子》书中的“自然”和作为“自然”的不同表现的“自化”“自正”“自富”“自朴”“自均”等，没有一处在独立讲述万物或者百姓是自然的，具有自己发展的能力，而都是在讲万物或百姓在道无为或者君主无为的条件下的存在和发展状态。老子的主张是道无为而顺万物自然，在这样的关系中，道具有独立主体的地位，虽然我们说万物是自然的主体，但实际上，万物仍是道的宾词。而在庄子思想中则不同。如果说“使其自己”还有“道”不干涉万物而顺万物自然的意味，“咸其自取，怒者其谁邪”则突出了万物自然的独立性。也就是说，万物不仅可以自然，应该自然，而且万物本身就是自然的。

庄子的这一思想倾向得到了部分后学的继承和进一步发展。庄子的这部分后学仍然承认道是万物的本原，是万物自然的根据，但他们更深入地思考了人类的认识能力和语言表达的界限问题。人的认识能力和语言表达的界限就是物的世界，而道不能被认知，也不能被语言表达。所以，他们继承了庄子在《齐物论》中所讲的“六合之外，圣人存而不论”的观点，认为道是我们的言论和认识应该停止之处。《则阳》讲：“言之所尽，知之所至，极物而已。睹道之人，不随其所废，不原其所起，此议之所止。”人的认识和议论的对象只能是物的世界，所以我们不应该追随物的消逝，也不应该探究物的来源，也就是说不应该探讨“道”这一我们的认识和语言所不能达到的对象。《则阳》篇又通过承认道与事物自身所表现出来的规律相一致（“与物同理”），而将对万物存在和变化原因的探讨从“道”转移到物自身之“理”中。如果说老子将人的视野从有形的物的世界提升至无形的道的世界，庄子后学则在承认道的本原地位的同时，将人的视野重新拉回到了物的世界。如果说老子强调道的无形、不可见、不可闻、不可名是为了突出道超越于物的特殊性，庄子后学强调道的不可知、不可言则是为了将对道的追问转向物的世界。

类似的观点在《庄子》外杂篇中反复出现。如《田子方》篇讲：

> 至阴肃肃，至阳赫赫。肃肃出乎天，赫赫发乎地。两者交通成和而物生焉，或为之纪而莫见其形。消息满虚，一晦一明，日改月化，日有所为而莫见其功。生有所乎萌，死有所乎归，始终相反乎无端，而莫知乎其所穷。非是也，且孰为之宗！

在这里，“纲纪万物”“日有所为”却“莫见其形”“莫见其功”的存在就是作为“物之初”的道。道作为万物的本原，是天地万物生灭变化的根据，但道本身不能被了解。而且道并不作为，天地万物是自然地存在和变化的，所以该篇又有“天之自高，地之自厚，日月之自明”的说法。《在宥》篇更是直接提出了“物固自生”的观点。

《庄子》外杂篇强调人的认识和语言的极限是物的世界，道不可知，不可言，从而将万物存在、变化的原因和动力转移到物自身之中。对万物自生、自然、自化的强调必然造成对“道”的地位的冲击，如《秋水》中北海若讲“物之生也，若骤若驰，无动而不变，无时而不移。何为乎，何不为乎？夫固将自化”，就引来了河伯“然则何贵于道”的疑问，北海若回答“知道者必达于理”，也是将道的作用归于万物之“理”。

第二节　万物自然与权力的消解

老子主张道无为而顺万物自然，君主也应该无为而顺百姓自然，但是，正如道的无为是万物自然的条件，君主的无为也是百姓自然的条件，如果君主不能无为，百姓也就不能自然。而在庄子思想中，万物的自然具有了独立性，不再需要道的参与，万物存在和变化的原因、动力就在于万物自身。以强调万物自然独立性的道物关系为基础，在君与民的两级架构中，百姓的自然也就具有了独立性。也就是说，百姓的自然不依赖于君主的无为，百姓发展的原因就内在于自身，而不是来自作为统治者的君主。在这样的君民关系中，君主的作用也只能进一步被否定，君主权力的使用也就成了不必要、不正当的。学者们在以“自由”解释庄子思想时，更多关注庄子所追求的精神自由，实际上，庄子已经以万物自然为依据，消解了君主的权力，赋予了百姓以行动上的自由。

庄子对政治问题的讨论集中于《应帝王》篇的几个寓言之中，我们首先进行分别的讨论。

> 有虞氏不及泰氏。有虞氏，其犹藏仁以要人；亦得人矣，而未始出于非人。泰氏，其卧徐徐，其觉于于；一以己为马，一以己为牛；其知情信，其德甚真，而未始入于非人。

庄子认为有虞氏不如泰氏，因为有虞氏怀藏仁义以约束他人，虽然能够得到他人的拥护，却不能超然于物外。而泰氏任由别人称自己为马为牛，也就是说，他并不以自己的意志作为标准，因为他能体认大道而不陷于物累。“有虞氏”即虞舜，是儒家德治的代表，庄子认为他的德治实际上是将自己所认同的仁义作为标准强加于人。可见，庄子反对君主以仁义来约束和规范百姓的行为，认为君主应着重于完善自己的心灵修养，以达到体道的境界。

> 肩吾见狂接舆。狂接舆曰：“日中始何以语女?”肩吾曰：“告我：君人者以己出经式义度，人孰敢不听而化诸!”狂接舆曰：“是欺德也。其于治天下也，犹涉海凿河而使蚊负山也。夫圣人之治也，治外乎? 正而后行，确乎能其事者而已矣。且鸟高飞以避矰弋之害，鼷鼠深穴乎神丘之下以避熏凿之患，而曾二虫之无知!”

日中始所主张的治国方法是君主以自己的意志为依据制定出规矩法度，然后要求百姓遵守和服从。庄子则认为以君主个人的意志为依据制定法度来治理百姓不过是“治外”的手段，不能达到天下大治的目的。庄子认为圣人之治关键在于“治内”，正己之修养，而任百姓各尽其能，自由发展。

> 天根游于殷阳，至蓼水之上，适遭无名人而问焉，曰：“请问为天下。”无名人曰：“去！汝鄙人也，何问之不豫也！予方将与造物者为人，厌，则又乘夫莽眇之鸟，以出六极之外，而游无何有之乡，以处圹埌之野。汝又何帠以治天下感予之心为?”又复问。无名人曰：“汝游心于淡，合气于漠，顺物自然而无容私焉，而天下治矣。”

此段又体现出庄子对治天下的行为不予认同的态度。无名人告诉天根，游心于恬淡的境界，融合于广漠的世界，顺任万物之自然而不存私意，天下就可以被治理好。“私”指私意、己意，“无容私”就是不存私意、成见。治理天下要无私，不能将自己的私意强加于百姓让百姓服从，而无论是儒家的德治，还是法家的法治，均是将君主的私意强加于百姓，不能做到顺百姓之自然。

> 阳子居见老聃，曰：“有人于此，向疾强梁，物彻疏明，学道不倦，如是者，可比明王乎？”老聃曰：“是于圣人也，胥易技系，劳形怵心者也。且也虎豹之文来田，猿狙之便执斄之狗来藉。如是者，可比明王乎？”阳子居蹴然曰：“敢问明王之治。”老聃曰：“明王之治：功盖天下而似不自己，化贷万物而民弗恃。有莫举名，使物自喜；立乎不测，而游于无有者也。”

此则寓言以老子为代言人，批判“以智治国”的主张，也化用了老子“生而不有，为而不恃，功成而弗居”（《老子》二章）和“功成事遂，百姓皆谓我自然”（《老子》十七章）的思想。但和老子思想相比仍有不同。老子认为道对万物“为而弗恃”，就是说道不依赖于万物，而万物却是依赖于道的，《老子》三十四章又讲“大道泛兮，其可左右。万物恃之而生而不辞”，以此推论，百姓也是依赖于君主的。而此段直接讲“化贷万物而民弗恃”，则是认为百姓并不依赖于君主，这也是庄子对万物自然独立性的强调在政治哲学中的体现。此外，庄子强调明王“立乎不测”“游于无有”，“不测”“无有”正是对道的虚无无形的形象描述，所以，“立乎不测”“游于无有”是说明王能够达到体道的境界，这是在老子思想中尚未被关注的。

在以上几段寓言中，庄子分别对德治、法治、以智治国等不同的治理方式进行了批判，虽然各段所针对的对象不同，但从整体上看，各段之间也体现出了一以贯之的政治理念。

首先，在庄子的思想中，理想的君主与道的对应关系不是基于道为万物本原而获得的作为国家权力的执掌者和百姓的统治者的至上地位①，而是通过心灵的修养所达到的体道境界。最理想的君主只专注于个人的心灵修养，即“治内”，而不应以治国理政这些“治外”的行为为要务。因为天下再大，也只是有限的物而已，而前几段文字中所出现的“六极之外”“无何有之乡”“圹埌之

① 以道物关系为依据论证君主至高无上的地位在韩非思想中得到了极致的发展，参见王威威：《韩非思想研究：以黄老为本》，86～87页，南京，南京大学出版社，2012。

野”“淡漠之境”“无穷”“无朕”“不测”“无有”都是对无形、无限的道的形象表达。如果修养心灵而遨游于“道”的境界，就可以超脱于物的世界。庄子在《逍遥游》中也讲道：“世蕲乎乱，孰弊弊焉以天下为事！”虽然天下之人都急于寻找治国之道，但体道之神人并不把治理天下当回事。该篇又讲：“是其尘垢秕糠，将犹陶铸尧、舜者也。孰肯以物为事！”神人所留下的尘垢和糟糠，就能铸就儒家所推崇的圣王尧和舜，但神人并不在意物的世界。在庄子看来，理想的君主只需修养心灵以达到体道的境界，并不需要亲自去治理天下，天下自然就会变好，这可以说是“不治之治”。

《应帝王》篇在几则寓言后有一段总结：

> 无为名尸，无为谋府；无为事任，无为知主。体尽无穷，而游无朕；尽其所受乎天，而无见得，亦虚而已。至人之用心若镜，不将不迎，应而不藏，故能胜物而不伤。

此段的“无为”并不是一个概念，可以解释为“不要做”，但是“为名尸”“为谋府”“为事任”“为知主”是一种“为”，“无为名尸”“无为谋府”“无为事任”“无为知主”实际上也是“无为”的具体表现。所以说，庄子所赞赏的“不治”仍然可以纳入到“无为之治”之中，甚至这才是真正意义上的、君主什么都不做的“无为之治”。由于庄子已经将君主应该如何治国，也就是如何使用其权力的问题通过其“不治”的主张而转化为如何体道的问题，所以，在《庄子》内篇中，“无为”的直接语境意义也发生了相应的变化。如《逍遥游》讲：“今子有大树，患其无用，何不树之于无何有之乡，广莫之野，彷徨乎无为其侧，逍遥乎寝卧其下。”《大宗师》讲：“芒然彷徨乎尘垢之外，逍遥乎无为之业。”这两处的“无为”的意义就偏重于心灵的逍遥自在，指心灵超脱于对物的世界的追求而遨游于“无何有之乡”“广莫之野”“尘垢之外”的道境。

其次，庄子认为理想的君主只需修养心灵以达到体道的境界，天下自然就会变好，这实际上完全认可了百姓的自治能力。在老子思想中，君主虽然通过“无为”来约束自己的权力以保证百姓自然发展的权利，但君主并非毫无作为。可以说，老子仍然为君主留下了“为”的空间。《老子》六十四章讲：“以辅万物之自然，而不敢为”。“不敢为”代表的是圣人（君主）对万物和百姓的一种不干涉的态度，即“无为”，但对万物和百姓的自然发展，君主还是起到了辅助的作用。在这一意义上，“无为”并不是什么都不做，而是“为无为”，即可以做不干涉或辅助百姓自然发展的事情。《老子》十七章所讲的“太上，下知有之……功成事遂，百姓皆谓我自然”，并不是君主在百姓的自然发展中没有起到任何作用，而只是君主的辅助作用没有干涉百姓的自然发展，因而他的作用没有让百姓直接感知到。虽然老子认为百姓在不受君主干涉的情况之下可以自化、自正、自富、自朴，但也承认百姓在自化的过程中会产生不应该有的贪欲。《老子》三十七章讲："化而欲作。"在这样的情形之下，君主的作用就更能体现出来，老子认为君主应"镇之以无名之朴"。但是，此处仍然会留下疑问。如果百姓能够完全依靠自化达到最完满的状态，就不需要君主的作用了，但老子却又认为百姓在自然发展过程中会出现负面的状况，百姓的自然需要君主的辅助，而他并没有解释这种在自然发展过程中会出现的负面状况是如何发生的，又为什么会发生。庄子则完全信任百姓自然发展的能力，也就承认了百姓完全具有自治能力，就像百鸟知道通过高飞来躲避网罗箭弋之害，鼷鼠知道深藏于社坛之下来躲避火熏铲掘之害，所以，百姓并不需要被君主治理。在道与万物的关系中，庄子强调万物发展变化的原因和动力在于自身，虽然承认道的本原地位，但实际上否定了道对万物发展变化的主使作用。这样的道物关系转化到政治哲学中，也就会肯定百姓的自治能力，从而否定君主的治理行为的作用，否定君主使用权力的必要性和正当性。池田知久认为："《老子》各章的主体'道''圣人'，全都因为其态度是任何行动也不做的'无为'，所以对于客体'万物''百姓'的控制，应该或是完全没有，或者即使有也非常弱而等于几乎没有。"① 比较来看，在老子思想中，道对万物和圣人对百姓的控制是非常弱的，但并不是没有，而在庄子思想中，道对万物和圣人对百姓的控制可以说完全没有。如果说老子所主张的"无为"消解了君主权力对百姓行为的强制、对百姓自然的干涉，庄子则直接消解了权力本身，使君主成为一个没有权力的虚位。

最后，庄子反对君主以仁、法、智等手段来治理国家、使用权力，因为在他看来，虽然使用权力的具体方式不同，但"藏仁以要人""以己出经式义度"，本质上都是将自己的专断意志强加于百姓的行为，都是对百姓行为的强制，对百姓自然发展的干涉。他所赞赏的是"一以己为马，一以己为牛""顺物自然而无容私"的态度，这些就是不以自己的意志、私见强加于百姓的表现。这是对老子的"圣人无常心，以百姓心为心"（《老子》四十九章）的继承和发展。

① ［日］池田知久：《道家思想的新研究——以〈庄子〉为中心》，王启发、曹峰译，557页。

第三节　人性与制度约束

在老子思想中，万物（包括百姓）能够在不受外力干涉的情况下达到各自的完满状态和彼此之间的和谐，是因为在道产生万物的同时，万物获得了各自的“德”。《老子》五十一章讲：“道生之，德畜之，物形之，势成之。”但老子又认为百姓在“自化”的过程中会产生负面的状况而需要君主的辅助。庄子认为万物存在、变化的原因和动力内在于万物本身，承认百姓完全具有自治的能力，但他并没有解释这样的动力究竟是什么。他承认道是万物存在和变化的根据，那么，这一动力应该来自道，但他对万物自然独立性的强调，又将道的作用排除在了万物自然发展的过程之外，使万物自然的内在动力失去了来源。而《庄子》外杂篇中存在着丰富的性论和人性论，一方面解决了万物自然的内在动力和根据问题，另一方面也解决了这一内在动力的来源问题。

关于性是什么，《庚桑楚》篇讲：“道者，德之钦也；生者，德之光也；性者，生之质也。性之动，谓之为；为之伪，谓之失。”“性者，生之质”是我们此处要关注的核心，而如何解释“质”则是其中的关键。成玄英疏曰：“质，本也。自然之性者，是禀生之本也。”① 据此，现代的学者一般将“质”解释为“本质”，“性者，生之质”的意思就是“性，是生命的本质”。但是，此处的“本”是固有、原来的意思，将“质”解释为“本”或者“本质”，并不是我们一般所理解的事物的根本属性，而是事物的本来状貌。正如《玉篇·贝部》所解：“质……朴也。”“质”指事物未加雕饰的、素朴的本然状态。此处对于“性”的理解与《荀子·礼论》中的“性者，本始材朴”一致。所以说，性是万物生而所有的本然状态，最终来源于道。性的活动叫作“为”，就是说，万物的“为”是性的活动，万物的发展变化都是万物之性的活动，性就是万物自然的内在原因和动力。《天地》篇就有“性之自为”的提法，指百姓出自本性的自然活动。“为”是性的活动，但“为”如果流入“伪”，就会丧失本性。

性是万物生而所有的本然状态，对于人来讲，人性就是人生而所有的本然状态。那么，人生而所有的本然状态是怎样的呢？孟子认为人心本有仁、义、

① 郭庆藩：《庄子集释》，811 页。

礼、智四端，而庄子后学却反对把仁义看作人的本性。《天道》篇借老子与孔子的对话否定了以仁义为人性的看法。

> 老聃曰："请问，仁义，人之性邪?"孔子曰："然。君子不仁则不成，不义则不生。仁义，真人之性也，又将奚为矣?"老聃曰："请问，何谓仁义?"孔子曰："中心物恺，兼爱无私，此仁义之情也。"老聃曰："意，几乎后言！夫兼爱，不亦迂乎！无私焉，乃私也。夫子若欲使天下无失其牧乎？则天地固有常矣，日月固有明矣，星辰固有列矣，禽兽固有群矣，树木固有立矣。夫子亦放德而行，循道而趋，已至矣；又何偈偈乎揭仁义，若击鼓而求亡子焉？意，夫子乱人之性也!"

《骈拇》篇对以仁义为人性的观点进行了批判，认为以仁义为人性是多余的造作，是对人性的误解，是改变本性的大惑：

> 多方乎仁义而用之者，列于五藏哉！而非道德之正也。
>
> 夫小惑易方，大惑易性。何以知其然邪？自虞氏招仁义以挠天下也，天下莫不奔命于仁义，是非以仁义易其性与？
>
> 且夫属其性乎仁义者，虽通如曾、史，非吾所谓臧也。

该篇还有两处写道："意仁义其非人情乎！彼仁人何其多忧也?""故意仁义其非人情乎！自三代以下者，天下何其嚣嚣也?"其中的"人情"与"人性"同义，但对"意仁义其非人情乎"的解读却有争议。郭象注曰："夫仁义自是人之情性，但当任之耳。"① 成玄英疏曰："夫仁义之情，出自天理，率性有之，非由放效。"② 林希逸则认为："以凫鹤二端言之，则仁义多端，非人情矣，故叹而言之。使仁义出于自然，则不如是其多忧矣，多忧者，言为仁义者，多忧劳也。"③ 从全篇的思想倾向来看，林希逸的解释为佳。该篇作者认为仁义不是人的本真性情，不是人禀赋于道的本然状态，而是倡导仁义之人造作而成并强加于人的。他们将仁义等伦理规范与人的五脏相联系，试图论证仁义出自人的本性，而实际上，如果仁义是人的本性所有，则无须倡导，也无须忧虑人们会不仁不义。所以，天下之人倡导仁义，忧虑人们不仁不义，正是因为仁义不是人性本有。

当时另一流行的人性论是将"欲恶避就"的情感欲望看作人的本性。如荀

---

① 郭庆藩：《庄子集释》，318 页。

② 同上。

③ 林希逸：《庄子鬳斋口义校注》，周启成校注，140 页，北京，中华书局，1997。

子在《荣辱》中讲："饥而欲食，寒而欲暖，劳而欲息，好利而恶害，是人之所生而有也，是无待而然者也，是禹、桀之所同也。"《庄子》杂篇《盗跖》借用"无足"和"知和"两个虚拟人物的对话对这一问题进行了讨论。"无足"提出：

> 且夫声色滋味权势之于人，心不待学而乐之，体不待象而安之。夫欲恶避就，固不待师，此人之性也。

"知和"对这一人性理论进行了批判，认为对外物的贪求之心并非人生而所有，而是因为内德不足而产生的。知者内心充实，所以不与人争夺，而世人为了追求物质享受和权势地位，思虑钻营，反而会伤害人的本性。"无足"和"知和"的命名也富有深意。"无足"代表对万物无止境的欲求，"知和"则代表对素朴本性的了解。也就是说，人生而有的本性是"和"，而不是欲。在庄子及其后学思想中，"和"所指的正是一种平和无欲的心灵状态。[①]《天地》篇也认为对感官欲望和心理欲求的放纵会伤害人的本性：

> 且夫失性有五：一曰五色乱目，使目不明；二曰五声乱耳，使耳不聪；三曰五臭薰鼻，困惾中颡；四曰五味浊口，使口厉爽；五曰趣舍滑心，使性飞扬。此五者，皆生之害也。

眼睛能看清颜色，耳朵能听清声音，鼻子能闻到气味，嘴巴能尝到滋味，心灵安宁平静，这是人的本性。但过多的颜色、声音、气味、滋味以及取与舍的欲望都伤害了人的本性。

在庄子后学看来，人性是人生而所有的本然状态，不是仁义，也不是情感和欲望。仁义是后天强加于人的，欲望是受外物刺激而形成的。荀子以人的情感欲望为本性，批评孟子的性善论，主张"人之性恶，其善者，伪也"（《荀子·性恶》）。[②] 庄子后学则认为，仁义和欲望虽然体现出对人性的两种不同理解，但都不是"性"，而是"伪"，是"性"之"失"。既然仁义不是出自人性，那么孟子所倡导的仁政也就没有了人性依据。生理欲望和人心欲求也不是人性，也就不需要外在的礼法进行矫治和约束，因而荀子所倡导的礼治以及法家

---

① 参见王威威：《韩非思想研究：以黄老为本》，97页。

② 在荀子思想中，"性"的意义具有不同层次。《荀子·正名》云："生之所以然者谓之性。性之和所生，精合感应，不事而自然，谓之性。""生之所以然"是"性"的第一层次的意义，而"性之和所生，精合感应，不事而自然"则提出了"性"的第二层次的意义，这第二层次的"性"就是情以及欲。第二层次的"性"产生于第一层次的"性之和"，"和"是第一层次的"性"的特征。可见，荀子思想中第一层次的"性"与庄子后学对人性的理解一致，其区别在于荀子将第一层次的"性"感于外物而产生的情和欲也看作"性"，而庄子后学却将其看作"性之失"。

所倡导的法治均失去了人性依据。庄子后学以人性为依据，对仁、义、礼、法等约束人的行为的道德规范和社会制度进行了彻底的批判。《马蹄》讲：

> 同乎无知，其德不离；同乎无欲，是谓素朴；素朴而民性得矣。及至圣人，蹩躠为仁，踶跂为义，而天下始疑矣；澶漫为乐，摘僻为礼，而天下始分矣。

人的本性无知无欲，纯真朴实，而圣人极力提倡仁、义、礼、乐，破坏了人的纯朴本性，使天下迷惑和分裂。该篇还以“朴”与“器”的关系来说明仁、义、礼、乐对人性的伤害：

> 故纯朴不残，孰为牺尊！白玉不毁，孰为珪璋！道德不废，安取仁义！性情不离，安用礼乐！……夫残朴以为器，工匠之罪也；毁道德以为仁义，圣人之过也。

由于写作年代的差异，《庄子》外杂篇与内篇相比更多地使用复音词，但意义与单音词相同。此处的“道德”意义同于“道”，而“性情”的意义同于“性”。“性”或“性情”来源于“道”或“道德”，体现了“道”或“道德”，所以，在一些文句中，“性情”和“道德”常常相提并论。在这一段中，“纯朴”“白玉”与“道德”“性情”相应，“牺尊”“珪璋”则与“仁义”“礼乐”相应。“纯朴”和“白玉”是未经加工的木和玉的本然状态，为“朴”；“牺尊”和“珪璋”则是被工匠加工以后的酒器和玉器，为“器”。器具制成则残损了物的本然状态，仁义、礼乐制作施行，就毁坏了道德和性情。

庄子后学甚至认为，仁义之治与暴虐之治虽然不同，但从伤害本性的角度看又是相同的。《在宥》讲：

> 昔尧之治天下也，使天下欣欣焉人乐其性，是不恬也；桀之治天下也，使天下瘁瘁焉人苦其性，是不愉也。夫不恬不愉，非德也。非德也而可长久者，天下无之。

尧施行仁义之治，使天下人欢乐，却失去了本性的平静；桀施行暴虐之治，使天下人痛苦，而失去了本性的欢愉。虽然尧被赞赏而桀被唾弃，但实际上两种治理方式都伤害了人的本性，违背了常德，不可能长久。该篇作者还批评赏罚制度同样不合乎人性：

> 举天下以赏其善者不足，举天下以罚其恶者不给，故天下之大不足以赏罚。自三代以下者，匈匈焉终以赏罚为事，彼何暇安其性命之情哉！

这一看法正与韩非在《八经》中所讲的“人情者，有好恶，故赏罚可用”相反。二者同样以人性作为依据，却因为对人性的理解完全不同而得出相反的结论。所以说，在这部分庄子后学思想中，仁、义、礼、法都是外在于人的教条，不合乎人性，是对人性的扰乱和破坏。

尤其值得注意的是，庄子后学对仁、义、礼、法的批判还有另一角度的人性论作为依据。作为同类，人生而所有的本然状态具有共同性，但庄子后学又强调不同的物和不同的人生而所有的个性、殊异性。《天地》篇讲：

> 泰初有无，无有无名；一之所起，有一而未形。物得以生，谓之德；未形者有分，且然无间，谓之命；留动而生物，物成生理，谓之形；形体保神，各有仪则，谓之性。

此处之“无”指“道”，“道”产生没有形体的“一”，“一”进而有分，就是“命”。在万物生成之后，形体保有精神，各有各的规律、法则，就是“性”。“命”与“性”均产生于“道”生万物的过程中，但是，“命”产生于“未形之一”的分化，这种分化是其后所生成的万物之所以各不相同的原因。有形之物形成后，不同的物就拥有了不同的“性”。也可以说，“命”是万物各具其性的先在的原因，而“性”是“命”在物中的具体体现。孟子的性善论、荀子的性恶论、韩非的自利人性论等，所关注的问题均是人的共性，正如赵岐所讲：“凡物生同类者，皆同性。”[①] 但是，庄子后学的“性”是万物在形成各自的形体和精神时所具有的各不相同的规律、法则。他们在讨论人或某一类物的共性的同时，更关注不同的类、不同个体的个性、殊异性。

万物虽然各具其性，千差万别，但它们各不相同的本性却都来自道，因而没有贵贱之分。《秋水》篇讲：“以道观之，物无贵贱；以物观之，自贵而相贱。”从道的视角和物的视角来看天地万物，会得出完全不同的结论。万物从自身的立场去看，都认为自己是尊贵的，而自己之外的其他事物是低贱的。而从道的角度来看物，万物不分贵贱，因而是平等的。承认万物本性的平等，尊重万物个性的差异，就不应该试图改变各自不同的本性。《骈拇》讲：

> 彼正正者，不失其性命之情。故合者不为骈，而枝者不为跂；长者不为有余，短者不为不足。是故凫胫虽短，续之则忧；鹤胫虽长，断之则悲。故性长非所断，性短非所续，无所去忧也。

---

① 转引自焦循：《孟子正义》，737页，北京，中华书局，1987。

> 且夫骈于拇者，决之则泣；枝于手者，龁之则啼。

至正的道理就是不失去本性之情实，无论骈拇还是枝指，长还是短，都是出自本性。如果人不能够尊重万物本性的差异，而将自己的标准强加于物，试图通过改变物的本性而使其符合自己的标准，如文中所讲的将野鸭的短腿接长，将鹤的长脖子截短，将相连的骈拇劈开，将手上的枝指咬断，就会带来对物的伤害。

这样的观点应用于政治中，就要求君主承认百姓的平等，尊重百姓的个性差异，而不应该以统一的标准去约束、规范、改变个性不同的百姓。仁、义、礼、法等道德规范和社会制度虽然不同，但都是以统一的标准来约束和规范人的行为，而在庄子后学看来，整齐划一的标准和千差万别的个性是相冲突的。庄子后学就常将道德规范和社会制度与规、矩、绳、墨做比，通过规、矩、绳、墨等标准对各不相同的物的伤害来论证道德规范和社会制度对人性的伤害。《骈拇》篇讲道：

> 且夫待钩绳规矩而正者，是削其性者也；待绳约胶漆而固者，是侵其德者也；屈折礼乐，呴俞仁义，以慰天下之心者，此失其常然也。天下有常然。常然者，曲者不以钩，直者不以绳，圆者不以规，方者不以矩，附离不以胶漆，约束不以纆索。

天下万物各有其“常然”。所谓“常然”指事物的本然状态，也就是事物的自然本性。万物或曲，或直，或圆，或方，或黏合，或绑缚，是本性如此，而不是因为外在的钩绳规矩、绳约胶漆的矫正才如此。钩绳规矩、绳约胶漆都是外在于事物的统一标准，用这些标准去改变本性不正、不固的事物，就是对事物本性的伤害。如果君主用仁、义、礼、乐来治理国家，约束和规范百姓的行为，则是对人的个性的伤害。《马蹄》篇也讲道：

> 马，蹄可以践霜雪，毛可以御风寒，龁草饮水，翘足而陆，此马之真性也。虽有义台路寝，无所用之。及至伯乐，曰：“我善治马。”烧之，剔之，刻之，雒之，连之以羁絷，编之以皂栈，马之死者十二三矣；饥之，渴之，驰之，骤之，整之，齐之，前有橛饰之患，而后有鞭策之威，而马之死者已过半矣。陶者曰：“我善治埴，圆者中规，方者中矩。”匠人曰：“我善治木，曲者中钩，直者应绳。”夫埴木之性，岂欲中规矩钩绳哉？然且世世称之曰“伯乐善治马而陶匠善治埴木”，此亦治天下者之过也。

伯乐以自己的标准治马，却破坏了马的真性，伤害了马的生命。陶者以规和矩治埴，匠人以钩和绳治木，但是中规矩、合钩绳并不是埴、木之性，陶者和匠人名为善治，其实对埴、木之性造成了伤害。君主以仁、义、礼、法等制度为标准来治理国家、约束和规范百姓的行为，就如同伯乐治马、陶者治埴、匠人治木一般，是对人性的伤害，这是治理天下之人的罪过。

庄子的部分后学认为，无论从人生而所有的素朴本性来看，还是从人与人各自不同的个性、殊异性来看，仁、义、礼、法都是对人性的伤害，是不正当的。一般认为，这些道德规范和社会制度可以约束和规范人的行为，避免人与人之间的冲突，从而带来和谐的人际关系和社会秩序，实际上却带来了人与人的争斗和社会的混乱无序。当然，人性来源于道，不符合人性也就不符合道。这些后学对仁、义、礼、法的反对态度与庄子本人一致，但庄子主要是从规范和制度出自君主私意和百姓有自治能力的角度加以反对，认为君主的治理行为以及规范和制度的存在都是不必要的。

第四节　在宥天下与至德之世

庄子的部分后学以人性论作为依据，激烈抨击仁、义、礼、法，对用仁、义、礼、法等规范和制度统治百姓的行为提出质疑。他们认为，任何外在于人的、人为设计的规范和制度都不符合人性，而且会伤害人性。也可以说，他们认为没有什么规范和制度是符合人性、不伤害人性的。因为各种规范和制度就是君主使用权力来治理国家、统治百姓的主要手段，对各种规范和制度的否定实际上就否定了君主使用权力的正当性，也就是说，君主只要使用其权力，就是对百姓本性的侵犯。所以，《在宥》开篇便宣称：

> 闻在宥天下，不闻治天下也。在之也者，恐天下之淫其性也；宥之也者，恐天下之迁其德也。天下不淫其性，不迁其德，有治天下者哉！

林希逸解释说："在者，优游自在之意。""宥者，宽容自得之意。"[①]"在宥"与"治"的意义相反，就是放任百姓自在自得地生活，而不进行人为的治理。既然天下不需治理，是否意味着君主的存在被否定呢？实际上并非如此。《在宥》讲："故君子不得已而临莅天下，莫若无为。无为也而后安其性命之情。"君主

① 林希逸：《庄子鬳斋口义校注》，周启发校注，162页。

不得已而处于最高的统治地位，但他采取“无为之治”，以“安其性命之情”为治国的准则。至此，老子所提倡的“法自然”“辅万物之自然”“顺万物自然”变成“安其性命之情”“任其性命之情”，而“无为”的意义则等同于“在宥”。那么，仁、义、礼、法等规范和制度就是对百姓性命之情的伤害，是对百姓自然的干涉，使用仁、义、礼、法治国就是“有为”之治。

放弃外在的约束和管制，任由百姓按照他们共同的或者各自的本性生活，也就是使百姓保持在自然状态，其结果并不是人与人之间的冲突和社会的混乱，而是自发的人与人之间的和谐、人与自然的和谐。这样的理想社会被庄子后学称为“至德之世”。《马蹄》篇讲：

> 吾意善治天下者不然。彼民有常性，织而衣，耕而食，是谓同德；一而不党，命曰天放。故至德之世，其行填填，其视颠颠。当是时也，山无蹊隧，泽无舟梁；万物群生，连属其乡；禽兽成群，草木遂长。是故禽兽可系羁而游，鸟鹊之巢可攀援而窥。夫至德之世，同与禽兽居，族与万物并，恶乎知君子小人哉！同乎无知，其德不离；同乎无欲，是谓素朴；素朴而民性得矣。

百姓有真常的本性，纺织而衣，耕作而食，这是他们共同的本能。浑然一体而没有偏私，这是自然放任。在这样的至德之世，百姓无知无欲，纯真素朴，没有机巧器械，也没有君子小人的区别，人与人、人与禽兽、人与万物和谐共处而没有对立。

《胠箧》讲：

> 子独不知至德之世乎？昔者容成氏、大庭氏、伯皇氏、中央氏、栗陆氏、骊畜氏、轩辕氏、赫胥氏、尊卢氏、祝融氏、伏牺氏、神农氏，当是时也，民结绳而用之，甘其食，美其服，乐其俗，安其居，邻国相望，鸡狗之音相闻，民至老死而不相往来。若此之时，则至治已。

容成氏至神农氏的时代就是至德之世，当时当世的百姓过着简朴而安乐的生活。“民结绳而用之”一段来自《老子》八十章。该章讲道：

> 小国寡民，使有什伯之器而不用，使民重死而不远徙。虽有舟舆，无所乘之；虽有甲兵，无所陈之；使人复结绳而用之。甘其食，美其服，安其居，乐其俗。邻国相望，鸡犬之声相闻，民至老死不相往来。

两相比较，有以下几点值得注意。第一，《胠箧》没有引用“小国寡民”一句，说明小国寡民并非至德之世的必要条件。在《马蹄》的文字中，庄子后学正是在讨论“治天下”的问题时提出理想的至德之世的。第二，《老子》的文字中的“民”前有一“使”字，也就是说“有什伯之器而不用”“重死而不远徙”“复结绳而用之”并非百姓自己如此，而是君主使百姓如此，突出了理想社会中君主的作用。而《胠箧》的“民结绳而用之”则直接表达出在至德之世，百姓结绳记事的现实，是百姓自然的状态，而非君主作用的结果。第三，《老子》中讲：“虽有舟舆，无所乘之；虽有甲兵，无所陈之；使人复结绳而用之。”可见，在老子的理想社会中，并非没有器械和文字，只是在君主的作用之下，百姓不去使用，这正是君主通过他的权力的使用使百姓的生活和心灵“复归于朴”的体现。而《胠箧》的“民结绳而用之”没有“复”字，所以不是发明了文字以后不使用，而是至德之世本身就没有发展出文字。《马蹄》中的“山无蹊隧，泽无舟梁”说明至德之世本身也没有发展出这些器械。所以，庄子后学的至德之世存在于远古时代，而老子的小国寡民则是人类进入文明时代后的复归。

《天地》讲：

> 至德之世，不尚贤，不使能；上如标枝，民如野鹿；端正而不知以为义，相爱而不知以为仁，实而不知以为忠，当而不知以为信，蠢动而相使，不以为赐。是故行而无迹，事而无传。

此段对尚贤，使能，标榜仁、义、忠、信等道德规范的治理方式持反对态度，因为这些都是用智的结果。“上如标枝”指君主在上位却像高树之枝而无心在上，也就是不去使用权力治理百姓。“民如野鹿”指百姓像野鹿一样按照本性生活而不受君主的治理。虽然他们没有对仁、义、忠、信等道德规范的认知，但他们有着出自本性的端正、相爱、诚实、得当和单纯。

统而言之，所谓的至德之世有如下特征：首先，百姓不受君主权力的干涉，不受外在的道德规范的约束，完全按照自己的本性，自由自在地生活。其次，百姓的心智处于“无知”的状态，“其行填填，其视颠颠”“同乎无知”“不知以为义”“不知以为仁”“不知以为忠”“不知以为信”等均是这一状态的体现。因为“无知”，所以不会有各种机巧算计，也不会出现人和人之间互相倾轧的现象。再次，百姓过着最简单的物质生活，没有对外物的过多欲求，这就是一种“无欲”的状态。因为“无欲”，所以没有由于对外物的欲求而带来的生活负累，百姓满足于他们的生活状态，而能够安宁快乐。最后，这样的至德之世存在于远古时代，比儒家和墨家所推崇的尧、舜、禹时代都要早。

在庄子后学看来，理想的至德之世存在于远古，那时的君主能够“在宥天下”，施行真正的“无为之治”。而当君主不能“无为”，开始“有为”，也就是使用他的权力治理百姓时，仁、义、礼、法等规范和制度被制作施行，百姓的素朴本性被破坏，人心被扰乱，人人好知争利，社会变得混乱，人与人、人与自然的和谐美好去而不返。所以说，君主之治所带来的是人性的丧失，社会的堕落。正如《天地》所讲：“治，乱之率也，北面之祸也，南面之贼也。”《天运》也讲道：“三皇五帝之治天下，名曰治之，而乱莫甚焉。”而从至德之世到乱世的堕落是有步骤的，《庄子》外杂篇中就有多处类似的表达。《天运》讲：

> 黄帝之治天下，使民心一。民有其亲死不哭而民不非也。尧之治天下，使民心亲，民有为其亲杀其杀而民不非也。舜之治天下，使民心竞，民孕妇十月生子，子生五月而能言，不至乎孩而始谁，则人始有夭矣。禹之治天下，使民心变，人有心而兵有顺，杀盗非杀，人自为种而天下耳，是以天下大骇，儒墨皆起。

在这一段文字中，我们可以看到从黄帝到尧、舜、禹的时代演进，与之相伴的是民心的变化，即从“民心一”到“民心亲”“民心竞”“民心变”的逐步堕落。“民心一”指百姓没有分别之心，对待他人没有偏私；“民心亲”则有了亲疏远近的差别，有了偏私之心；“民心竞”则出现了人与人之间的强弱之争；“民心变”则百姓各怀心机，持论各异，使天下惊骇不安。

《缮性》讲：

> 古之人，在混芒之中，与一世而得淡漠焉。当是时也，阴阳和静，鬼神不扰，四时得节，万物不伤，群生不夭，人虽有知，无所用之，此之谓至一。当是时也，莫之为而常自然。逮德下衰，及燧人、伏羲始为天下，是故顺而不一。德又下衰，及神农、黄帝始为天下，是故安而不顺。德又下衰，及唐、虞始为天下，兴治化之流，澆淳散朴，离道以善，险德以行，然后去性而从于心。心与心识知而不足以定天下，然后附之以文，益之以博。文灭质，博溺心，然后民始惑乱，无以反其性情而复其初。

在这一段文字中，我们看到了从古之人、燧人和伏羲、神农和黄帝到唐、虞的时代更替，伴随着时代前进的却是德性的逐步衰落。古之人无为而自然，这是“至一”的境界；燧人和伏羲治天下，人与自然相分离，但仍能顺从自然，这就是“顺而不一”；神农和黄帝治天下，承认自然但已不能顺任自然，这就是“安而不顺”；到唐、虞治天下，大兴教化，离散了人的淳朴本性，使人舍弃本性而顺从心知，最终使百姓迷乱而无法恢复本真的性情。

《在宥》讲：

> 昔者黄帝始以仁义撄人之心，尧、舜于是乎股无胈，胫无毛，以养天下之形。愁其五藏以为仁义，矜其血气以规法度。然犹有不胜也。尧于是放讙兜于崇山，投三苗于三峗，流共工于幽都，此不胜天下也，夫施及三王而天下大骇矣。下有桀、跖，上有曾、史，而儒墨毕起。于是乎喜怒相疑，愚知相欺，善否相非，诞信相讥，而天下衰矣；大德不同，而性命烂漫矣；天下好知，而百姓求竭矣。于是乎斤锯制焉，绳墨杀焉，椎凿决焉。天下脊脊大乱，罪在撄人心。

此段文字讲到黄帝、尧、舜的治理行为带来后世的天下大乱，根源就在于“撄人之心”，也就是扰乱人心。黄帝用仁义来扰乱人心，尧、舜施行仁义，规定法度，却仍不能治理好天下，至夏、商、周三代，天下就更不安定。人人自是而非他，风气衰败，大德分歧，性命散乱，人人好知，求利不止，于是斧锯、礼法、刑具都被使用。从仁义开始到礼法、刑具，治理的手段越来越刚猛严苛，强制性越来越强，但社会却越来越混乱。《庚桑楚》和《徐无鬼》两篇甚至预言，尧舜之治在后世必然导致人与人相食的后果：

> 且夫二子者，又何足以称扬哉！是其于辩也，将妄凿垣墙而殖蓬蒿也。简发而栉，数米而炊，窃窃乎又何足以济世哉！举贤则民相轧，任知则民相盗。之数物者，不足以厚民。民之于利甚勤，子有杀父，臣有杀君；正昼为盗，日中穴阫。吾语女：大乱之本，必生于尧、舜之间，其末存乎千世之后。千世之后，其必有人与人相食者也。
>
> 夫尧畜畜然仁，吾恐其为天下笑。后世其人与人相食与！

尧和舜举贤使百姓互相倾轧，任智使百姓相互欺骗，这些治理方法都不能使百姓淳厚。人们追求利益的欲望越来越强烈，因而会出现子弑父、臣弑君、白天抢劫、正午挖墙的现象。所以说，尧舜之治是天下大乱的根源，其流弊会导致人吃人的后果发生。不得不说，庄子后学对君主有为之治的批判可谓彻底。

第五节　天道与秩序

“天”的观念在中国传统思想中出现甚早，最初具有与“帝”相同的至上神的意义，可以决定人间的一切。如大盂鼎铭文记载："故天异临子，法保先王，匍有四方。"同时，"天生万物"也是时人对万物生成问题的普遍认识。《尚书·仲虺之诰》有"天生民有欲"，《诗经·大雅·烝民》有"天生烝民，有物有则"。到了春秋战国时期，天的主宰义逐渐淡化，但人们仍然认可"天生万物"的观念，此时的"天"变成与"地"相连或相对使用的"物质之天"。[①] 天和地有自身的法则，它们在创生万物以及万物变化的过程中也体现出各种规则，这就是"天道"或"天地之道"。天、天地、天道、天地之道都是人的言行的表率和依据。

老子以道作为万物的本原，强调道"先天地生"，是"天地之根"，道于是超越于天和地而成为天地万物的来源和存在、变化的根据，也同时成为人类行为的最终依据。正如《老子》二十五章、二十一章所讲："人法地，地法天，天法道，道法自然。""孔德之容，惟道是从。"但是，道无形无声，不可见，不可闻，不能触摸，也无法用语言表达，而天、天地、天道可以通过人们的观察和推断来把握。因此，天、天地、天道作为人与道的中介，仍然是人类行为所应效法的对象。此种思想在《老子》一书中随处可见：

> 天地不仁，以万物为刍狗；圣人不仁，以百姓为刍狗。(《老子》五章)
>
> 天长地久。天地所以能长且久者，以其不自生，故能长生。是以圣人后其身而身先，外其身而身存。非以其无私邪？故能成其私。(《老子》七章)
>
> 天之道，利而不害。圣人之道，为而不争。(《老子》八十一章)

老子经常在讲述天地、天道之后以圣人相随，或者在论述圣人德行后以天地、天道来证明，表明天地、天道是圣人行为效法的对象。因为天地也是以道为法，天地、天道实际上体现了道的特性，所以，圣人法天地、法天道实际上就是法道。可见，老子对道的超越性的强调并没有颠覆以天、天地、天道为行为依据的观念，与此相反，道的超越性拉开了道与物、道与人类社会的距离，凸显出作为中介的天、天地、天道的价值和存在的必要性，实际上也强化了天、

① 中国古代文献中的"天"有多层次的意义，冯友兰先生总结说："在中国文字中，所谓天有五义：曰物质之天，即与地相对之天。曰主宰之天，即所谓皇天上帝，有人格的天、帝。曰运命之天，乃指人生中吾人所无可奈何者，如孟子所谓'若夫成功则天也'之天是也。曰自然之天，乃指自然之运行，如《荀子·天论》篇所说之天是也。曰义理之天，乃谓宇宙之最高原理，如《中庸》所说'天命之谓性'之天是也。"(冯友兰：《中国哲学史》，35页，上海，华东师范大学出版社，2000。)

天地、天道作为人的行为依据的权威性。

前文已述，道的超越性、道相对于物的特殊性在庄子及其后学思想中得到了进一步的强化，道和物的界限被进一步厘清，人的语言和认识的界限被明确限定于物的世界，道的不可言、不可知被进一步强调。在这样的前提之下，天、天地、天道的地位只能被进一步凸显。庄子常将天和道相对使用，可见二者有一定的相似性并在特定的语境中具有大致相当的地位和作用。道是万物的本原，天同样被看成万物生命的来源。《德充符》中有“道与之貌，天与之形”“受命于天”的说法，《大宗师》中有“以天为父”的看法，《应帝王》中有“尽其所受乎天，而无见得”的观点。天或天地赋予了万物以生命，万物的生成和变化实际上都是天或天地的变化而已，因此，天或天地可以包含万物，这就是“自然之天”的意义，也是《庄子》一书中“天”的主要意义。

庄子认为，天地万物都因为自身的原因而生灭变化，不需要也不能够为外力所干涉，当然也不能由人力来参与和决定。《大宗师》篇讲：“死生，命也；其有夜旦之常，天也。人之有所不得与，皆物之情也。”“且夫物不胜天久矣。”天是人不能参与、不能改变的大化流行，也是人行为的界限，人只能接受它，顺应它，这就是《大宗师》所讲的“不以心捐道，不以人助天”。但是，庄子讲“道”，讲“天”，却不讲“天道”。因为庄子所关心的并不是天地万物的变化所体现出的规律，他没有通过这些规律去把握道的目的，也不想总结出这些规律来指导人的行为。就像道的存在是为人提供心灵修养的依归之处，天的存在是为了消解人为的价值，最终回归“与天为一”的精神境界。

庄子后学则多讲“天道”或“天地之道”，并将天、天地、天道、天地之道作为圣人、帝王的行为依据，尤其是归服天下和治理天下的依据。如《刻意》讲：“淡然无极而众美从之。此天地之道，圣人之德也。”《天道》讲：“天道运而无所积，故万物成；帝道运而无所积，故天下归；圣道运而无所积，故海内服。”《庚桑楚》讲：“夫春与秋，岂无得而然哉？天道已行矣。”《天运》讲：“天有六极五常，帝王顺之则治，逆之则凶。”《天道》讲：“夫天地者，古之所大也，而黄帝、尧、舜之所共美也。故古之王天下者，奚为哉？天地而已矣！”这实际上是《老子》天道观的延续。但是，在庄子后学思想中，道和天地、天道的地位已经产生了微妙的变化。

首先，《天道》篇赋予了天地与道德相同的性质：“夫虚静恬淡寂漠无为者，天地之平而道德之至。”虚静、恬淡、寂寞、无为是天地的标准、道德的极致，天地与道德本质相通。此篇又讲：“夫帝王之德，以天地为宗，以道德为主，以无为为常。”天地、道德都成了帝王所取法的对象。以天地为宗，以道德为主，以无为为原则，可见，作者将天地与道德等同，二者共同的本质在于无为。而且，作者在将天地与道德并举时总是将天地放在道德之先，可见天地具有更重要的地位，要效法天地和道德，首先要明了它们的性质，而要明了它们的性质，则以明了天地的性质最为重要。于是，《天道》篇讲：“是故古之明大道者，先明天而道德次之。”“夫明白于天地之德者，此之谓大本大宗。”

《天地》篇则提出“道兼于天”的主张，彻底颠倒了道和天的地位：

> 故通于天地者，德也；行于万物者，道也；上治人者，事也；能有所艺者，技也。技兼于事，事兼于义，义兼于德，德兼于道，道兼于天。

与天地相通的是德，运行于万物之中的是道。德统摄于道，而道统摄于天。老子和庄子虽然给予天很高的地位，但始终将道放在第一位，将天或天地放在第二位。《天道》和《天地》两篇则以不同的方式将天或天地的地位置于道或道德之上，使天成为第一位的概念，而道降为第二位。

而在这样的地位转化过程中，道的意义也发生着变化。《天地》篇所说的“行于万物者，道也”，所讲的道是运行于万物之中的道，虽然老子和庄子的道也是无处不在的，也可以说万物之中都有道的存在，但作为万物本原的道更是“独立而不改”的，是不依赖于物而存在的，而此处的道则只是运行于万物之中的道，似乎不再是万物的本原，而只是存在于万物中的规律、法则。《在宥》篇则直接解释道：“何谓道？有天道，有人道。”这就改变了本原之道的意义，道成了包含“天道”和“人道”等具体内容的统一体。这一意义上的道当然是从属于天的。

于是，天、天地或天道、天地之道终于超越了道而成为人间社会的最高依据。在天地及其运行规律之中最为突出的表现就是其秩序性。《天道》讲道：

> 天尊，地卑，神明之位也；春夏先，秋冬后，四时之序也。万物化作，萌区有状；盛衰之杀，变化之流也。夫天地至神，而有尊卑先后之序，而况人道乎！宗庙尚亲，朝廷尚尊，乡党尚齿，行事尚贤，大道之序也。语道而非其序者，非其道也；语道而非其道者，安取道！

从静态的位置来看，天尊高，地卑下；从动态来看，自然的运行呈现出四季交替的先后次序。作者以天地有尊卑先后之序来论证秩序是道的固有内容。老子和庄子思想中作为万物本原的道是未有分化的混沌整体，当然无所谓秩序。而此处先讲天地有尊卑先后的秩序，进而认为人道也应如此。接着讲“宗庙尚亲，朝廷尚尊，乡党尚齿，行事尚贤”就是大道的秩序。可见，此处是将“道”等同于“人道”了。作者以天地有尊卑先后之序来论证道本身就包含着秩序，认为人间社会中的尊卑先后的秩序并非凭空产生，而是圣人取法天地运行中所表现出的秩序而创造的：“君先而臣从，父先而子从，兄先而弟从，长先而少从，男先而女从，夫先而妇从。夫尊卑先后，天地之行也，故圣人取象焉。”这样也就论证了人间秩序的来源和正当性。

因为道本身就包含着秩序的内容，所以，“以道观之”不再像庄子及其部分后学思想中那样“物无贵贱”。从道的视角出发，以道为原则，便能够使人、事、物都处于相应的位置，从而建立起有条不紊的社会秩序。正如《天地》所讲：

> 以道观言而天下之君正，以道观分而君臣之义明，以道观能而天下之官治，以道泛观而万物之应备。

在这里，包含有秩序内容的道变成论证君主权力和地位的正当性、分别君臣之间的尊卑上下关系的根本原则。在所有的秩序内容中，君主至高无上的权力和地位最为根本。《天地》篇讲：“天地虽大，其化均也；万物虽多，其治一也；人卒虽众，其主君也。”此处从天地万物的统一性引发出君主统治百姓的至上权威。也就是说，君主执掌统治百姓的权力，处于超越于他人的尊上地位，是符合天地之道的，也是符合道的。

既然这部分庄子后学承认人间秩序的正当性，也就必然承认维护人间秩序的各种制度、规范的正当性。《天道》讲：

> 是故古之明大道者，先明天而道德次之，道德已明而仁义次之，仁义已明而分守次之，分守已明而形名次之，形名已明而因任次之，因任已明而原省次之，原省已明而是非次之，是非已明而赏罚次之。赏罚已明而愚知处宜，贵贱履位，仁贤不肖袭情。

庄子后学在此处所说的大道包含了等级不同、重要性递减的“天”“道德”“仁义”“分守”“形名”“因任”“原省”“是非”和“赏罚”九种治理国家的原则和方法。“明大道”的目的就是建立起一套愚知、贵贱、仁贤不肖各当其位、天下太平的统治秩序。

在“大道”所包含的内容之中，“天”和“道德”为道家所认可，“仁义”是儒家所提倡的道德规范，“分守”“形名”“因任”“原省”“是非”“赏罚”则是法家的治理方法。“分守”是名分的确定，接近于《商君书·定分》所讲的

“名分定，势治之道也”。“形名”“因任”“原省”“是非”“赏罚”则与《韩非子·定法》中所说“术者，因任而授官，循名而责实，操生杀之柄，课群臣之能者也，此人主之所执也”，以及《韩非子·奸劫弑臣》篇所讲的“循名实以定是非，因参验而审言辞”可以对应。依照臣下的能力授予他与其能力相适应的官职，这就是“因任”。然后按照这个官职（“名”）相应的职责去要求担任这一官职的臣子的行为（“实”），这就是“循名责实”，也就是《天道》中的“形名”。审核名实关系的方法就是“参验”，相当于《天道》篇的“原省”。根据审核的结果确定是非，如果名与实相符就是“是”，名与实不符就是“非”。是者则赏，非者则罚。这实际上是法家的一套任用、考核、评价、赏罚官员的制度，庄子后学将其纳入其统治秩序之中，体现出对法家思想的吸收和认可。

此外，《在宥》篇也讲道：

> 贱而不可不任者，物也；卑而不可不因者，民也；匿而不可不为者，事也；粗而不可不陈者，法也；远而不可不居者，义也；亲而不可不广者，仁也；节而不可不积者，礼也；中而不可不高者，德也；一而不可不易者，道也；神而不可不为者，天也。故圣人观于天而不助，成于德而不累，出于道而不谋，会于仁而不恃，薄于义而不积，应于礼而不讳，接于事而不辞，齐于法而不乱，恃于民而不轻，因于物而不去。物者莫足为也，而不可不为。不明于天者，不纯于德；不通于道者，无自而可；不明于道者，悲夫！

通过这段文字我们可以看到，在人类社会中，存在着低贱的物、卑下的民、隐蔽的事、粗略的法、疏远的义、亲爱的仁、讲究仪节的礼、中和的德、统一的道、神妙的天十个方面的内容。既然是人类社会中所包含的内容，那么虽然有高低贵贱之分，但都不能否定和抛弃。所以，圣人“观于天”“成于德”“出于道”“会于仁”“薄于义”“应于礼”“接于事”“齐于法”“恃于民”“因于物”，对天、德、道、仁、义、礼、事、法、民、物在社会中的价值和作用都给予了肯定。

庄子后学不但肯定仁、义、礼、法等道德规范和社会制度的价值和作用，而且提出了各种规范和制度应该因时而变的观点。《秋水》用史实论证了这一观点：

> 昔者尧、舜让而帝，之、哙让而绝；汤、武争而王，白公争而灭。由此观之，争让之礼，尧、桀之行，贵贱有时，未可以为常也。

> 帝王殊禅，三代殊继。差其时，逆其俗者，谓之篡夫；当其时，顺其俗者，谓之义〔之〕徒。

对于君主权力的转移方式问题，禅让与争夺没有绝对的贵贱好坏，在不同的社会时势中应采用不同的方式。而且，帝王的禅让各有不同，三代的继承也各有差别，是合义还是篡夺，其判定标准就是是否顺应社会时势与世俗。此外，《天运》篇运用比喻论证了“礼义法度者，应时而变者也”的观点：

> 夫水行莫如用舟，而陆行莫如用车。以舟之可行于水也而求推之于陆，则没世不行寻常。古今非水陆与？周鲁非舟车与？今蕲行周于鲁，是犹推舟于陆也！劳而无功，身必有殃。
>
> 故夫三皇五帝之礼义法度，不矜于同而矜于治。故譬三皇五帝之礼义法度，其犹柤梨橘柚邪！其味相反而皆可于口。故礼义法度者，应时而变者也。今取猨狙而衣以周公之服，彼必龁啮挽裂，尽去而后慊。观古今之异，犹猨狙之异乎周公也。

作者将不同的社会时势作为礼义法度的依据，认为社会时势发生了变化，治世的礼义法度也应该随之发生变化。孔子固守周道不变，就似在陆地上行船，不但徒劳无功，还会为自身招致祸患。

前文有言，庄子的部分后学以人性为依据，否定了约束人的行为的仁、义、礼、法等道德规范和社会制度的价值和正当性，认为这些规范和制度是对人性的伤害，是社会秩序混乱的根源。在没有这些规范和制度、顺应人的性情的情况下，却可以自发产生和谐的秩序。而另一部分庄子后学却以天地、天道为依据，承认人间的等级秩序来自对天地之道的效法，因而具有正当性。进而，这部分后学给予维护这一人间秩序的仁、义、礼、法等规范和制度以一定的地位，这与强调“忘仁义”“忘礼乐”的庄子思想根本不同。[①] 但是，这部分后学仍然坚持道家的立场，强调“治之道”与“治之具”的区别，认为仁、义、礼、法等规范和制度只是“治之具”，而非“治之道”。如《天道》讲：

> 古之语大道者，五变而形名可举，九变而赏罚可言也。骤而语形名，不知其本也；骤而语赏罚，不知其始也。倒道而言，迕道而说者，人之所

① 《大宗师》中有这样一段：“以刑为体，以礼为翼，以知为时，以德为循。以刑为体者，绰乎其杀也；以礼为翼者，所以行于世也；以知为时者，不得已于事也；以德为循者，言其与有足者至于丘也，而人真以为勤行者也。”这段文字与上下文不连贯，与庄子思想也不符，却符合《天道》等篇的观点。

治也，安能治人！骤而语形名赏罚，此有知治之具，非知治之道。

《天道》篇提出古代讲大道的人要历经五个层次的转变才提出形名，历经九个层次的转变才提出赏罚，直接讲形名和赏罚是不知晓根本和源头。形名和赏罚的根本和源头就是天和道德。形名和赏罚只是治国的具体工具，而不是治国之道。《天道》作者一方面吸收形名、赏罚来弥补道家政治思想缺乏具体操作工具的缺陷，另一方面又特别强调形名和赏罚的工具性，相对于根本之大道只是末节。

> 三军五兵之运，德之末也；赏罚利害，五刑之辟，教之末也；礼法度数，形名比详，治之末也；钟鼓之音，羽旄之容，乐之末也；哭泣衰绖，隆杀之服，哀之末也。此五末者，须精神之运，心术之动。

这些末节虽然在国家治理中有存在的必要，但必须在一定限度内、通过正确的方法使用才能发挥它们的效能，绝对不能本末倒置。

第六节　君无为而臣有为

天地所呈现出的秩序成为人间秩序的依据，除此之外，天地具有无为的本性，这一点同样为庄子后学所关注。《至乐》讲：

> 天无为以之清，地无为以之宁。故两无为相合，万物皆化。芒乎芴乎，而无从出乎！芴乎芒乎，而无有象乎！万物职职，皆从无为殖。故曰："天地无为也而无不为也。"

万物的生成和变化来自天地的无为而相合。同时，将此处的表达方式与《老子》三十九章相对照，我们会发现，"天无为以之清，地无为以之宁"化用了该章的"天得一以清，地得一以宁"，其中的"一"相当于"道"。老子的表达凸显了道对于万物包括天地获得各自特性而存在的重要性，而《至乐》篇则去掉了"得一"而代之以"无为"，一方面略去了道的作用，另一方面突出了天地的无为本性。此段之前有"芒乎芴乎，而无从出乎！芴乎芒乎，而无有象乎"的说法，可以和《老子》二十一章的"惚兮恍兮，其中有象；恍兮惚兮，其中有物"进行比较。"芒芴"与"恍惚"都是对道的描述，"无从出乎"是对"其中有物"的否定，"无有象乎"是对"其中有象"的否定。但是，如果道是

“无从出”的，从道中不产生任何事物，那么，万物如何生成呢?《至乐》认为，万物都是从天地的无为中产生出来的，可见，天地的地位被凸显出来，重新获得了产生万物的资格，而且《老子》三十七章中的“道常无为而无不为”也变成“天地无为也而无不为也”，可以说，天地占据了老子思想中道的地位，代替了道的作用。

由于在庄子后学思想中道与天、天地的地位发生变化，与《老子》以道的无为作为君主无为的依据不同，庄子后学以天地的无为作为君主无为的依据。《天道》篇如此概括帝王之德：“夫帝王之德，以天地为宗，以道德为主，以无为为常。”天地和道德是帝王治国的根据，无为是帝王治国的原则。《天地》讲：“君原于德而成于天。故曰：玄古之君天下，无为也，天德而已矣。”远古之人君临天下，持无为之态度，这符合天的德性。《天道》讲：“故古之王天下者，奚为哉？天地而已矣!”古代的帝王无所作为，只是效法天地而已。《知北游》也讲：“天地有大美而不言，四时有明法而不议，万物有成理而不说。圣人者，原天地之美而达万物之理。是故至人无为，大圣不作，观于天地之谓也。”“有大美而不言”“有明法而不议”“有成理而不说”都是“无为”的表现，圣人的“无为”正是来自对天地的观察和效法。

庄子后学相信，帝王效法天地而施行无为之治，就能达至天下大治的结果，这一信念来源于对天地作用的认识。《天道》讲：“天不产而万物化，地不长而万物育，帝王无为而天下功。”天地具有无为的本性，“不产”也“不长”，但它们的无为却使万物能够化育，“万物化”和“万物育”也就是“无不为”，可见，老子的“道常无为而无不为”在此处也变成“天地无为也而无不为也”。天地无为而万物能够化育，帝王无为就能够天下大治。

天地有尊卑先后之序，天地又有无为的本性，二者相结合，使庄子后学对无为之治的思考有了新的角度。庄子后学承认君臣之间有尊卑之序，这是来自对天尊地卑的效法，这一尊卑之序不可打破，因而，君和臣在政治秩序中应该处于上下不同的位置，发挥不同的作用。既然君主应该效法天地之无为，臣下就不能同君主一样无为，所以，庄子后学提出了著名的“君无为而臣有为”的主张。《在宥》篇讲：

> 何谓道？有天道，有人道。无为而尊者，天道也；有为而累者，人道也。主者，天道也；臣者，人道也。天道之与人道也，相去远矣，不可不察也。

道是人们行为的依据，包括天道与人道两个不同的方面。天道无为而尊贵，人道有为而受牵累。处于不同地位的人要遵循不同的道。君主尊贵，所以要遵循无为之天道；臣下卑贱，所以要遵从有为之臣道。如果君主不能无为，臣下不能有为，则是对君臣之序的破坏。《天道》篇讲：

> 无为也，则用天下而有余；有为也，则为天下用而不足。故古之人贵夫无为也。上无为也，下亦无为也，是下与上同德，下与上同德则不臣；下有为也，上亦有为也，是上与下同道，上与下同道则不主。上必无为而用天下，下必有为为天下用，此不易之道也。

“无为”则使天下为己所用而有余，“有为”则为天下所用而不足，所以“无为”为贵，只能由君主独享。如果君主无为，臣下也无为，这就是臣下和君主同德，臣下和君主同德就背离了臣下的职责。如果臣下有为，君主也有为，这就是君主和臣下同道，君主和臣下同道则不符合君主的名位。君主必须无为而让天下为己所用，臣下一定要有为而为天下所用，这是不可改变的道理。《天道》又讲：“本在于上，末在于下；要在于主，详在于臣。”“无为也则任事者责矣。”无为为本，有为为末，君主只要掌握根本，而臣下则负责处理具体的事情。

相对于君之“无为”，“有为”所强调的是臣下在国家治理中的作用。自老子始，君主的无为就与百姓的自然直接相连。从君主治理的角度来看，君主在多大程度上可以无为，百姓就在多大程度上可以自然；反过来从百姓自治的角度来看，百姓在多大程度上可以自然、自治，君主就可以在多大程度上无为。老子认可百姓可以依赖于各自从道获得的德而自然发展，而百姓的自然发展可以达到各自的完满状态和社会秩序的和谐，所以君主可以无为；但他又承认百姓在自然发展过程中会出现负面的状况，所以君主的无为并不是什么事也不做，而是要辅助百姓的自然发展。庄子及其部分后学认可百姓的发展具有内在的动力，百姓完全可以自治，所以治理百姓的行为是不必要的甚至只具有负面的作用，君主完全可以不施行治理行为，这是彻底的无为之治。“君无为而臣有为”的主张之所以被提出，是因为其提出者不认可百姓自然发展、自治的能力，而肯定治理百姓的行为对保证和谐稳定的社会秩序和社会发展的有效性。但是，治理百姓的各种行为必须有主体来实施，在无为政治理念的框架之下，他们接受君主无为的观念，只能将治理百姓的行为归为臣下的职责，这就是“臣有为”观念的产生。

总之，庄子后学以天地、天道为依据，以君臣尊卑之序为出发点，提出了“君无为而臣有为”的主张，既贯彻了道家无为而治的政治理念，又以“有为”

为补充，比较好地解决了“无为”和“有为”的关系以及无为之治的实践问题。

《庄子》一书是庄子及其后学的作品集，其中的思想呈现出比较复杂的形态，甚至出现完全相反的观点，这一点在政治哲学方面的表现尤其突出。但是，他们的政治哲学所关注的中心问题、核心的理念和价值、理论基础仍然有着一贯性。庄子及其后学的政治哲学所关注的中心问题是君主的权力和百姓自然的关系问题；他们都承认老子所倡导的无为政治理念，推崇自然的价值；道与万物的关系是他们共同的政治哲学的基础。

庄子承认道是万物的来源和存在、变化的根据，但强调万物自然的独立性，否定了道对万物发展变化的主使作用。在政治哲学中，他承认百姓具有自治的能力，反对出于君主私意的治理行为，消解了君主权力本身，认为君主不应治理天下，而应修养心灵以达到体道的境界。庄子的部分后学发展出了丰富的人性论和万物本性论，性是万物禀赋于道的，也是万物自然的内在动因。这部分后学以来自道的人性为依据，批判仁、义、礼、法等约束人的行为的规范和制度戕害人性，认为它们的制作和施行带来了人与人的争斗、社会的混乱和堕落。他们提倡“安其性命之情”（《在宥》）的无为政治，追求“至德之世”的理想社会。道超越于万物的特殊性，使得它无法被人的感官和心智把握，因而，自老子开始，天、天地、天道就成为道和物之间的中介，人可以通过效法天或天地而效法道。庄子的部分后学则进一步提高了天和天地的地位，甚至使其超越于道，“法自然”不再是“顺万物自然”或“顺百姓自然”，而是“法天”“法天地”或“法天道”。他们以天地为依据，赋予了道以秩序的内容，为人间社会尊卑先后的等级秩序提供了依据，进而承认维护社会秩序的仁、义、礼、法等规范和制度的价值。他们又在肯定君臣之序和天道无为的基础之上提出了“君无为而臣有为”的主张。

庄子和庄子后学政治哲学的发展变化体现出了思想内在的逻辑发展和外在的思想背景的影响。一方面，在一个思想系统内部，后学在继承前辈思想的同时也会致力于解决前辈思想中留下的问题，为前辈提出的观念寻找新的依据，人性与天道就是战国中期以后思想界所公认的思想依据。另一方面，后学对前辈思想和观念的解释和发展依存于具体的思想背景，庄子后学对仁、义、礼、法的激烈批判和肯定接纳就体现出先秦诸子由争鸣走向思想融合的背景变化。

王威威

参考文献

郭庆藩．庄子集释．北京：中华书局，2004.

林希逸．庄子鬳斋口义校注．周启成，校注．北京：中华书局，1997.

冯友兰．中国哲学史．上海：华东师范大学出版社，2000.

崔大华．庄学研究．北京：人民出版社，1992.

刘笑敢．庄子哲学及其演变．修订版．北京：中国人民大学出版社，2010.

池田知久．道家思想的新研究：以《庄子》为中心．王启发，曹峰，译．郑州：中州古籍出版社，2009.

王威威．庄子学派的思想演变与百家争鸣．北京：人民出版社，2009.

商原李刚．道治与自由．北京：社会科学文献出版社，2005.

梅珍生．道家政治哲学研究．北京：中国社会科学出版社，2010.

吕锡琛．善政的追寻：道家治道及其践行研究．北京：人民出版社，2014.

哈耶克．自由秩序原理．邓正来，译．北京：三联书店，1997.

第七章
天道与人道：黄老道家政治哲学

从先秦到魏晋的很长一段历史时期里，有一种强势思潮或者说时代话语极为流行，影响甚大。在秦汉之际，它甚至一度成为统治者公开宣扬的政治意识形态。魏晋以后，它即便不再是主要思潮、主流话语，但仍然没有完全退出中国人的思想世界，常常在背后产生不可忽视的影响。这就是黄老道家的思想，一种以道家为主导的政治哲学。这种思想既有丰富的理论性，又有强烈的现实性；既强调无名无形的“道”的形上境界，又重视有名有形的“物”的形下世界；既强调“帝王之道”的养成，又重视有序社会的塑造和管理。甚至可以说，它较之“道之体”，更重“道之用”；较之个体的心灵自由，更重整体的社会秩序。作为一种试图打通天地人三界、超越时空局限的政治设计，它希望简明有效地解决这样一些政治问题：政权的合法性、合理性，国君地位的神圣性、绝对性，法律的公共空间及其正义性，行政的效率及其可操作性，思想的包容性，还有人性的基础、民众的幸福等等。老庄道家虽具高深哲理，但缺乏落实到现实世界的方案；而黄老之学既以道家思想为主干，又援名、法入道，借用阴阳家之框架，重视儒家的伦理教化，不否定固有的文化传统，着眼于建构现实的价值和秩序，成为一种极具操作性的政治思想。它使“道家由反权威主义向新权威主义转变，从而实现了由在野的学术向在朝的学术转变”①。作为战国秦汉政治思想史的一条主线，对黄老道家的研究具有重要意义。限于篇幅，对于这样一种庞杂的政治理论，本章主要从天道与人道的关系，道与名、

---

① 刘蔚华：《黄老所完成的历史性过渡》，见丁原明：《黄老学论纲》，3页，济南，山东大学出版社，1997。

法的关系，人性与法律的关系，黄帝与老子的关系，道论与政论的关系等几个问题出发，描摹和概括黄老道家的政治哲学。

第一节　黄老道家的基本特征

这里首先有必要澄清“黄老”的概念，本章主要从广义的思想主旨而不是从狭义的师承渊源上谈“黄老”。在《史记·乐毅列传》中，司马迁的确描述过有着明确师承渊源的黄老学派，但《史记》同时又借用“黄老”指代战国秦汉时期作为事实广泛存在的政治思潮，其内涵要远远大于狭义的“黄老学派”。这种思潮的特色简而言之，是将以老子为代表的“道”作为思想的基础，将以黄帝为代表的“天道”作为行动的法则，贯穿着本与末、道与用、道与术相对应的思维。正因为司马迁是借用了后代的名称去指称以前的思想，因此即便对于没有出现“老子”“黄帝”的文献，我们也可以依据其特色，将其判定为与“黄老”相关的材料。

从史的角度看，黄老道家可以分为三个时期，即早期黄老道家、全盛期黄老道家和后期黄老道家。早期黄老道家“老”和“黄”的结合未必那么紧密，与之相关的作品是传世文献《庄子》外杂篇、《逸周书》、《管子》、《韩非子》、《慎子》、《尸子》以及兵书《六韬》、医书《黄帝内经》中的一些内容，还有出土文献《太一生水》、《恒先》、《凡物流形》、马王堆医书类竹简等。全盛期黄老道家代表性的作品是传世文献《吕氏春秋》《史记》《新书》《新语》《文子》《淮南子》中的一些内容，还有出土文献《黄帝四经》《九主》等。后期黄老道家代表性的作品是传世文献《论衡》中的一些内容、严遵《老子》注、王弼《老子》注、郭象《庄子》注、《列子》等。过去，由于受史料的限制，黄老道家面目不清。随着马王堆帛书以及郭店楚简、上海博物馆藏战国楚简、清华大学藏战国简等出土文献的大量发现，与黄老道家相关的资料越来越丰富，这方面的研究也越来越兴盛。目前学界基本上把马王堆帛书《黄帝四经》作为全盛期黄老道家的代表性著作。本章主要依据《黄帝四经》等文献，以全盛期黄老道家的政治哲学为主要讨论对象，兼及其他时期。

汉初统治者笃信黄老，统治阶层从上到下学习黄老经典、实践黄老的理念，在史书记载中频频出现黄老字样，因此我们可以把这段时期视为黄老道家的全盛期。学界多认为记录于《史记 · 太史公自序》中、由司马迁父亲司马谈所写《论六家要指》中的“道家”就是这一时期黄老道家的写照：

> 道家使人精神专一，动合无形，赡足万物。其为术也，因阴阳之大顺，采儒墨之善，撮名法之要，与时迁移，应物变化，立俗施事，无所不宜，指约而易操，事少而功多。儒者则不然，以为人主天下之仪表也，主倡而臣和，主先而臣随。如此则主劳而臣逸。至于大道之要，去健羡，绌聪明，释此而任术。夫神大用则竭，形大劳则敝。形神骚动，欲与天地长久，非所闻也。
>
> 道家无为，又曰无不为，其实易行，其辞难知。其术以虚无为本，以因循为用。无成埶，无常形，故能究万物之情。不为物先，不为物后，故能为万物主。有法无法，因时为业；有度无度，因物与合。故曰“圣人不朽，时变是守。虚者道之常也，因者君之纲”也。群臣并至，使各自明也。其实中其声者谓之端，实不中其声者谓之窾。窾言不听，奸乃不生，贤不肖自分，白黑乃形。在所欲用耳，何事不成。乃合大道，混混冥冥。光耀天下，复反无名。凡人所生者神也，所托者形也。神大用则竭，形大劳则敝，形神离则死。死者不可复生，离者不可复反，故圣人重之。由是观之，神者生之本也，形者生之具也。不先定其神〔形〕，而曰“我有以治天下”，何由哉？

《论六家要指》虽然描述了阴阳、儒、墨、名、法、道（道德）六家，但写道家浓墨重彩，写其他五家则寥寥数笔，而且是照着道家的标准来评价的。在笔者看来，对其他五家长处的吸收、短处的舍弃，也是黄老道家思想的反映。因此，这里有必要把对其他五家的评价也列出来，这样才能构成一个完整的黄老道家思想图像。

> 夫阴阳、儒、墨、名、法、道德，此务为治者也，直所从言之异路，有省不省耳。尝窃观阴阳之术，大祥而众忌讳，使人拘而多所畏；然其序四时之大顺，不可失也。儒者博而寡要，劳而少功，是以其事难尽从；然其序君臣父子之礼，列夫妇长幼之别，不可易也。墨者俭而难遵，是以其事不可遍循；然其强本节用，不可废也。法家严而少恩；然其正君臣上下之分，不可改矣。名家使人俭而善失真；然其正名实，不可不察也。

在笔者看来，这就是西汉初期黄老道家的宣言书。从理论上讲，这是一种维护中央专制集权、君主至高无上地位，以最小政治资本获取最大政治效果，无时不宜、无事不宜的最高政治哲学；而通过汉初的政治实践，也被实际确认为一种行之有效的政治理论。从这部宣言书可以看出黄老道家思想结构的如下几条基本线索。

第一，从天道到人道。黄老道家的“道”绝不是虚无缥缈、不涉人事的。因此，不可言、不可名的“道”在很多情况下被转化为可以感受、可以效法，却不失绝对性、权威性的“天道”。这也是黄老道家吸纳、借重阴阳家的地方。所谓“因阴阳之大顺”，就是“序四时之大顺”，也就是自然的法则与禁忌。当然天道观每家都有，但阴阳家的确是天道观的代表。黄老道家追求规范和制度，但前提是让社会政治和大众生活完全按照来源于自然秩序的法则运行。因此，如果说黄老道家那里存在着法哲学，那一定是以天道秩序为前提的。[①] 黄老道家很喜欢讲宇宙论、生成论，就像笔者在后文中要论述的那样，这些都不是物理学意义上的宇宙论、生成论，而是为了导出相应的人间观和政治哲学。过去，学者常讲“道”与“法”的结合，讲“以道全法”是黄老道家的根本性特征，其实这个特征必须放在“从天道到人道”的思维框架下才得以成立。由此也构成黄老道家政治哲学独特的论述方式，即从道论到政论。

第二，从养身到治国。只有通过养身才能让圣人体道、得道，从而区别于“万物”，登上“道”的高地。只有登上“道”的高地，即成为“执道者”，才能占据“道”的绝对性和权威性，从而顺理成章地成为天下的主宰，顺理成章地成为“无名”“无形”的象征，去支配和把握“有名”“有形”的万物。所以养身是手段，治国是目的。或者就像冯友兰说的那样，“稷下黄老之学认为养生和治国，是一个道理的两方面的应用”[②]。这就是司马谈大讲“精神专一，动合无形，赡足万物”“大道之要，去健羡，绌聪明”“神大用则竭，形大劳则敝”的原因，最终目的是要主逸臣劳、“我有以治天下”。

以上两条都是从前到后、不可逆反的。因为最终的目的一定是要落到现实的。肯定是先有天道，后有人事[③]；先有养身，后有治国。谈天道，肯定是为了谈人事；谈养身，肯定是为了谈治国；讲道体，是为了引向道用；讲无为，是为了有为；批判，是为了建设；超越，是为了现实；不变，是为了万变。

---

① 王中江在这方面有详细论述，可参见王中江：《简帛文明与古代思想世界》，第十八章“黄老学的法哲学原理、公共性和法律共同体理想——为什么是‘道’和‘法’的统治”，北京，北京大学出版社，2011。

② 冯友兰：《中国哲学史新编》，中卷，215页，北京，人民出版社，1998。

③ 儒家的一部分学说，先讲人道，然后再从“天道”那里寻求形上的依据和保障。这虽也是一种天道论，但和黄老道家的路数完全不同。

第三，虚无为本，因循为用。这也是司马谈所特别强调的。虚无和因循几乎是所有的黄老道家著述必然涉及的问题。从表面上看，这只是一种无为之道，其实背后有着非常深刻的原理，也就是说，其思想背景是道物两分的世界图景，以及道“无为”、万物“自然”的思维框架，并由此衍生出无限与有限、整体与局部、一与多、本与末的对照方式。① 这里，和天道人道、养身治国一样，同样可以看作虚无在前，因循在后，虚无的目的是更好地因循。为什么要因循？如何因循？因循的好处何在？黄老道家在这些问题上做出了非常复杂的阐发，基本上可以分为两个侧面：其一是对天道的因循，这个侧面又和上述第一个特征密切相关。其二是对物性（包括人性）、人情的因循，在此基础上，黄老道家形成了独特的人性论。

第四，兼综百家。前面之所以要在黄老道家的宣言书中把其他五家内容放进去，原因也在于此。因为黄老道家并不坚持一种独立的、偏狭的政治立场，而是在对各家长短做出评判之后，将有益于治的内容纳入到其体系中去，所以才会说“阴阳、儒、墨、名、法、道德，此务为治者也，直所从言之异路，有省不省耳”。过去学界多以“兼综百家”定性黄老道家，其实这是不准确的，因为只看到了现象而已。如果仅以此定义黄老道家，黄老道家反容易被视为杂家，变得什么都不是。一些对黄老道家持怀疑态度的学者，往往以此否定黄老道家的存在。其实兼容正是一种伟大的思想体系必有的性能，西汉以后的儒家就具有此特征，但我们并不会因此而否定儒家的存在。兼综百家也只是一个结果，形成于前面所论三点的基础之上。因此，要论黄老道家的实质，必须首先从前面三点讲起。

第二节　从玄虚的“道”到可以效法的“天道”

在黄老道家政治哲学中，“天道”是个极为重要的概念。黄老道家为何如此重视“天道”？“天道”在黄老道家政治哲学中具有怎样的作用和意义呢？如第一章“无为与自然：老子的政治哲学”所言，老子将世界划分为两个部分，即形而上的“道”和形而下的“物”、作为本体的“无”和作为现象的“有”。

---

① 关于道物二分的世界图景，以及无为与自然的思维框架，可参见本书第一章“无为与自然：老子的政治哲学”第二、三节。

“道”的世界无形无名，“物”的世界有形有名；“无”的世界混沌幽暗，“有”的世界清晰有序。“道”的世界表现为统一和整体，“物”的世界表现为个体和分散；“无”的世界代表天然、素朴，“有”的世界代表文明建构、人伦生活。这两者既判然有别，又相互打通。“道”既超越万物之上，又包含在万物之内，使万物得以存在。

然而，在道家看来，“道”不可以用感官感知，用语言表述，用知识传达，用是非、真假、善恶来判断，那么它就必然和经验与现象，也就是和“物”的层面、“有”的层面脱离关系。对这样一种存在的认识，作为一种玄理，就只能是少数人的智力游戏，只能是想象的、推理的、思辨的产物。那么，这种理论即便具有高深的哲理，对于现实政治也不会产生实际的作用与影响。

然而，老子却要求人“执古之道，以御今之有”（《老子》十四章），“惟道是从”（《老子》二十一章），告诉人“道者万物之奥”（《老子》六十二章），“道常无为而无不为，侯王若能守之，万物将自化”（《老子》三十七章），即“道”不仅与现实生活密切相关，而且发挥着巨大的作用，有着直接的示范效果，你必须遵从它、效法它，不然，从生命到生活再到政治，一切都会有问题。这样，在《老子》思想内部，就出现了矛盾。也就是说，一种无法认识、无法感受、无法表达的对象，同时可以成为可认识、可感受、可表达、可效法的对象。[①]《老子》之所以后来能够成为黄老道家的思想源头之一，就在于老子已经提供了解决这一矛盾的关键。他指出，人可以不知道“道”是什么，却不可以不知道“道”的作用方式和运动原理，以作为一切行动的指导。这样，对“道”之本体的不可认识就转变成对“道”之作用方式和运动原理的可认识。《老子》的解决方式在于用“天道”来说“道”，通过“天道”（或“天之道”等）把“道”的运行方式及其作用、功能表现出来。

“天道”之所以能够打通“道”与“物”之间的隔阂，成为“道”与“物”之间的媒介，和“天道”同时具有“道”与“物”的性质和特征有关。和“道”一样，“天道”具有绝对性、公正性、恒常性、权威性，不可能被人操纵和管理，是人需要追随、取法的榜样。同时，“天道”又可以被人切身感知、认识乃至直接效仿，在可感知这个层面上，“天道”和“物”有类似之处。黄老道家之所以如此重视“天道”、反复强调“天道”，显然和“天道”的双重特

① 《老子》没有明确这么说，但在具有道家倾向的文献中，有对“道”可感知的描述，如上海博物馆藏战国楚简《凡物流形》中有：“是故一，咀之有味，嗅〔之有臭〕，鼓之有声，近之可见，操之可操，握之则失，败之则槁，贼之则灭。”

性有关，通过“天道”，“道”的作用被自然地贯彻到了“物”的层面，或者说，“道”的实现，必须以“天道”的落实为途径。通过“天道”，“道之体”与“道之用”被密切地结合到了一起，这是理解黄老道家思想结构的关键。“天道”仿佛一种媒介，使由“道”向“物”、从“无”向“有”的转移变得顺理成章，“道”既不可认识又可认识的矛盾由此迎刃而解。黄老道家关注的焦点在于“物”，在于现实的社会，“天道”既具有形象直观的特点，同时又具备与“道”相同的权威性和绝对性，这样，顺应天道成为掌握天下最为直接有效的手段。对于圣人而言，法天地以尽人事，从天地人贯通的宇宙秩序中提炼出治世的方法、是非的标准，就是首要的政治事务。

例如，《黄帝四经》的叙事有一个既定的框架，即一定是在“天”“地”“人”三重架构中展开的。如《经法·六分》说：“王天下者之道，有天焉，有地焉，又（有）人焉，参（三）者参用之，〔然后〕而有天下矣。”这三重结构其实又可以简化为两重，那就是“天—人”或“天地—人”，“人”必须遵循天地之道，当然“人”也非匍匐于天地之下、只能任凭天地摆布的奴隶，而是有一定的能动性，即“人”可以“参”天地之道，在其中起到积极的、正面的作用。但人的主要行动还是在于配合天地之道。

《黄帝四经》中有大量对于天地之道的描述，有时指的是日月运行、四时更替等表现为“理”“数”“纪”的宇宙秩序和规则，有时指的是阴阳消长、动静盈虚、刚柔兼济的宇宙原理，这都是人所需要认识和把握的天道。

首先来看秩序，“天地”之道之所以为人所效法，就在于其绝对性、永恒性，它是经过世世代代验证的、颠扑不破的规则。《经法·道法》说：“天地有恒常，万民有恒事。……天地之恒常，四时、晦明、生杀、柔刚。万民之恒事，男农、女工。”“万民”之所以有“男农、女工”这样的“恒事”，是因为“天地”有“四时、晦明、生杀、柔刚”这样的“恒常”。《经法·四度》说：“日月星辰之期，四时之度，〔动静〕之立（位），外内之处，天之稽也。高〔下〕不敝（蔽）其刑（形），美亚（恶）不匿其请（情），地之稽也。”有了“天之稽”“地之稽”，与之相应，就必然有“人之稽”，那就是：“君臣不失其立（位），士不失其处，任能毋过其所长，去私而立公，人之稽也。”

“天道”还表现为循环往复、盛极必反、阴阳互补、交替不已的原理，这些原理在《黄帝四经》中，主要由这样一些相互对立的概念，即“阴—阳”“男—女”“外—内”“刑—德”“文—武”“动—静”“柔—刚”“雌—雄”“逆—顺”“生—杀”“取—予”“吉—凶”“兴—废”等体现出来，这些概念总体上都可以用阴阳概括。政治绝不仅仅是机械地、僵化地、简单地模仿、套用天地间那些确定不易的禁忌和规范，而是要注意观察、揣摩、提炼天地间阴阳消长的节律以及万物之间那些看似复杂、实则充满规律的辩证关系。例如，《十大经·观》提出："并（秉）时以养民功，先德后刑，顺于天。"这是说，统治者应该依据四时的变迁来安排人类社会的杀伐庆赏，把德治和刑治有机地结合起来。

所以一切从自然原理（同时也是禁忌系统）中找到合理性依据，能够把握自然的节拍、节奏的行动就是最高明的政治。而依据天道的法则制定的人间法律也就必然具有绝对性、合理性，具有最大的认可度和公共性，因为无论是谁都必须遵循它。由天道的固然推出人事的必然，这样黄老的理论就变成天经地义了。

天道必然包括宇宙论、生成论，但是黄老道家的宇宙论、生成论往往不是物理学意义上的，而是为了导出相应的人间观和政治哲学。例如，郭店楚简《太一生水》描述了一种非常独特的宇宙生成模式，这种模式以"太一"为开端和起源，并特别重视水的作用，以环环相扣的形式，构成了一幅精致的生成图案，即"太一→水→天→地→神明→阴阳→四时→沧热→湿燥→岁"，除了太一直接生成水之外，其余各种均是由前两者相互作用然后生成的。值得注意的是，《太一生水》并不仅仅将"太一"视作生成的起点，其思想背后也暗含着一种类似道物论的意识，即把"太一"和万物对照起来，称"太一"及其作用方式为"万物母""万物经"。更值得注意的是，在讲完生成论之后，作者将论述的方向转向了"君子知此之谓"，可惜这里竹简残断，不知其详，但显然是要将人事和天道对应起来。这种思维方式从《太一生水》的下半部分也可以看出，通过"〔天不足〕于西北""地不足于东南"的自然现象，作者导出的结论是"天道贵弱，削成者以益生者"，即天道有意削弱"成者"来补"生者"，"伐于强，积于〔弱〕"，即天道有意削弱"强者"以辅助"弱者"。这显然也是人要取法的天道。

再来看上海博物馆藏战国楚简《恒先》。如"恒先无有，朴、静、虚""虚静为一，若寂寂梦梦，静同而未或明，未或滋生"所示，《恒先》有类似于道之本体性质的描写，但《恒先》的作者并没有在此多费笔墨，而是以生成论为其主线。《恒先》的上半部分是一部宇宙生成论，这部生成论可以分为两个系列：一是从无到有、从形上到形下的，整体的，抽象的生成系列，即"或→气→有→始→往"；二是具体到人间社会的、各种具有确定性意义之人文建构的生成系列，即“生→意→言→名→事”。《恒先》的下半部分则是政治哲学，就是通过宇宙生成的原理为“天下之明王、明君、明士”解决“天下之事”“天下之名”（还包括“天下之作”“天下之为”“天下之生”）问题时，提供政治上的指导原则。

《恒先》有一根非常明确的思想线索，那就是：从宇宙生成论上讲，“气是自生自作”，所以“气”所构成之物，即包括人在内的“万物”也都是“自生自作”的，从行为上讲就是“自为”的。因此，统治者在政治上必须采取无为的姿态。反过来，主体的无为，即政治上的无意识、无目的、不干预、不强制，作为结果又必然导致客体即包括人在内的“万物”的“自作”“自为”。①

为了证明自生自为的合理性，《恒先》描述了一种不见于传世文献的气论，那就是“气是自生”的理论。过去我们依据传世文献，只能将万物生成的动力归结为阴阳气化论一种模式；现在通过《恒先》，可以明确地提炼出另外一种动力因，即自生模式。这一发现具有重要意义，不仅在中国哲学史上找出了另外一种万物生成动力说，而且说明了黄老道家为了证实现成政治原理的合理性，可能对当时的各种天道论做了有意识的选择。也就是说，在普通的生成论中，阴阳气化的生成动力说已经足够，但由于现实政治的需要，黄老道家有意强调、突出了“气是自生”的生成论。

上海博物馆藏楚简《凡物流形》也是一篇贯穿由天道到人道思路的文章，同样可以分为上下两个部分，下半部分表达了“百物不失”“知天下”“治邦家”“并天下而抯之”“并天下而治之”的强烈政治愿望。为了实现这一政治愿望，《凡物流形》提出必须“执一”“得一”“有一”“能一”“贵一”。如“凡物流形，奚得而成？流形成体，奚得而不死？”所示，此文上半部分以类似屈原《天问》的夸张文学手法描写了自然、鬼神、人事中种种不可思议的现象，力图追求其背后的根源，然后提出天地万物均因“一”而生、均因“一”而存。“一”被视为宇宙生成的本原和万物的创生者，这样的“一”显然具有“道”的形而上学特征。然而，《凡物流形》论述“一”的目的却不在于类似道物论的哲学思辨，而是有着强烈的现实关怀，如“能执一，则百物不失；如不能执一，则百物具失”所示，这里反映出一种典型的黄老道家政治思维。在黄老学政治理论中，宇宙论意义上“一”和“多”的关系具有重要的政治意义，是现实生活中“一君万民”式政治体制得以成立的根本条件。如王中江所言：“相

① 参见曹峰：《从“自生”到“自为”——〈恒先〉政治哲学探析》，见《近年出土黄老思想文献研究》，168～187页，北京，中国社会科学出版社，2015。

对于宇宙中‘万物的多’，‘一’则是万物的‘生成者’和‘统一者’；相对于社会中‘百姓的多’，‘一’则通过圣人这个政治化身扮演统治和统一的角色。”①为了实现“执一”的目标，《凡物流形》进一步提出了相应的修养功夫论，即唯有“执一”者才能理解世界形成和运行的真正机理，唯有“胜心”“修身”者才能“执一”，唯有“胜心”“修身”“执一”者才能为君，并有效地治理国家。

第三节 从“道”到“名”“法”

老子虽然强调“道”之“无名”，但并没有否认人间社会是“有名”的世界，因此《老子》首章说“有名万物之母”，三十二章也说“道常无名，朴虽小，天下莫能臣也。侯王若能守之，万物将自宾。天地相合以降甘露，民莫之令而自均。始制有名，名亦既有，夫亦将知止”。这里先强调道是“无名”的，侯王只有守住这种“无名”的“朴”，包括百姓在内的万物才会自动宾从。但后面话锋一转，又说“始制有名”，对此王弼注曰：“始制，谓朴散始为官长之时也。始制官长，不可不立名分以定尊卑，故始制有名也。”② 形而下的世界必须通过“形”“名”才能得以区别、认识、管理，因此，社会管理是从对“名”的把握开始的。黄老道家虽然承认作为现实社会秩序与规范的“名”“法”来自“道”，但更为强调的是“名”“法”的认识和确立对于政治建设的重要性。

既然道生万物就是由无名、无形的道走向有名、有形的物的过程，那么，与此相应，君主作为执道者，在人间所要从事的一项重要的工作，就是认识和把握形名，在此基础上，建立起人间的名分系统、规则系统，然后让名分、规则系统发挥自我组织、自我管理的功能。在《黄帝四经》中，“名”的重要性甚至超过“法”，只有在“名”确立之后，“法”才有可能发挥作用，这是黄老道家比法家更为深刻的地方。《称》篇指出，当“道”下落到“物”，形而下的世界开始呈现时，“建以其刑（形），名以其名”是首要的工作，这样万物才有可能得到区别、认识和管理。这种思想倾向从《经法·道法》中也可看出：“见知之道，唯虚无有。虚无有，秋毫成之，必有刑（形）名，刑（形）名立，

① 王中江：《简帛文明与古代思想世界》，82页。

② 楼宇烈：《王弼集校释》，82页。

则黑白之分已。”这是说，即便再小的事物，也必有它的“形”与“名”。事物的“形”“名”确立了，则“黑白之分”即事物的性质特征、确定的位置、是非的标准也建立起来了。所以在《黄帝四经》中，政论的出发点是从“名”开始的。

正因为执道者用来“见知”天下的工具是“形”“名”，因此执道者必须利用“名实一致”的原理，去观察和把握政治的对象，并由此做出政治上的决策。这种作为政治原理的“形名”论，在《经法》中，主要不是体现为君主用来操控臣下的“形名参同”之术，而是一种更为广义的“审名”之学。“审名”是一种事关国家兴亡的考察术，当国家或统治者的形态与规定的位置、姿态相一致时，称其为“正名”，不一致时，则称之为“倚名”；然后根据对象是“正名”还是“倚名”判断出一国的存亡兴坏，决定是否采取必要的赏罚措施。

《经法》中充斥着各种“审名”之术，构成了其政论最为丰富的内容。然而，这样一项政治活动，却只有执道者才能完成。也就是说，唯有执道者能由“道”至“名”，能通过“无形”“无名”把握“形”“名”，或不为“形”“名”所束缚。这样执道者就控制了发源于“道”的最为根本的政治资源，从而得以立于无人能挑战的绝对地位，保证了君主在政治上的垄断权。

在古人眼中，“形”“名”具有规则、规范的意义。因此，“形”“名”一旦确立，就能自发地产生规则、规范的效应。黄老道家相信并借重这种思维方式，即作为高明统治者的执道者只要依赖“形”“名”系统自发地发挥作用，就可以达到“物自为正”，从而圣人“无为”的效果。对于作为具体规范的“法”，黄老道家似乎谈得并不多，然而通过前文的论述，可以很清楚地看到，“名”（或者说“形”“名”）是执道者依据“道生万物”的原则，采取“道”的“无形”的姿态树立起来的东西，天下唯有执道者可以树立“正名”“正形”，普通人则无法做到。在万物各自应有的确定的姿态即“名”建立起来之后，“法”才能登上舞台。因此，“法”不是一下子产生的，必须经过“名”这个媒介。倒过来说，要想知道“法”的产生，必须首先知道“名”的产生，要想知道“名”的产生，必须从“道”那里找到源头。由“名”到“法”，既是认识论上合理的顺序，也是政治操作中不可缺少的步骤。因此，掌握“名”比掌握“法”更为重要，“法”是“名”的自然延伸，较之法家，黄老道家更强调“名”，原因就在于此。

在《韩非子》的《主道》《扬权》篇中，对“形”“名”的把握，成为君主督责操纵臣下的权术理论的重要组成部分。韩非继承了以“道”为体，以“名”为用的思维方式，将“道生万物”的原理和“道”“物”二分理论引入政治哲学。考察《韩非子》中其他具有典型法家思想倾向的篇章可知，法家本来反对包括道家在内的一切无益于“治”的空论。然而，《韩非子》中的这两篇却不仅导入了道家思想，而且将其视为政治指导思想的依据，加以全面的、积极的吸收，其原因就在于“君臣不同道”“道不同于万物”“君不同于群臣”的理论有助于将君臣关系的区别上升为道物关系的区别，有利于君主专制体制的形成。如《扬权》篇说：

> 夫物者有所宜，材者有所施。各处其宜，故上下无为。使鸡司夜，令狸执鼠，皆用其能，上乃无事。上有所长，事乃不方。矜而好能，下之所欺。辩惠好生，下因其材。上下易用，国故不治。

相反，如果君臣地位颠倒，就会发生君主的职权被侵夺的现象，韩非子曾无数次从各种角度描述过这种不利于君主专制的局面，《主道》篇将其总结为“五壅”：

> 臣闭其主曰壅，臣制财利曰壅，臣擅行令曰壅，臣得行义曰壅，臣得树人曰壅。臣闭其主则主失位，臣制财利则主失德，臣擅行令则主失制，臣得行义则主失明，臣得树人则主失党。此人主之所以独擅也，非人臣之所以得操也。

为了避免“五壅”之类危害君权现象的发生，巩固君权至上的专制体制，最佳的政治局面就是“事在四方，要在中央。圣人执要，四方来效”（《扬权》）。为此君主必须把握“道”，使自己居于“道”的位置。《主道》篇说：“道者，万物之始，是非之纪也。是以明君守始以知万物之源，治纪以知善败之端。”与君主相对应，臣下居于“物”的位置，“名”是君主通过“道”来把握“臣”的媒介。具体而言，就是通过“君操其名，臣效其形”即“形名参同”（《扬权》）的操作方式，让官僚系统自发地起作用，使君主能“无为而治”。

> 用一之道，以名为首。名正物定，名倚物徙。故圣人执一以静。使名自命，令事自定。（《扬权》）
>
> 故虚静以待令，令名自命也，令事自定也。虚则知实之情，静则知动者正。有言者自为名，有事者自为形。形名参同，君乃无事焉，归之其情。（《主道》）

《韩非子》强调君主对“名”不加干涉的态度，力图“使名自命，令事自定”。因为黄老道家相信，在形而下的世界中，“物”“名”“事”都具有自发自为、自我确定、自我监督、自我成就的效果，而最好的统治者正是充分利用这一点，以实现“天下无事”“无为而治”的。这就必然要求君主取“因”的姿势：“因而任之，使自事之。因而予之，彼将自举之。正与处之，使皆自定之。”（《扬权》）只有在“不知其名”的时候，才“复修其形”（《扬权》）。

在保障君主居于“道”位、不可侵犯的前提下，《韩非子》大力提倡“形名参同”论。这种理论有着非常确切的使用范围，即在君臣之间；有着非常明确的政治目标，即试图使行政效率得到最大限度的提高。这种权术理论可以分三个步骤进行：第一，“审名以定位”；第二，“循名以责实”；第三，据“名”“实”以定赏罚。这是黄老道家与法家最为接近的政治理论，对此《韩非子》中有很多的论述：

> 术者，因任而授官，循名而责实，操杀生之柄，课群臣之能者也，此人主之所执也。（《定法》）
>
> 人主将欲禁奸，则审合刑名。刑名者，言异与事也。为人臣者陈而言，君以其言授之事，专以其事责其功。功当其事，事当其言，则赏；功不当其事，事不当其言，则罚。（《二柄》）①

其要旨就是，君主以臣下的“言”为“名”，按其所言或按其所能严格地确定其职责范围。然后要求臣下不折不扣地履行其职责。对于“功当其事，事当其言”者给予奖赏，对于“功不当其事，事不当其言”者，甚至“其言大而功小者”“其言小而功大者”（《二柄》）也予以处罚。

黄老道家倚重“形”“名”并不奇怪。黄老道家推崇的“无为”“因循”，如果缺少“循名责实”的机制保障，就有可能沦为空头理论，必须借助“形”“名”，才有可能实现臣民自我组织、自我管理的政治效应。另外，“形名参同”论的特征在于实用性，追求实时的效果；在于确定性，追求非此即彼的效果。这种理论既具有道家思想背景，也完全符合战国时期要求强化君主专制、提高行政效率的时代要求，可以说是黄老道家与时代政治变迁相呼应的产物。

---

① “人主将欲禁奸，则审合刑名。刑名者，言异与事也”原作“人主将欲禁奸，则审合刑名者，言异事也”，据文意校改。参见陈奇猷：《韩非子集释》，111、115～116 页，上海，上海人民出版社，1974。

第四节　从人性到法律

黄老道家认为“道”既是最高本体，又对社会和人生具有决定性意义。这种道论既为万物存在的合理性提供了依据，又为作为高明统治者的执道者之各种政治实践（当然包括“法”的设立与实施）的合理性提供了依据。黄老道家相信社会的稳定和有序的运行主要不是依赖人的道德自觉，而是依赖外在规则、规范的作用。如前文论述的那样，这种外在规则、规范主要来自天道。黄老道家依据天道指导人事的原则，通过揭示宇宙秩序来指导人类的政治行为。对于圣人而言，法天地以尽人事，从天地人贯通的宇宙秩序中提炼出治世的方法、是非的标准，就是首要的政治事务。例如，《黄帝四经》中的“法”，很大程度上表现为“法天地”，或者说以天地之道作为人事之“法”，人间的“法”就是天道的投影或者说对天道的效仿。

然而，仅仅因循“天道”制定人间法则是不够的，因为“天道”虽然为“法”提供了合理性依据，却没有提供“法”的必要性依据。也就是说，如果社会不出现问题，就没有必要由圣人出来替天行道，建立起由天道示范的法律系统。黄老道家作为一种丰富而成熟的政治理论，不可能不回答这些问题，即人性是否存在问题，存在哪些问题，以及如何解决。

关于黄老道家的人性（人情）论，学界多从自然人性的角度加以考虑。例如，白奚指出：“战国中后期的黄老学者（包括受黄老影响的荀、韩等）由于达成了人皆好利恶害的认识，因而对人的物质欲望表现出相当的宽容态度，在一定程度上承认‘欲’的合理性，并给予道德上的肯定，只不过主张有所节制而已。”① 王中江在主要讨论了《管子》《尹文子》《慎子》《韩非子》等文献后指出：“黄老学的‘因循论’，根本上是建立在‘自然法’的基础之上，人类意义上的‘自然法’，指的是人趋利避害的好恶‘性情’。”② 也就是说，黄老道家并不否认人的各种欲望，认为自利自为的性情是正常的，并在此基础上建立起

① 白奚：《稷下学研究——中国古代的思想自由与百家争鸣》，103页，北京，三联书店，1998。

② 参见王中江：《简帛文明与古代思想世界》，第十八章“黄老学的法哲学原理、公共性和法律共同体理想——为什么是‘道’和‘法’的统治”第二节“‘人情论’和‘因循论’：法律统治与人性及合目的性”。

了一套“因循”人情的政治哲学。好的政治非但不去违背、克制人的自然性情，反而加以尊重和保护，通过统治者的“无为”即克制和让步，换来百姓的自我管理和自我满足，这样就能够实现“无为而无不为”的最高政治，可以说这套思路正是笔者在本书第一章“无为与自然：老子的政治哲学”中阐述过的“无为”导致“自然”理论的延续和发扬，只不过“自然”在很多场合被换成了“因循”。在与黄老道家相关的著作中，我们可以看到很多类似的论述。例如，用郭店楚简《老子》甲本的话来讲就是“道恒无为也。侯王能守之，而万物将自为”“我无为而民自为”。用《庄子·天道》的话来讲就是“古之王天下者……不自为也。……帝王无为而天下功”。特别值得注意的是以下几段话：

> 老子曰：“……先王之法，非所作也，所因也。其禁诛，非所为也，所守也。上德之道也。”（《文子·自然》）
>
> 老子曰：“以道治天下，非易人性也，因其所有而条畅之。故因即大，作即小。”（《文子·自然》）
>
> 天地四时，非生万物也，神明接，阴阳和，而万物生之。圣人之治天下，非易民性也，拊循其所有而涤荡之，故因则大，化则细矣。（《淮南子·泰族训》）
>
> 天道因则大，化则细。因也者，因人之情也。人莫不自为也，化而使之为我……人不得其所以自为也，则上不取用焉。故用人之自为，不用人之为我，则莫不可得而用矣。（《慎子·因循》）

从《文子·自然》可知，《淮南子·泰族训》《慎子·因循》的“化则细”都应该是“作则细”。这几段话非常明确地指出，高明的政治就在于统治者不为、少为、不妄为，同时因循百姓之“为”，因为这正是天地所开显出来的法则。只要不易人性，充分利用百姓的自利自为之情，充分发挥百姓的主动性、积极性、创造性，那么，百姓的成功就是统治者的成功，统治者的事业就能变“大”；反过来，“作”（过分有为）必然导致“小”“细”“败”。

这一政治理论虽然高明，但却只能用于和平时代，而难以应对一个复杂、混乱、充满矛盾和竞争的时代。如何依据人性建立相应的法律，从而使百姓乐于为统治者所用，乐于接受统治者的管理？同样基于“趋利避害”的人性论，法家导出了“刑”“德”论，即通过人性接受“赏”、恐惧“罚”的心理来使百姓自愿接受统治者的管理。作为黄老道家代表作的《黄帝四经》则通过人性“有害”论来为法律的设立提供了必要性论证。《经法》第一篇《道法》第一段话是：“道生法。法者，引得失以绳，而明曲直者也。故执道者，生法而弗敢犯也，法立而弗敢废〔也。故〕能自引以绳，然后见知天下而不惑矣。”这既说明了“道”是人间法则绝对性、普遍性、合理性的最终依据，也说明了法律对于人间统治的重要性。接下来则是这样一段话：

> 虚无刑（形），其裻（寂）[①] 冥冥，万物之所从生。生有害，曰欲，曰不知足。生必动，动有害，曰不时，曰时而□[②]。动有事，事有害，曰逆，曰不称，不知所为用。事必有言，言有害，曰不信，曰不知畏人，曰自诬，曰虚夸，以不足为有余。故同出冥冥，或以死，或以生；或以败，或以成。祸福同道，莫知其所从生。

这段话和上面的“道生法”紧密相连，绝非偶然。“道生法”仅仅阐明了“法”的合理性依据，而这段话中出现的“有害”论则为“法”的必要性提供了依据。毋庸置疑，这段话是以生成论的方式展开的。“虚无刑（形），其裻（寂）冥冥”，正是万物生成的母体——“道”空虚宁静、浑然一体、无音无形、不明不分的写照。有趣的是，《黄帝四经》在此并没有描述万物的诞生过程，而仅仅把重点放在这样一个问题上，即在万物诞生的同时，四种“害”也同时降生。这四种“害”就是：“生有害”，表现为“欲”和“不知足”；“动有害”，表现为“不时”及“时而□”；“事有害”，表现为“逆”“不称”“不知所为用”；“言有害”，表现为“不信”“不知畏人”“自诬”“虚夸”“以不足为有余”。

这样的表述和道家动静关系理论有关，因为道家认为“静”是“道”的特性，而“动”则是由“道”生成的万物的特性。但是人活动的展开过程，就是一个对“静”的天性造成破坏的过程。这种破坏愈演愈烈，就有“动有害”“事有害”“言有害”的连锁反应。因此，法律等规范的制定正是为了约束、防止人性由“静”而“动”后发生的可怕变化。这个逻辑可以简单概括为“生”→“动”→“害”→“法”。这样，《黄帝四经》借助生成论以及动静关系理论有效地论证了人类走向“害”的必然性，以及制定法规准则的紧迫性、必要性。

任何一种人性论其实都是为特定的政治思想服务的，通过与先秦时代各种人性论相比较，可以看出，从本质上讲，其实荀子的人性论和《黄帝四经》的“有害”论最为接近，因为二者都是从动态的立场考虑人性的。正因为进入社

---

① 关于“裻”字，有“寂”、“督”（引申为“中”）、“中枢”等多种解释。从上下文看，这里显然是关于道体空虚寂静的描述，因此读为“寂”最合理。参见陈鼓应：《黄帝四经今注今译》，52页，台北，台湾商务印书馆，1995。

② 陈鼓应认为这个缺字可能是“伓（倍）”，即反逆、背离的意思。参见陈鼓应：《黄帝四经今注今译》，54页。

会之后，人性会引发各种问题，才需要相应的对策，所以荀子和《黄帝四经》都侧重于人性中不利于社会管理的一面，而不再强调和社会管理无关的方面。《黄帝四经》并没有讲人性就是“害”，有“有害”论就有“无害”论，“静”的状态不言而喻是“无害”的，只不过《黄帝四经》没有加以展开。《黄帝四经》强调的是如何通过合理的行动将各种“有害”降到最低点，这和荀子试图通过礼乐教化，通过“王制”，使社会的不稳定因素降到最低点，在论证思路、逻辑展开上是完全一致的。不过荀子的最终目的在于改造人性，董仲舒也一样，把人性看作一个逐步完善的过程，《黄帝四经》显然没有这一思路。

总之，《黄帝四经》的人性论不同于强调复归清静本性的老庄道家理论，不同于利用自然人性为政治服务的法家理论，也不同于试图改造人性的儒家理论。从政治目的、逻辑展开看，可以说荀子的理论与之较为接近。

第五节　“黄”与“老”的关系

黄老道家为何是以“黄帝”“老子”命名的道家？“黄帝”“老子”为什么能够结缘？在黄老道家政治哲学中，“黄帝”“老子”分别扮演了怎样的角色，起到了怎样的作用？这是非常值得探讨的问题。过去，不少学者认为，在黄老道家中，黄帝只是为了提高学说的影响而设置的可有可无的假托[①]；但通过研读大量出土文献，结合丰富的传世文献，我们越来越清楚地发现，正是通过黄帝这个媒介，为社会所普遍遵循的规则、禁忌系统才得以导入黄老道家理论系统，使之既具有现实操作性，又有天生的可信性和权威性。只有了解了黄帝在黄老道家天道论中的作用与地位，黄老道家之称谓才能得到合理的解释。

如前文所述，老子之“道”虽然具有神圣性、绝对性，但也有过于玄虚、过于抽象的倾向，要将其运用于现实政治生活中，成为看得见、摸得着、可以认识、可以效法的道，就必须借助于“天道”等媒介。而黄帝正是先秦天道观的总代表，所以司马迁用“法天则地”四个字去评价他，即黄帝能够替天行道，能够把握处理天、地、人一切关系中最为根本的原理。这个道不是“妙不可言”，只能意会、不能言传的东西，而是具有绝对性、权威性、合理性、公

① 例如，丁原明认为与“黄帝”相关的典籍多为假托，“黄学”其实并无特定的理论体系，黄老学的内涵特征是“老”而不是“黄”。参见丁原明：《黄老学论纲》，21～25页。

正性、无私性的天道，是人可以理解、可以效法，且不得不服从的法则。

在古代中国，如果说有那么一种理论，可以将天文、历法、政治、经济、军事、养生完整地、系统地、有机地关联在一起，使人类所有行动都可以从自然原理中找到合法性依据，并且可以用一种学说、一个框架把所有内容涵盖进去，那就是以黄帝为名义的“法天则地”思想以及与此相关的黄老道家学说。黄帝之言，必有后起的、假托的部分，但说如此大规模的“法天则地”学说全是后人在某一时间突然冒出的伪托，不免有简单化之嫌。该学说必然有其历史渊源。我们不管黄帝是否真有那么多发明创造，是否真有那么多学说，是否真的那么神明，仅从社会功能来看，“黄帝”作为一种具有广泛性和普遍性意义的历史存在，应该很早就发挥作用了。首先，黄帝形象为不同地域、不同风俗的人群所认可；其次，黄帝的影响涉及了日常生活中几乎所有的方面；最后，黄帝的尊严被社会上中下层普遍接受。相比于约束人伦关系的礼仪规范，天道更有可能成为不同历史时期、不同地域、不同风俗的人群普遍信奉、遵从的规则、禁忌系统。事实上，以黄帝为代表的学说成功地将这些规则、禁忌系统导入社会生活的各个方面，小至个人的衣食住行、生老病死，大至国家的生产、祭祀、战争，几乎都与此相关。该学说成为实用的知识和技术，并超越学派、国度，既具有现实操作性，又有天生的可信性和权威性。

因此，理解黄老思想何以既具有权威性又具有可行性，仅仅从老子思想的角度展开是不够的，更需要从“黄帝”这一侧面加以开掘。依靠黄帝代表的规则、禁忌系统，从天道到人道才得以真正落实。

作为道家，黄老道家的学说显然离不开“道论”，同时，作为一种具有强烈现实性的政治学说，黄老道家又是一种“政论”，这两者是彼此呼应，相辅相成的。基于对《黄帝四经》等黄老道家文献的研究，我们可以梳理出比较清晰的两条线索，即“老子类型的道论和政论”和“黄帝类型的道论和政论”，这是相对成熟的黄老道家所具备的基本思想结构，尤其是后者，绝非虚无的假托，而是有着具体的内容和实际的功用。①

道论是黄老道家的哲学基础，在《黄帝四经》中，包括人类社会在内的世

① 需要说明的是，黄老道家面目极为庞杂，并非黄老道家一开始就清晰地存在“老子类型的道论和政论”和“黄帝类型的道论和政论”这样两条线索，也并非所有与黄老道家相关的文献都存在这两条线索。只能说在《黄帝四经》中，这两条线索能比较明晰地抽绎出来。事实上，即便在《黄帝四经》中，也没有“黄帝”如何说然后“老子”如何说这样的显著对比，但我们可以清理出两种比较重要的思想脉络，并且为了方便研究，分别用“老子类型”和“黄帝类型”去命名。

界整体被划分为道和物、形上和形下、本体和现象两大部分。道既是先于万物存在的本原，又是使万物得以存在的本体，这种认识在《道原》中有集中论述。《道原》的上半篇以宇宙论的形式，描述了道体无名无形、独立不偶，但“万物得之以生，百事得之以成”的形上特征，下半篇则转入圣人如何体道用道，以实现“抱道执度，天下可一”的政治目的。显然，这和老子既强调“道”为最高本体，又强调“道”对于社会和人生具有决定性意义的思想，是一脉相承的。在此，笔者将其称为“老子类型的道论”。这种道论既为万物存在的合理性提供了依据，又为圣人（《黄帝四经》常常称之为“执道者”）走上至高政治地位及完成天下一统之政治目标的合理性提供了依据，因此这一理论是不可或缺的。

这一类道论在《黄帝四经》中虽然重要，但似乎还不是论述的重点，需要引起注意的是另外一种道论，可以简言之为天道论。这种天道论视天、地、人为相互联动的一个整体，根据宇宙秩序来指导人类的政治行为。《黄帝四经》中有大量关于天地之道的描述，有时指的是日月运行、四时更替等表现为“理”“数”“纪”的宇宙秩序，有时指的是阴阳消长、动静盈虚、刚柔兼济的宇宙原理，这都是人所需要认识和把握的天道。较之常人无法感知、难以体会的抽象之“道”，天道是任何人都可以直接感受、不得不遵循的天地运行规律和法则。因此，天道既具有形象直观的特点，同时又具备与“道”相同的权威性和绝对性，这样，顺应天道就成为掌握天下最为直接有效的手段。对于圣人而言，法天地以尽人事，从天、地、人贯通的宇宙秩序中提炼出治世的方法、是非的标准，就是首要的政治事务。因此，这种道论较之“老子类型的道论”，具有更为实际的指导意义。

这种呈现为宇宙秩序和原理的天道论，以及由天道导出人道的思路，其实在《管子》《吕氏春秋》《淮南子》《鹖冠子》等传世文献中也都能够看到。从中我们发现，这套包罗万象的、统一连贯的宇宙观，与知识、技术、禁忌、规则有着密切关系，而黄帝在这套为社会所普遍信奉、遵从的规则、禁忌系统中占据着不可替代的地位。[①] 这样的黄帝形象在《黄帝四经》也常常看到，如《十大经·观》中，黄帝在天地、阴阳、四时、晦明、万物的创生过程中起着主导作用。《十大经·立命》有：“昔者黄宗，质始好信，作自为象，方四面，

① 关于传世文献中黄帝形象及其作用的梳理和考察，可参见钱穆：《黄帝》，北京，三联书店，2004；陈丽桂：《战国时期的黄老思想》，第一章“黄老思想的起源——从黄帝的传说推测”，台北，联经出版事业公司，1991；金晟焕：《黄老道探源》，北京，中国社会科学出版社，2008。

傅一心，四达自中，前参后参，左参右参，践立（位）履参，是以能为天下宗。”表明黄帝形象与五行有着密切关系，其内容必须与阴阳术数结合起来才能得到合理解释。[①] 在此，笔者将这种以黄帝为代表的天道论称为“黄帝类型的道论”。[②]

《黄帝四经》的政论同样立足于两种道论，可以区分为“老子类型的政论”和“黄帝类型的政论”。

依据“老子类型的道论”，道生万物就是由无名、无形的道走向有名、有形的物的过程，形下的、现象的万物都是道的体现。如果说在老子那里，无名、无形的“道”是论述的重点，那么到了黄老道家这里，虽然同样是道生万物的理路，但重点已经转向万物生成以后的世界，因为这个世界是由“形”“名”来体现的。所以，如前面已经有所论述的那样，君主作为执道者，在人间所要从事的第一项重要工作，就是认识和把握“形”“名”，在此基础上，建立起人间的名分系统、规则系统，然后让名分、规则系统发挥自我组织、自我管理的功能。因此，执道者必须以“形”“名”为“见知”大卜之工具，必须利用“名实一致”的原理，去观察和把握各种复杂的政治现象。第二项重要工作则正好相反，执道者必须站在“无形”“无名”的“道”的高度，模拟道生万物的过程，去树立“形”“名”、把握“形”“名”，但他自己却不能为“形”“名”所束缚。这样，执道者才能控制发源于“道”的最为根本的政治资源，使自己立于无人能挑战的绝对地位，保证自己在政治上的垄断权。因此，在《黄帝四经》中，政论的出发点是从“名”开始的。同时，《黄帝四经》的政论也就必然与“虚静”“无为”“至素至精”这种修养论、功夫论合为一体。虽然这种通过养身以治国的理论在《黄帝四经》中不是很多，但其存在是显而易见的。

再来看“黄帝类型的政论”。如前所言，因循天道是掌握天下最为直接有效的手段。《黄帝四经》反复强调天道为人事明确了一切行为准则，人事只是天道的延伸而已。《黄帝四经》中有大量与“天”相配合的表述方式，如“天当”“天极”“天功”“天时”“天毁”“天诛”“天罚”“天殃”“得天”“失天”

---

① 关于黄帝与五行的关系，可参见刘彬：《帛书易传〈要〉篇“五正”考释》，载《周易研究》，2007（2）。葛志毅的两篇论文《黄帝与黄帝之学》《〈黄老帛书〉与黄老之学考辨》（均收入其《先秦两汉的制度与文化》，哈尔滨，黑龙江教育出版社，1998），结合对《黄帝四经》的考察，对所谓“黄帝遗言”的阴阳家特性做了详细研究。

② 《老子》中并非没有关于天道的论述，而黄帝之言中也并非没有道物二分的思路。但就各自的侧重而言，笔者做出了这样的区分。

等等，这给其政治理论抹上了极为浓厚的天道论色彩，但这种天道论绝非使人简单匍匐于天的权威之下的那种宗教意识，而是让人主动积极地参与到天地之化育中去，其最为典型的学说就是阴阳刑德理论，其实质是政令必须和阴阳消长的自然节律吻合。如《十大经·观》提出："并（秉）时以养民功，先德后刑，顺于天。"通过天道把德治和刑治有机地结合起来。《经法·四度》提出："极而反，盛而衰：天地之道也，人之李（理）也。"强调因时而动、物极必反的原理。这样，政治行动就完全可以从自然原理中找到合法性依据。

由此可见，在《黄帝四经》所代表的黄老道家政治学说中，老子类型与黄帝类型都发展出了各自的道论和政论，这两个系统虽然侧重点各有不同，但能够相互涵摄、相互补充、有机交汇，形成了一种具有实际政治效应的理论。黄老道家之所以有宏大的视野、超脱的胸怀、长远的眼光，能够从整体、全局、超越的角度考虑问题，能够"虚无为本，因循为用"，能够兼容并超越百家，显然与黄、老的融合和互补有着密切的关系。

曹　峰

参考文献

陈丽桂．战国时期的黄老思想．台北：联经出版事业公司，1991.

陈鼓应．黄帝四经今注今译．台北：台湾商务印书馆，1995.

丁原明．黄老学论纲．济南：山东大学出版社，1997.

陈丽桂．秦汉时期的黄老思想．台北：文津出版社，1997.

葛志毅．先秦两汉的制度与文化．哈尔滨：黑龙江教育出版社，1998.

胡家聪．稷下争鸣与黄老新学．北京：中国社会科学出版社，1998.

白奚．稷下学研究：中国古代的思想自由与百家争鸣．北京：三联书店，1998.

熊铁基．秦汉新道家．上海：上海人民出版社，2001.

王中江．简帛文明与古代思想世界．北京：北京大学出版社，2011.

王葆玹．黄老与老庄．北京：中国人民大学出版社，2012.

曹峰．近年出土黄老思想文献研究．北京：中国社会科学出版社，2015.

第八章
无名与有名：名家的政治哲学

名家和名学，在中国历史上的命运可以说极富戏剧性。先秦秦汉有关“名”的论述极为丰富，《论语》《墨子》《老子》《荀子》《公孙龙子》《管子》《韩非子》《申子》《尸子》《黄帝四经》《吕氏春秋》《尹文子》《春秋繁露》及伪书《邓析子》等许多文献从不同角度论述过“名”。对“名”的重视，甚至一度到了这样的高度，如“名者，圣人之所以纪万物也”（《管子·心术上》），“有名则治，无名则乱，治者以其名”（《管子·枢言》），“名者，天地之纲，圣人之符”（《申子·大体》）①，“治天下之要在于正名……苟能正名，天成地平”（《尸子·发蒙》），“用一之道，以名为首。名正物定，名倚物徙。故圣人执一以静，使名自命，令事自定”（《韩非子·扬权》），“名正则治，名丧则乱”（《吕氏春秋·正名》），“至治之务，在于正名”（《吕氏春秋·审分》），“〔名〕正者治，名奇（倚）者乱。正名不奇（倚），奇（倚）名不立”（《黄帝四经·十大经·前道》），“名者，大理之首章也”“是非之正，取之逆顺；逆顺之正，取之名号；名号之正，取之天地；天地为名号之大义也”“名则圣人所发天意”“名者，圣人之所以真物也”（《春秋繁露·深察名号》）。“名”成为确立是非、制定秩序的根本性法则。

汉以后，有关“名”的论述逐渐减少，名学成了一门绝学，只在魏晋时期有所复兴，之后便消失在漫漫历史长河中，几乎被人遗忘。进入 20 世纪之后，“名”的研究又突然大兴。对《公孙龙子》等名家著作进行注释者不胜枚举，名学作为中国逻辑学的代表，成为中国逻辑学史研究的重点。也就是说，名学

① 但此句不见于今本《申子》，是《群书治要》所收逸文。

从一门极具传统意味的学问变成一门极具西学意味的学问。

受20世纪初传入中国的西方逻辑学的影响，名家研究在中国一度极为兴盛，成为中国古代逻辑思想史研究的主要组成部分。百年之后，我们回首这一研究领域，发现它在取得许多重要学术成果的同时，其实也不无偏颇之处。可以说，名家研究从一开始就有方向性的错误，表现为不顾名家所生存的思想史环境，将西方逻辑学概念、框架、方法简单地移植过来，有削足适履之嫌。20世纪后在西方学术背景下形成的先秦名学研究，只重视逻辑意义上的、知识论意义上的“名”，有时甚至曲解伦理意义上的、政治意义上的“名”，将其当作知识论、逻辑学材料来使用。自从将“名”“辩”与西方逻辑学相比附后，只要谈到“名”，似乎就只能从逻辑的角度出发。这样使很多看上去与逻辑学无关的“名”的资料被轻视，被闲置，甚至被曲解。特别是那些伦理意义上的、政治意义上的“名”，虽然是中国古代“名”思想中不可割裂的、有机的、重要的成分，却因为西方逻辑学研究的思路而得不到正视，得不到客观的研究。因此，20世纪名学研究既有巨大的成就，也有严重的偏差。这种偏差在于将对“名”自身（语言结构）的研究和对“名”功能（政治作用）的研究混为一谈。要研究先秦名学，不能忽视大量与政治思想相关的资料。

我们发现，先秦秦汉时期，关于“名”的论述虽然极为丰富，但论述的内容却往往相去甚远。在《论六家要指》中，司马谈是这样总结名家的：

> 名家苛察缴绕，使人不得反其意，专决于名而失人情，故曰“使人俭而善失真”。若夫控名责实，参伍不失，此不可不察也。（《史记·太史公自序》）
>
> 名家使人俭而善失真；然其正名实，不可不察也。（《史记·太史公自序》）

从司马谈关于名家的定义来看，他是一分为二地看待名家的。说他们“苛察缴绕”“使人俭而善失真”，可能是指他们在概念、名词的辨析上过分拘泥，超出了普通人可以接受的程度，以致到了“失真”的地步，这是其短处。但是他们追求“正名实”及“控名责实，参伍不失”，却是值得肯定的。

从司马谈的定义里，我们能读出很多有意思的内容来。首先，司马谈笔下的名家虽然在概念、名词的使用上过于执着，有点像今天所谓的逻辑学或语言学，但他们并不是不关心政治，因为从“控名责实，参伍不失”这种《韩非子》中常见的话来看，这是一种接近于法家的政治思想，不仅与抽象思辨无关，而且甚至可以作为政治上的实战理论。因此，显然司马谈把所谓的名家也当作一种政治思想来看待。[①]

其次，司马谈没有指明代表者或代表作，这使我们不知道他所谓的名家具体可以和谁对应。其实司马谈所谓的“家”，并不确指哪一个流派、哪一个学术团体，而是一种政治倾向。在他心目中，其实只有道家是吸收了各家长处的、最高层次的哲学，其余五家都有其长短，只有在被道家兼容之后，才能扬长避短。日本学者关口顺（関口順）曾专门分析司马谈心目中“名家”一词的来源。他认为，这一名称并非来自倡导“形名”“名实”“正名”的某一类人，也不是来自所谓的“辩士”。他指出，“名家”这种分类，从其命名之来源看，它是源自“形名”、源自“正名”还是源自“名实”，其实难以断定，实际上，它是将“形名”“正名”“名实”的意义都包含其中，并与道家、法家相关联的一种政治思想。[②]

虽然司马谈没有明确指出他心目中的名家是谁，但是从他的定义中，我们可以做相应的推测，即这里有两种名家的影子：正面的是司马谈所推崇的，将“名”思想运用于政治场合，并发挥积极作用的政治思想；反面的则是被否定、被批判的，执着于概念、名词分析的，与政治没有直接关系或对现实政治会产生消极影响的思想。

总之，司马谈总结出的名家，只是依据学术宗旨做出的概括，而非类似儒墨的学派意义上的传承。在看似类似的学术宗旨下，其实包含着两种不同的名家，一种是伦理、政治意义上的，一种是语言、逻辑意义上的。或者说一种是“政论型名家”，一种是“知识型名家”。目前的研究显然侧重于后者，但其实前者在中国古代影响更大。儒家所讨论的“名”，大致属于伦理意义上的层次，在政治上所起的作用是调节性的而非规范性的。而战国中晚期法家及一些道家（黄老思想家）所讨论的“名”，往往与“法”思想密切相关，具有规范性的意义，是统治者可以直接把握和操作的工具。语言、逻辑意义上的“名”主要是惠施、公孙龙及墨辩学派所讨论的对象，他们把“名”自身当作一种认识对象来研究，注重认知的原理与方法，倾向于时空与物性的抽象辨析。不能说后者没有对前者产生过影响，但在相当多的场合，后者只是前者批判的对象，对中国思想史真正产生过影响的是伦理、政治意义上的“名”。中国古代思想家们

---

① 《论六家要指》在文章的开头，就点出了评判六家的标准系是否有益于治：“夫阴阳、儒、墨、名、法、道德，此务为治者也，直所从言之异路，有省不省耳。”

② 関口順：「釈名辩—『名家』と『辩者』の間—」，『埼玉大学教養学部紀要』，1994，29。

对“无益于治”的东西没有兴趣。正因为“名”是一种重要的政治工具，如何把握它、管理它，由谁来把握它、管理它，就成为重要的话题。由此形成“名”“法”常常连用的现象，“名”成为确立是非、制定秩序的根本性法则。这一奇妙现象，实际上是法治国家在形成过程中，对规范、准则的作用和意义过分追求和崇拜的结果。

第一节 作为一种政治思想的“形名”论、“正名”论、“名实”论

先秦秦汉时期与“名”相关的话题，最为多见的是“形名”“正名”“名实”，而关于“形名”“正名”“名实”的论述几乎都有两条线索、两套体系，即有的处于语言学、逻辑学、知识论层面，有的处于政治学、伦理学层面。那么，就出现的顺序而言，这三者究竟哪种在先，哪种在后呢？从文献记载看，《礼记·祭法》有所谓“黄帝正名百物以明民共财”，这段话《国语·鲁语上》作“黄帝能成命百物”，从字义上看，这表示黄帝能够给万物命名，凸显的是黄帝的特殊能力。对事物名称的把握，在古人看来是超能力的体现，而能否命名正意味着能否把握事物，因此，这必然成为古代政治的重要一环。黄帝作为传说时代的人物，关于他的记载绝非信史，我们只能由此判断古人借此想说什么。关于“正名”，郑玄无解。关于“明民”，郑玄曰“谓使之衣服有章也”（《礼记注疏》），即使之贵贱有等。[①] 通过郑玄的注释可知，《礼记·祭法》要表达的是，黄帝不仅能够命名，而且能够对事物进行区别和分类，有确定社会秩序的意思，这种将对象物置于正确位置的想法，与建立在等级身份制度上的“正名”论有关，这应该是将后人的观念附会到了黄帝身上。因此，我们无法因为《礼记·祭法》有“黄帝正名百物”，就说“正名”论出现最早。

从人类的认识发展规律看，当人去认识某一对象物时，首先会去判断其形态样貌及其内容，然后赋予其名称符号，无论从语言学、逻辑学、知识论的维

① 《隋书·经籍志》说：“名者，所以正百物，叙尊卑，列贵贱，各控名而责实，无相僭滥者也。”所谓“正百物”的说法或许与黄帝“正名百物”有关。《国语·楚语上》有：“先王……制之以义，旌之以服，行之以礼，辩之以名，书之以文，道之以言。”从这段话可以看出，“名”具有和“义”“服”“礼”相类似的政治作用。这里的“辩之以名”，就是“正百物，叙尊卑，列贵贱”的意思吧。

度看，还是从政治学、伦理学的维度看，这都是认识的起点。《管子·心术上》说“物固有形，形固有名”，《尹文子·大道上》说“大道无形，称器有名”“有形者必有名”，马王堆帛书“物则有形”图说“物则有形，物则有名”，由此可知“形名”观念的产生应该不会很晚，从“形名”开始谈古人对于事物的认识以及由此生发的政治思想，应该是比较恰当的。

一、作为一种政治思想的“形名”论

世界万物由“形名”构成，如果想要认识世界万物，就必须从“形名”开始，如果想要把握世界万物，也必须从“形名”开始。“形”指的是具有形状样态的实体，“名”则是对形状样态的规定。这一点作为事实，是先秦各家都承认的。郭店楚简《语丛一》是一种语录体文献，抄录了不少在当时人看来重要的、精辟的语句。其中有以下内容：“有天有命有地有形”“有物有容有色有名”“有命有文有名，而后有鲧①”“有地有形有尽，而后有厚”。郭店楚简《语丛一》内容杂驳，总体思想倾向属于儒家，但也夹杂着非儒家的文句。上述各句涉及“形”“名”，虽然不能肯定其中“形”“名”已是对应的概念，但这两者显然备受关注。从上下文看，“形”“名”被纳入到与“天”“地”“命”相结合的生成系统中，可见这是个神圣的、重要的问题。对于一个古代知识分子而言，这样的问题是很难回避的。郭店楚简虽然以儒家类文献为主，但同时兼有道家类文献，这里出现与万物生成及万物构成相关的“形名”话题也绝非偶然。再来看《庄子·天道》中的这段话：

> 是故古之明大道者，先明天而道德次之，道德已明而仁义次之，仁义已明而分守次之，分守已明而形名次之，形名已明而因任次之，因任已明而原省次之，原省已明而是非次之，是非已明而赏罚次之。赏罚已明而愚知处宜，贵贱履位，仁贤不肖袭情。必分其能，必由其名。以此事上，以此畜下，以此治物，以此修身，知谋不用，必归其天。此之谓太平。治之至也。故书曰：“有形有名。”形名者，古人有之，而非所以先也。古之语大道者，五变而形名可举，九变而赏罚可言也。骤而语形名，不知其本也。骤而语赏罚，不知其始也。倒道而言，迕道而说者，人之所治也，安能治人。骤而语形名、赏罚，此有知治之具，非知治之道。可用于天下，

① “鲧”字可能意为“本”，详细考证参见曹峰：《郭店楚简“天生本、人生化”解》，见庞朴主编：《儒林（2011）》，济南，山东大学出版社，2011。

> 不足以用天下。此之谓辩士。一曲之人也。礼法数度，形名比详，古人有之。此下之所以事上，非上之所以畜下也。

从“书曰：‘有形有名。’形名者，古人有之”来看，“形名”的问题在庄子之前早就有人讨论，并载入古书了。值得注意的是，《天道》提及的“形名”是排在“天”“道德”“仁义”“分守”之后，“因任”“原省”“是非”“赏罚”之前的东西，显然这是一个带有规则、规范意义的概念。“形名”为何会有规则、规范的意义？一般认为，这是因为“形”即“刑”，即人为的刑罚和律条，“名”则是刑律的名称。例如，《荀子·正名》有“刑名从商”，其“刑名”指的就是“刑律之名”。[①] 但笔者以为，“形名”这个名词及其规则、规范意义的产生或许另有途径，很可能与阴阳术数有关。这是个复杂的问题，无法在此详细展开，只能稍做分析。阴阳术数有两大特征：首先，这是一种对天地运行的构造及其规律进行认识和判断的理论；其次，这是一种将天地运行的构造及其规律转化成人间禁忌，从而不得不加以遵守的理论。所谓天地运行的构造及其规律尤其表现在时空的度数和节律上。《鹖冠子·世兵》曰：“道有度数，故神明可交也。物有相胜，故水火可用也。东西南北，故形名可信也。”在这里，“东西南北”是“形名”的象征，即由“东西南北”之名称指示的特定空间，代表了确定不移的标准和规范。阴阳术数以“形名”的名义记载、规定的天地规则和运行之道，往往成为人类必须遵循的禁忌和效法的规范。

出土文献中大量涌现的“日书”“刑德”类文书，正是阴阳术数的体现。这类文书的特征在于：第一，利用特殊的手段如占筮，或特殊的工具如式盘，来推测或模拟天地间阴阳消长、四时变迁的度数；第二，用简洁、特定的语言将占断的结果以及对人间的指示记录下来。所以这类文献大多采用先描述“形”（各种时空形态），然后为之“名”，最后根据“名”采取相应行动的结构。因此前者是“形”，后者是“名”，前者是因，后者是果。有什么样的因，就有什么样的结果。例如：“德在木，名曰柖（招）榣（摇）。以〔此〕举事，众心大劳，君子介而朝，小人负子以逃。事若已成，天乃见袄，是胃（谓）发筋，先举事者地削兵弱。”（马王堆汉墓帛书《刑德》乙篇第四一～四二行）[②] 就是通过星占，确定想象中的神煞所居位置，来为人间政治行动做出判断。其

---

① 《庄子·养生主》有“为善无近名，为恶无近刑”，这里虽然“名”“刑”相配，但指的是名誉、刑罚这些外在的桎梏，不是本章所讨论的形状与名称意义上的“形名”。

② 转引自陈松长：《马王堆帛书〈刑德〉研究论稿》，116页，台北，台湾古籍出版有限公司，2001。

中“德在木”为“形”，“柖（招）榣（摇）”为“名”，“以〔此〕举事”以后的部分则是针对人事的禁忌和规范。再如：“正阳，是胃（谓）滋昌，小事果成，大事有庆，它毋（无）小大尽吉。利为啬夫，是胃（谓）三昌。佸时以战，命胃（谓）三胜。”（睡虎地秦墓竹简《日书》甲种三四正）[①] “正阳”指“正阳日”，即一些特定的时日，这些特定时日可以命名为“滋昌”，后面的文字，是对“正阳日”人事活动范围及其结果的描述。因此，这些以“形名”名义建构起来的禁忌和规范，从思维方式上看，能够刻意简化事物之间的因果关系，迅速地审名、稽实、定数、明断是非，提供准确的、可供操作的答案，具有现时性、速效性的特征。从语言表达方式上看，好用明确的、特定的词汇，语气干脆简练、直接明了，多以命令形式出现，体现出不容置疑的权威和自信。因此，笔者以为，“形名”很有可能是一个民间早已流行、人们耳熟能详的词，在阴阳术数类文献中使用最早，具有很强的实用性。后来各家均能接受这个词，使其成为自身理论中的重要概念，与其不具备强烈的学派倾向，又具有规则、规范意义，有一定的关系。

先秦各家，如名家（包括知识型名家和政论型名家）、道家、法家、兵家都对“形名”极有兴趣。其中，知识型名家侧重的是描述事物“形名”的语言本身。例如，《公孙龙子·白马论》云：“马者，所以命形也。白者，所以命色也。命色者，非命形也。故曰‘白马非马’。”同书《迹府》有对这句话的按语：“白马为非马者：言白，所以名色；言马，所以名形也。”即“白”这个名，只能和“色”相呼应；“马”这个名，只能和马之“形”相呼应。作为一种对事物的认识与判断，“形名”在使用时，必然会出现不一致的情况，两者间的差异，有时是范围的问题，有时是真假的问题。公孙龙子等名家以“离坚白”“合同异”等为命题，醉心于对人的思维活动及其语言表达的各种可能性展开讨论，所以《战国策·赵策》中苏秦甚至称研究“白马非马”者为“刑名之家”。[②] 这些讨论如果仅仅局限在思辨的范围之内，应该对现实政治没有直接的影响，但如司马谈在《论六家要指》中所云，名家“使人俭而善失真”，这批人过分纠缠于语言思辨中，在一切学说都必须为政治服务的古人看来，反而是不能容忍的行为。而荀子在《正名》篇中直接指出，这些人的行径其实有害

---

① 转引自刘乐贤：《睡虎地秦简日书研究》，54页，台北，文津出版社，1994。

② 《战国策·赵策》中有：“夫刑名之家，皆曰白马非马。”鲁胜《墨辩注叙》也有惠施、公孙龙皆“以正别名显于世”的说法，见房玄龄等：《晋书·隐逸列传·鲁胜传》，2433页，北京，中华书局，1974。

于“正名”的树立，我们在下一节中还将对此做详细展开。

在道家的政治思想中，“形名”是不可缺少的一环。在对于“形名”的态度上，道家奇妙地呈现出两个极端，一方面是对形名的轻视与否定，另一方面又是重视与肯定。从老子开始，几乎所有的道家都有一种基本的思维结构，那就是“道”“物”二分，“道”是“无名”“无形”的，“物”是“有名”“有形”的。同时，从生成论上讲，就是“道”先“物”后。所以《老子》第一章说：“无名天地之始，有名万物之母。”（帛书甲乙本和北大汉简本《老子》均作：“无名，万物之始；有名，万物之母。”）就是说，“无名”的“道”是天地万物之始源，而“名”是用来区分、描摹、认识、管理万物的。因此，老子在创作这段话时，有一个基本的前提，那就是，某“物”既然由某种“形名”构成，就必然带有局限性，相反，“道”不存在这样的局限。因此，作为万物产生、发展之总依据、总根源、总动力的“道”是不可能用“名”和“形”去认识和把握的。这个思路在道家文献中被不遗余力地强调。例如，《黄帝四经·十大经·行守》云：“无刑（形）无名，先天地生。”《管子·内业》云：“不见其形，不闻其声，而序其成，谓之道。”《黄帝四经·道原》云：“恒无之初，迵（通）同大（太）虚。……古（故）无有刑（形），大迵（通）无名。……万物得之以生，百事得之以成。人皆以之，莫知其名。人皆用之，莫见其刑（形）。”“是故上道高而不可察也，深而不可则（测）也。显明弗能为名，广大弗能为刑（形）。”《淮南子·说山训》云：“凡得道者，形不可得而见，名不可得而扬。今汝已有形名矣，何道之所能乎。”如前所引，《庄子·天道》指出：“骤而语形名，不知其本也。”“本”就是“大道”，“道”是最高最完善的东西，“道德”“仁义”“分守”“形名”“因任”“原省”“是非”“赏罚”都次于“道”，是从“道”那里分化出来的。[①] 在“大道”中要“五变”才“形名可举”，普通世人想不依赖“道”，仅仅依赖“形名”“赏罚”这些禁忌与规范来解决政治问题，那是治标不治本：“骤而语形名、赏罚，此有知治之具，非知治之道。可用于天下，不足以用天下。”[②]

---

① 《鹖冠子·环流》的生成序列表现为：“有一而有气，有气而有意，有意而有图，有图而有名，有名而有形，有形而有事，有事而有约。约决而时生，时立而物生。”“形名”也是万物生成过程中的一个环节。

② 《庄子》中涉及“形名”的只有这一处，但据日本高山寺本《庄子·天下》篇末所见郭象跋尾可知，郭象指出“一曲之士”的“奇说”大量混杂于《庄子》外篇中，这些“奇说”，“或牵之令近，或迂之令诞，或似《山海经》，或似梦书，或出《淮南》，或辩形名”，故而把这些内容全部删除了。可见，原来《庄子》外篇中关于“形名”的记述应该更多。

虽然道家有时为了强调、突出“道”的地位和作用，对“形名”表现出轻视与否定，但道家有时又对形名表现出重视与肯定，尤其是黄老道家的政治思想。其思路基本上表现为三个方面。第一，基于“道生万物”的原理，“形名”也是由“道”而生的，因此，“形名”有其存在的合理性。例如，在《庄子·天道》的“大道”展开模式中，“形名”也是需要“明”的对象之一，因为有着明确等级和分业的社会管理需要“必分其能，必由其名”，所以“形名”是不可缺少的“治之具”，只是不能“骤而语形名”，不然就“不知其本”了。《黄帝四经》特别强调执道者必须认识和把握“形名”，只要“形名”树立起来，则天下就容易治理了。“见知之道，唯虚无有。虚无有，秋毫成之，必有刑（形）名，刑（形）名立，则黑白之分已。”（《经法·道法》）这段话意为：“见知”（即认识把握世界）之道，在于采取“虚无有”的态度，如果采取“虚无有”的态度，就可以知道，即便再小的事物，也必有它的“刑（形）名”。事物的“刑（形）名”确立了，则“黑白之分”即事物的特征、位置和是非标准也建立起来了。《黄帝四经·十大经·观》说人间社会最初是“无恒”（即“无常”“无序”）的，具体表现为“逆顺无纪，德疟（虐）无刑，静作无时，先后无名”，于是黄帝命大臣力黑“见黑则黑，见白则白”。通过上述《经法·道法》“刑（形）名立，则黑白之分已”可知，“见黑则黑，见白则白”指的正是确立“形名”，即确定应有的位置。《黄帝四经·称》说：“有物将来，其刑（形）先之。建以其刑（形），名以其名。”笔者赞同王博的意见，把这里的“建以其刑（形），名以其名”理解为圣人建立规范、标准的举动。[①]

第二，强调道“无名”“无形”不是最终的目标，通过“无名”“无形”的“道”去把握“有名”“有形”的万物才是最终的目的。万物的问题无法在万物的世界内部解决，必须跳出“有名”“有形”的束缚，站在“无名”“无形”的“道”的高度，才能从根本上解决万物中存在的问题。这种思维具体表现为以“道”为体，以“名”“法”为用的理论结构以及君主与臣民截然不同的认识原理。因此“形名”只能制约臣民，不能制约站在执道者立场上的君主。唯有执道者能由“道”至“名”，并建立政治秩序，这样就保证了君主在政治上的垄断权。或者说唯有执道者能从“无形”“无名”中看到即将形成的“形名”，这样执道者就控制了发源于“道”这一最为根本的政治资源，从而使其立于无人能挑战的绝对地位。这方面的论述，《黄帝四经》和《韩非子》的《主道》《扬

① 参见王博：《老子思想的史官特色》，354页，台北，文津出版社，1993。

权》都堪称典范。《黄帝四经》虽然讲“见知之道，唯虚无有”（《经法·道法》），但“虚无有”的执道者最首要的政治任务是审名察形，确定事物究竟处于“正名”还是“倚名”。“故执道者之观于天下也，必审观事之所始起，审其刑（形）名。刑（形）名已定，逆顺有立（位），死生有分，存亡兴坏有处。然后参之于天地之恒道，乃定祸福死生存亡兴坏之所在。”（《经法·论约》）《黄帝四经》中充斥着这样的内容，即先描述对象的各种“形”态，然后为之命“名”（采用“是谓”“此谓”“名曰”“命曰”等方式），最后根据赋予对象之“名”，采取相应的政治行动。[①]《扬权》说“夫道者，弘大而无形”，《主道》说“道在不可见，用在不可知”，目的在于强调“道不同于万物”（《扬权》），因此，“君臣不同道，下以名祷。君操其名，臣效其形，形名参同，上下和调也”（《扬权》）。在这里，“名”“形”成为操纵臣下的工具。

第三，如前所言，“形名”具有规则、规范的意义。因此，“形名”一旦确立，就能自发地产生规则、规范的效应。执道者只要依赖“形名”系统自发地发挥作用，就可以达到“物自为正”而圣人“无为”的境界。这方面的论述也不胜枚举：“故圣人执一以静。使名自命，令事自定。”（《扬权》）“故虚静以待令，令名自命也，令事自定也。虚则知实之情，静则知动者正。有言者自为名，有事者自为形。形名参同，君乃无事焉，归之其情。”（《主道》）“凡事无小大，物自为舍。逆顺死生，物自为名。名刑（形）已定，物自为正。”（《经法·道法》）“是故天下有事，无不自为刑（形）名声号矣。刑（形）名已立，声号已建，则无所逃迹匿正矣。”（《经法·道法》）

因此，黄老道家利用“形名”学说，既建构起通过“无名”“无形”去把握“有名”“有形”的宏大理论，也建构起利用“形名参同”统御臣下的具体法术。这些不是空洞的玄想，而是有实际内涵的、可操作的实用主义政治理论。这种思想虽以形而上的“道”为首，但融合“名”“法”，强调制度、法规的建设。其理念和战国中晚期为绝对君权专制政体服务的名分制度其实非常吻合，即每个人都有其确定的位置、确定的职业、确定的奋斗目标，统治者只要把握住这种确定无疑的制度，就可以把握每个人的欲求和发展方向，使行政效率得以大幅度提高，使统治变得轻而易举。所以，当君主的绝对权威成为所有政治问题的出发点时，“形名”论作为一种政治学说就

① 这方面的论述，详见曹峰：《“名”是〈黄帝四经〉中最重要的概念之一——兼论〈黄帝四经〉中的“道”“名”“法”关系》，见徐炳主编：《黄帝思想与道、理、法研究》，北京，社会科学文献出版社，2013。

有可能大为盛行。

理解了黄老道家的“形名”学说，法家和政论型名家的“形名”论也就呼之欲出了。就是说，法家和政论型名家的“形名”论并无新意，就在黄老道家“形名”学说的延长线上。有学者发现，在《韩非子》中，“形名”论仅见于《二柄》《扬权》《主道》《难二》四篇中。① 如本书第七章“天道与人道：黄老道家政治哲学”所述，《扬权》《主道》二篇具有强烈的黄老道家思想特征，而《二柄》《难二》虽然提及“审合刑名”“以刑名参之”，但并不像《扬权》《主道》那样详细展开。因此，如果说《韩非子》代表法家的“形名”论，那么法家和黄老道家的“形名”论其实没有什么差异。政论型名家著作《尹文子》中有较为丰富的“形名”论，但其基本立场也是来自黄老道家的，那就是“大道无形，称器有名”“大道不称，众必有名。生于不称，则群形自得其方圆。名生于方圆，则众名得其所称也”（《大道上》）。这完全和老子“道物”（这里是“道器”）二分的思维结构一致，在强调“道”无形无称的同时，又强调“形名”在塑造世界中的重要性。但是，就“形名”关系而言，《尹文子》也有其独到的观点。如“无名，故大道无称；有名，故名以正形。今万物具存，不以名正之，则乱；万名具列，不以形应之，则乖”“名也者，正形者也。形正由名，则名不可差”（《大道上》）所示，“名以正形”“以形应名”是《尹文子》强调的重点。就是说，《尹文子》强调的不是“名”依赖“形”，而是“形”依赖“名”，“名”相对“形”处于决定性的支配地位，万物必须“应名”，必须接受“名”的规定。正因为“名”对“形”有决定性的作用，所以君主最重要的政治目标就是确立“名分”。不难看出，《尹文子》这种“形名”论也是为政治上的“名分”论服务的。

所以，虽然在对待“形名”的态度上，道家奇妙地呈现出两个极端，但这两个极端的呈现既有其思想的合理性，也有现实的合理性。

汉初司马迁好用“刑名”一词来形容各种政治学说的渊源，如《史记·老子韩非列传》说“申子之学，本于黄老而主刑名”“（韩非）喜刑名法术之学”，《史记·商君列传》说“鞅，少好刑名之学”，《史记·袁盎晁错列传》说晁错学过“申商刑名”，《史记·万石张叔列传》说张叔“治刑名言”，《史记·儒林列传》说“孝文帝本好刑名之言”。另外，《淮南子·要略》说申不害时代韩国

① 高山節也：「法家における形と名」，『佐賀大学教育学部研究論文集』，1980，28（1）。

政局混乱，其原因在于“刑名之书”的出现。[①] 刘向的《别录》（《史记·张叔列传》索隐所引）说：“申子学号曰刑名家者，循名以责实，其尊君卑臣，崇上抑下，合于六经也。”“邓析者……好刑名，操两可之说，设无穷之辞。”刘向的《新序》说：“申子之书，言人主当执术无刑，因循以督责臣下。其责深刻，故号曰术。商鞅所为书，号曰法。皆曰刑名。”可见“形名”或“刑名”是汉初的流行语，汉初的人用这种流行语重新评价了前人。在汉初，“形名”或“刑名”有这样两层意思：一是具体法律之言，如《淮南子·要略》篇，或指规范、准则体系，如商鞅、韩非所学内容；二是“刑名法术”，这种用法最为流行，被评价者几乎都是法家人物，但“刑名”被作为一种“术”来运用，显然来自黄老道家，如申子的“刑名”“本于黄老”，用于指导君主如何立足于“无形”把握“有形”，立足于“无名”把握“有名”。通过司马谈《论六家要指》可知，汉初之名家（政论型名家）、法家非常接近，又被道家统括，所以法家身上有道家、名家的影子，并不奇怪。事实上，在秦汉之际，这三家往往彼此交叉，很难做出非常确切的身份认定。

最后，再简单地讨论一下兵家的“形名”。《孙子兵法·势》说：“凡治众如治寡，分数是也；斗众如斗寡，形名是也。”这里的“形名”如曹操所注“旌旗曰形，金鼓曰名”，指的是一种指挥信号。[②]《墨子·旗帜》也说“皆以其形名为旗”。因此，兵家的“形名”指的就是不可违背的禁忌和规则，这种思维和语言表达方式影响到政治领域也是完全正常的。

二、作为一种政治思想的“正名”论

“正名”在先秦秦汉时期使用频率极高，几乎每家都有自己的“正名”理论，看上去是个极其复杂的问题。但在对“形名”的基本含义及其政治运用作了系统考察之后，“正名”就容易理解了。“正名”论大致可以从三个角度去分析：第一，既然“名”表示名称，那么一部分“正名”论必然会就语言能否正确使用的问题展开讨论，孔子的“正名”（《论语·子路》）、荀子的《正名》篇、《吕氏春秋·正名》、《尹文子》部分内容堪称代表；第二，既然名称可以用来标识身份，那么，当确定的身份及其相应的地位、职责成为政治管理的重

---

① 原文为：“申子者，韩昭釐之佐。韩，晋别国也，地墽民险，而介于大国之间。晋国之故礼未灭，韩国之新法重出，先君之令未收，后君之令又下。新故相反，前后相缪。百官背乱，不知所用。故刑名之书生焉。”

② 参见李零：《吴孙子发微》，64页，北京，中华书局，1997。

要一环时，与身份制度相关的“正名”论就会大行其道，《吕氏春秋·审分览》、《尹文子》部分内容堪称代表；第三，既然“形名”（或“刑名”）具有规则、规范意义，那么，“正名”有时就可以等同于法律法令，《黄帝四经》中出现的“正名”堪称代表。

“正名”这个名词，根据现有的资料，以《论语·子路》所见为最早。

> 子路曰：“卫君待子而为政，子将奚先？”子曰：“必也正名乎！”子路曰：“有是哉，子之迂也！奚其正？”子曰：“野哉，由也！君子于其所不知，盖阙如也。名不正，则言不顺；言不顺，则事不成；事不成，则礼乐不兴；礼乐不兴，则刑罚不中；刑罚不中，则民无所错手足。故君子名之必可言也，言之必可行也。君子于其言，无所苟而已矣。”

过去的研究，要么将孔子“正名”说和“名分”论挂上钩，要么将孔子“正名”说和“名实”论相联系。从《论语》的诠释史可以看出，对于孔子“正名”的解说有一个复杂化的过程。在《论语》中仅此一见的“正名”，之所以会被赋予极其复杂的解释，很大程度上是因为后人依据后代的“正名”观去臆测孔子，将孔子“正名”说从一个虚壳一步步充实为一个实体。孔子“正名”的原意其实很简单，只是在历史上孔子第一个意识到了语言对政治的重要性。从这段话以否定方式展开的逻辑，即“名不正”—“言不顺”—“事不成”—“礼乐不兴”—“刑罚不中”—“民无所错手足”可以看出，孔子作为一个政治家注意并预见到了“名”之不确定性、暧昧性、随意性对政治可能带来的影响，看到了语言在无法准确表意或无法被人准确理解时会出现的政治后果，意识到了“名”作为明确是非、建立标准的手段对社会政治所能产生的巨大作用。然而，孔子虽然提出了言语的问题会导致政治的问题，但解决的方法却回到君子的修身上①，那就是“君子名之必可言也，言之必可行也。君子于其言，无所苟而已矣”。《春秋繁露·深察名号》说：“《春秋》辨物之理，以正其名。名物如其真，不失秋毫之末。……圣人之谨于正名如此。君子于其言，无所苟而已。”又说：“《春秋》大元，故谨于正名。名非所始，如之何谓未善已善也。”② 虽然这里强调的是《春秋》微言大义的特殊笔法，但在语言使用与政治影响、语言使用与君子修身两者的关系上，可以说正是对孔子“正名”的准确解释。

---

① 详细论证可参见曹峰：《孔子“正名”新考》，载《文史哲》，2009（2）。

② 《春秋繁露·玉英》有：“谓一元者，大始也。知元年志者，大人之所重，小人之所轻。是故治国之端在正名，名之正，兴五世。五传之外，美恶乃形。可谓得其真矣，非子路之所能见。”从“非子路之所能见”可知，此言也与孔子“正名”相关。

孔子对于语言的政治敏感，后来被荀子继承和发挥。由于时代的不同，《荀子・正名》有了更为明确的批判对象和政治目标。《荀子・正名》所要批判的正是那些试图建立“正名”的人。即在孔子到荀子之间，有一批倡导“正名”的人，这些人就是以惠施、公孙龙子和墨家辩者为主要代表的，从事“事实判断”的知识型名家。这批名家认为，“正名”获得的途径有二：第一，强化语言使用的准确性，以公孙龙子著名的“白马非马”为例。在公孙龙子看来，白色的马，其“正名”只能是“白马”，而不能是“马”。《公孙龙子・迹府》说公孙龙子“欲推是辩，以正名实而化天下”，即公孙龙子试图通过这样的辩论，以正定名实，教化天下。第二，通过争辩求取“正名”。《庄子・天下》篇说惠施好“胜人为名”，《墨子》的《经上》篇说“辩，争彼也。辩胜，当也”，《经说下》篇说“辩也者，或谓之是，或谓之非，当者胜也”。这种精神也表现在他们的著作方式中，如《公孙龙子》就是用对论形式书写的。只有反复论证，经确认为正确的结论才能被认为是“正名”。因此，虽然和孔子、荀子一样，他们所关注的焦点也是语言的不确定性和随意性，但他们获取“正名”的方式，在今天看来属于知识论或逻辑学的进路，就是说只要具备“辩”的能力，就具备判断是非的能力。

然而在荀子看来，如果人人都宣称自己有能力判明“是非”、确立“是非”，那就必然导致“是非”大乱、标准丧失，从而形成政治上最大的危害。所以荀子毫不犹豫地斥责他们的言论是危害君主专制统治的“辟言”“邪说”“奸言”“奇辞”。荀子提出唯有王者有资格“制名”和“辨说”，能够获得“正名”。因此，“正名”（即正确的名称、正确的语言表达方式）和“礼”“法”一样，是统治国家时不可欠缺的一种手段。《正名》篇对“正名”的政治作用给予了高度评价，认为“正名”标志着规范的树立，是实现有效统治的第一步。这篇文章试图通过建立有规范意义的“正名”，消除因语言混乱导致的天下混乱，为君主专制的实现扫除思想上的障碍。和孔子“正名”相比，荀子不仅提出了建立言语霸权的政治重要性，而且提出了树立“正名”和保障“正名”的方法。那就是：第一，通过王者的“制名”，即通过“齐言行”的政治作为，使语言规范化，然后依靠规范化了的语言强化权力系统。第二，通过士君子在道德上的自我约束，拒绝“淫言”“奇辞”，防范“诡辩”，同时，接受和遵守作为公约的“正名”。所以，荀子的正名论既有其特定的时代色彩，又不失儒家的传统。[①]

---

① 详细论证可参见曹峰：《〈荀子・正名〉篇新论》，见庞朴主编：《儒林》，第 4 辑。

同语言意义上的“正名”论相比，春秋战国时期与名分制度相关的“正名”论似乎更为流行。前文提到，《礼记·祭法》有“黄帝正名百物”，这里的“正名”指的是将对象置于正确的位置，这很可能是战国时代的人假托“黄帝”来强调等级身份制度的重要性。《国语·晋语》在描述晋文公的人才举措时，有所谓“举善援能，官方定物，正名育类”的话，关于“正名”，韦昭注曰“正上下服位之名”，也同样指的是确立可以显示身份等级的“名”。进入战国时代以后，通过明确的社会分业和严格的身份等级，创建出井然有序的政治局面，使臣民能各自居于正确的位置，使君主能无为而治，是重要的政治目标，因此必然成为各家共同的话题。以《商君书》《管子》《韩非子》《尸子》《慎子》《申子》《黄帝四经》为代表的法家、黄老道家著作，以《尹文子》为代表的政论型名家著作中，强调确立名分制度的例子不胜枚举。[①] 在此仅举《商君书》《尹文子》二例：

> 故圣人必为法令置官也置吏也为天下师，所以定名分也。名分定，则大诈贞信，民皆愿悫而各自治也。夫名分定，势治之道也；名分不定，势乱之道也。(《商君书·定分》)
>
> 庆赏刑罚，君事也；守职效能，臣业也。君科功黜陟，故有庆赏刑罚；臣各慎所务，故有守职效能。君不可与臣业，臣不可侵君事。上下不相侵与，谓之名正，名正而法顺也。(《尹文子·大道上》)

有趣的是，战国末期成书的《吕氏春秋》中，前后相连的《正名》和《审分》两篇都论及“正名”，虽然主题完全不同，却正好涵盖了关注语言使用的“正名”与关注名分制度的“正名”两条线索，可见这两种“正名”在当时是最为流行的。

> 名正则治，名丧则乱。使名丧者，淫说也。说淫则可不可而然不然，是不是而非不非。故君子之说也，足以言贤者之实、不肖者之充而已矣，足以喻治之所悖、乱之所由起而已矣，足以知物之情、人之所获以生而已矣。(《吕氏春秋·正名》)
>
> 有道之主，其所以使群臣者亦有辔。其辔何如？正名审分，是治之辔已。故按其实而审其名，以求其情；听其言而察其类，无使放悖。夫名多不当其实，而事多不当其用者，故人主不可以不审名分也。……不正其

① 《荀子·正名》中的“正名”仅用来表示正确的名称和正确的表达方式，但荀子在其他篇章中，也反复地、详尽地讨论了“名分”论、“分业”论，只是未用“正名”一词去涵盖而已。

名，不分其职，而数用刑罚，乱莫大焉。……故至治之务，在于正名，名正则人主不忧劳矣。（《吕氏春秋·审分》）

至于第三条线索，即将“正名”等同于标准与规范，似乎更多出现于黄老道家中，其前身可能与阴阳天道观有关。《鹖冠子·度万》云：“经气不类，形离正名，五气失端，四时不成。”从前后文看，这里说的应当是医学养生之道，如果体内经脉气血运行失常，那么身体就会偏离正轨，导致阴阳寒暑失调。这里的“正名”指的是健康的、正常的状态。黄老道家也好用这样的说法，如《黄帝四经·经法·论》有三名之说：“一曰正名立而偃，二曰倚名法（废）而乱，三曰强主威（灭）而无名。三名察则事有应矣。”《黄帝四经·十大经·前道》也说：“〔名〕正者治，名奇（倚）者乱。正名不奇（倚），奇（倚）名不立。”执道者“审名察形”的活动，就是观察天下万物是否合于“正名”。“正名”指事物处于安定的“治”的状态；“倚名”指事物处于颓败的“乱”的状态；最坏的结局则是“无名”，当然这“无名”不是万物在创生以前没有“形名”的状态，而是完全失去了其“形名”。因此，与荀子强调圣人要树立“正名”不同，黄老道家重在区别“正名”和“倚名”，最大限度地让既有的“正名”自发地发挥作用，从而实现无为而治。

《黄帝四经·十大经·观》中有“正名修刑”“正名施（弛）刑”，这里的“正名”等同于制定法令。[①]《黄帝四经·十大经·正乱》中有：“谨守吾正名，毋失吾恒刑，以视（示）后人。”《黄帝四经·称》中有：“提正名以伐，得所欲而止。”这些“正名”则直接等同于法律法令。[②]

三、作为一种政治思想的“名实”论

说“名实”[③] 论是先秦逻辑思想史上一个极其重要的课题，这没有疑义。“名实”论在以公孙龙子和墨家辩者为代表的知识型名家那里被讨论得最为热烈。在他们那里，“名”“实”这两个概念有着确定的内涵，即“名”指的是称谓或概念，“实”指的是被称谓的对象或实际的内容。《公孙龙子》中有《名实论》一篇，专门从语言的角度讨论名实两者是否有可能达成一致，在怎样的条

---

① 《管子·君臣下》“故正名稽疑，刑杀亟近，则内定矣”的“正名”，也当做同样解释。

② 《管子·正》“守慎正名，伪诈自止”的“正名”，也当做同样解释。

③ “名”“实”何时最早成为对应的概念，这是值得重视的问题。清华大学所藏战国竹简《保训》篇中有“舜既得中，言不易实变名”，显然这里“实”“名”相对，《保训》名义上是周文王给周武王姬发的遗言，但恐怕不能轻易将其视为商末周初的作品，成书时间待考。

件下才会达成一致。例如《名实论》说：“夫名，实谓也。知此之非此也，知此之不在此也，则不谓也。知彼之非彼也，知彼之不在彼也，则不谓也。”就是说，“名”是用来称谓“实”的，当“实”不再是那个“实”，或“实”不再处于“实”的位置时，就不能用这个“名”去称呼它。“白马非马”可以说是这种“名实”论的最好例证。这样的讨论，显然和语言的随意性能否被克服以及如何克服有关。从今人的立场看，《公孙龙子》的“名实”论既是一种语言学理论，又是一种认识论哲学。语言学角度讨论的是语言和对象的关系，可以《名实论》为代表；而认识论角度讨论的是思维和存在的关系，可以《公孙龙子》中的《指物论》为代表。公孙龙子以“指”“物”对举的方式对思维和存在的关系做了解释。从今人的立场看，墨家辩者则既持一种语言学理论，又持一种逻辑学理论，其重点在于语言的阐述过程。所谓“以名举实”，指的就是如何展开推理和判断。在《公孙龙子》和墨家辩者那里，“名”和“实”有其特定意涵，“实”未必指客观的、具体的形态，仅是语言上被称谓的对象而已，“名”指的是与内涵和外延都相对确定的“实”相应的名称。知识型名家追求“名”“实”最大限度的一致性。借用《管子・心术上》的话来说就是：“名不得过实，实不得延名。”[①] 某个名称或某种定义一旦成立，就对“实”具有规范的作用，用《墨子・小取》的话来说，就是具有了“明是非之分，审治乱之纪”“处利害，决嫌疑”的效果。因此，知识型名家的“名实关系论”既有抽象、思辨的特征，也有确定、严谨的特征。

笔者以为，作为中国政治思想重要话题的“名实”论，与知识型名家可能有很大的关系。说知识型名家的“名实”论对政治思想产生了影响，并不是说古代政治思想家认同了知识型名家的学说，相反，其学说往往被看作无益于治的语言游戏，而遭到道家著作《庄子》、儒家著作《荀子》、法家著作《韩非子》、为专制政治服务的政论型名家著作《尹文子》的激烈批判。例如，《荀子・正名》就说知识型名家以“三惑”扰乱人的语言与思维，即“用名以乱名”“用实以乱名”“用名以乱实”。

然而，知识型名家的思维方式和表达方式显然有其特定的价值，被战国中晚期流行的实用主义政治哲学看中和利用。司马谈《论六家要指》说名家“苛察缴绕，使人不得反其意，专决于名而失人情，故曰‘使人俭而善失真’。若

① 原作“〔名〕不得过实，实不得延名”，“名”为脱字乃王念孙之说。参见王念孙：《读书杂志》，468页，南京，江苏古籍出版社，2000。这里只是借用《管子・心术上》的话，不等于笔者认可《管子・心术上》为知识型名家的作品。

夫控名责实，参伍不失，此不可不察也”（《史记·太史公自序》），就是说，“苛察缴绕，使人不得反其意”这种严谨的表述方式，造就出“控名责实，参伍不失”的效果，如果作为一种统治术来运用，有其显著的政治价值。

因此，知识型名家之所以能受到战国中晚期实用主义政治哲学的赞赏，可能是因为其具备确定的、严谨的思维方式和对法则、规则的确信与追求。因为“一君万民”的政治理念、等级分明的社会格局、高度完善的社会分工、极具效率的行政系统、目标和责任明确无误的管理体制，都需要严谨的思维方式和对法则、规则的确信与追求。当这种思维方式转变为具体的政治行动时，同“正名”论一样，“名实”论可以从语言控制和角色定位两个层面发挥政治作用。第一，从语言控制的角度看，如果通过政治手段去“制名以指实”（《荀子·正名》），就可以克服“名”的随意性、相对性或定义的多样性、不确定性给社会带来的危害，从而使臣民的语言和思维最大限度地朝有利于专制统治的方向统一。通过“名定而实辨”（《荀子·正名》）即“名”对“实”的规范和制约，可以使“名”所象征的规则、规范系统发挥作用，实现社会的有效控制。第二，从角色定位的角度看，“循名责实”[①]（语见《淮南子·主术训》及《邓析子》的《无厚》篇、《转辞》篇，《韩非子·定法》作“循名而责实”）、“形名参同”（语见《韩非子》的《主道》篇、《扬权》篇）的政治操作手段，使统治者能够明确无误地判明是非，促使臣下不折不扣地发挥其才能。统治者还通过赏罚等手段，保障这一操作的有效实施。

我们发现，在战国后期，“形名”与“名实”两个概念有同质化的倾向。如前所述，法家或政论型名家认为，从“名实”论角度看，名称或某种定义一旦成立，就对“实”具有规范的作用。同样，从“形名”论角度看，“名”相对“形”处于决定性的支配地位，“形”必须接受“名”的规定。因此，“形”与“实”这两个概念有时几乎具有等同的立场与意义。例如，刘向《别录》云：“申子学号曰刑名家者，循名以责实，其尊君卑臣，崇上抑下，合于六经也。”这里“刑名”的内容指的就是“循名以责实”。《黄帝四经·经法·四度》

① 另外还有“循名督实”等表达方法。如《管子·九守》有：“循名而督实，按实而定名。名实相生，反相为情。名实当则治，不当则乱。名生于实，实生于德，德生于理，理生于智，智生于当。”（黎翔凤：《管子校注》，1046页，北京，中华书局，2004。）“循名而督实”原作“修名而督实”，据郭沫若、闻一多、许维遹编《管子集校》校改，见《郭沫若全集·历史编》，第7卷，262页，北京，人民出版社，1984。《邓析子·无厚》有：“治世，位不可越，职不可乱。百官有司，各务其刑。上循名以督实，下奉教而不违。所美观其所终，所恶计其所穷。喜不以赏，怒不以罚。可谓治世。”引文据王启湘：《周秦名家三子校诠》，台北，艺文印书馆，1979。

云：“美亚（恶）有名，逆顺有刑（形），请（情）伪有实，王公执〔之〕以为天下正。”可以发现，这里的“名”既可以和“形”相对应，也可以和“实”相对应，无论是“名形”还是“名实”，都是“王公”所要掌握的政治形态，具有“正”天下的重大价值。《吕氏春秋·正名》有这样一段话：“凡乱者，刑名不当也。人主虽不肖，犹若用贤，犹若听善，犹若为可者。其患在乎所谓贤从不肖也，所谓善而从邪辟，所谓可从悖逆也，是刑名异充而声实异谓也。”这里“声实”就是“名实”，“刑名异充”和“声实异谓”可以做相同的理解。这样，我们也就可以解释，在《韩非子》中，“循名责实”和“形名参同”为何常常可以在同样的语境中出现了。“循名责实”就是“刑名法术”的具体表现，而“形名参同”也正是为了实现“循名责实”的政治目标。

以上就是作为一种政治思想的“名实”论在战国秦汉思想史上的主要成因。这并不是一个复杂的现象，只是在一个特定的历史时期，一种本来用于纯粹思辨的理论被特定的政治学说借用，并实用化了。

无论是儒家的荀子，还是法家抑或政论型名家，其出发点虽然有所不同，但在将“名实”论作为一种政治哲学来利用上是大同小异的。也就是说，既然借用“名实”论可以构筑起政治哲学，那么，他们最关心的就是，“名”指向了哪个对象，被赋予了什么意义，是谁为对象赋予了“名”，为什么要赋予，期待“名”产生怎样的作用。黄老道家虽然不否认这套思维方式，但认为只有君主（执道者）一人可以超越其上，如《庄子·则阳》说“有名有实，在物之居。无名无实，在物之虚”，就是说只有君主（执道者）处于“无名无实，在物之虚”的境界。

然而，在很长一段时间内，“名实”论的思想史价值被无限地夸大，关于“名实”论的解释也被高度复杂化，它主要表现为两种倾向。第一种倾向是，利用战国秦汉时期“名实”论极其丰富的现象，杜撰出一套思想上的“名实纷争”与政治上的盛衰治乱并行的理论。第二种倾向是，受部分西方哲学的影响，中国思想史界在很长时间内习惯从“唯心论”“唯物论”或“唯名论”“实在论”出发，根据对“名实关系”论的态度，将先秦历史上的思想家或政治家分门别类，区别为“唯心论派”“唯物论派”或“名优先派”“实优先派”，并硬塞入这两个框架中。这两种思维方式的幼稚和危害，笔者在《〈荀子·正名〉篇新论》中做了详尽的分析。[①]

① 参见曹峰：《〈荀子·正名〉篇新论》，见庞朴主编：《儒林》，第4辑。

“名”“实”对举，不见于《论语》和《老子》，但在形成于战国秦汉时代的文献中，几乎都能找到其踪影。除了前述知识型名家的“名实”论和实用主义政治哲学的“名实”论外，它还表现为一种形态，即将“名”解为“名称”“名誉”“名声”等，将“实”解为“实利”“实效”等，在《孟子》及《庄子》一些篇目中，可以看到不少“名”“实”连用的例子。如《孟子·告子下》有：“淳于髡曰：‘先名实者，为人也；后名实者，自为也。夫子在三卿之中，名实未加于上下而去之，仁者固如此乎？’”《庄子·人间世》有：“名实者，圣人之所不能胜也。”几乎都是这类用例。这种用法持续时间很长，《韩非子》中所见“名”“实”对举的文例有相当多也属于这一类，它在先秦以后的历史时期依然被沿用。从广义上讲，可以说这些“名”“实”对举的论述也都与政治思想相关，但对于研究具有战国秦汉政治思想特色的“名实”论而言没有多少价值，因为这类“名”“实”对举法，和作为一种政治手段的“制名以指实”“循名责实”，其实没有太大关系，不可能由此产生出具有实际操作意义的“名实一致”论来。本章虽然对这类一般意义上的“名实”论不做讨论，不过可以想象，知识型名家的“名实”论和实用主义政治哲学的“名实”论很可能都借用了这一广为人知的语言资源，利用了其躯壳，填入了新的内容。

在将“名实关系”论的地位和价值无限拔高的时代，有两句引文常被引用。一是《庄子·逍遥游》中的“名者，实之宾也”，一些研究者据此以为《庄子》中已有“物质第一性，思维第二性”的意识。[①] 二是《管子·宙合》中的“夫名实之相怨久矣”，一些研究者据此以为，当时的人认识到政治混乱导致的名实乖离已到了极其严重的地步。[②] 其实两者都有被误读之嫌，这两则用例都只能当“名声”和“实利”解，与知识论意义上的认识对象（“实”）及其称谓（“名”）无关，也与实用主义政治哲学意义上确定的位置（“实”）和确定的职责（“名”）无关。这类例子还有很多，只要我们认识到战国秦汉时期的“名实”论是一种特殊政治学说的思想来源，不轻易受外来框架理论的影响，就能发现这些说法的谬误。

在此还想指出的是，战国秦汉时期的“名实”论政治思想也不可能来自儒家的“言行”论，因为儒家的“言行”论并不具有确定性意义，也不是一种不

① 在近年出版的论著中，仍能找到这类说法，如崔清田主编：《名学与辩学》，太原，山西教育出版社，1997。

② 似是郭沫若首发其论，参见郭沫若：《名辩思潮的批判》，见《十批判书》，北京，东方出版社，1996。

得不遵循的规则，而且缺乏保障实施的手段，如“刑罚”等外在的措施，只能依赖行动者的道德自律。而且，儒家的“言行”论在进入战国中晚期后，在对言行一致的解说上反而受到法家及其他实用主义政治学说所倡导的“名实一致”论的影响，有适应时代要求以改造旧有“言行”论的痕迹。限于篇幅，不作展开。

第二节　战国秦汉时期“名”“法”对举的普遍现象

从战国中晚期到汉代初期，有一个非常有趣的历史现象，那就是“名”和“法”常常被放在同等的位置上，“名”“法”连用、“名”“法”并举的现象格外普遍。这种现象仅见于战国中晚期到汉代初期这一特定的历史时期，战国中期以前看不到，汉代初期以后又消失了。首先来看先秦时代的文献：

> 天下之治方术者多矣，皆以其有为不可加矣。古之所谓道术者，果恶乎在？曰：“无乎不在。”曰：“神何由降？明何由出？”“圣有所生，王有所成，皆原于一。”不离于宗，谓之天人。不离于精，谓之神人。不离于真，谓之至人。以天为宗，以德为本，以道为门，兆于变化，谓之圣人。以仁为恩，以义为理，以礼为行，以乐为和，薰然慈仁，谓之君子。以法为分，以名为表，以参为验，以稽为决，其数一二三四是也，百官以此相齿，以事为常，以衣食为主，蕃息畜藏，老弱孤寡为意，皆有以养，民之理也。（《庄子·天下》）

《天下》是《庄子》的最后一篇，其作者究竟是庄子本人还是其门徒，学界没有定论。此篇虽视“道”为最高的、最完善的原理，将仁、义、礼、乐、法、名、参、稽看作次于“道”的某一方面的原理，但不像《庄子》内七篇，对现实社会中的价值伦理、制度规范竭尽嘲讽否定之能事，而是对其作用和意义给予了某种程度的肯定。在现实社会的价值伦理、制度规范中，仁、义、礼、乐作为一组放在一起，法、名、参、稽又作为一组排列在一起。法、名、参、稽并列，显然是因为这四者都是统治之术，虽然有各自的用处，但政治上的意义非常相近。再来看《管子》的《白心》篇：

> 圣人之治也，静身以待之，物至而名自治之。正名自治之，奇身名废。[1] 名正法备，则圣人无事。（《管子·白心》）

《白心》篇是具有浓厚黄老道家思想倾向的《管子》四篇（《内业》《心术上》《心术下》《白心》）中的一篇。《管子》四篇作者有一个总的观念，即天下万物都必然存在与之相应的“名”，“名”对“物”具有规定性，因此，只要把握了“名”，对“物”的管理就不是什么困难的事。然而，对圣人（统治者）而言，最重要的事情是把握“道”，圣人如果能把握“道”，根据“道”生万物的原理，他就不仅不会被具体的“名”约束，反而能从总体上把握“名”，特别是让“正名”自发地发挥“治”物的作用。《管子》四篇中，“道”与“名”的关系被视作现实政治中最为重要的关系，“法”在这里并非重点。“名正法备”表明“名”“法”具有同等的地位，在政治秩序的树立，标准、规范的形成上具有同样重要的作用。[2] 再来看《管子》的《七臣七主》篇：

> 夫法者，所以兴功惧暴也。律者，所以定分止争也。令者，所以令人知事也。法律政令者，吏民规矩绳墨也。……法臣：法断名决，无诽誉。故君法则主位安，臣法则货赂止，而民无奸，呜呼美哉。（《管子·七臣七主》）

《七臣七主》具有浓厚的法家倾向，上述这段话，主要是在鼓吹“法律政令者，吏民规矩绳墨也”。“法断名决”表明“法”“名”是政治场合的两大重要道具，这里的“名”可以看作“法”的代名词，即“名”指用规范的、确定的语言表达的“法”。[3] 具有法家倾向的《商君书·定分》也有类似的表述：

> 故圣人为法，必使之明白易知，名正愚知遍能知之。（《商君书·定分》）

下面的例子亦见《商君书·定分》：

> 一兔走，百人逐之，非以兔〔为可分以为百，由名分之未定〕也。[4]

---

① 王念孙认为“正名自治之，奇身名废”当改为“正名自治，奇名自废”。参见王念孙：《读书杂志》，470页。

② 对《管子》四篇所见“名”的研究，可参见曹峰：「『管子』四篇と『韓非子』四篇に見える名思想の研究」，日本大東文化大学人文科学研究所編：『人文科学』，2009（14）。

③ 《礼记·王制》中有：“析言破律，乱名改作，执左道以乱政，杀。”这里的“名”也可视作法律之言。

④ 《群书治要》卷三十六的引文有“可分……未定”十二字。据此补之。

> 夫卖者满市而盗不敢取，由名分已定也。故名分未定，尧、舜、禹、汤且皆如骛焉而逐之；名分已定，贫（贪）盗不取。今法令不明，其名不定，天下之人得议之，其议人异而无定。（《商君书·定分》）

同样是“法”和“名”的连用，但这里的“名”显然是“名分”之意。《定分》篇主张“名分”不确定会给政治带来恶劣的影响，和“法令”不明了带给政治的恶劣影响是一样的。再来看出土文献马王堆汉墓帛书《老子》甲本卷后古逸书《九主》篇：

> 后曰：天企（法）何也。伊尹对曰：天企（法）无□，复（覆）生万物，生物不物，莫不以名，不可为二名。此天企（法）也。（《九主》）①

《九主》也是一篇具有黄老道家倾向的作品。关于“天法”是什么的问题，伊尹对“后”即君主回答说，“道”能够覆生万物，却不是具体的物，就物而言，万物都必须通过“名”来识别、管理，但“名”只能有一种，而不能有多种，这就是“天法”。由此可见，在《九主》篇看来，“法”的推行其实很简单，就是依赖“名”来管理“物”，但“名”必须是独一无二的，不然就失去了其规定性。因此，独一无二的“名”（其实就是“正名”）正是“天法”的体现。在这里，“名”“法”不是并列的关系，几乎就是重合的关系了。

如前文所言，《黄帝四经》中有大量有关“名”的论述，下面列举几段比较有代表性的文例：

> 天下有事，必审其名。名□□循名廄（究）理之所之，是必为福，非必为材（灾）。是非有分，以法断之；虚静谨听，以法为符。（《经法·名理》）

这是说，当天下的政治形势发生变化时，第一步的工作就是审“名”，“名”确立了，是非判断的标准也确立了。是非判断的标准确立了，就可以实施“法”的裁断了。

> 是故天下有事，无不自为刑（形）名声号矣。刑（形）名已立，声号已建，则无所逃迹匿正矣。（《经法·道法》）

这是说，当天下的政治形势发生变化时，“刑（形）名”（实际上指的是确定的

---

① 渡辺賢編：「馬王堆漢墓帛書老子甲本卷後古佚書九主編」，『中国出土資料研究』創刊号，1997。

秩序、规范）、“声号”（实际上指的是政策、法令）就会自发地发挥作用。只要“刑（形）名”和“声号”系统建立起来了，就没有谁能逃得过它的控制和管理。

> 居则有法，动作循名，其事若易成。若夫人事则无常，过极失当，变故易常；德则无有，昔（措）刑不当。居则无法，动作爽名，是以僇（戮）受其刑。（《十大经·姓争》）

从这段话可以看出，《黄帝四经》认为政治行为是否有效、得当，关键在于是否“有法”“循名”。在这里，“名”“法”显然被并列在一起，成为政治上最高的、最根本的要素，具有规范、规则的效应。

> 黄帝问力黑：……请问天下有成法可以正民者？力黑曰：然。昔天地既成，正若有名，合若有刑（形），〔乃〕以守一名。……吾闻天下成法，故曰不多，一言而止。循名复一，民无乱纪。（《十大经·成法》）

这段话通过黄帝之口明确表示，如果用一句话来概括天下的“法”，那就是“循名复一”，这同样是将“循名”看作最高政治原则，同时也是将“法”的实质和“名”的作用紧密联系起来。

以上文例反映出《黄帝四经》中“名”“法”连用、“名”“法”并举的现象十分普遍，其中的“名”有时也用“形名”来表达，从中可以看出两种情况：其一，和《九主》篇一样，作者把“名”尤其是“正名”看作政治上的最高法则。《十大经·成法》中的“吾闻天下成法，故曰不多，一言而止。循名复一，民无乱纪”代表了这一倾向。其二，虽然“名”“法”都与规则、规范相关联，但一般都是“名”在前“法”在后，“名”的确立是“法”生成过程中的必要前提，因此“名”的作用似乎更为重要。《经法·名理》中的“循名廄（究）理之所之，是必为福，非必为材（灾）。是非有分，以法断之；虚静谨听，以法为符”代表了这一倾向。

接下来考察汉初的文献，首先看司马谈的《论六家要指》：

> 法家严而少恩；然其正君臣上下之分，不可改矣。名家使人俭而善失真；然其正名实，不可不察也。（《史记·太史公自序》）
>
> 法家不别亲疏，不殊贵贱，一断于法，则亲亲尊尊之恩绝矣。可以行一时之计，而不可长用也，故曰“严而少恩”。若尊主卑臣，明分职不得相逾越，虽百家弗能改也。名家苛察缴绕，使人不得反其意，专决于名而失人情，故曰“使人俭而善失真”。若夫控名责实，参伍不失，此不可不

察也。(《史记·太史公自序》)

和《庄子·天下》篇一样，司马谈也持以“道”为首的立场，但对其余五家，他并非一概同等对待，而是有所区分的。例如，他把“儒”“墨”放在一起，将“名”“法”放在一起，说道家“采儒墨之善，撮名法之要”。从以上名家和法家之定义来看，两者其实非常接近，都是一种统治术，只是重点有所不同而已。日本学者津田左右吉甚至认为这两家并无区别：“对照法家和名家，这两家几乎可以看作一家，将名家和法家做名称上的区别，实在是件奇怪的事，司马谈对名家的解释恐有失当之处吧。”[①] 说司马谈之名家定义失当，这是因为今人只知道以公孙龙、惠施、墨辩为代表的，其某些论述接近西方逻辑学的那一类名家，笔者将其称为“知识型名家”。司马谈对知识型名家虽有所论及，但却是批判和否定的。在司马谈的心目中，值得肯定的是另外一种名家，即其理论有益于“治”、可以为君主专制主义提供服务的政论型名家，这种名家在作用和功能上确实和法家有重合之处。

接下来探讨《尹文子》的情况，下面列举数段有代表性的文例：

名有三科，法有四呈。一曰命物之名，方圆白黑是也。二曰毁誉之名，善恶贵贱是也。三曰况谓之名，贤愚爱憎是也。一曰不变之法，君臣上下是也。二曰齐俗之法，能鄙同异是也。三曰治众之法，庆赏刑罚是也。四曰平准之法，律度权量是也。(《大道上》)

庆赏刑罚，君事也；守职效能，臣业也。君科功黜陟，故有庆赏刑罚；臣各慎所务，故有守职效能。君不可与臣业，臣不可侵君事，上下不相侵与，谓之名正，名正而法顺也。(《大道上》)

君子非乐有言，有益于治，不得不言。君子非乐有为，有益于事，不得不为。故所言者，不出于名法权术，所为者，不出于农稼军阵，周务而已。(《大道上》)

老子曰：“以政治国，以奇用兵，以无事取天下。”政者，名法是也，以名法治国，万物所不能乱。奇者，权术是也，以权术用兵，万物所不能敌。凡能用名法权术，而矫抑残暴之情，则己无事焉。己无事，则得天下矣。(《大道下》)

仁、义、礼、乐、名、法、刑、赏，凡此八者，五帝三王治世之术也。……名以正之，法以齐之，……名者，所以正尊卑，亦所以生矜篡；

① 津田左右吉：『道家の思想と其の展開』，255页，東京，岩波書店，1939。中文为笔者所译。

> 法者，所以齐众异，亦所以乖名分。（《大道下》）
>
> 古者君之使臣，求不私爱于己，求显忠于己。而居官者必能，临阵者必勇，禄赏之所劝，名法之所齐，不出于己心，不利于己身。（《群书治要》所收《尹文子》逸文）

在古典文献中，“名”“法”并举现象最为普遍的就是《尹文子》了。关于《尹文子》是否为伪作及何时成书的问题，笔者有过非常详尽的考证。笔者认为今本《尹文子》有后人改造、重编的痕迹，因此无法断言它就是先秦尹文子的原著，但后人在改造、重编时所依据的材料显然有先秦的成分，因此视其为西汉以后的作品，可能更稳妥些。[①] 不过，正因为《尹文子》经过了后人的加工，所以它关于“名”“法”关系的论述有驳杂的特征。例如，《尹文子》认为“名”“法”都是君主的统治工具，但关于这两种工具之具体内涵和范围，《尹文子》有两种说法：一种说法是“名有三科，法有四呈”，即两者都是政治必须依据的规范，《尹文子》为这两种规范做了彻底的分类。而另一种说法则是从其功能出发，即“名”“法”虽都与规则相关，但其作用并不相同。其作用可以用一纵一横来表达。纵者，“名”也，用“名”来确定社会的上下贵贱尊卑等级秩序；横者，“法”也，用“法”来确定社会上上下贵贱尊卑不同阶层都必须遵循的共同的秩序。因而在功能和作用上，这两者是相辅相成的。《尹文子》也有“名”在前、“法”在后的意识。如“君不可与臣业，臣不可侵君事，上下不相侵与，谓之名正，名正而法顺也”所言，“法”的正确施行与否，与“名分制度”的确定与否相关。

此外，笔者以为，《尹文子》的“名”与“分”或“名”与“称”也有和“名”与“法”可以对应之处。例如：

> 名宜属彼，分宜属我。我爱白而憎黑，韵商而舍徵，好膻而恶焦，嗜甘而逆苦。白黑，商徵，膻焦，甘苦，彼之名也。爱憎，韵舍，好恶，嗜逆，我之分也。定此名分，则万事不乱也。（《大道上》）
>
> 名称者，别彼此而检虚实者也。自古至今，莫不用此而得，用彼而失。失者，由名分混。得者，由名分察。今亲贤而疏不肖，赏善而罚恶。贤不肖善恶之名宜在彼，亲疏赏罚之称宜属我，我之与彼，各（或作

---

① 参见曹峰：《〈尹文子〉所见名思想研究》，见王中江主编：《新哲学》，第8辑，郑州，大象出版社，2008。顺便指出，本章《尹文子》原文依据的是伍非百：《中国古名家言》，北京，中国社会科学出版社，1983。

> “又”，据伍非百本改）复一名，名之察者也。名贤不肖为亲疏，名善恶为赏罚。合彼我之一称而不别之，名之混者也。故曰：名称者，不可不察也。(《大道上》)

这两段话表明，赋予对象的名称（如“贤不肖善恶之名”）以及和名称相应的政治行动（如“亲疏赏罚之称”）要严格地区分开来，但都由“我”即君主来操纵和把握。在将“贤不肖善恶之名”赋予臣下的同时，实施“亲疏赏罚之称”即类似于“法”的举动，因此，“名”的赋予权与“法”的执行权都必须由君主独断，不可轻易地让出去。

综合以上文例，可以看出先秦秦汉时期“名”“法”连用有三种倾向。第一，由于“名”对“物”（或者说“实”）具有规定性，所以“名”作为是非判断的基准，其自身就是不可侵犯的最高的准则。《荀子・正名》虽然没有“名”“法”并举，但也非常明确地把“正名”和“符节度量”“法”“数”“是非”联系在一起，称名为“名约”“名守”。如果“正名”能够确立，那就可以起到“上以明贵贱，下以辨同异”的政治作用。因此，所谓“法”的建立可以等同于“正名”的树立，前引马王堆帛书《九主》、《黄帝四经・十大经・成法》，都明白地指出了这一点。正因为“名”“法”都具有绝对的、公正的意义，是一种政治工具，所以在这个时期，将“名”“法”与“度”“量”“衡”或“符”“节”连用极为常见。这类例子不胜枚举，在此仅举一例。《尹文子・大道上》云：“故人以度审长短，以量受少多，以衡平轻重，以律均清浊，以名稽虚实，以法定治乱，以简治烦惑，以易御险难，以万事皆归于一，百度皆准于法。归一者，简之至。准法者，易之极。如此，顽嚚聋瞽，可与察慧聪明，同其治也。”①

此外，如《尹文子・大道上》“四曰平准之法，律度权量是也”所示，“律度权量”被看作“平准之法”即法律的一种。《管子・揆度》则将“权”“衡”“规”“矩”这些自然基准、规范直接同“正名”联系起来：

> 桓公曰：“事名二、正名五，而天下治。”“何谓事名二?”对曰：“天策，阳也。壤策，阴也。此谓事名二。”曰：“何谓正名五?”对曰：“权也、衡也、规也、矩也、准也，此谓正名五。……人君失二五者，亡其国。大夫失二五者，亡其势。民失二五者，亡其家。此国之至机也，谓之国机。”

---

① “以简治烦惑”，钱熙祚指出道藏本和《群书治要》本“治”作“制”。“以万事皆归于一”，钱熙祚指出“万事”上“以”字为衍字。参见尹文：《尹文子》，钱熙祚校，上海，世界书局，1935。

无疑这是将“二五”（事名二、正名五）视为国家统治上的根本法则。

第二，就统治者而言，“名”和“法”作为两种不同的统治手段，有着分工上的不同。司马谈《论六家要指》在政治作用上将名家和法家既并列又区分，《尹文子》有“名有三科，法有四呈”“名以正之，法以齐之”的说法，都证明了这一点。

第三，有时“名”还是“法”的前提。“名”是确定不移的制度的化身，“法”则是具体的实施手段。这从《黄帝四经》和《尹文子》中也能找到证明。

总之，在中国的某一历史时期，“名”“法”都被视作现实政治中最高最根本的因素。和“法”一样，“名”也对形成和维持秩序发挥着重要作用。

第三节　“名”“法”对举形成的原因

对于“名”“法”的机能和作用相近的现象，前人并非没有察觉，如梁启超在其《先秦政治思想史》中说：“实则名与法盖不可离，故李悝法经，萧何汉律，皆著名篇。而后世言法者亦号‘刑名’。”[①] 胡适在论及《尹文子》时说：“尹文的法理学的大旨只在于说明‘名’与‘法’的关系。”[②] 吕思勉在《先秦学术概论》中称名、法二家相通，而皆不与道家相背，“法因名立，名出于形，形原于理，理一于道，故名、法之学，仍不能与道相背也”[③]。汪奠基《中国逻辑思想史》有一节专论“管子的名法思想”。[④] 温公颐《先秦逻辑史》有一节专论“名和法”。[⑤] 白奚《稷下学研究——中国古代的思想自由与百家争鸣》也说：“以名论法、法为名用是稷下黄老派形名理论的共同特征。”[⑥] 日本学者高山节也（高山節也）在《法家中的形与名》（法家における形と名）中说：“法家的‘名’中也包含‘法’的意识。”[⑦] 日本学者谷中信一的《稷下“道法”思

① 梁启超：《先秦政治思想史》，172页。

② 胡适：《中国哲学史大纲》，312页，北京，东方出版社，1996。

③ 吕思勉：《先秦学术概论》，309页，昆明，云南人民出版社，2005。

④ 参见汪奠基：《中国逻辑思想史》，184～187页，上海，上海人民出版社，1979。

⑤ 参见温公颐：《先秦逻辑史》，260～264页。

⑥ 白奚：《稷下学研究——中国古代的思想自由与百家争鸣》，208页。

⑦ 高山節也：「法家における形と名」，『佐賀大学教育学部研究論文集』，1980，28（1）。中文为笔者所译。

想的形成——利用〈管子〉所见秩序、调和观做出的考察》(稷下における『道法』思想の形成—『管子』に見える秩序・調和観を通じて—)在讨论《管子·白心》篇“名正法备，则圣人无事”时认为，“名”“法”都是直接与秩序相关的规范。[①] 但这些论述大多不顾“名”“法”并举现象的时代特征和学派特征，显得泛泛而谈；对于造成“名”“法”并举现象的思想史原因，以及两者的内在关系缺乏细致的分析；对于最关键的问题，即为什么要“名”“法”并举，既然有了“法”，为什么还要说“名”，换言之，为什么“法”的一部分机能必须由“名”来表达，尚未给予解答。

综合上一节的文例，显然可以看出，这些作品多出于道家（黄老道家）及与道家有关的法家、名家著作，而且时代也局限于战国中晚期到汉初，这是不容忽视的现象，必然有其历史的原因。笔者以为，这既是“法”思想和“名”思想发展到一定程度的产物，也是君主专制制度发展的要求。毋庸置疑，与君主专制体制相应的“法”，即具有普遍性、绝对性意义的“法”之诞生也是在战国中晚期，在这之前，虽然有“法”这个名词，但它更多被当作“刑罚”来使用，并不具备上述意义。同样，“名”这个名词虽然早就在用，但仅有名称、名誉等意义而已，“名”被抬升到与“法”并列的地位，“名”“法”一起成为政治上最为重要的两个项目，是战国中期以后“法”思想和“名”思想相互利用、相互结合的产物。黄老思想虽然以道为首，但作为一种指导具体政治实践的实用哲学，必然要将政治中最重要的组成部分纳入到其理论体系之中，这就形成了以道为首、以“名”“法”为用的思想格局，这从另一角度反映了两者在当时政治上所占有的地位。

“名”能够成为政治上最重要的一环，与注重“事实判断”的知识型名家的发展不无关系。众所周知，知识型名家的理论中无论是“名学”（与名称相关的概念论），还是“辩学”（论辩的技巧手段），都力求以定义的方式把结论作为一种是非的准则确定下来。荀子虽然反对知识型名家做无益于治的语言游戏，但他也认为被约定了的“名”，被君主在政治上认可了的“正名”，其实就是一种具有规定性的规则、准则。所以荀子非常明确地把“正名”和“符节度量”，和“法”“数”“是非”放在一起，称“名”为“名约”“名守”。需要指出的是，荀子的“正名”主要着眼于语言和思维上的混乱，基本上与“名分”之“正名”无关。[②] 因此，荀子至少在语言和思维的角度上，将“正名”提升

---

① 谷中信一：「稷下における『道法』思想の形成—『管子』に見える秩序・調和観を通じて—」，『日本女子大学紀要』文学部 48，1999。

② 参见曹峰：《〈荀子·正名〉篇新论》，见庞朴主编：《儒林》，第 4 辑。

到了政治头等大事之列。

荀子急于“正名”，目的在于剥夺长于抽象思辨、“专决于名”却有害于专制体制的知识型名家利用语言确定是非判断标准的自由权利，要把语言的霸权交到君主的手中。法家及与法家立场一致的政论型名家则不能容忍儒、墨操纵把握与“价值判断”相关之“名”，力主君主要将“毁誉、况谓”这类价值判断之“名”也把握在自己手中，前引《尹文子》“名有三科”，以及前引关于“名”“分”之别、“名”“称”之分的两段话正表明了这种思想倾向。

“名”的问题之所以备受重视，还与战国中期以后另一个重要话题“名分制度”的确立密切相关，这几乎是所有学派都热烈讨论的话题。无论是儒家的荀子，还是法家的商鞅、韩非，抑或是具有黄老思想倾向的慎到、申不害、尸子，在他们的著作及《黄帝四经》中，都可以看到他们建立在“名分”制或“分业”论之上的大同小异的政治理想，即要实现君、臣之间，士、农、商、工之间，甚至贤、愚、能、鄙之间都互不侵扰，各尽其职，井然有序，“全治而无阙”（《尹文子·大道上》）的政治理想，最重要的是确立名分制度，使每个人都处于被规定的正确的位置上；而为了确立名分制度，首先要做的是正名。所以，《尹文子·大道上》会说“名正而法顺”。《商君书·定分》甚至特别指出，为了使“名”（名分）得以确立，有必要动用“法”的手段：

> 故圣人必为法令置官也置吏也为天下师，所以定名分也。名分定，则大诈贞信，民皆愿悫而各自治也。（《商君书·定分》）

还有就是借用了名家的术语和“名实”论思维方式发展起来的法家、黄老道家的“循名责实”说和“形名参同”论。对于君主而言，当对“名”的把握成为保障君主地位的主要手段时，对“名”的重视就甚至要超过“法”了。①

总之，“名”在战国中期以后是一个无比重要的话题。思想的统一、等级制度和社会分工的完善、对臣下的驾驭，这类与君主专制制度存亡相关的问题都与“名”相关。打开当时人的著作，如果有谁不谈“名”，反而是件奇怪的事了。这种对“名”的热烈关注，导致了对“名”近乎畸形的高度评价。如“名者，圣人之所以纪万物也”（《管子·心术上》），“有名则治，无名则乱，治者以其名”（《管子·枢言》），“名者，天地之纲，圣人之符”（《申子·大体》），

① 黄老道家对“名”的强调，可能还有一个原因，即“法”强调不得不为，其性质是强迫和无条件的遵守，而“名”对“物”的规制则是一种自发的行为，它对人的约束，其作用方式有点接近于儒家建立于人情之上的“礼”，符合道家无为的宗旨。

“名正则治，名丧则乱”（《吕氏春秋·正名》），“至治之务，在于正名”（《吕氏春秋·审分》），“用一之道，以名为首。名正物定，名倚物徙”（《韩非子·扬权》）。只要依赖“名”的自发的作用（如《韩非子·扬权》所说“使名自命，令事自定”），君主就可以“无为而治”，那么，统治者当然要视“名”为“宝”了。

在我们今天看来，战国中晚期至汉初所出现的关于“名”的奇异现象，其实是一个法治国家在形成过程中，对规范、准则的作用和意义超乎寻常的追求和崇拜，反过来讲，它正反映了君主地位的不稳固和法治国家体制的不完善。因此，“名”在某种程度上代替了“法”的机能和作用，所以会出现“吾闻天下成法，故曰不多，一言而止。循名复一，民无乱纪”（《黄帝四经·十大经·成法》）之类的说法。

“名”“法”并列在当时是正常的现象，“名”先于“法”也是可以理解的正常现象。它表现为两种形态。一种如《尹文子·大道上》“君不可与臣业，臣不可侵君事。上下不相侵与，谓之名正，名正而法顺也”及《吕氏春秋·审分》“不正其名，不分其职，而数用刑罚，乱莫大焉”所言，指名分的确立是“法”得以正确执行的前提。一种如《黄帝四经·经法·名理》“循名廄（究）理之所之，是必为福，非必为材（灾）。是非有分，以法断之；虚静谨听，以法为符”所言，审“名”作为一种是非判断的活动在前，“法”作为一种行动和措施在后，“名”的审查成为“法”的实施在逻辑上的前提。即从抽象的原理看，由“名”到“法”是君主从审查到决策再到实施的一个完整的过程。

“名”在先、“法”在后的思维模式，很有可能受到了典型的知识型名家的影响，因为这类名家鼓吹通过“辩”来确定是非。例如，《墨子·小辩》说：“夫辩者，将以明是非之分，审治乱之纪，明同异之处，察名实之理，处利害，决嫌疑。”即在“是非之分”“治乱之纪”形成之前，需要充分地辩论。晋代的鲁胜在《墨辩注序》中也说：“名者，所以别同异，明是非，道义之门，政化之准绳也。”因此，通过“辩”确定的“名”就不再有暧昧性、相对性、随意性、多变性，代表了对本质的把握，具有了公平无私、绝对不变的性质。黄老道家、法家、政论型名家虽然放弃了辩论的形式，但接受了这种通过审“名”察“名”来分辨是非的思维方式，因为他们所追求的规则、准则也需要这种客观性、绝对性、必然性、有效性、可操作性。“名”“法”两者显然都具有上述性质。“名”“法”在政治作用上的相似，在司马谈的《论六家要指》中得到了最充分的反映。

所以，笔者以为，在战国中晚期到汉初，即追求绝对君权的政治体制成长完善之际，为专制君主服务的带有普遍性、绝对性意义的法则、标准系统，是由“名”“法”共同体现的，两者在机能上既有分工上的不同，可以相互补充，又有相互重合之处。然而到了汉初以后，专制君主的绝对权威已经确立，“名”曾经具有的促进规则规范系统发生的机能不再受到重视，“名”思想的舞台日渐消失，“名”思想被“法”思想取代或者说包容了。历史上，只有在和战国中晚期到汉初相似的特殊时期，“名”“法”对举、“名”“法”连用的情况才会重新出现。东汉末年，曹操“术兼名法”（《文心雕龙·论说》），就有重新建立政治系统、重新树立规则规范的背景可寻。

余论 “名”是一种力量

“名”之所以在中国古代政治思想中具有如此高的地位，与古已有之的“名”能够把握对象本质、表现对象实质的神秘观念有关。早期“名”思想的神秘性使“名”充当政治工具成为可能。如果把“名”仅仅看作逻辑学、语言学或先秦知识论研究的对象，就无法解释“名”为何与各家的思想有着如此复杂的关联，无法解释为何“名”在中国古代政治思想中具有如此高的地位。如本章所阐述的那样，“名”在中国古代就是一种建构政治秩序、塑造社会规范、约束人际关系的有效的力量，是一种和现实生活密切相关的、有血有肉的、热气腾腾的东西，而非冷冰冰的思辨。从这个意义上讲，“名”的作用可以与“礼”和“法”相比，或者事实上成为“礼”和“法”的一部分。因此，“名”很大程度上应该是政治学、伦理学研究的对象。无论在政论型名家那里，还是在道家、儒家、法家那里，这一点都是一样的。

具体而言，通过考察孔子“正名”说形成的复杂化过程，可以发现，孔子“正名”说和“名分”论、“名实”论并无天生的联系。孔子“正名”并不是要建立什么“名”的规范系统，而是在历史上第一个意识到了语言对政治的重要性。通过考察《荀子·正名》的完整内涵，可以发现，荀子的“名”思想的根本精神是：语言的问题就是政治的问题，要解决政治的问题必须首先解决语言的问题。通过考察《管子》的《心术上》《心术下》《白心》《内业》四篇和《韩非子》的《解老》《喻老》《主道》《扬权》四篇，可以发现，黄老道家是如何将“名”思想导入政治领域，使其发挥出特殊作用的。通过考察《黄帝四经》的思想构造，可以发现，不能只讲“道”“法”关系二元结构，而必须着眼于“道”“名”“法”关系三元结构。“名”在《黄帝四经》中是一个极其重要的概念，不对“名”做细致的描述和准确的分析，就很难把握《黄帝四经》的政治思想。通过考察《吕氏春秋》的《正名》《审分》二篇，可以发现，《吕氏春秋》整合了当时与“正名”相关的最主要的两种思想，一种和语言相关，一种和名分相关。在中国即将走向统一的前夜，具备杂驳、兼容特征的《吕氏春秋》将这两个体系的“正名”思想汇合到了一起。通过考察《尹文子》全书，可以发现其“名”思想来自当时各家的名学，几乎涉及“名”思想的所有重要命题，如“形名”论、“名分”论、“名实”论等，体现出与政治相关之“名”思想的集大成性，在中国古代文献中十分少见。

从战国中晚期到汉代初期，“名”作为一个极为流行、备受关注的话题，大致可以分为两个大的系统，一是从语言的角度，二是从名分制度的角度。语言的角度探讨语言是否能够被规范，以及如何加以规范的问题，它与以惠施、公孙龙及墨辩学者为代表的知识型名家所做的纯粹抽象思辨相关，也和以《荀子・正名》篇为代表的语言霸权说相关。名分制度的角度讨论的是社会等级身份制度如何被确立的问题，它受到儒家、法家、黄老思想家、政论型名家的共同关注。这两个角度的共通之处在于，两者的目标都是秩序和规则的形成。

语言必然有其不完全性、随意性、相对性、暧昧性的问题。孔子的“正名”已注意到语言的这些特征对政治的影响。道家的“言不尽意”表明道家认为仅仅通过人的感觉经验和知觉经验根本不可能准确地、完整地、真实地反映世界的本质。早期儒家通过君子个人的道德自律，即通过少言多行、言行一致，去尽力避免或减少语言的随意性问题。知识型名家则致力于消除语言的随意性，他们承认百人百义，但相信如果设定共同的前提，按照严格的思维方式或辩论方式，就可以在某种前提下，最大限度地达成“名”“实”的一致，从而做出是非判断。《荀子・正名》篇则认为，与道德意识无关的知识型名家所做的“正名”之努力，带来的反而是语言和思想上更大的混乱，所以，荀子认为语言的根本问题是政治的问题。“名”“实”的一致即思想上的统一只能通过外在的政治手段和内在的道德自律来达成。法家和黄老思想家的总体立场与荀子一致，也认为专制君主必须拥有语言霸权。但他们更致力于把“名实”论和“形名”论改造成实用而有效的政治操作手段，通过赏罚的手段彻底消除语言的暧昧性、随意性带来的政治后果。

如前所述，名分制度是所有学派都热烈讨论的话题，无论是儒家的荀子，还是法家的商鞅、韩非，抑或是具有黄老思想倾向的慎到、申不害、尸子，在他们的著作及出土文献《黄帝四经》中，都可以看到他们建立在名分制或分业论之上的大同小异的政治理想：要实现君、臣之间，士、农、商、工之间，甚至贤、愚、能、鄙之间都互不侵扰，各尽其职，井然有序，“全治而无阙”（《尹文子·大道上》）的政治理想，最重要的是确立名分制度，使每个人都处于其被规定的正确的位置上；而为了确立名分制度，首先要做的是正名。

战国中晚期到汉代初期是一个从无序走向有序的时代，思想的统一、等级制度与社会分工的完备、对臣下的督责，这些与君主专制制度存亡密切相关的问题都和“名”连在一起。“名”思想既然有助于秩序和规范的形成，当然会受到包括君主在内的所有政治家，以及所有学派的关注，当然会变成一种实用而有效的理论，当然会在性质上与“法”思想发生重合。打开当时人的著作，如果有谁不谈“名”，反而是件奇怪的事了。这种对“名”的热烈关注，导致了对“名”近乎畸形的高度评价。战国中晚期至汉初所出现的关于“名”的奇异现象，其实是一个法治国家在形成过程中，对规范、准则的作用和意义超乎寻常的追求和崇拜，反过来讲，它正反映了君主地位的不稳固和法治国家体制的不完善。到了政治格局基本确立，语言和思想的统一不再成为首要政治问题的时候，“名”思想也就渐渐退出了思想史舞台，其一部分内容融入了“法”思想和儒家思想之中。只有到了与战国中后期至汉代初期相似的特殊时期，如东汉末年、魏晋时期，“名”思想才稍有复兴的迹象。

曹　峰

参考文献

曹峰．《荀子·正名》篇新论//庞朴．儒林：第4辑．济南：山东大学出版社，2008.

丁亮．“无名”与“正名”：论中国上中古名实问题的文化作用与发展//林庆彰．中国学术思想研究辑刊：二编．台北：花木兰文化出版社，2008.

曹峰．孔子“正名”新考．文史哲，2009（2）．

曹峰．对名家与名学的重新认识．社会科学，2013（11）．

曹峰．“名”是《黄帝四经》中最重要的概念之一——兼论《黄帝四经》中的“道”“名”“法”关系//徐炳．黄帝思想与道、理、法研究．北京：社会科学文献出版社，2013.

曹峰．中国古代关于“名”的政治禁忌//孙熙国，李翔海．北大中国文化研究：第3

辑. 北京：社会科学文献出版社，2013.

曹峰. 作为一种政治思想的“形名”论、“正名”论、“名实”论. 社会科学，2015（12）.

曹峰. 先秦道家的“无名”与“有名”. 思想与文化，2015（2）.

王小林. 日中比較思想序論——「名」と「言」. 東京：日本汲古書院，2016.

苟东锋. 孔子正名思想研究. 上海：上海人民出版社，2016.

第九章 隆礼重法：荀子的政治哲学

荀子，名况，字卿，战国末期赵国人，先秦儒家的殿军，也是对儒学做出系统总结的儒者。与孟子不同，荀子主要继承、发展了孔子的礼学，提出了隆礼重法的政治哲学，代表了与孟子不同的致思路向，故有必要将荀子与孟子相对比，以揭示其政治哲学的内涵与特色。

在荀子看来，君子所欲实现的群居和一的世界自然是一个秩序井然的世界，此一井然有序的世界原是从一个充满“争”与“乱”的世界过渡实现而来的，而且荀子此一“争”和“乱”的理论构想也与其所处的现实世界完全相似。假如我们把视角稍稍放大一点，即可发现，孟子虽然没有荀子那样的关于“自然状态”的理论构想，但孟、荀却面临相似的时代背景，即物欲横流、争战不休的世界，同时，孟、荀也有相同的重建秩序的时代任务和主题。问题在于，要实现由“争”到“让”或由“乱”到“治”的过渡，其间即有方法入路上的讲求。换言之，是由心性道德直线以求政治秩序的实现呢，还是以政治和政治目标为首出原则以言道德的规范法则？审如是，则如果我们从道德与政治的角度切入，是否可以发现孟、荀之间的差别呢？因为通常我们都会认为，先秦儒家作为一个整体，大体上表现为一种德化政治的形式，荀子思想虽被一些学者称为礼治主义，但也与孔孟的德治主义相类。然而，孟子以“仁”直接推求政治秩序之实现与荀子以“礼”为架构重建政治秩序，这两种看法实即一者由道德而说政治，一者由政治而说道德，前者表现为道德化的政治，后者表现为政治化的道德，其间的长短得失正是本章所欲探讨的主题。

第一节　政治、道德与政治的道德基础

我们知道，先秦诸子——不特儒家——之兴起，大体皆面临着一个“周文疲弊”“礼崩乐坏”的问题，因此，如何克乱成治、安顿社会秩序便成了他们立言指事的一个中心议题。张舜徽曾经说过：“周秦诸子之言，起于救时之急，百家异趣，皆务为治。”① 理论上，救时之急指向秩序之安顿，而秩序问题则指向政治之主题。虽然在孟、荀之时，重整政治秩序之主题已被时代推到了前台，但是，如何建立秩序？建立何种秩序？这些问题在各家各派乃至在同一学派内部依然纷争不断，前者涉及方法，后者则涉及目的。②

就孟、荀而言，在“建立何种秩序”（目的）的问题上，笼统地说，他们之间有大体相同的理论诉求，亦即指向寻求一种儒家式的王道秩序。③ 然而，在“如何建立秩序”（方法）的问题上，孟、荀却存在着分歧。简单地说，孟子希望从道德而说政治，荀子则试图从政治而说道德。由道德而说政治，其结果则可能由道德的理想主义转而成为政治的空想主义；由政治而说道德，其结果则可能由政治的现实主义导致道德的“控制主义”。如果从这个角度上看，则孟、荀各自的偏失可得一解，而荀子对孟子的批评亦还可见其“意义剩余”。

不过，在具体说明此一分歧之前，我们还必须区分清楚：“从道德而说政治”或“从政治而说道德”与“政治的道德基础”乃是两种不同性质的问题，不能把它们混淆起来。政治的道德基础或政治为什么必须讲道德讨论的是从道德的立场而要求的政治的正当性问题，人有权要求得到国家的公正对待，我们也常常从道德的角度去要求政治和批判政治，因此，作为制度的政治必须接受来自道德的质询，亦即从道德的观点去评判政治本身是否合于正义。而本章所

---

① 张舜徽：《周秦道论发微》，“前言”，北京，中华书局，1982。

② 艾米尼（Loubna El Amine）提出了一个非常有趣的问题，他一反学界认为的儒家的政治主张乃是其伦理思想的自然延伸的看法，认为儒家的政治观念并非直接来自儒家的伦理学，政治秩序是儒家政治思想的中心推动原则，并认为，早期儒家所提倡的许多政治行为并非严格意义上的服从于自我修养的伦理学。艾米尼之说有自己的理路和脉络，本章不欲对此进行全面的评论。参见 Loubna El Amine, *Classical Confucian Political Thought—A New Interpretation*, Princeton, Princeton University Press, 2015, pp. 15-16, 26, 146。

③ 此处所谓“大体相同”一说，只是笼统言之，若细究之，自然仍有差别。

谓“从道德而说政治”或“从政治而说道德”讨论的则是政治秩序建立的次序与方法问题，无论孟子还是荀子皆十分注重政治的道德基础，但政治（秩序）问题不能即是道德问题，反过来，道德问题也不能即是政治问题。站在今天的立场，虽然我们会认为政治与道德两者有密切的关联，但毕竟道德是个人修身之事、无限之事，而政治治人却是大众之事、平面之事，道德是从教化上立人格的命，而政治是从制度上立人权的命①，两者对象不同、性质不一、方向各异。

就西方而言，政治与道德的分离大概可以从马基雅维利算起。萨拜因在《政治学说史》一书中曾这样描述道：“他（指马基雅维利）所写的几乎都是治理之道、强国之术、扩权之策以及导致国家衰亡的各种错误。政治手段和军事措施几乎是他关注的唯一课题，而且他还把这种手段和措施同宗教的、道德的和社会的因素几乎完全分隔开来，除非后者影响到了政治策略。”② 由此可以看出，马基雅维利将古典政治哲学中的德性概念加以剥离，把政治理解成与道德无关的、纯粹权力运作的技艺。逮至霍布斯，政治哲学的基础已完全建立在人的理性的基础之上，规则、条令、责任、义务等概念取代了德性，他“旨在证明的并不是实然的统治，而是逻辑意义上的必然的统治，其目的就是要成功地控制人，因为人的动机也就是人为机器的动机”③。

无疑，将道德完全从政治中剥离出去，在理论上可能会存在许多问题，儒家在此一问题上则始终坚持政治对道德的承诺，坚持两者的统一不分。当然，儒家抱持“政治的道德基础”此一立场并不意味着混淆道德与政治，在理论上有其合理性，这也是两个不同性质的问题。在终极的理想上，孟、荀都认为，道德秩序即是政治秩序，或政治秩序即是道德秩序，但在“如何建立秩序”的次序问题上，孟、荀两人却有方法入路上的差别。牟宗三先生认为：“孔子与孟子俱由内转，而荀子则自外转。孔孟俱由仁义出，而荀子则由礼法入。”④ 又云：孟子“特顺孔子之仁教转进悟入而发挥性善……荀子特顺孔子外王之礼宪而发展”⑤。牟先生此说是从总体上阐述孔、孟、荀思想的特点，今暂且撇开孔子不论，即就孟、荀而言，此处“由仁义出”和“由礼法入”也可以看作两人

① 参见徐复观：《为生民立命》，见《儒家政治思想与民主自由人权》，台北，台湾学生书局，1988。

② ［美］萨拜因：《政治学说史：民族国家》（第 4 版），邓正来译，14～15 页，上海，上海人民出版社，2015。

③ 同上书，177 页。

④ 牟宗三：《历史哲学》，120 页，台北，台湾学生书局，1988。

⑤ 牟宗三：《名家与荀子》，203 页，台北，台湾学生书局，1979。

在安顿社会政治秩序上的方法的不同，“由仁义出”表现为“从道德而说政治”，“由礼法入”则表现为“从政治而说道德”。从重建秩序这一时代课题而言，这一不同也是导致荀子强烈批评孟子的原因之一。以下我们只就孟子言“仁”与荀子言“礼”之意义及其关系略加说明。

第二节　德的可欲性与政治的可行性

基本上，我们可以这样来了解孟子立言的问题意识，此即面对霸术横行、世衰道丧、“争地以战，杀人盈野；争城以战，杀人盈城”（《孟子·离娄上》）的时代现实，孟子主张，重建社会政治秩序的最有效也是最直接的方法就是推扩每个人内在的仁心（道德心性）。孟子的逻辑十分清楚而明确。首先，给出历史和理论的说明：“尧舜之道，不以仁政，不能平治天下。今有仁心仁闻而民不被其泽、不可法于后世者，不行先王之道也。”（《孟子·离娄上》）“未有仁而遗其亲者也，未有义而后其君者也。”（《孟子·梁惠王上》）其次，奠定“从道德而说政治”的理论基础：“人皆有不忍人之心。先王有不忍人之心，斯有不忍人之政矣。以不忍人之心，行不忍人之政，治天下可运之掌上。”（《孟子·公孙丑上》）故秉此不忍人之心“苟能充之，足以保四海”（《孟子·公孙丑上》）。最后，阐释实现的途径和方法：“老吾老，以及人之老；幼吾幼，以及人之幼。天下可运于掌……言举斯心加诸彼而已。故推恩足以保四海，不推恩无以保妻子。古之人所以大过人者，无他焉，善推其所为而已矣。”（《孟子·梁惠王上》）“人人亲其亲、长其长，而天下平。”（《孟子·离娄上》）以上三点就孟子“从道德而说政治”之内容表现而言或有遗漏，但核心当不偏不差。

仔细观察孟子的这种思考逻辑，其中蕴含了一个核心观念，即在孟子看来，个人内在的心性道德或人的怵惕恻隐之心乃是政治秩序实现的充分条件，由道德而政治是直观地表现出来的，而且两者在内容上是同质的。刘殿爵认为：“孟子的政治哲学……不仅与他的道德哲学相一致，而且是从道德哲学中衍生出来的。”[①] 孟子云：“人有恒言，皆曰‘天下国家’。天下之本在国，国之

---

① C. f. Loubna El Amine, *Classical Confucian Political Thought—A New Interpretation*, p. 4.

本在家，家之本在身。”（《孟子·离娄上》）个人自我之身是道德和家国天下的基础，德化自我之实现即是国家天下秩序之完成。只不过这样一种核心观念似乎仅止于“理”上的“应然”，而不能成为“事”上的“实然”。何故？盖“理”上的“应然”所表现的只是个人心性道德的“可欲性”（desirability），而“事”上的“实然”却要说明政治秩序建立的“可行性”（practicability）。问题在于，成德活动可只求诸个人，欲仁而仁至，无须假借和旁代，而政治行动及政治秩序的建立却须出于对各种利益的考量，涉及权力与支配关系；成德活动可依于个人内在心性的觉悟，随感随应，随应随润，而政治秩序的建立却必须有一个法度常轨的形式上的安立。假如没有对政治和政治秩序之相关概念的特殊性进行必要的反省，纯持一道德实现之思路与方法而言政治，那么，其间之转进也就不免会由道德的理想主义变成政治的空想主义。孟子可以让齐宣王认识到齐宣王有恻隐之心，并且经由其指点使齐宣王也意识到自己应当对其治下的百姓施以好处①，然而却终不能让齐宣王恩及百姓。从道德的角度看，我们当然会赞同孟子对齐宣王“不为也，非不能也”（《孟子·梁惠王上》）的评判，然而，若站在政治的角度看，则无论是齐宣王的“不能”还是“不为”，似乎皆存有待说明的空间。史华兹就认为：“孟子向他那个时代的统治者做了如下说教：要与他们自己心中的善的根源保持接触。但这些似乎全都是无用的，只能使得不同情这种学说的人们确信：儒家几乎完全脱离了现实。”② 为何孟子对齐宣王的“劝导”“全都是无用的”，是“完全脱离了现实”的？因为政治不同于个人的道德修身，政治是“事”上的现实关心，有其自身的对象和逻辑，也有其自身独特的方法。今且撇开其严刑峻法不论，韩非倒以其冷峻的目光对政治现实有着深刻的打量，其云：“处多事之时，用寡事之器，非智者之备也。当大争之世而循揖让之轨，非圣人之治也。”（《韩非子·八说》）然而在孟子的思维中，政治独立于道德的特性已被彻底地取消，政治秩序建立的“可行性”已完全等同于道德修身的“可欲性”。此或正是荀子批评孟子“无辨合符验”（概念不确定）、“起而不可设，张而不可施行”（形式的法度常轨没有安立）的原因之一。

---

① See Kwong-loi Shun, “Moral Reasons in Confucian Ethics,” in *Journal of Chinese Philosophy*, 1989 (16), pp. 322-323.

② ［美］本杰明·史华兹：《古代中国的思想世界》，程钢译，327页，南京，江苏人民出版社，2004。

第三节　“推恩而不理，不成仁”

转至荀子，学者皆认为，与孟子重“仁”相比，荀子思想之核心在“礼”，而言“礼”通常又让人想起道德的行为规范，只不过与孟子的“仁”相比，“仁”重在内，“礼”重在外而已。一个确定的事实是，无论孟子言“仁”还是荀子言“礼”，都与其各自所持的人性论主张有密切的联系。但是，同样明显的是，孟子由性善论直接引出的是道德哲学，荀子由性恶论直接引出的却是政治哲学。因此，当荀子说：“古者圣王以人性恶，以为偏险而不正，悖乱而不治，是以为之起礼义，制法度，以矫饰人之情性而正之，以扰化人之情性而导之也，始皆出于治，合于道者也。”（《荀子·性恶》，本章以下凡引该著，只注篇名）荀子言“礼”的首出意义并不是通常人们所认为的伦理学或道德的行为规范[①]——因为在荀子看来作为人的自然情性的性恶根本不能直接引出道德规范——而首先是为了去乱止争，为了满足人与社会生存和发展的需要及在此基础上所形成的一套社会政治秩序的制度设计。换言之，在荀子那里，政治和道德均需要“礼”（礼义），但与孟子言“仁”不同，荀子言“礼”的首出意义是政治的而非伦理的，是服务于去乱止争以实现“出于治”“合于道”的，其根源在于人性恶，而所谓“出于治”“合于道”，其实质意义即是为了政治秩序之达成。

事实上，荀子所处时代的情状与孟子的大体相同，皆是一个为声色货利和争战所搅动的世界。然而，与孟子信心满满地诉诸个人的仁心以实现重建社会政治秩序的目的不同，荀子乃是反思性地着眼于人类社会所存在的“欲多而物寡”（《富国》）的特殊状况，并以此作为自己重建新的政治秩序的理论前提。所以，荀子论“礼”的根源必归本于“欲多而物寡”。依荀子的逻辑，若“从人之欲，则埶不能容，物不能赡也”（《荣辱》），因此，若无必要的度量分界（礼），则必将导致“争、乱、穷”，发展到极致，则将会是一幅“强者害弱而夺之，众者暴寡而哗之，天下悖乱而相亡，不待顷矣”（《性恶》）的恐怖图景。

---

① 此处需特别注意，笔者所说绝非意味着荀子之“礼”不是或不含道德的行为规范义，荀子言“礼”的范围至广至大，上至人君治国之道，下至百姓立身处世之节，莫不涵摄，道德自然是其中的一项重要内容。本节只是为了凸显荀子言“礼”的首出意义是政治的，道德规范义当在此一前提下得到理解。

不难看到，荀子言“礼”在根源上首先是为了解决人类社会自古至今所存在的“欲”与“物”如何能够“相持而长”（《礼论》）的一套制度安排问题，故云“礼义生而制法度”（《性恶》），又云“国无礼则不正”（《王霸》）、“隆礼贵义者，其国治”（《议兵》）。若铺排而散开地说，此“礼”所呈现出来的理想秩序则是：“农分田而耕，贾分货而贩，百工分事而劝，士大夫分职而听，建国诸侯之君分土而守，三公揔方而议，则天子共己而已矣。出若入若，天下莫不平均，莫不治辨，是百王之所同也，而礼法之大分也。”（《王霸》）或许正有见于此，面对重建秩序的时代主题，荀子似乎毫不犹豫地拒绝了孟子的道德天性的概念。在他看来，人的天性，亦即所谓的“人之情，食欲有刍豢，衣欲有文绣，行欲有舆马，又欲夫余财蓄积之富也，然而穷年累世不知不足”（《荣辱》），根本承担不起建立任何具约束力的规范性基础的任务，道德上如此，政治上更是如此。

果如是，则荀子立言指事的问题意识在理论上似乎就必当有所交代。一个可以确定的事实是，萦绕于荀子思想中的问题意识当是，面对“乱国之君，乱家之人”（《解蔽》）各呈其私的时代现实，孟子那种试图以道德“推恩”的方式来重建社会政治秩序的努力是不切实际的，也是劳而无功的，不仅不能有效地重建秩序，而且也不能成就仁德自身。[①] 事实上，荀子对此有着相当自觉的理论反省。荀子云：

> 仁，爱也，故亲；义，理也，故行；礼，节也，故成。仁有里，义有门；仁，非其里而（虚）处之，非仁也；义，非其门而由之，非义也。推恩而不理，不成仁；遂理而不敢，不成义；审节而不和，不成礼；和而不发，不成乐。（《大略》）

对于上一段所引“仁有里，义有门”一说，学者可能会想起《孟子·离娄上》“仁，人之安宅也；义，人之正路也”之比喻。实则，依杨倞之见：“里与门，皆谓礼也。里所以安居，门所以出入也。”（《荀子注》）这一段固然可以从纯道德哲学的意义上理解，然而，联系到荀子言礼的首出意义以及孟子劝齐宣王“推恩足以保四海”的言说脉络，此段之理绪依然可以是政治哲学意义的。依荀子，仁之情爱所表现的亲敬，义之合理所表现的能行，必待乎礼而后成。言仁行仁而不合乎礼，则不是仁；事属义举而行之不合乎礼，也不是义。由此在荀子看来，徒心存仁恩，而行之不由礼（意即在政治行动层面没有建立起客观

① 如果对荀子将思孟“五行”批评为“无类”“无说”“无解”的看法，从重建社会秩序的角度加以观察，显然可以发现更多的“意义剩余”。

制度意义上的法度常轨），则此仁恩顶多只是个体的主观内部的必然性，而秩序之建立和贞定却非徒出于个人内在的怵惕恻隐之仁心，必有赖于安顿社会人群之法式亦即制度之建立方可维系，此观孟子对齐宣王之劝说可一目了然。仁心仁恩之推扩固洁净渊浩、清渟精微，但对于秩序之达成而言，却是“坐而言之，起而不可设，张而不可施行”（《性恶》）的；而且作为一种自我意识，这种主观心存的仁恩在其内部只是与自己相关，因为它忽视了外在的客观规定［“非其里而（虚）处”］的特殊性。[①] 平心而论，孟子言仁义礼智根于心，即主体意志之自由自决以成就道德的尊严，就即道德以言道德而言，实乃光辉所及，在山满山，在谷满谷。然必欲即此而言政治秩序之实现，依荀子，至少在理绪上是无条贯的，是隐幽而闭结的，相反，礼才是仁心真正是其自身、在其自身的实现场所，仁心只有借礼才能获得其社会历史内容的客观规定性。若只重仁心反身上提之一端，没有广被及人之客观规制，则这样一种反身上提只是通过某种先验的保证，而不是通过使世界辨证化的方式赋予自然、社会和历史以一种合理的结构。[②] 如是者，则仁心如何获得“真理意义”上的有效性，进而客观化其自身，至少在荀子看来是可深致怀疑的。正因为如此，荀子必进而言“推恩而不理，不成仁”（《大略》），事实上，正是这句言简意赅的表述在某种意义上表达了荀子面对孟子时的整个思想的立言的问题意识。用我们现在的话来说，推行仁恩仁心而不借助于礼，就不能成就真正的仁德，若想以此进而求政治秩序之落实，则无异于刻舟而求剑，南辕而北辙。

第四节　“礼义之谓治”

明乎此，我们便可明白何以荀子要提出“隆礼义而杀诗书”（《儒效》），因为荀子断定“礼义之谓治，非礼义之谓乱也”（《不苟》）。治、乱当然是在政治哲学意义上说的，换言之，在重建社会秩序的主题面前，荀子自觉地放弃了孟

① 参见东方朔：《合理性之寻求：荀子思想研究论集》，316页，台北，台湾大学出版中心，2013。此处所谓“只是与其自己相关”并非说仁心仁恩不及于外物，唐君毅即谓“我自己之尽心，即将外之人物涵摄于我心之内”（唐君毅：《中国哲学原论》，83页，香港，东方人文学会，1974），而是说孟子未尝对仁心所面对的政治事务的独立性作必要的简别。

② 参见［德］于尔根·哈贝马斯：《后形而上学思想》，曹卫东、付德根译，南京，译林出版社，2001。

子从道德（仁）而说政治的思考方式，而采取了从政治（礼）而说道德的基本进路。孟子长于《诗》《书》，而荀子之学正以“隆礼义而杀诗书”为特色。荀子为何要“隆礼义而杀诗书”？此即涉及对《诗》《书》特性之了解。《劝学》篇云：“上不能好其人，下不能隆礼，安特将学杂识志，顺诗书而已耳。则末世穷年，不免为陋儒而已。”其意是说，上不能尊贤者以为师法，下不能以礼法约束自己，只学到一些杂博的知识，顺诵《诗》《书》之文字，则到死亦不免于陋儒而已。“顺诗书”，《诗》言情，《书》纪事，《诗》《书》固可以兴发，然而，此所谓“兴发”所表现的只是主观精神之跃动，或恻隐之心之觉感，不能有轨范，不免于飘忽，而难于凝制，难于坚成。况《诗》《书》“故而不切”（《劝学》），“必待乎礼之条贯以通之”[①]，故荀子必云：“不道礼宪，以诗书为之，譬之犹以指测河也，以戈舂黍也，以锥餐壶也，不可以得之矣。”（《劝学》）只是一味地向高处提，向深处悟，“兴”之无边，“发”之无际，则不免了无崖岸，乃至空发议论、兀自吟哦而已。

荀子以一句“不可以得之”批评了孟子，与《诗》《书》的兴发相比，荀子强调了礼之统类和法度常轨的庄严与凝重，我们亦可以说，此礼乃是社会政治秩序所以可能之基础和保证。但我们从何处可以看出此礼具有政治秩序之“基础和保证”的功能？简言之，即是此礼不仅具有规范的正确性，而且具有规则和设施（制度、秩序）的公正性、客观性。平心而论，礼具有规范的正确性，乃向为儒者所雅言，而礼具有“辨合符验”的公正性和客观性、具有“起而可设，张而可施行”的设施义和轨道义，则为荀子所再次阐释而出。为何说是荀子将礼的设施义与轨道义“再次”阐释而出？盖学者的研究已经指出，荀子关于礼的主张与《左传》之间具有密切的关联[②]，而在《左传》中，“礼”原就具有“国之干也”（《左传·僖公十一年》）、“政之舆也”（《左传·襄公二十一年》）之义，尽管《左传》言礼之根源与荀子有所不同，但其“经国家，定社稷，序民人”（《左传·隐公十一年》）之意昭昭然。此后《左传》的此一观念随周文疲敝而逐渐不显，至孟子即一句“仁义礼智根于心”（《孟子·尽心上》），对礼的根源做了主观内在化的处理。事实上，当孟子说“夫义，路也；礼，门也”（《孟子·万章下》）时，在这种说法中，礼只是“门”而已，礼之

① 牟宗三：《名家与荀子》，196页。

② 参见张亨：《荀子的礼法思想试论》，见《思文之际论集》，150～191页，台北，允晨文化实业股份有限公司，1997；又见蒋年丰：《文本与实践（一）——儒家思想的当代诠释》，279～310页，台北，桂冠图书股份有限公司，2000。

实，不过“节文”（《孟子·离娄上》）仁义而已。“这意味着‘礼’丧失了其独特的地位。若将《孟子》与《论语》相比，就能看出礼之重要性的减低。”[①] 至与《左传》相比，礼之重要性的降格更令人不堪。故逮至荀子，即再举礼的客观义与政治法度之义，只不过荀子言礼之根源与必要已既不同于《左传》也不同于孟子，而是从人类社会所存在的“欲”与“物”的紧张中逻辑地推出。[②]因此，在荀子看来，孟子靠仁心的兴发和“推恩”的方式以求政治秩序的实现既不可得，则其恰当之途必当资于“礼宪”。但是，什么是“礼宪”？何以荀子针对孟子顺《诗》《书》之主观的兴发要强调“礼宪”？此中关键即是荀子要突出礼之作为“宪”的特殊意义。但什么是“宪”？从字义上看，“宪”作动词用，其义为“公布”，如《周礼·小司徒》云“令群吏宪禁令”；若作名词用，则多作“法”和“法令”解，如《尔雅·释诂》谓“宪……法也”。又，据《管子·立政》篇记载：“正月之朔，百吏在朝，君乃出令布宪于国。五乡之师，五属大夫，皆受宪于太史。大朝之日，五乡之师，五属大夫，皆身习宪于君前。太史既布宪，入籍于太府，宪籍分于君前，五乡之师出朝，遂于乡官致于乡属，及于游宗，皆受宪。宪既布，乃反致令焉，然后敢就舍。宪未布，令未致，不敢就舍。”又云：“宪之所及，俗之所被，如百体之从心，政之所期也。”不难看到，“宪”之原义乃是君王所颁布的治国的准则或法册，宪之所及，则政治秩序井然如风动草偃，如百体从心。可以肯定，荀子言“礼宪”既与《左传》有关，也与稷下学的《管子》有关[③]，而荀子所以重言“礼宪”，其所欲表达的正是礼“经国家，定社稷，序民人”的准则义或法册义，故礼是政事之规则、制度之标准和组织人群的法式。牟宗三认为，荀子重礼宪，而“礼宪是构造社会人群之法式，将散漫而无分义之人群稳固而贞定之，使之结成一客观的存在。故礼宪者实是仁义之客观化”[④]。

---

① 尤锐：《新旧的融合：荀子对春秋思想传统的重新诠释》，载《国立政治大学哲学学报》，2003(11)。

② 一般而言，《左传》言礼之根源乃从“天地之经”上说，故云：“礼以顺天，天之道也。”（《左传·文公十五年》）荀子亦言“天有常道”，但此常道并没有人为的政治秩序义和价值义；同样，荀子言礼也不从人的天性中的自然情性出发，恰恰相反，正因为人的这种自然情性若任其发展，必然导致争乱，故礼才有其必要。

③ 参见孙红连《荀子礼法思想渊源考论》（大连，辽宁师范大学硕士学位论文，2010）、白奚《稷下学研究——中国古代的思想自由与百家争鸣》。《管子》一书的学派归属一直存有争议：《汉书·艺文志》将其列入道家；《隋书·经籍志》则将其列入法家，此后历代官志也都将《管子》列入法家；近人严可均、吕思勉等学者又将《管子》归入杂家。

④ 牟宗三：《名家与荀子》，200页。

翻检《荀子》一书，礼之作为治国之准则和法册的说法所在多有，且遍及人的社会和政治生活的各个方面，“贯日而治平，权物而称用，使衣服有制，宫室有度，人徒有数，丧祭械用皆有等宜，以是用挟于万物，尺寸寻丈，莫得不循乎制度数量然后行”（《王霸》）。故《大略》篇又云：“礼者，政之挽也。为政不以礼，政不行矣。”礼是治国的挽车，治国不以礼，则政令不通。荀子甚至以礼作为国家之托命：“国无礼则不正，礼之所以正国也。”（《王霸》）而作为正国之具，礼所彰显的秩序、法度若要为人所守而不乱，则客观、公正之规则、设施必为第一悬设。故荀子又云：“绳墨诚陈矣，则不可欺以曲直；衡诚县矣，则不可欺以轻重；规矩诚设矣，则不可欺以方圆；君子审于礼，则不可欺以诈伪。故绳者，直之至；衡者，平之至；规矩者，方圆之至；礼者，人道之极也。”（《礼论》）所谓“绳墨”“衡”“规矩”等等言说所表达的乃是礼之理具体化于社会国家之组织制度，并凝结于社会国家之组织制度本身之中，作为形塑和构造秩序与人群的准则和法式。荀子言礼之“分、养、节”三大作用俱表现出此一特点①，故云：“治国者分已定，则主相臣下百吏，各谨其所闻，不务听其所不闻；各谨其所见，不务视其所不见。所闻所见诚以齐矣。则虽幽闲隐辟，百姓莫敢不敬分安制，以化其上，是治国之征也。”（《王霸》）又云：“必将修礼以齐朝，正法以齐官，平政以齐民，然后节奏齐于朝，百事齐于官，众庶齐于下。”（《富国》）如此等等。一句话，在重建政治秩序此一坚硬而严肃的现实面前，与孟子言仁心之兴发所具有的灵动和飘忽相比，荀子言礼则显出别样的郑重与肃穆。

第五节　“善者，正理平治也”

荀子重礼的客观义与制度义，认为礼是实现和重建政治秩序的最有效的途径和方法，故礼的首出意义是政治的或政治哲学的。但正如前面所说，在荀子那里，礼并不仅仅是政治的，同时也是道德的。凡个人之治气养心、饮食衣服、居处动静、容貌态度、进退趋行等等，在荀子看来皆当以礼为规范。实际上，《荀子》一书前四篇之《劝学》《修身》《不苟》《荣辱》皆言以礼作为个人

---

① 参见陈大齐：《荀子学说》，145～160页，台北，中华文化出版事业社，1956。此处“礼”与“礼义”可通解。

进德修身之规范，故云“礼者，所以正身也”（《修身》），“学至乎礼而止矣，夫是之谓道德之极”（《劝学》）。陈大齐认为，在荀子那里，“礼义之用以为治国规范的，特别称之为政治，礼义之用以为修缮个人人格的准绳且用以为个人处世接物的规范者，特别称之为道德”[1]。那么，作为政治的礼与作为道德的礼，它们之间的关系如何？陈大齐似乎并未指明。有一种看法以为，在荀子那里，礼既具有政治义，又具有道德义，两者是重合的、统一的。一般地说，这种看法并非无据。但在“既……又……”的句式中，礼之政治义与道德义无形中被置于并列的地位，其间的前后轻重关系则不易看出。其实，当我们判定荀子思想的特点是“从政治而说道德”时，政治与道德的关系便已有了确定的分位，换言之，礼的首出意义既然是政治的，那么，礼的道德意义当在此一前提下得到说明，道德从属于政治，但又不止于政治。[2]

为更好地理解这一点，我们可以回到荀子对善、恶概念的理解上来。理论上，道德是讲求为善去恶的修为活动，所以，一般而言，道德哲学皆有其对善、恶的特殊定义。但荀子对善、恶的理解却别具意味，值得我们认真分析。荀子对善、恶的说法颇多，但最具定义效力的莫过于《性恶》篇的一段，荀子云：

> 凡古今天下之所谓善者，正理平治也；所谓恶者，偏险悖乱也：是善恶之分也矣。今诚以人之性固正理平治邪，则有恶用圣王，恶用礼义哉？虽有圣王礼义，将曷加于正理平治也哉？

此处，荀子对善、恶的概念似乎给予了明确的概念，而其动意即是针对孟子“人之性善”说而来的。在荀子看来，“孟子曰‘人之性善’，无辨合符验，坐而言之，起而不可设，张而不可施行”（《性恶》），并即此提出了自己善、恶的概念。就此而言，荀子显然认为，孟子的性善说至少有两方面的不足，即无辨合符验和不可设施，前者无法征之于经验，后者无法张之于制度。“经验”与“制度”所凸显的皆是可衡断、可把握的规则义、客观义，这种理解一方面印合了我们此前对荀子礼的分析[3]，另一方面也给我们理解荀子的善、恶概念提

① 陈大齐：《荀子学说》，182页。

② 我们可以从《非十二子》篇中观察到一个非常有趣的现象，即荀子对诸子缺憾之评述几乎全部落在政治层面，如谓它嚣、魏牟“不足以合文通治”，谓陈仲、史鳝“不足以合大众，明大分”，谓墨翟、宋钘“不足以容辨异、县君臣”，谓慎到、田骈“不可以经国定分”，谓惠施、邓析“不可以为治纲纪”，谓子思、孟子“不知其统”。

③ 对荀子而言，合于礼才是善的，不合礼，则无善可言，故云：“不法礼，不足礼，谓之无方之民；法礼，足礼，谓之有方之士。”（《礼论》）而礼在修身方面正表现出规则设施的客观义。参见东方朔：《合理性之寻求：荀子思想研究论集》，235页。

供了某种指引，至少荀子的言说脉络给了我们理解善、恶以某种暗示。因此，对于上引一段之了解似乎有两个关键的问题：其一，如何理解“正理平治”？其二，“正理平治”是否足以涵盖荀子言善的全部意义？

有关“正理平治”一词之理解，王先谦《荀子集解》、李涤生《荀子集释》、梁启雄《荀子简释》、熊公哲《荀子今注今译》皆无注，北京大学《荀子》注释组（简称“北大本”）《荀子新注》谓：“正理平治：合乎礼义法度，遵守社会秩序。”[①] 张觉将此四字翻译为“端正顺理安定有秩序”[②]。与此相类似，王天海则将此四字分别解释为：“正，端正；理，合理；平，安定；治，有序。”[③] 北大本的解释与张觉和王天海的解释有所不同，未就“正理平治”四字做单独的解释。实则“正理平治”既可以拆分成单独的字来理解，也可以作为一个词组来理解，同时，若将其与“偏险悖乱”相对，则似乎也可以将之分为“正理”与“平治”来理解，因为荀子就将“偏险”与“悖乱”分开，而言“以为偏险而不正，悖乱而不治”（《性恶》），就此而言，以“不正”对“正理”，以“不治”对“平治”，在文字对应上也可相通。

应当说，北大本将“正理平治”解释为“合乎礼义法度，遵守社会秩序”，扣住了荀子的思想，呈现出了荀子所欲表达的善的可衡断、可把握的规则义，此规则义显然是偏重从政治一面说的；而张觉和王天海将“正”理解为“端正”，张觉把“理”理解为“顺理”，似乎有偏重于主观态度的一面，与荀子言礼（善）的用意当有一间未达之病。其实，海外学者对此也有不同的理解，伯顿・沃森（Burton Watson）将“正理平治”翻译成“upright，reasonable，and orderly”[④]，而约翰・诺布洛克（John Knoblock）则将此译为“correct，in accord with natural principles，peaceful，and well-ordered”[⑤]，相比之下，最值得注意的是，何艾克（Eric Hutton）将此译为“correct，ordered，peaceful，and controlled”[⑥]。以上三位学者对“正理平治”的理解各有不同。沃森把“正”理解为“正直”，偏重于德性义，不如诺布洛克和何艾克浃恰；但诺布洛

① 北京大学《荀子》注释组：《荀子新注》，395页，北京，中华书局，1979。

② 张觉：《荀子译注》，342页，上海，上海古籍出版社，2012。

③ 王天海：《荀子校释》，948页，上海，上海古籍出版社，2005。

④ Burton Watson，*HsunTzu*：*Basic Writings*，New York，Columbia University Press，1963，p. 162.

⑤ John Knoblock，*Xunzi*：*A Translation and Study of the Complete Works*，Vol. Ⅲ，Stanford，Stanford University Press，1998，p. 155.

⑥ Eric Hutton，“Xunzi：Introduction and Translation，” in Philip J. Ivanhoe and Bryan W. VanNorden，eds.，*Readings in Classical Chinese Philosophy*，New York，Seven Bridges Press，2001，p. 288.

克把“理”理解成“合于自然法则”，解释空间颇大，可能也与荀子思想不侔。在笔者看来，上述三位学者当中，何艾克的解释最为得当，也最切合荀子之意，尤其他将“理”理解成“合于秩序”[①]、将“治”理解为“管控”，颇具点睛之功，若非对荀子有深造自得之熟见，则断不能出此心解，可谓深得荀子思想之精义，也与我们前面的分析若合符节。果如是，则荀子所谓“善”乃是指规正、有序、平和与（得到有效的）管控。

可是，明眼人一看即明白，上述所谓“规正、有序、平和与（得到有效的）管控”所表现的是一种政治学意味的概念。结合荀子重建政治秩序的主题以及他对孟子的批评而言[②]，如果我们把此处的“善”理解为一个伦理学的概念，那么，荀子以这一意义的“正理平治”释“善”，显然蕴含着从政治而说道德的意思，换句话说，政治与道德的关系是，道德（善）是由政治（正理平治）来规定的、来理解的，道德的意义首先不是个人善的完成，而是“公共善”（common good）的实现。[③]

不过，所谓“善”是“规正、有序、平和与（得到有效的）管控”之意，显然是作为一种结果的描述，而且这样一种描述在荀子的言说脉络中又各以正、反的方式关联到“古今天下”和“人之性”。有学者正确地指出，荀子“善与恶的界说和分辨，是在‘古今’的时间纵轴以及‘天下’的空间范围论述的，‘天下’尤其值得注意”[④]，因为天下（国家）指向的正是政治的议题，因此，当“正理平治”关联到天下（国家）时，其“善”的特点表现出强的约束性规范特征。但是，荀子的“正理平治”也还以否定的方式关联到“人之性”，虽然此一方式也与天下国家相连。在荀子看来，人之性（情性）并不能直接引出“正理平治”的结果，因为“今人之性，固无礼义，故强学而求有之也”（《性恶》），若人之性本就是正理平治，则无须圣王与礼义。不过，此处可分两面说：就人之情性而言，若任其发展而无礼义的度量分界，则会导致争乱而不合于善（正理平治）；就人之材性而言，则又包含了“质具知能”的可学、可积、可塑造之意。[⑤] 无疑，荀子言积学、塑造的内容不离礼义，而礼义又是

---

① 荀子盛言“君子理天地”“无君子则天地不理”（《王制》），此“理”即具有明确的秩序义。

② 李涤生认为：“（荀子）由‘正理平治’言善，即由客观之表现以言善，孟子是以主观之动机以言善，二者亦相反。”（李涤生：《荀子集释》，548页，台北，台湾学生书局，1979。）

③ 参见潘小慧：《荀子以“君—群”为架构的政治哲学思考》，载《哲学与文化》，2013，49（9）。

④ 同上。

⑤ 参见陈来：《情性与礼义——荀子政治哲学的人性公理》，见《从思想世界到历史世界》，101～102页，北京，北京大学出版社，2015。

“善”的另一种说法，但问题在于，我们是否可以即此而遽然断言礼义教化的作用仅在于实现正理平治？或者说，断言荀子言“善”的意义只在于确保和实现社会的政治秩序？

许多研究荀子的学者已经注意到，虽然荀子与霍布斯有大体相似的自然状态理论，但与霍布斯纯粹以政治方式处理问题不同，荀子还注意到对人的行为的修养与转化。[①] 而黄百锐（David B. Wong）则认为，荀子的自然状态理论与霍布斯的不同之处在于，在荀子那里，当人们认识到他们在求取欲望满足的过程中需要有所限制后，人们不仅知道需要限制他们的行为，而且还认识到需要通过礼（ritual）、乐（music）和义（righteousness）来转化他们的品格。这样，他们就会知道他们是在兴趣上喜爱这些东西，而不仅仅是让这些东西来约束自己。[②] 假如我们认同这种理解，那么，当荀子在《性恶》篇中将“善”理解为“正理平治”时，我们就应当看到，一方面，“善”的首出意义的确在于安顿社会政治秩序，但另一方面，“善”所包含的礼义教化又不止于安顿社会政治秩序，同时也指向人格的教化与养成。明乎此，《劝学》篇所谓“始乎为士，终乎为圣人”便可得到圆满的解释，因为按照荀子的说法：“君子之学也，以美其身。”（《劝学》）然则什么是“美其身”？诺布洛克认为，“美其身”就是“使人的品格变得优雅”[③]。

第六节　范的“奠基”与“动机”

沃林（S. S. Wolin）在《政治与构想——西方政治思想的延续和创新》一书中认为，与洛克相比，霍布斯思想的重要特点之一在于强调政治范畴的特殊性，因为洛克将一个符合理想化社会的有利条件设定为自然状态。但在沃林看

---

① See David Nivison, “Review of The World of Thought in Ancient China,” *Philosophy East and West*, 1988, 38 (4), p. 416.

② See David B. Wong, “Xunzi on Moral Motivation,” in Philip J. Ivanhoe, ed., *Chinese Language, Thought, and Culture*, Chicago and La Salle, Illinois, 1996, p. 203.

③ John Knoblock, *Xunzi: A Translation and Study of the Complete Works*, Vol. Ⅰ, p. 140. 诺布洛克将此句译为：“The learning of the gentleman is used to refine his character.” 此外，J. W. 舍弗（J. W. Schofer）则着重探讨了荀子思想中德性获得的“发展模式”，请参见 J. W. Schofer, “Virtues in Xunzi's Thought,” in T. C. Kline Ⅲ and Philip J. Ivanhoe, eds., *Virtue, Nature, and Moral Agency in the Xunzi*, Indianapolis, Hackett Publishing Company, Inc., 2000, pp. 69-88。

来，在没有冲突和抗争的情况下创造出来的政治秩序，便已不再是“政治性”的秩序，因而也无形中贬低了政治范畴的地位[①]，而霍布斯与洛克不同，在他所设定的自然状态下，由于处于一切人反对一切人的战争境况，因而政治秩序和权威等便具有了维护社会与文明的特殊作用。

大体说来，荀子的思想与霍布斯相似，具有强调政治范畴与秩序的特殊性和重要性的特征，这从其在重建秩序过程中采取从政治而说道德的方式上可见一斑。不论是出于理论的预设还是出于现实的关怀，在一个天下离乱而亟待重整的时代中，这种方式所具有的可选择性显然可以得到某种程度的辩护，换言之，韩非所谓“当大争之世而循揖让之轨，非圣人之治也”（《韩非子·八说》）的说法在一定程度上可为荀子所接纳。然而，理论上，这样一种方式又会存在何种问题？似乎一种为人所熟知的了解方式就是从概念上区分政治与道德的特性。政治是事上的现实关心，它主要通过制度、法律、政策和法令等来建立秩序，实现对社会国家的有效管控和治理，因此，它面对的是公共领域，需要解决的是权力的运用以及利益的平衡问题；而道德是理上的终极关怀，它是通过个人的自由意志的自律以及自我修养和说服教育，以实现个人德性的提升，并保持自由的思考和批判的心灵。如果即此在政治与道德的关系上采取从政治而说道德的方式，或以政治的方式来解决道德问题，则其逻辑结果必定是强化政治的专制，扼杀自由和批判精神的生长。[②]

在荀子的相关研究中，许多学者从各自不同的角度皆认为，荀子的思想具有导致专制、独裁的倾向，易于堕入强制性的权力机括之中。此种看法必有其依据。在论及政治与道德的关系时，伯纳德·威廉姆斯（Bernard Williams）曾引入“制定模式”（enactment model）与“结构模式”（structure model），认为在“制定模式”中，政治理论表达原则、规范与理想，而政治则通过说服、劝导和权力的运用在政治行动中对此给予表达，而此一模式在理论指向上

① 参见［美］谢尔登·S. 沃林：《政治与构想——西方政治思想的延续和创新》，扩充版，辛亨复译，323页，上海，上海人民出版社，2009。

② 余英时先生曾用“离则双美，合则两伤”来说明其中的关系（参见辛华、任菁编：《内在超越之路：余英时新儒学论著辑要》，41页，北京，中国广播电视出版社，1992）。无疑，以政治的方式来解决道德问题所包含的理论后果涉及各个方面，如道德的工具化、道德说教、以政摄教的道德控制主义等等，今不赘。

则通常表现为现实主义和功利主义。[①] 或许在具体分析上我们不一定完全认同威廉姆斯的看法，不过，荀子有关从政治而说道德的主张的确在某种程度上体现出“制定模式”的特点，道德在政治的强力面前颇难独立地被说出，乃至于常常只成了维护政治秩序和实现政治理想的手段和工具。陈来认为，荀子对礼义始终坚持“先王制礼说”，突出政治权威和历史实践的作用，“但是，如果突出政治权威，则人对礼义的知能只是对政治权力及体制的服从，价值上的认同又从何而来”[②]？牟宗三则认为，荀子言礼义只是经验论与实在论地言之，然而，“礼义究竟是价值世界事。而价值之源不能不在道德的仁义之心。其成为礼文制度，固不离因事制宜，然其根源决不在外而在内也。此则非荀子所能知矣。落于自然主义，其归必至泯价值而驯至亦无礼义可言矣。其一转手而为李斯韩非，岂无故哉”[③]？牟宗三此言直指规范的正当性的基础问题，盖对礼义法度之了解必须优先区分“奠基”与“动机”问题之不同。所谓“奠基”，所涉及的是礼义法度之作为道德规范的义务性或道德性之最终理性根据的问题；所谓“动机”，所指涉的则是礼义法度为了何种现实的目的而去实践的问题。若对礼义法度之最终理性根据的追问转成对礼义法度之现实性和目的性使用（“因事制宜”）的考量，则在理论逻辑上便可能导致堕入对外在权威之服从的机括之中。对此，劳思光似乎说得更为决绝：在荀子那里，“礼义之产生被视为‘应付环境需要’者，又为生自一‘在上之权威’者。就其为‘应付环境需要’而论，礼义只能有‘工具价值’；换言之，荀子如此解释价值时，所谓价值只成为一种‘功用’。另就礼义生自一‘在上之权威’而论，则礼义皆成为外在（荀子论性与心时本已视礼义为外在）；所谓价值亦只能是权威规范下之价值矣”，“如此，荀子价值论之唯一出路，乃只有将价值根源归于某一权威主宰。实言之，即走入权威主义”[④]。劳思光对儒家义理之了解固与牟宗三别有理绪，但对荀子因价值根源之旁落而可能走向专制和权威的看法，则两人多少有相似之处。荀子汲汲于重建社会政治秩序之主题，因而对理论之思考更偏重于其所具有的可“符验”、可“设施”的效果性质。即就政治之“事”的现实关心而言，其动机似乎并非一无是处；然而，至其即此而言道德，则道德所必当

① C. f. Edward Hall，“Bernard Williams and the Basic Legitimation Demand：A Defense,” *Political Studies*，2015，63（2），pp. 466-480.

② 陈来：《情性与礼义——荀子政治哲学的人性公理》，见《从思想世界到历史世界》，115 页。

③ 牟宗三：《名家与荀子》，226～227 页。

④ 劳思光：《新编中国哲学史》，第 1 卷，340、339 页，台北，三民书局，1984。

具有的自由而超越的奠基便可能招致萎厄而终沦为政治权威之附庸。

与牟、劳相似，徐复观对荀子思想中所包含的走向独裁政治的倾向也给予了高度的关注，认为荀子言礼完全限定于经验界中，否定了道德向上超越的精神，且此一不以仁心为基底的礼，也引出重刑罚、尊君、重势的意味来，以致多少飘浮着极权主义的气息。[①] 在《荀子政治思想的解析》一文中，徐复观又进一步认为，在荀子那里，“礼义既由先王圣王防人之性恶而起，则礼义在各个人的本身没有实现的确实保障，只有求其保障于先王圣王。先王圣王如何能对万人予以此种保障，势必完全归之于带有强制性的政治。这样一来，在孔子主要是寻常生活中的礼，到荀子便完全成为政治化的礼。礼完全政治化以后，人对于礼既失掉其自发性，复失掉其自主性，礼只成为一种外烁的带有强制性的一套组织的机括。在此机括中，虽然有尚德尚贤以为其标准，亦只操之于政治上的人君，结果只会变成人君御用的一种口实。于是荀子的‘朝无幸位，民无幸生’的理想社会，事实上只是政治干涉人的一切，在政治强制之下整齐划一、没有自由、没有人情温暖的社会”[②]。如前所云，荀子言礼义之目的是否完全即是政治的，或有进一步讨论的空间，但徐复观所言的确看到了荀子思想中存在的问题，殊非只是格于学派的偏执之见。

当然，学者的上述看法似乎多是一种理论的逻辑推导，但若揆诸荀子文本，则荀子的相关主张亦的确所在多有。事实上，由于荀子之心目紧紧绞固于礼法秩序的落实，已经表现出摒弃一切“闲谈”的独断论倾向，“凡言不合先王，不顺礼义，谓之奸言”（《非相》）。又云：

> 凡事行，有益于理者，立之；无益于理者，废之。夫是之谓中事。凡知说，有益于理者，为之；无益于理者，舍之。夫是之谓中说。事行失中，谓之奸事；知说失中，谓之奸道。奸事、奸道，治世之所弃，而乱世之所从服也。若夫充虚之相施易也，“坚白”“同异”之分隔也，是聪耳之所不能听也，明目之所不能见也，辩士之所不能言也，虽有圣人之知，未能偻指也。不知无害为君子，知之无损为小人。工匠不知，无害为巧；君子不知，无害为治。王公好之则乱法，百姓好之则乱事。而狂惑戆陋之人，乃始率其群徒，辩其谈说，明其辟称，老身长子，不知恶也。夫是之谓上愚，曾不如相鸡狗之可以为名也。（《儒效》）

① 参见徐复观：《中国人性论史·先秦篇》，258～259页。

② 徐复观：《荀子政治思想的解析》，见《学术与政治之间》，94～95页，上海，华东师范大学出版社，2009。

“理”者，治理也，而治理之道则为礼义。依荀子，凡事行、言说有益治道、符合礼义的，则立而为之，而那些对秩序之建立、国家之平治毫无裨益的行动，则目之为奸事，必须坚决给予废除，至于那些徒呈辞巧、淆乱是非之言论，荀子即直斥之为奸道。而奸事、奸道乃乱世之征，必禁而除之。顺此思路，唐君毅看出了荀子思想中以政摄教的流弊，并给予了深切的反省。应该说在当代新儒家中，唐君毅是对荀子的思想最富理解之同情的一位，但即便如此，他对《正名》篇中荀子言君子何以必辨之理由的分析依然颇值得注意。荀子云：“凡邪说辟言之离正道而擅作者，无不类于三惑者矣。故明君知其分而不与辨也。夫民易一以道，而不可与共故。故明君临之以埶，道之以道，申之以命，章之以论，禁之以刑。故民之化道也如神，辨说恶用矣哉！今圣王没，天下乱，奸言起，君子无埶以临之，无刑以禁之，故辨说也。”（《正名》）荀子此段文意，原在说明在“理想”的政治状态之下，明君只当守其国君之名分，以道一民，而不必与民辨说是非，盖民众愚而难晓，故明君可临之以权势，导之以正道，申之以命令，晓之以道理，禁之以刑罚，如是，则民化道神速，无须辨说。然而今君子所以汲汲于辨说，正在于“圣王没，天下乱，奸言起，君子无埶以临之，无刑以禁之”。荀子念念于先王之道的落实以及政治秩序的重建与维护，其著《正名》之目的或主要不在定名辨实，而在行道通志，“率民而一”。虽然荀子此一用心的着眼点之一在于解决思想的纷争，以使名闻实喻，文通辞顺，但其目的始终不离“王业”和治道之极成。正因为如此，荀子乃不惜将圣王的权力引入语言用法统一的时代课题中，至是而开以政治控制思想之旁门。唐君毅由此看出问题，认为：“荀子此言，固有流弊。因以势以刑临人而禁人之言，正为下开李斯韩非之以政摄教之说，导致焚书坑儒之祸者。荀子于《非相》篇，亦已有奸人之辩，圣王起，当先诛之之意。孔子之杀少正卯，正缘荀子此意而为法家学者所传，为孟学者，盖决无此唯以势与刑临人之论也。”[①] 今复案《非相》篇，荀子有云：“听其言则辞辩而无统，用其身则多诈而无功，上不足以顺明王，下不足以和齐百姓，然而口舌之均，应唯则节，足以为奇伟偃却之属，夫是之谓奸人之雄。圣王起，所以先诛也，然后盗贼次之。盗贼得变，此不得变也。”若撇开当时的历史处境，站在今天的立场，细味荀子的上述言论，它的确强烈地表示出，圣王之治何以“民易一以道”，又何以“辨说恶用”，因为这些在某种意义上乃是以恐怖和绞刑架为后盾的；同

① 唐君毅：《中国哲学原论·导论篇》，276页，香港，东方人文学会，1974。徐复观先生亦有相关看法，参见《学术与政治之间》，96页。

时，它也强烈地暗示出，在荀子所设想的圣王政治之下，以风刀和霜剑、极权和专制禁人之言乃具有合法性和正当性。①

我们说过，孟、荀两人理论相异，但他们在重建社会政治秩序的主题上却目标相同。因其所“同”而观其所“异”，则其所“异”的可能解释之一便表现在“如何建立秩序”的方法问题上：孟子主张“从道德而说政治”，荀子则主张“从政治而说道德”。孟子对建立政治秩序的思考完全取资于个人自足的内在仁心，从即道德而言道德的角度看，孟子的思想的确成就了道德的尊严和人格的伟大，并为后世儒家批难现实政治，彰显独立之精神、自由之思想开拓了空间；但若必欲即此而言政治，却会因其对政治之特性缺乏可靠的认知基础而导致政治的空想主义。荀子对重建政治秩序的致思则委诸先王制作的礼（礼义法度），而礼的内涵虽然包容甚广，但其首出意义是政治学的而非伦理学的，是为了去乱止争以实现“出于治”“合于道”的目的而形成的一套制度设计，故荀子顺孔子外王之礼宪，正名定分，辨治群伦，知统类而一制度。在重建政治秩序时代主题面前，若与孟子言仁心之兴发和推扩相比，荀子的主张无疑更具有客观、凝重和可实行、可设施的特性。然而，荀子的礼既是政治学的，又是伦理学的，其在根源上的分际并不明确；同时，由于荀子之心目紧紧绞固于政治秩序的实现，道德因此不免沦为维护政治的手段，乃至常常以政治的方式来处理道德问题，其结果则导致对专制政治的强化、对自由和批判精神的扼杀。学者谓荀子尊君、重势、倾向于独断，或非无故之论。

要言之，从道德与政治的角度看，面对重建秩序的课题，孟、荀两人各有自己的得失，而他们共同的所失之处似乎在于，皆未对道德与政治各自的特性做出必要的理论鉴别，此固不特孟、荀二人为然，后世儒家大凡皆不免于此病。

林宏星

参考文献

张舜徽．周秦道论发微．北京：中华书局，1982.

牟宗三．历史哲学．台北：台湾学生书局，1988.

牟宗三．名家与荀子．台北：台湾学生书局，1979.

徐复观．为生民立命//儒家政治思想与民主自由人权．台北：台湾学生书局，1988.

徐复观．中国人性论史·先秦篇．台北：台湾商务印书馆，1969.

① 参见东方朔：《合理性之寻求：荀子思想研究论集》，249 页。

徐复观．荀子政治思想的解析//学术与政治之间．上海：华东师范大学出版社，2009.

史华兹．古代中国的思想世界．程钢，译．南京：江苏人民出版社，2004.

东方朔．合理性之寻求：荀子思想研究论集．台北：台湾大学出版中心，2013.

张亨．荀子的礼法思想试论//思文之际论集．台北：允晨文化实业股份有限公司，1997.

尤锐．新旧的融合：荀子对春秋思想传统的重新诠释．国立政治大学哲学学报，2003(11).

白奚．稷下学研究：中国古代的思想自由与百家争鸣．北京：三联书店，1998.

潘小慧．荀子以“君—群”为架构的政治哲学思考．哲学与文化，2013，49 (9).

Kline T C Ⅲ，Ivanhoe P J. Virtue，Nature，and Moral Agency in the Xunzi. Indianapolis：Hackett Publishing Company，Inc.，2000.

Amine L E. Classical Confucian Political Thought：A New Interpretation. Princeton：Princeton University Press，2015.

第十章
法、术、势：韩非的政治哲学

韩非生活于战国末期，历经韩釐王、韩桓惠王、韩王安三个国君在位的时代。《史记·老子韩非列传》讲："韩非者，韩之诸公子也。""公子"指诸侯之庶子，以区别于世子，也可以用来泛指诸侯之子。韩非的这一身份，使他对韩国的权力斗争有更深切的感受，对政治现状中的各种复杂问题有更清晰的了解，也使他更为关注韩国的处境和生死存亡的问题。为了改变韩国内政混乱、外遭侵凌、国土日削、濒于危亡的困境，他多次上书韩王表达自己的强国思想，但都未能见用。面对韩王不修明法制，不知凭借自己的权势来控制群臣，不奖励耕战却尊重儒侠，韩非十分愤慨。他针对现实中的各种问题，总结历史上的成败得失，写成了《孤愤》《五蠹》《内储》《外储》《说林》《说难》等文章，后被编辑成书。[①] 韩非的思想来源相当广泛，他不但继承和发展了重势的慎到、重法的商鞅和重术的申不害这法家三派的思想并将其融为一体，而且与儒家、道家、名家、墨家思想都有着密切的联系，这使得其思想内容比前期法家更为丰富，也更为系统。以下将以法、术、势为中心探讨韩非的政治哲学。

---

① 关于《韩非子》一书中各篇的真伪问题争议颇多，有学者认为《韩非子》一书大体可看作韩非作品，有学者认为书中的大部分内容均非韩非作品，又有学者认为《韩非子》只是作为一部书而成为研究对象，该书与韩非本人的关系值得怀疑、无法确定。先秦子书的成书多为后人所为，在编辑过程中会出现将其他作者的文章、门下弟子的文章编入其中的现象。古籍流传时间久远，在流传过程中可能出现错漏、颠倒、更改、伪托、增益等现象。但从当前的研究成果来看，除《存韩》篇后半部分可确定为李斯所作，其他的证据尚不足以证明某篇定非韩非之作，《韩非子》一书基本上能够代表韩非思想。本章凡引该书，只著篇名。

第一节　好利、自为的人性基础

人性问题发端于春秋末期，在战国中期以后成为诸子共同关心的问题。对于人性的不同理解，也是诸子建构其政治理论的基础，在韩非的思想中亦是如此。韩非认为就利去害、恶劳乐逸是人之情，也是人的自然本性。《奸劫弑臣》讲："夫安利者就之，危害者去之，此人之情也。"《心度》篇讲："夫民之性，恶劳而乐佚。"此外，《解老》讲："人无愚智，莫不有趋舍。"《难二》讲："好利恶害，夫人之所有也。"《外储说左上》讲："（人）皆挟自为心。"虽然这些文字没有直接表述为"性"或"情"，但是人"莫不有"的"趋舍"，"人之所有"的好利恶害，人人"皆挟"的"自为心"，均为人人具有的共同性，可见仍是在讨论人性的问题。概括来讲，韩非所持的是好利、自为的人性论。

许多学者认为韩非同荀子一样主张人性恶，实际上，他只是对人性进行事实判断，即好利、自为，但并没有给予人性以善恶评价。[①] 韩非认为，在现实社会中，有的人和有的行为被评价为善的，有的人和有的行为被评价为恶的，但实际上所谓的善人和恶人都是好利、自为之人，所谓的善的行为和恶的行为都源于行为者的好利本性，是自为，而不是为他。《备内》篇举例说：

> 医善吮人之伤，含人之血，非骨肉之亲也，利所加也。故舆人成舆则欲人之富贵，匠人成棺则欲人之夭死也。非舆人仁而匠人贼也。人不贵则舆不售。人不死则棺不买，情非憎人也，利在人之死也。故后妃、夫人、太子之党成而欲君之死也，君不死则势不重，情非憎君也，利在君之死也。故人主不可以不加心于利己死者。

医生为救人"吮人之伤""含人之血"，卖车的人希望人们富贵，这应该是"仁"和"善"，做棺材的匠人希望他人早死，后妃、夫人、太子希望君主早死，这应是"不仁"，是"恶"，但在韩非看来这些人均是为了获得自己的利益而已。

---

① 韩非不对人性进行善恶评价，但他并非不讲善恶。在韩非的思想中，是非和善恶是与法度一致的，合法为是、为善，犯法为非、为恶。参见王威威：《如何树立法的权威——韩非的"以法为教"思想析评》，载《国学学刊》，2016（2）。

人性好利、自为，人的行为都是源于行为者的好利本性，韩非甚至认为父母和子女之间也存在利益的计算，《六反》云：

> 且父母之于子也，产男则相贺，产女则杀之。此俱出父母之怀衽，然男子受贺，女子杀之者，虑其后便、计之长利也。故父母之于子也，犹用计算之心以相待也，而况无父子之泽乎！

父母子女之间的血缘亲情是儒家仁爱、仁政思想的基础，韩非以人性的好利、自为消解了儒家的这一基础，认为父母会因为计算利益而做出“产男则相贺，产女则杀之”的行为，没有血缘亲情的人与人之间更是纯粹的利益关系。

韩非主张好利、自为是人的本性，但这一本性会因为时代的差异、环境的变化而有不同的表现。《五蠹》篇中对此有一段重要的论述：

> 古者丈夫不耕，草木之实足食也；妇人不织，禽兽之皮足衣也。不事力而养足，人民少而财有余，故民不争。是以厚赏不行、重罚不用而民自治。今人有五子不为多，子又有五子，大父未死而有二十五孙。是以人民众而货财寡，事力劳而供养薄，故民争，虽倍赏累罚而不免于乱。

韩非将当时的社会现实与古代进行比较，指出古代人口少，相较而言资源十分丰富，人们不需要辛苦劳作和算计争斗就可以满足自己的需要，而当今社会由于人口增多、资源有限，人们为了满足自己的需要，必须争夺有限的资源，在人们的欲望与物质供应无法平衡时，争夺不可避免。古代民不争而当今社会却人人争利，并不是人性发生了变化，而是环境和条件发生了变化，不争与争是相同的人性在不同条件下的不同表现而已。韩非又举例说：

> 尧之王天下也，茅茨不翦，采椽不斫，粝粢之食，藜藿之羹，冬日麑裘，夏日葛衣，虽监门之服养，不亏于此矣。禹之王天下也，身执耒臿以为民先，股无胈，胫不生毛，虽臣虏之劳不苦于此矣。以是言之，夫古之让天子者，是去监门之养而离臣虏之劳也，古传天下而不足多也。今之县令，一日身死，子孙累世絜驾，故人重之。是以人之于让也，轻辞古之天子，难去今之县令者，薄厚之实异也。

古人可以轻易地辞掉天子之位，今人却难以舍弃小小的县官之职，原因并不在于古人道德高尚而今人唯利是图，而在于不同时代的职位所带来的实际利益不同。好利恶害是古今之人共同的本性，古人辞掉天子之位和今人争夺官职都不过是权衡利害的结果，并不是人性的改变。

荀子认为“好利”“疾恶”的情欲之性为恶，主张通过礼义法度对人性进行矫治，这就是“化性”。韩非并不认为“好利恶害”“自为”为恶，也就不要求改变人的这一本性，而主张“因人情”，即顺应和利用人的好利、自为的本性。荀子认为，顺着人的情感和欲望会带来人与人之间的争夺、欺诈，从而引起社会的混乱。韩非则认为，顺应和利用人的好利、自为的本性可以促进社会的安定和发展。

首先，君臣之间利益不同，地位不同，却可以为了各自的利益而实现君臣之间的合作。《六反》云：

> 霸王者，人主之大利也。人主挟大利以听治，故其任官者当能，其赏罚无私。使士民明焉，尽力致死，则功伐可立而爵禄可致，爵禄致而富贵之业成矣。富贵者，人臣之大利也。人臣挟大利以从事，故其行危至死，其力尽而不望。

人主以霸王为大利，人臣以富贵为大利。二者利益不同，但好利这一点却是相同的。因此，韩非认为君主应该提供正当的途径，使君臣双方均能实现各自的利益。《奸劫弑臣》讲：“夫君臣非有骨肉之亲，正直之道可以得利，则臣尽力以事主；正直之道不可以得安，则臣行私以干上。”君臣之间并没有骨肉之亲，臣下如果可以通过正当的途径来获取自己的利益，使自己富贵，就会尽心竭力地侍奉君主，同时也可以使君主获得“霸王”的大利。而臣下如果不能通过正当的途径得到利益、取得安乐，就会利用阴谋诡计来侵犯君主的利益，使自己获利。

不仅君臣关系如此，在整个社会中，人的行为均以获取利益而避免伤害为目的。承认这一点，可以建立人与人之间的互利合作关系；而否认这一点，要求别人利他，则会带来人与人之间的矛盾。韩非在《外储说左上》中将父母和子女的谯、怨与雇工同主人的合作进行对比，来说明这一观点：

> 人为婴儿也，父母养之简，子长而怨。子盛壮成人，其供养薄，父母怒而诮之。子、父，至亲也，而或谯、或怨者，皆挟相为而不周于为己也。夫卖庸而播耕者，主人费家而美食、调布而求易钱者，非爱庸客也，曰：如是，耕者且深，耨者熟耘也。庸客致力而疾耘耕者，尽巧而正畦陌者，非爱主人也，曰：如是，羹且美钱布且易云也。此其养功力，有父子之泽矣，而心调于用者，皆挟自为心也。故人行事施予，以利之为心，则越人易和；以害之为心，则父子离且怨。

如果怀有“相为”“为他”的想法而要求他人“为我”，这不合于人“自为”“为己”的本性，那么，即使是至亲的父母与子女，也会因为对方不能满足自己的要求而互相埋怨。相反，主人雇用雇工来播种耕耘，主人和雇工之间并没有父子之爱，二者均以利己为目的，却可以建立和平友善、为他人利益着想的合作关系。可见，人的自为之心可以促进人与人之间的合作及社会的安定和发展。

韩非承认人性好利、自为，并且不要求改变这样的人性，也就承认了人追求个人利益的行为的正当性。虽然他认为通过互利合作可以带来社会的安定和发展，但因为资源有限，社会仍然会因为利益冲突而产生争夺和斗争。因此，如何处理人与人之间的利益冲突以及个人利益和国家利益之间的冲突仍然是需要解决的问题。韩非认为要依据人的好利、自为本性制定赏罚制度。《八经》篇讲：“凡治天下，必因人情。人情者，有好恶，故赏罚可用。赏罚可用则禁令可立而治道具矣。君执柄以处势，故令行禁止。”“赏莫如厚，使民利之。誉莫如美，使民荣之。诛莫如重，使民畏之。毁莫如恶，使民耻之。然后一行其法，禁诛于私。”《难一》篇讲：“设民所欲以求其功，故为爵禄以劝之；设民所恶以禁其奸，故为刑罚以威之。”《制分》篇讲：“民者好利禄而恶刑罚。上掌好恶以御民力，事实不宜失矣。”要治理好天下，必须凭借和利用人好利恶害的本性。因为人有好恶，喜好利禄而厌恶刑罚，所以奖赏和刑罚就可以发挥其激励和禁止的作用。通过赏罚对个人求利行为加以引导，即对增进国家利益的行为进行奖赏，对损害国家利益的行为进行惩罚，这样就可以使个人利益与国家利益一致而不冲突。

“法”是对赏罚标准的规定，确定了这一标准，进而依据这一标准进行赏罚和国家治理，就可以止乱、禁奸、富国、强兵，甚至可以实现无征战、无叛乱的“至安”的社会理想。① 可以说，好利、自为的人性正是韩非法治思想的基础。我们从前过多关注韩非人性论与荀子人性论的联系，但从他不对人性进行善恶评价，主张因循和利用好利、自为的人性进行赏罚和实现法治的角度看，他的人性论与商鞅、慎到等前期法家的人性论更为一致。②

---

① 参见王威威：《韩非思想研究：以黄老为本》，71～72 页。

② 《商君书·算地》讲：“民之性，饥而求食，劳而求佚，苦则索乐，辱则求荣，此民之情也。”“夫刑者所以夺禁邪也，而赏者所以助禁也。羞辱劳苦者，民之所恶也。显荣佚乐者，民之所务也。”《慎子·因循》讲：“天道因则大，化则细。因也者，因人之情也。人莫不自为也，化而使之为我，则莫可得而用矣。”

第二节 法与君主权力

法有多种含义，可与刑对等，也可泛指法令、法律，又可囊括各种规章、制度。韩非在《难三》篇中对法有明确的定义："法者，编著之图籍，设之于官府，而布之于百姓者也。""故法莫如显，而术不欲见。是以明主言法，则境内卑贱莫不闻知也可见。"《定法》也讲："法者，宪令著于官府，刑罚必于民心，赏存乎慎法，而罚加乎奸令者也，此臣之所师也。"韩非所说的法是一种公布的成文法，是人们应该遵守的行为准则和施行赏罚的依据，由官府颁行，为民众所广泛知晓。法由谁制定和由谁执行是至关重要的问题。如迪克罗克所言："人类只能想象出两种权力：一种是制定法律的权力，另一种是执行法律的权力。"[①] 韩非也非常重视这两个问题。

关于立法权的归属，《饰邪》讲"君之立法"，《守道》讲"圣王之立法"，《用人》讲"明主立可为之赏，设可避之罚"，从这些材料可以看到，韩非肯定立法权为君主所掌握。但是，法的权威性并非来自君主，而是来源于作为万物来源和根据的道，他认为法是合于道的。《安危》讲："安国之法，若饥而食，寒而衣，不令而自然也。先王寄理于竹帛，其道顺，故后世服。"这说明法是理的文字体现，而事物之理又合于道、体现道。《解老》讲："道者，万物之所然也，万理之所稽也。"因此，韩非经常将"法"与"道"相提并论。《饰邪》讲"道法万全，智能多失"，应"以道为常，以法为本"。《大体》篇也讲"因道全法，君子乐而大奸止"。可以说，在韩非的思想中，道是产生天地万物的本原，是天地万物存在和变化的根据，具有最高的权威性，而法是道在人类社会中的具体体现，因而也就拥有了在人类社会中的权威性。[②] 因此，君主立法权的行使并非如同庄子在《应帝王》中所讲的"君人者以己出经式义度"，而必须合于道，能够体现道。韩非对可立之法有如下要求。

第一，社会不断发展变化，法的制定应考察和适应不同的时代、不同的社

① 转引自［美］弗兰克·古德诺：《政治与行政——政府之研究》，丰俊功译，11 页，北京，北京大学出版社，2012。

② 韩非继承了道家以道为万物本原的思想，并详细论证了道与万物、道与理、道与法的关系。参见王威威：《韩非思想研究：以黄老为本》，58～79 页。

会环境，应契合特定的“时”和“事”。《五蠹》篇提出“世异则事异”“事异则备变”“圣人不期修古，不法常可，论世之事，因为之备”。《心度》篇也指出：

> 欲治其法而难变其故者，民乱，不可几而治也。故治民无常，唯治为法。法与时转则治，治与世宜则有功。故民朴，而禁之以名则治；世知，维之以刑则从。时移而治不易者乱，能治众而禁不变者削。故圣人之治民也，法与时移而禁与能变。

既然时代是变化的，法也就不能一成不变。法的制定者要不断研究时代的变迁和新的社会情况，制定符合新形势的法令，从而达到解决社会问题，使国家得治的功效。

第二，任何法的施行都会有利有弊，君主所立之法应做到利大于弊。《八说》讲：

> 法所以制事，事所以名功也。法有立而有难，权其难而事成则立之。事成而有害，权其害而功多则为之。无难之法，无害之功，天下无有也。是以拔千丈之都，败十万之众，死伤者军之乘，甲兵折挫，士卒死伤，而贺战胜得地者，出其小害计其大利也。夫沐者有弃发，除者伤血肉，为人见其难，因释其业，是无术之事也。

韩非以战争、沐浴、医治为例，说明任何事情均有利害两个方面，不能因为有害的方面存在就放弃更大的利。法也不可能只有利而没有害，应权衡利害得失，只要是利多弊少、能够保证事情成功的法就可以制定和施行。这应是韩非对当时社会和思想界中批评法的声音的回应。

第三，法必须可行并有效。《用人》讲：“明主立可为之赏，设可避之罚。”如果赏罚标准确定不当，奖赏无论如何努力都不能得到，惩罚无论怎样都无法避免，法也就失去了规范臣民行为的功能。所以，《守道》讲：“圣王之立法也，其赏足以劝善，其威足以胜暴，其备足以必完法。”也就是说，标准规定的奖赏不能是人们无法得到的，而且其丰厚程度要有切实的激励作用；标准规定的惩罚不能是让人无法避免的，而且其轻重程度要有切实的警示和禁止作用。关于惩罚标准的问题，韩非继承了商鞅的重刑理论。《内储说上・七术》引商鞅的观点云：“公孙鞅曰：‘行刑重其轻者，轻者不至，重者不来，是谓以刑去刑。’”《饬令》篇修改了商鞅的《靳令》篇，同样阐述了重刑对于治国的重要性。此外，《守道》云：“古之善守者，以其所重禁其所轻，以其所难止其所易。”《六反》云：“所谓重刑者，奸之所利者细，而上之所加焉者大也。民不以小利蒙大罪，故奸必止者也。所谓轻刑者，奸之所利者大，上之所加焉者小也。民慕其利而傲其罪，故奸不止也。”总之，韩非认为，由于好利人性的作用，人们是否选择守法要通过利弊得失进行衡量。如果需要付出的利益多而所得的奖赏少，人们就不会为奖赏所激励；如果获得的利益多而得到的惩罚少，那么人们仍然会选择从事法所禁止的事情。因此，韩非主张重刑，是要通过立法确立足以禁奸的标准，使犯法所获之利远远小于所付出的刑罚代价，如此才能使人们基于好利本性的计算而不愿犯法。

第四，适合社会现实、能够取得功效的法一旦被制定和颁布，就应保持稳定。《饰邪》篇将镜子和衡器与法做类比，来论证保持法的稳定的重要性：“故镜执清而无事，美恶从而比焉；衡执正而无事，轻重从而载焉。夫摇镜则不得为明，摇衡则不得为正，法之谓也。”韩非在《解老》篇中解释“治大国者若烹小鲜”时也讲道：“治大国而数变法，则民苦之。是以有道之君贵静，不重变法。”两篇中的观点与“法与时转则治”并不矛盾。韩非强调法的变与不变要以特定的时和事为依据。如果现有的法不适合当时的社会情况，则须变法；但在适合时和事的法确定之后，在社会情况没有大的变化时，法要保持稳定，如《五蠹》篇中所讲“法莫如一而固，使民知之”。保持法的稳定，才能保证百姓对法能够广泛了解，才能使百姓的行为有确定的标准，也才能够维护法的权威性。《亡征》篇更将“法禁变易、号令数下”作为亡国的征兆之一。也就是说，在现行的法适应社会时事的情况下，君主不能够从私意出发废除旧法而颁布新法。

总之，法的制定应符合当时社会的现实情况，能够解决社会问题，能够发挥劝善禁奸的作用，虽然也有弊端，但应利大于弊而有功。如果现行法律符合当时的社会情况，能够解决社会问题，君主就不能随意变更。韩非对法的要求决定了君主立法权的行使、法的制定并不能完全出于君主个人的意志，甚至最理想的状态应该是排除君主的个人意志因素。多数学者认为韩非虽然主张君主应依法治国，但因为立法权属于君主，所以实际上仍是按照君主个人的意志来治理国家，是“人治”而非“法治”，这其实还是存有偏见的解释。①

---

① 萧汉明认为韩非具有“坚定地用法治取代人治的果敢精神”，“哪怕危及个人生命，他也要毫不动摇地为推行法治而奋斗”（萧汉明：《韩非的法哲学与〈老子〉之道》，见方勇主编：《诸子学刊》，第二辑，323、325页，上海，上海古籍出版社，2009）。宋洪兵在《论法家“法治”学说的定性问题》[载《哲学研究》，2012（11）]一文中则全面反思和批判了以法家的“法治”学说为“人治”的观点，可供参考。

法是关于赏罚标准的成文规定，法的执行也就是以法为依据进行赏罚。韩非将赏罚权称为“二柄”，即“刑”和“德”，“刑”指杀戮的权力，“德”指奖赏的权力。韩非强调，赏罚二柄必须由君主一人同时掌握，如果其中之一落入臣下手中，君主就会被臣下控制甚至杀害。也就是说，韩非认为在赏罚标准的确定即立法权由君主掌握的同时，法的执行权也应由君主掌握。

在法的执行中，韩非特别关注公私关系问题。《有度》讲：“奉公法，废私术。”“人主释法用私。”《诡使》讲：“道私者乱，道法者治。”“夫立法令者以废私也，法令行而私道废矣。私者，所以乱法也。”由这些文句可见，“公”指法，“私”与“公”相对立，公法的确立和执行可以废弃私术、私道，而“私”是扰乱公法的主要因素。韩非尤其关注君主个人的情感、欲望对执法的干扰和破坏。如果君主不能排除个人的喜怒好恶之情感欲望，则无法做到严格执法、信赏必罚，从而必然削弱法的权威性，造成臣民不守法的后果。《内储说上》云：“爱多者，则法不立；威寡者，则下侵上。”爱是人的情感，是私，法是公，爱与法的关系就是私与公的对立。《用人》篇也讲：“释法制而妄怒，虽杀戮而奸人不恐。”抛弃了法的标准而胡乱发怒，即使屠杀刑戮，奸邪之人也不会恐惧。韩非认为，法虽然是人制定的，但一旦确立颁布就具有权威性，凡事均应以法为依据，不能以君主的喜怒好恶干涉法的执行，更不能放弃确定的作为赏罚依据的法，而任凭君主依无常的喜怒好恶进行赏罚。因而，韩非在《饰邪》中提出：“明主之道，必明于公私之分，明法制，去私恩。”《用人》篇也讲：

> 故至治之国，有赏罚，而无喜怒，故圣人极；有刑法而死无螫毒，故奸人服。发矢中的，赏罚当符，故尧复生，羿复立。如此，则上无殷、夏之患，下无比干之祸，君高枕而臣乐业，道蔽天地，德极万世矣。

最好的治国方法是以法为依据而不依君主的喜怒之情进行赏罚，如此则能充分发挥法的劝善禁奸的作用，君主就可以高枕无忧，臣下也可以愉快地从事本业，这样的恩德不仅能泽及当世且能流传万代。

同个人的情感、欲望一样，个人的成见、智巧也是“私”，韩非称之为“心智”“智能”“慧”等。《饰邪》云：

> 凡智能明通，有以则行，无以则止。故智能单道，不可传于人。而道法万全，智能多失。夫悬衡而知平，设规而知圆，万全之道也。明主使民饰于道之故，故佚而有功。释规而任巧，释法而任智，惑乱之道也。乱主

使民饰于智，不知道之故，故劳而无功。

《用人》云：

释法术而心治，尧不能正一国；去规矩而妄意度，奚仲不能成一轮；废尺寸而差短长，王尔不能半中。使中主守法术，拙匠守规矩尺寸，则万不失矣。君人者，能去贤巧之所不能，守中拙之所万不失，则人力尽而功名立。

国家最高权力的掌握者应该具有怎样的德性和才能也是诸子所关心的重要问题。儒家期待尧舜这样的贤德圣人掌握权力，道家希望体道无为的君主掌握权力，但是他们的设想却面临着当时国家权力世袭，君主在德性和才能上均为“中人”甚至更差的现实挑战。韩非认为法是确定的规范、赏罚的标准，即使中人之资甚至愚笨的君主也可以按照法的规定判断是非、进行赏罚，而以智能来治国，即使是尧这样的圣人也不能治理好一个国家。法可代代相传，而智能不可传递，先王之智无法传给后王，以智治国无所依从。因此，智能与法相比较，以法治国易，以智治国难，以法治国万全，以智治国多失，以法治国，君主至逸而有功，以智治国，君主劳而无功。可见，在韩非看来，智能与道法相对立，依法治国，君主安逸，人民守法，国家得治；相反，如果君主放弃法律这一治国工具而用自己的心智，人民没有行为的规则而按照自己的智识来行事，则会劳而无功。以智治国不仅事多而功少，而且会危害法的权威。《扬权》云：“圣人之道，去智与巧。智巧不去，难以为常。民人用之，其身多殃；主上用之，其国危亡。”以个人的智巧治理国家是惑乱之道，会招致国家的危亡。因而，君主治国应以法为依据，不能以智能、私意干涉法的执行。

总之，无论是君主个人的情感、欲望，还是君主个人的见解、智能，均与公法相对立，即“公私相背”。韩非在《安危》篇中讲到“安术”，即令国家安定的方法，其中有“死生随法度”“有贤不肖而无爱恶”“有愚智而无非誉”“有尺寸而无意度”，均认为君主放弃个人的情感、欲望、智能而以法度为标准是国家安定的保障。如果君主执法不以法为依据而以个人的情感、欲望、智能为依据，就是对权力的滥用，会侵犯和削弱法的权威。可以说，韩非强调君主执法权的行使应以法为依据，而不能以自己主观的好恶和私人的意见为依据，这也是对君主权力的限制。

此外，韩非的法治思想一定程度上体现出了在法律面前人人平等的理念。作为赏罚的依据，臣民无论贵贱均须接受法律的约束和制裁，法对不同身份、不同地位、不同才能的人一视同仁。《有度》讲："法不阿贵，绳不挠曲。法之所加，智者弗能辞，勇者弗敢争。刑过不避大臣，赏善不遗匹夫。"《难一》也讲："故行之而法者，虽巷伯信乎卿相；行之而非法者，虽大吏诎乎民萌。"法不迁就权贵，不歧视贫贱，不问等级地位，一律以法为标准进行赏罚。《外储说右上》讲晋文公问狐偃："刑罚之极安至?"狐偃回答说："不辟亲贵，法行所爱。"文公接受了狐偃的观点，忍痛处死其所爱者颠颉，以彰明法的权威性、确定性、普遍适用性。韩非甚至主张王子犯法亦应依法处置。《外储说右上》讲：

> 荆庄王有茅门之法曰："群臣大夫诸公子入朝，马蹄践溜者，廷理斩其辀，戮其御。"于是太子入朝，马蹄践溜，廷理斩其辀，戮其御。太子怒，入为王泣曰："为我诛戮廷理。"王曰："法者，所以敬宗庙、尊社稷。故能立法从令尊敬社稷者，社稷之臣也，焉可诛也？夫犯法废令不尊敬社稷者，是臣乘君而下尚校也。臣乘君则主失威，下尚校则上位危。威失位危，社稷不守，吾将何以遗子孙?"

太子入朝时触犯了楚庄王制定的法令，廷理依照法令进行处罚，太子要求庄王惩处廷理，但是庄王认为法律使宗庙得到敬重、使国家的政权获得尊严，廷理能够维护法制而使国家政权受到尊重，是国家的忠臣。可见，韩非认为，法的权威性不能因为犯法者的身份而受到侵犯，法的普遍适用性不能因为犯法者的地位而改变，这也是维护君主地位、保护国家政权的根本。

法的普遍适用可直接衍生出君主是否应该接受法律限制和制裁的问题，这也是法权和君权何者更高的问题。学界一般认为韩非的法只是君主用来统治民众的工具，对君主不能构成任何约束，也不能够保护民众的权利。这一问题需要进一步分析。公元前536年，郑国的执政子产作《刑书》，刻于青铜鼎之上，这是最早公布的成文法。子产公布《刑书》以后，叔向批评道："昔先王议事以制，不为刑辟，惧民之有争心也……民知有辟，则不忌于上，并有争心，以征于书，而徼幸以成之，弗可为矣。"（《左传·昭公六年》）杜预注曰："临事制刑，不豫设法也。法豫设，则民知争端。""权移于法，故民不畏上。"孔颖达正义曰："刑不可知，威不可测，则民畏上也。今制法以定之，勒鼎以示之，民知在上不敢越法以罪己，又不能曲法以施恩，则权柄移于法，故民皆不畏上。"（《春秋左传正义》）子产铸《刑书》之后，公元前513年冬，晋国赵鞅和荀寅向民众征收"一鼓铁"铸造刑鼎，铸范宣子所制定的《刑书》于铁鼎之上，将法公之于众。此举遭到了孔子的批评："晋其亡乎！失其度矣。夫晋国将守唐叔之所受法度，以经纬其民，卿大夫以序守之，民是以能尊其贵，贵是以能守其业。贵贱不愆，所谓度也。……今弃是度也，而为刑鼎，民在鼎矣，何以尊贵？贵何业之守？贵贱无序，何以为国？且夫宣子之刑，夷之蒐也，晋国之乱制也，若之何以为法？"（《左传·昭公二十九年》）孔颖达正义："守其旧法，民不豫知，临时制宜，轻重难测。民是以能尊其贵，畏其威刑也。""今弃是贵贱常度而为刑书之鼎，民知罪之轻重在于鼎矣。贵者断狱不敢加增，犯罪者取验于书，更复何以尊贵？威权在鼎，民不忌上，贵复何业之守？"（《春秋左传正义》）在韩非所处的时代，确定的、公开的成文法已经流行，法应具有公开性的观念已被广泛接受。从以上所引春秋时期关于法是否应该公开的争论来看，法是否应该公开的核心问题在于权力在法还是在君。反对公开法律的根本原因就在于公开的法会限制君权，使民众所畏惧的最高权力由君上转移到法。韩非思想中的法具有公开性和确定性，并被赋予了在人类社会中的最高权威。韩非又提出了"故矫上之失，诘下之邪，治乱决缪，绌羡齐非，一民之轨，莫如法"（《有度》），可见法也具有矫正君主过失的功能。所以说，虽然法不会直接规定如何制裁君主的不当行为和权力的滥用，但从法的作用来看，君主立法权和执法权的行使均不能完全从个人意志出发，法被赋予的权威性在理论上限制了君主权力的滥用。

同时，韩非主张不能处罚无罪之人，《难一》讲："罚不加于无罪。"而罪与无罪的确定应以法为依据，《用人》有"有刑法而死无螫毒"，《大体》有"使人无离法之罪"。"离法"之"离"，周勋初主持编写的《韩非子校注》认为通"罹"，意为"触犯"。张觉不同意这一观点，认为《韩非子》中"离法"之"离"应解为"背离""违反"。但他将此句译为"使人们没有违反法律的罪过"[①]，句意仍模糊不清。"离法"之"离"可直接解为"背离""违反"，此句句意是：人的罪刑应由法来确定，没有背离法律规定的、缺乏法律依据的罪过。《安危》又讲："使天下皆极智能于仪表，尽力于权衡。"认为个人可以在法所规定的范围内尽情发挥自己的才智，充分地施展才干。这一思想非常类似于现代的"罪刑法定"原则[②]。也就是说，韩非承认个人有依法受赏和无罪不

① 张觉：《韩非子全译》，467页，贵阳，贵州人民出版社，1992。

② "罪刑法定"原则的含义是法无明文规定不为罪，法无明文规定不处罚。我国刑法第三条规定："法律明文规定为犯罪行为的，依照法律定罪处刑；法律没有明文规定为犯罪行为的，不得定罪处刑。""罪刑法定"原则有双重的意义：一方面，这一原则强调犯罪及其刑罚以法为依据来确定，体现出法的权威性，并赋予了国家定罪处罚权；另一方面，这一原则强调非罪行为的自由性，这是对国家定罪处罚权的限制，是对公民的自由和权利的保护。

受罚的权利，在法律规定的范围内可自由行事。因此，韩非的法在限制君主权力的同时，又有保护个人权利的作用。

第三节　仁义之治、礼治与法治

韩非主张依法治国，而对依靠内在道德自觉的仁义之治和依靠外在道德规范的礼治多有批评。他认为时代已经发生变化，以礼治国不适合当时的社会现实，也就不能解决社会问题，对于治国没有功效。《八说》讲：

> 搢笏干戚，不适有方铁铦。登降周旋，不逮日中奏百。狸首射侯，不当强弩趋发。干城距冲，不若堙穴伏槖。古人亟于德，中世逐于智，当今争于力。古者寡事而备简，朴陋而不尽，故有珧铫而推车者。古者人寡而相亲，物多而轻利易让，故有揖让而传天下者。然则行揖让，高慈惠，而道仁厚，皆推政也。处多事之时，用寡事之器，非智者之备也。当大争之世而循揖让之轨，非圣人之治也。

“搢笏干戚”“登降周旋”“狸首射侯”均为古代的礼仪。虽有盾牌、大斧等礼仪工具，却敌不过长矛、铁臿的刺杀；虽有登降周旋、以礼取士之法，却不及日中走百里以选试武夫之法；虽有射靶的礼仪，却不及强劲的弓弩快速发射。在韩非看来，由于人口增多，物质财富稀缺，人与人之间的竞争越发激烈。上古之人在道德上比较，中古之人在智谋上角逐，如今的人在力量上较量。在当时激烈争夺的社会，拱手谦让、以礼治国的方式不合时宜，不是圣人的治国之道。

韩非之所以反对以礼治国，还在于其矛盾不两立的思维方式。他主张法治是国家治理的最佳方式，法令应该是言行的唯一标准。《问辩》讲：“明主之国，令者，言最贵者也，法者，事最适者也。言无二贵，法不两适，故言行而不轨于法令者必禁。”而礼是法以外的另一套行为规范。不同于荀子《君道》篇所讲的“隆礼至法，则国有常”的礼法结合的主张，韩非认为礼与法不可两立。他不允许在法以外存在与法不一致的行为规范，以避免人们的行为标准以及君主治国的方法产生混乱。

《韩非子》中又多有反对仁义之言，认为仁义之治同礼治一样只适合于古代，而不适合于当时的社会现实，不利于维持君主对国家的统治。《五蠹》

篇讲：

> 古者文王处丰、镐之间，地方百里，行仁义而怀西戎，遂王天下。徐偃王处汉东，地方五百里，行仁义，割地而朝者三十有六国，荆文王恐其害己也，举兵伐徐，遂灭之。故文王行仁义而王天下，偃王行仁义而丧其国，是仁义用于古而不用于今也。

周文王行仁义而一统天下，徐偃王推行仁义却招致国家的灭亡，这样的史实说明仁义适用于古代而不适用于当今社会。韩非将当时的儒者以古者圣王仁义之治游说君主类比为巫祝祝福大家长生千岁、延寿万年，虽然听上去很好，但却没有一点实际的效用。《显学》讲：

> 今世儒者之说人主，不善今之所以为治，而语已治之功；不审官法之事，不察奸邪之情，而皆道上古之传，誉先王之成功。儒者饰辞曰："听吾言则可以霸王。"此说者之巫祝，有度之主不受也。故明主举实事，去无用；不道仁义者故，不听学者之言。

英明的君主应该致力于有实际效用的事情，抛弃无用的空谈，而关于仁义的各种言论就是应该被抛弃的空谈。《外储说左上》以小孩过家家的游戏为喻，讲道：

> 夫婴儿相与戏也，以尘为饭，以涂为羹，以木为截，然至日晚必归饷者，尘饭涂羹可以戏而不可食也。夫称上古之传颂，辩而不悫，道先王仁义而不能正国者，此亦可以戏而不可以为治也。夫慕仁义而弱乱者，三晋也；不慕而治强者，秦也，然而未帝者，治未毕也。

小孩做游戏用的土饭泥羹不能代替真实的饭菜发挥充饥的作用，仁义如同土饭泥羹一样不实用，奉行古代帝王的仁义之道并不能治理国家。在当时，韩、赵、魏三国因追求仁义而使国家衰弱混乱，秦国不慕仁义而使国家安定强盛，这些事例均说明仁义之治不可用。

仁义之治不适合于当时的社会现实，对治国无实际的效用，而且仁义之治也会与法治相冲突，干扰法的执行，伤害法的权威，从而导致国家弱乱，甚至使君主丧失对国家政权的掌握。《奸劫弑臣》云：

> 世主美仁义之名而不察其实，是以大者国亡身死，小者地削主卑。何以明之？夫施与贫困者，此世之所谓仁义；哀怜百姓不忍诛罚者，此世之所谓惠爱也。夫有施与贫困，则无功者得赏；不忍诛罚，则暴乱者不

止。……吾以是明仁义爱惠之不足用，而严刑重罚之可以治国也。

把利益施与贫困之人，是世人所说的仁义；怜悯百姓，不忍诛罚，是世人所说的惠爱。而依法治国必须信赏必罚，无功不能赏，有罪必诛罚，“仁义”则是无功而赏，“爱惠”则是有罪不罚。君主奉行仁义的程度不同，则对法治伤害的程度不同，结果会导致国土削弱、君主卑贱，甚至国亡身死。

在韩非看来，奉行仁义之治而放弃法治，则会国弱、国乱，甚至国亡，而法却是万全的，离开仁、义、礼同样可以保证国家的安定富强。韩非常以慈母来类比仁义、爱惠，他在《八说》中讲：

> 慈母之于弱子也，爱不可为前。然而弱子有僻行，使之随师；有恶病，使之事医。不随师则陷于刑，不事医则疑于死。慈母虽爱，无益于振刑救死，则存子者非爱也。子母之性，爱也。臣主之权，策也。母不能以爱存家，君安能以爱持国？明主者，通于富强则可以得欲矣。故谨于听治，富强之法也。明其法禁，察其谋计。法明则内无变乱之患，计得于外无死虏之祸。故存国者，非仁义也。仁者，慈惠而轻财者也；暴者，心毅而易诛者也。慈惠则不忍，轻财则好与。心毅则憎心见于下，易诛则妄杀加于人。不忍则罚多宥赦，好与则赏多无功。憎心见则下怨其上，妄诛则民将背叛。故仁人在位，下肆而轻犯禁法，偷幸而望于上；暴人在位，则法令妄而臣主乖，民怨而乱心生。故曰：仁暴者，皆亡国者也。

慈母无法教子，仁义无法治国，欲国治，必须彰明法律禁令，审察谋划计策。韩非还将仁爱和残暴相提并论，认为施仁爱会不忍施刑罚，导致民众肆无忌惮而轻易犯法，残暴对待臣民、乱施刑罚会导致君臣离德、百姓怨恨，二者虽然不同，但都会伤害法的权威，都会导致国家的灭亡。当然，从这一材料中，我们可以看到韩非虽然反对以仁义治国，主张严刑重罚，但其主张的严刑重罚是以法为依据的。他反对君主滥施刑罚，残暴对待臣民。

仁义之治同礼治一样，是与法治对立的治国方式，二者不能兼容，不可并立。韩非权衡仁义之治与法治的现实功效和各自的弊端，舍仁义而用法治。正如《六反》所讲：“故法之为道，前苦而长利；仁之为道，偷乐而后穷。圣人权其轻重，出其大利，故用法之相忍，而弃仁人之相怜也。”

第四节　自然之势与人设之势

“势”是韩非思想中的核心概念之一，具有复杂的意义。韩非在《难势》中讲：“夫势者，名一而变无数者也。”势之名只有一个，但所指之实可以有多种变异。

势首先有形势、趋势之义。《玉篇·力部》云：“势，形势也。”张岱年对势的这一层意义进行了如下解释：“势的基本含义是事物由于相互之间的位置而引起的变化趋向。这里包含两层意义，一是事物与事物之间的相对位置，二是由此等相对位置而引起的变化趋向。前一意义即今日所谓形势，后一意义即今日所谓趋势。”[①] 所谓形势与趋势实际是静态与动态的关系。在韩非的思想中，势也具有事物的变化趋向、趋势之义。《观行》讲：

> 天下有信数三：一曰智有所不能立，二曰力有所不能举，三曰强有所不能胜。故虽有尧之智，而无众人之助，大功不立。有乌获之劲，而不得人助，不能自举。有贲、育之强，而无法术，不得长生。故势有不可得，事有不可成。故乌获轻千钧而重其身，非其身重于千钧也，势不便也；离朱易百步而难眉睫，非百步近而眉睫远也，道不可也。故明主不穷乌获以其不能自举，不困离朱以其不能自见。因可势，求易道，故用力寡而功名立。

“天下有信数”，“信”意为确定无疑，“数”指“理”，“信数”指确定无疑的规律，包括“智有所不能立”“力有所不能举”“强有所有不能胜”，因为“势不便”，“道不可”。就是说事物的变化发展有其特定的趋向，这一变化趋向是人力所无法改变的，所以要“因可势”，依照事物可能的变化趋向行动，才能够事半功倍。

势又有权力、权势之义。《说文新附·力部》云：“势，盛力，权也，从力，执声。”《字汇·力部》云：“势，权势。”势在韩非的思想中更多取权力、权势之义，特别专指君主之“势”。《八经》讲：“势者，胜众之资也。”“资”

---

① 张岱年：《中国古典哲学概念范畴要论》，见《张岱年全集》，第4卷，593页，石家庄，河北人民出版社，1996。

意为凭借，“势”是君主所以能执掌政权、驾驭群臣、统治百姓的凭借。如果君主失去“势”，就会失去对国家的控制。《喻老》解《老子》三十六章“鱼不可脱于深渊”段时讲道：“势重者，人君之渊也。君人者势重于人臣之间，失则不可复得也。简公失之于田成，晋公失之于六卿，而邦亡身死。故曰：‘鱼不可脱于深渊。’”强势与重权是人君最重要的凭借，如果人君的权势旁落，无法夺回，最后必然国亡身死。《人主》篇以马之筋力和虎豹之爪牙为喻，又以宋桓侯和齐简公为例，论证了势对于君主的重要性：

> 夫马之所以能任重引车致远道者，以筋力也。万乘之主、千乘之君所以制天下而征诸侯者，以其威势也。威势者，人主之筋力也。今大臣得威，左右擅势，是人主失力。人主失力而能有国者，千无一人。虎豹之所以能胜人执百兽者，以其爪牙也。当使虎、豹失其爪牙，则人必制之矣。今势重者，人主之爪牙也。君人而失其爪牙，虎、豹之类也。宋君失其爪牙于子罕，简公失其爪牙于田常，而不蚤夺之，故身死国亡。今无术之主皆明知宋、简之过也，而不悟其失，不察其事类者也。

马凭借筋力负重拉车走远路，虎、豹凭借爪牙胜过人而擒住各种野兽。权势就是君主的筋力和爪牙，统治民众的君主如果失去了权势，就好比失去筋力的马，失去爪牙的虎、豹，失去了凭借而丧失了对国家政权的控制。宋桓侯和齐简公分别将权势给了子罕和田常，结果自己被杀而国家政权丧失。

《喻老》在解释“鱼不可脱于深渊”之后又以“赏罚”解释老子的“邦之利器”：“赏罚者，邦之利器也，在君则制臣，在臣则胜君。君见赏，臣则损之以为德；君见罚，臣则益之以为威。人君见赏而人臣用其势，人君见罚而人臣乘其威。故曰：‘邦之利器，不可以示人。’”《内储说上》也讲：“夫赏罚之为道，利器也。君固握之，不可以示人。”《奸劫弑臣》讲：“明主知之，故设利害之道以示天下而已矣。”利害之道就是赏罚，赏对群臣来讲是利，罚则为害，君主可以以此为凭借使天下“不可不为”，不得不为其服务。韩非将赏罚权称为“二柄”，二者只能由君主掌握。《二柄》讲：

> 明主之所导制其臣者，二柄而已矣。二柄者，刑、德也。何谓刑、德？曰：杀戮之谓刑，庆赏之谓德。为人臣者畏诛罚而利庆赏，故人主自用其刑德，则群臣畏其威而归其利矣。故世之奸臣则不然，所恶则能得之其主而罪之，所爱则能得之其主而赏之。今人主非使赏罚之威利出于己也，听其臣而行其赏罚，则一国之人皆畏其臣而易其君，归其臣而去其君

> 矣。此人主失刑德之患也。夫虎之所以能服狗者，爪牙也，使虎释其爪牙而使狗用之，则虎反服于狗矣。人主者，以刑德制臣者也，今君人者释其刑德而使臣用之，则君反制于臣矣。……田常徒用德而简公弑，子罕徒用刑而宋君劫。故今世为人臣者兼刑德而用之，则是世主之危甚于简公、宋君也。故劫杀拥蔽之主，非失刑德而使臣用之而不危亡者，则未尝有也。

“柄”指权力，《广韵·映韵》云：“柄……权也。”刑德二柄就是杀戮、处罚的权力和奖赏的权力。《诡使》和《八说》中有“生杀之柄”，就是指生杀大权，与“二柄”所指相同。刑德二柄是明主用来控制臣下的手段。臣下畏惧刑罚而贪图奖赏，因此，君主独自执掌赏罚大权，群臣就畏惧君主用刑的威势而能够使自己的行为符合君主的赏赐标准。如果君主听任臣下去赏罚，民众就畏惧和归附拥有赏罚权力的臣下而轻视和背离无权的君主。而且，赏罚二柄必须由君主一人同时掌握，无论是“杀戮”之刑，还是“庆赏”之德，如果其中之一落入臣下手中，君主就会被臣下控制甚至杀害。《人主》篇以虎豹之爪牙喻君主之势，《二柄》篇同样将赏罚二柄喻为虎之爪牙，二篇同样用“宋君失其爪牙于子罕，简公失其爪牙于田常”之史实例证君主失势与失去赏罚二柄的后果。此外，《八说》篇讲：“今生杀之柄在大臣，而主令得行者，未尝有也。虎豹必不用其爪牙而与鼷鼠同威。”同样以虎豹之爪牙喻“生杀之柄”即赏罚的权力，君主将“生杀之柄”让于大臣，就似虎豹不用爪牙。可见，在韩非看来，君主之势以赏罚之权力为主要内容。《外储说右下》也讲：“赏罚共则禁令不行。何以明之？明之以造父、于期。子罕为出彘，田恒为圃池，故宋君、简公弑。患在王良、造父之共车，田连、成窍之共琴也。”“赏罚共”指赏罚的二柄由君臣双方共同掌握，如此则君主的禁令不能执行。在此篇对这一部分的解释中韩非讲道：“人主又安能与其臣共势以成功乎？”同样可证势与赏罚权的关系。此外，《三守》讲：“恶自治之劳惮，使群臣辐凑之变，因传柄移藉，使杀生之机、夺予之要在大臣，如是者侵。”“柄”同于《二柄》中的“柄”，指权力；“藉”，据高亨讲，“藉者，势位也”[①]。“柄”与“势”相对使用，“柄”与“势”的具体内容为“杀生之机”“夺予之要”，也就是生杀、赏罚的权力。

韩非认为君主驾驭天下的凭借是“势”，而不是个人的德性和能力即“贤”。《功名》云：

---

① 转引自陈奇猷：《韩非子新校注》，318页，上海，上海古籍出版社，2000。

> 夫有材而无势，虽贤不能制不肖。故立尺材于高山之上，则临千仞之溪，材非长也，位高也。桀为天子，能制天下，非贤也，势重也；尧为匹夫，不能正三家，非不肖也，位卑也。千钧得船则浮，锱铢失船则沈，非千钧轻锱铢重也，有势之与无势也。故短之临高也以位，不肖之制贤也以势。

韩非以高山和船喻势，论证了势是君主驾驭天下的凭借这一观点。拥有权势，如桀一样的暴君能够控制天下；没有君主之势，仁德如尧也不能匡正三家。韩非在《难势》中论证了“贤势之不相容”“势之足用”的观点。他首先转述了当时学者对于慎到“势之足以治天下”这一观点的批评：

> 今桀、纣南面而王天下，以天子之威为之云雾，而天下不免乎大乱者，桀、纣之材薄也。且其人以尧之势以治天下也，其势何以异桀之势也，乱天下者也。夫势者，非能必使贤者用已，而不肖者不用已也。贤者用之则天下治，不肖者用之则天下乱。人之情性，贤者寡而不肖者众，而以威势之利济乱世之不肖人，则是以势乱天下者多矣，以势治天下者寡矣。夫势者，便治而利乱者也。故《周书》曰：“毋为虎傅翼，将飞入邑，择人而食之。”夫乘不肖人于势，是为虎傅翼也。桀、纣为高台深池以尽民力，为炮烙以伤民性，桀、纣得乘四行者，南面之威为之翼也。使桀、纣为匹夫，未始行一而身在刑戮矣。势者，养虎狼之心，而成暴乱之事者也。此天下之大患也。势之于治乱，本末有位也。而语专言势之足以治天下者，则其智之所至者浅矣。

桀、纣无德才，用势而天下乱；尧、舜贤能，用势而天下治。他们所用之势并无区别，治乱的后果却不相同，可见，君主是否有德有才方可决定治乱，“贤”比“势”更重要。权势既有利于治理好天下，也有利于祸乱天下，关键在于用势之人是贤还是不肖。世界上贤能之人少而不肖之人多，因此，如果用势治国，则凭借权势来祸乱天下的人多，而利用权势来治理好天下的人少。这一观点认为权势与国家的治乱兴衰，本来就没有直接的对应关系，可是慎到的言论却专讲权势足以治理好天下，这种看法太过浅陋。

韩非为了反驳这一观点而提出了“自然之势”和“人设之势”的区别：

> 夫尧、舜生而在上位，虽有十桀、纣不能乱者，则势治也；桀、纣亦生而在上位，虽有十尧、舜而亦不能治者，则势乱也。故曰：“势治者，则不可乱；而势乱者，则不可治也。”此自然之势也，非人之所得设也。

虽然学者们很重视韩非的这一区分，但对何为“自然之势”，何为“人设之势”，仍是语焉不详。学者们一般从“生而在上位”的角度来理解“自然之势”，如郭沫若讲：“尧、舜生而在上位，桀、纣生而为王者，这是自然之势，为人力所无可如何。”[①] 谷方讲：“‘自然之势’是世袭的王位或官位。”[②] 张素贞讲：“如果势的内容只限于自然之势——帝位的传袭，那是已经固定，不能改变的，对于势就没什么可说的了。”[③] 但是，这一解释无法明确“自然之势”的内容，也无法解释韩非所说的“势治”“势乱”，世袭的王位岂有治乱之分？实际上，这一段的重点不在于“生而在上位”，而在于“势治”“势乱”。韩非所云是尧、舜在上位，则社会的发展趋向是“治”，即使十个桀、纣也不能改变这一发展趋向；相反，如果桀、纣在上位，则社会的发展趋向是“乱”，即使十个尧、舜也不能够扭转这一趋向。如果发展趋势为治则不可变为乱，如果发展趋势为乱则不可变为治，这就是韩非所说的“自然之势”。这一“自然之势”正是人力所无法改变的事物（包括社会的发展趋向），同于“智有所不能立”“力有所不能举”“强有所不能胜”的“势”。张岱年认为这一变化趋向是事物由于相互之间的位置而引起的，在韩非的论述中就是尧、舜和桀、纣所处的位置所引起的。如果尧、舜处上位，则发展趋向为“治”；如果桀、纣处上位，则发展趋向为“乱”。因此，韩非的“自然之势”指事物变化发展的趋向，而非“世袭的王位”。施觉怀将此段内容解释为：“尧舜生来就在上面，即使有十个桀纣也无法使它‘乱’，因为‘自然之势’已经是‘治’。桀纣生来就在上面，即使有十个尧舜也无法使它‘治’，因为‘自然之势’已经是‘乱’。”[④] 这一解释还是符合韩非之意的，但未对何为“自然之势”做出明确的界定。法国学者余莲（François Jullien）也对韩非的“自然之势”和“人设之势”做出了区别：

> 我们还必须分辨自然生成的势及政权所设立的势之间的差异。后者必须和前者清楚分开，才能建立一个纯政治的框架。事实上，在历史中，自然生成的势只在极好或极坏的情况中才会完全展现其特性，因此它总是出现在不寻常的时期，像黄金时代或遍地灾难的时期。这类大局势不给人类留任何余地，即那种人人在平常时期都可以掌控的余地。即使是在这些极端的情势中，贤人与暴君也不应该将它们的成功归于他们本身具有的美德

---

① 郭沫若：《十批判书》，261 页，北京，中国华侨出版社，2008。

② 谷方：《韩非与中国文化》，173 页，贵阳，贵州人民出版社，1996。

③ 张素贞：《韩非子思想体系》，147 页，台北，花木兰文化出版社，2009。

④ 施觉怀：《韩非评传》，348 页，南京，南京大学出版社，2002。

或者邪恶，他们应当承认“时势造英雄”。在平常时期，阶级分明的情况变成积极的权力制度，而这个积极的权力会自行运作，使人与人之间的一切能按部就班。[①]

他虽未明确“自然之势”和“人设之势”的意义，但可以看出他将“自然之势”理解为“大局势”“情势”“时势”，而认为“人设之势”存在于纯政治的框架之内，是一种建立于阶级分明基础上的积极的权力制度。安乐哲（Roger T. Ames）明确提出“自然之势”所指为“人力不能控制甚至不能影响的形势”，认为尧、舜和桀、纣在上位而导致的社会的治和乱就是这种人力不能影响的形势，“从政治管理学说的角度考虑其意义是不得要领的”[②]。余莲和安乐哲的解释值得借鉴。

韩非对“自然之势”的阐述紧随世人对慎到“势治”的批评，因此学者们一般认为韩非以慎到和世人所讲的“势”为“自然之势”。实际上，韩非提出“自然之势”，是为了解释尧、舜和桀、纣在上位，其治、乱之趋势为“自然之势”，不可改变。因此，尧、舜在位则天下大治，桀、纣在位而天下大乱，是“自然之势”，并不能用来论证“人设之势”为贤者所用则天下治、为不肖者所用则天下乱的观点，也不能得出“势不足以治天下”的结论。

韩非又以“不可陷之盾”与“无不陷之矛”的寓言对“势不足以治天下”观点进行了反驳：

> 夫贤之为势不可禁，而势之为道也无不禁，以不可禁之势，此矛楯之说也。夫贤势之不相容亦明矣。且夫尧、舜、桀、纣千世而一出，是比肩随踵而生也。世之治者不绝于中，吾所以为言势者，中也。中者，上不及尧、舜，而下亦不为桀、纣。抱法处势则治，背法去势则乱。今废势背法而待尧、舜，尧、舜至乃治，是千世乱而一治也。抱法处势而待桀、纣，桀、纣至乃乱，是千世治而一乱也。且夫治千而乱一，与治一而乱千也，是犹乘骥、駬而分驰也，相去亦远矣。夫弃隐栝之法，去度量之数，使奚仲为车，不能成一轮。无庆赏之劝，刑罚之威，释势委法，尧、舜户说而人辩之，不能治三家。夫势之足用亦明矣，而曰“必待贤”，则亦不然矣。

---

① ［法］余莲：《势——中国的效力观》，卓立译，23页，北京，北京大学出版社，2009。

② Roger T. Ames：*The Art of Rulership*：*A Study of Ancient Chinese Political Thought*，Albany，State University of New York Press，1994，p. 93. 原文为：“ ‘Inevitable natural circumstances’ refers to a situation not only beyond human control but even beyond human influence.” “It is pointless to consider them in the articulation of a doctrine of political control.”

尧、舜、桀、纣这样的人极为少有，而现实的统治者多为中等的资质，因此不会出现必治或必乱的“自然之势”。“人设之势”就是为资质中等的君主服务的。资质中等的君主如果坚守法度、掌握权势，就可以把国家治理好；如果背离法度、丢掉权势，就会使国家陷于混乱。因此，君主是否掌握“人设之势”与国家治乱有直接关系，“人设之势”足以保证中等资质的君主治理好国家，也就是“势之足用”。如果放弃势和法而去期待尧、舜在位而天下治的“自然之势”，则在一千世的混乱之后才有一世太平；如果坚守法度、掌握权势，即使出现桀、纣在位而天下乱的“自然之势”，也不过是一千世的太平之后才有一世混乱。两相比较，依靠法与势比依靠贤者更有效，治国“必待贤”的观点并不正确。

由上可见，势在韩非的思想中主要有两方面的意义：一方面指事物的变化趋向，另一方面指权力、权势。韩非为了回应当时学者对慎到“势之足以治天下”的攻击，进而论证“贤势之不相容”“势之足用”的观点，而将势区分为“自然之势”和“人设之势”，分别对应这两方面的意义。“自然之势”并不是强调君主“生而在上位”，所指也并非学术界一般所认可的“世袭的王位”，而是指人力所不能改变的事物的变化趋向，当然也包括社会的变化趋向，同于“智有所不能立”“力有所不能举”“强有所不能胜”的势。“人设之势”指君主由于其所处的地位而拥有的权力和权势，明确来讲是以赏罚权为主要内容，也就是韩非所讲的“二柄”。尧、舜在位则天下大治，桀、纣在位而天下大乱，是“自然之势”，并不能用来论证“人设之势”为贤者所用则天下治、为不肖者所用则天下乱的观点，也不能得出“势不足以治天下”的结论。君主是否掌握“人设之势”即是否拥有赏罚权与国家治乱有直接对应关系，“人设之势”足以保证中等资质的君主治理好国家，这就是“势之足用”的观点。

君主的权势是其“胜众之资”，韩非认为君主应牢牢掌握自己的威力、权势，并凭借、利用自己的势即赏罚权，使臣下能为君主所用，为君主建立功业，这就是“因其势”。《奸劫弑臣》篇讲：

> 明主知之，故设利害之道以示天下而已矣。夫是以人主虽不口教百官，不目索奸邪，而国已治矣。人主者，非目若离娄乃为明也，非耳若师旷乃为聪也。目必，不任其数，而待目以为明，所见者少矣，非不弊之术也。耳必，不因其势，而待耳以为聪，所闻者寡矣，非不欺之道也。明主者，使天下不得不为己视，天下不得不为己听。故身在深宫之中而明照四海之内，而天下弗能蔽、弗能欺者何也？暗乱之道废，而聪明之势兴也。

> 故善任势者国安，不知因其势者国危。

英明的君主设立了使人得到利益和受到损害的办法即赏罚制度，将其公布于天下臣民。因此，天下的臣民受君主赏罚权的制约而不得不为君主服务。善于“因其势”即凭借权势让臣民为自己服务的君主就可以实现国家安定，而“不因其势”、凡事亲力亲为的君主所治理的国家就会危乱。

韩非又指出了“尽己之能”“尽人之力”和“尽人之智”的区别。《八经》云：“力不敌众，智不尽物。与其用一人，不如用一国。故智力敌而群物胜，揣中则私劳，不中则在过。下君尽己之能，中君尽人之力，上君尽人之智。”君主以一人之力敌不过众人，以一人之智无法遍知万物。用君主一人之智慧和力量，不如用一国之臣民共同的智慧和力量。因此，只有下等的君主才用尽自己的能力，中等的君主可以用尽众人之力，上等的君主可以用尽众人的才智。君主的责任并不是事必躬亲，也不需率先垂范，而是要正确认识人和事物特别是臣下的能力，将其安排在适宜的位置，让其充分发挥其“力”其“智”。韩非还从这一角度赋予了“无为”以新的意义。《扬权》篇讲：

> 夫物者有所宜，材者有所施，各处其宜，故上下无为。使鸡司夜，令狸执鼠，皆用其能，上乃无事。上有所长，事乃不方。矜而好能，下之所欺。辩惠好生，下因其材。上下易用，国故不治。

万物均有其适宜的位置，不同的才能都有其施展的场所，君主使臣下都处在合宜的位置上并发挥出各自的才能，就可以获得身体和精神的安逸，从而实现无为之治。如果君主有为，臣下就会凭借君主的才能，君臣上下颠倒了各自的效用，国家就无法治理好。《主道》篇讲：

> 故有智而不以虑，使万物知其处；有行而不以贤，观臣下之所因；有勇而不以怒，使群臣尽其武。是故去智而有明，去贤而有功，去勇而有强。群臣守职，百官有常，因能而使之，是谓习常。故曰：寂乎其无位而处，漻乎莫得其所。明君无为于上，君臣竦惧乎下。明君之道，使智者尽其虑，而君因以断事，故君不穷于智；贤者敕其材，君因而任之，故君不穷于能；有功则君有其贤，有过则臣任其罪，故君不穷于名。是故不贤而为贤者师，不智而为智者正。臣有其劳，君有其成功。此之谓贤主之经也。

君主有“智”，有“贤”，有“勇”，但君主并不依靠个人的“智”“贤”“勇”来治理国家；只有放弃个人的“智”“贤”“勇”，让臣下各处其宜，各尽其能，方能获得真正的明智、事功和强大。群臣各司其职，百官遵守常规，君主根据臣下的才能来任用，使智者贤者各尽其才，君主就可以真正做到“不行而知”“不见而明”“不为而成”（《喻老》）。

第五节　形名参同与循名责实之术

“名”是事物的名称、语词或概念，是以语音、文字符号等表示的对事物的称谓、表征，是对物与物相区别的主要性质的反映。韩非非常重视“名”的问题。《扬权》讲：“用一之道，以名为首。名正物定，名倚物徙。”“一”指“道”，“用一之道，以名为首”意为运用“道”的方法，将确定名称置于首要地位。韩非对“名”的重视实际上是对“名”是否与“实”相符的重视，所谓“以名为首”就是将“名符合实”看作首要的问题。所谓“名正”就是指一个名能够符合它所指称的实在之物，正确反映物的性质。名称端正，那么它所指称的事物也就能够确定，名与名的关系就可反映物与物的关系，人们通过对名的把握，就可以确定物以及物与物的关系。如果名称出现偏差，不能与其所指称的物相符，名与物之间呈现混乱的关系，则事物之间的关系也变得混乱，人们就无法通过对名的把握来确定物以及物与物的关系。这就是“名正物定，名倚物徙”。

名与实相符则事物之间的关系就能确定，从社会的角度看就是社会秩序的稳定。名不能与实相符，则事物之间的关系也变得混乱，社会秩序也就混乱。通过“名正”获得稳定和谐的社会秩序，同时避免“名倚”所带来的秩序混乱，是韩非“名正物定”思想的重点。韩非在《诡使》中列举了“高”“贤”“重”“忠”“烈士”“勇夫”“正”“廉”“齐”“勇”“愿”“仁”“长者”“智”“圣”“大人”“窭”“愚”“怯”“不肖”“陋”等名与所指之实。他指出，在当时的社会中，世人所乐道的名所指之实是“不便”治国的“二心私学”，是“所以乱”，而被世人鄙弃的名所指之实却是守法听令，是“所以治”。他认为这些名与其所指之实均不相应，所以应为“倚名”。在名实不相应的情况下，君主不去“正名”，反而认同与实不相应的“倚名”，使“所以乱”的行为被冠以受推崇的名，使“所以治”的行为被冠以受轻贱的名，世人必然去追求被推崇的名，行扰乱法治、不服君令之实，因而造成以下乱上的后果。

“倚名”的广泛存在，更凸显出检验名实是否相符的重要性。“名实”又常表达为“形名”或“刑名”，检验名实是否相符，也就是韩非所讲的“审合刑名”。《二柄》篇说：“刑名者，言异与事也。”可见，名并不单纯地指事物的名称和概念，也可泛指人的言论，“审合刑名”不仅是检验名称是否与实物相符的问题，也是检验人的言论是否符合客观事物的问题。如果“名”与“形”，“言”与“事”相符，则此“名”为是，此“言”为真；如果“名”与“形”，“言”与“事”不符，则此“名”为非，此“言”为假。正如《奸劫弑臣》篇所讲的“循名实而定是非”，“循名实”也就是“审合刑名”。

检验“名”是否与“形”“实”相符是区分是与非的途径，但如何检验是需要解决的问题。《奸劫弑臣》在“循名实以定是非”后提出“因参验而审言辞”，认为审核言辞是否正确的方法就是“参验”。《备内》提出：“偶参伍之验，以责陈言之实。”冯友兰解释说：“要知道一个人所说的话（‘陈言’）是不是合乎实际情况，还需要用‘参伍之验’的方法。下文说：‘众端以参观。’这就是说，要想了解事物真相，不能专从一方面看，必须把许多方面的情况（‘众端’）搜集起来，排一排队（‘伍’），加以比较研究（‘参’），看这个人所说的话是不是在各方面都能得到证实（‘验’）。”[①]“参验”或“参伍之验”指将多方面的情况排列在一起进行比较，加以验证。《八经》篇详细论述“参伍之道”曰：

> 参伍之道，行参以谋多，揆伍以责失。行参必拆，揆伍必怒。……言会众端，必揆之以地，谋之以天，验之以物，参之以人。四征者符，乃可以观矣。

“参伍”之法可以利用多方面的情况加以比照、检验来谋求更多的功用和追究过失。对于臣下的言论，要汇合各方面的情况进行验证，而且一定要根据地利来衡量，按照天时来合计，凭借具体事物来检验，根据人之常情来考察。这四方面的验证都符合，才可以确定言论的可靠性。

韩非又主张单凭言论本身无法判断其是否符合实际，是否正确，要通过在实践中的功用来检验。与“参验”思想相结合，就是从多角度、多方面来考察言论在实践中的功用的多少，也就是《八经》所讲的“行参以谋多，揆伍以责失”，以功用的多少确定言论的是非。参验是验证名是否与实相符、言论是否符合实际的方法，而功用是参验的标准。《六反》讲：“人皆寐则盲者不知，皆

---

① 冯友兰：《中国哲学史新编》，上卷，761页，北京，人民出版社，1998。

嘿则喑者不知。觉而使之视，问而使之对，则喑盲者穷矣。”在人们睡眠之时，无法区别谁是盲人；在人们沉默的时候，哑巴也不能被发现。但是，如果让他们发挥眼睛和嘴巴的功用，看东西和回答问题，盲人和哑巴便无法掩饰了。《显学》篇也举例说明：

> 夫视锻锡而察青黄，区冶不能以必剑；水击鹄雁，陆断驹马，则臧获不疑钝利。发齿吻形容，伯乐不能以必马；授车就驾而观其末涂，则臧获不疑驽良。观容服，听辞言，仲尼不能以必士；试之官职，课其功伐，则庸人不疑于愚智。

此段首先提出凭借观察难以判断剑的钝利和马的优劣，而通过击断物体和授车就驾却可轻易判定；又提出根据容服、言辞难以判断人的能力，而通过官职、攻伐却可轻易判定人的愚智。这些均说明了实践中的功用对判定是非的重要作用。此外，韩非还强调言论在实践中的功用必须与言论所预期的目标相一致，《问辩》篇所讲的“夫言行者，以功用为之的彀者也。夫砥砺杀矢而以妄发，其端未尝不中秋毫也，然而不可谓善射者，无常仪的也”就体现出了这一观点。许多言论在实践中也能够发挥一定的功用，就类似于箭随意射出也可打中秋毫，但是这种功用与此言论所应达到的目标不相符，这样的言论也不是正确的。

韩非关于名实问题的讨论虽然可以剥离出认识论的意义，但主要是针对政治问题的。他阐述如何通过参验之法、以功用为标准判断言论是否正确的主要意义，在于为君主提供判明臣下言论真伪的方法，进而决定赏罚，以此来禁绝奸言，防止自己被臣下蒙蔽甚至控制。在韩非看来，取舍相同就互相赞成，取舍相异就互相反对，这是人之常情。因此，臣下为了取幸于君主，会顺从君主的心意来发表自己的言论。《奸劫弑臣》云：

> 凡奸臣皆欲顺人主之心以取信幸之势者也。是以主有所善，臣从而誉之；主有所憎，臣因而毁之。凡人之大体，取舍同者则相是也，取舍异者则相非也。今人臣之所誉者，人主之所是也，此之谓同取。人臣之所毁者，人主之所非也，此之谓同舍。夫取舍合而相与逆者，未尝闻也，此人臣之所以取信幸之道也。夫奸臣得乘信幸之势以毁誉进退群臣者，人主非有术数以御之也，非参验以审之也，必将以曩之合己信今之言，此幸臣之所以得欺主成私者也。故主必蔽于上，而臣必重于下矣，此之谓擅主之臣。

人主诚明于圣人之术，而不苟于世俗之言，循名实而定是非，因参验而审言辞。……是以臣得陈其忠而不弊，下得守其职而不怨。

如果君主对臣下的言论不通过参验之法、以功用为标准考察其真伪，而因为奸臣从前的言论均合于自己的见解就相信他现在的言论为真，就会为奸臣所欺骗，臣下就会独揽大权并控制君主。与此相反，君主如果能够通过参验之法、审合刑名来判别臣下言论的真伪，进而辨明臣下的忠奸，从而使臣下不敢进不实之言而能够尽忠职守，君主就能够控制臣下。《八经》也讲道："听不参则无以责下，言不督乎用则邪说当上。……有道之主，听言，督其用，课其功，功课而赏罚生焉，故无用之辩不留朝。"君主对臣下的言论不加检验，就无法责求臣下；对言论不以功用为标准来考察，就会被诈伪之言蒙蔽。韩非提出了检验臣下言论真伪进而禁止奸言的方法，认为以功用为标准考察言论、判定是非进而决定赏罚，则空洞无用的巧辩就会消失。为了解决"取舍同者则相是也，取舍异者则相非也"的问题，韩非提出："明主之道，已喜则求其所纳，已怒则察其所构，论于已变之后，以得毁誉公私之征。"君主听到使自己高兴或愤怒的言论，需考察言论使自己或喜或怒的原因，并在自己的情绪平复之后再进行研讨，以判断言论的是非。韩非还提出："明主之道，臣不得两谏，必任其一语；不得擅行，必合其参；故奸无道进矣。"臣下不许同时用两种说法来规劝君主，不得任意乱说，而必须使进言符合它的检验结果，这样臣下就无法逃避为自己的言论所担负的责任，奸言就可被禁止。

《二柄》篇对验证臣下言论真伪的方法有更详细的解释，并格外突出"功"的价值：

人主将欲禁奸，则审合刑名。刑名者，言异与事也。为人臣者陈而言，君以其言授之事，专以其事责其功。功当其事，事当其言，则赏；功不当其事，事不当其言，则罚。故群臣其言大而功小者则罚，非罚小功也，罚功不当名也；群臣其言小而功大者亦罚，非不说于大功也，以为不当名也害甚于有大功，故罚。

君主将要禁止奸邪，就需审察考核"刑（形）"与"名"是否相符，也就是审查臣下的言论是否与他们所做之事相符。臣下在君主面前会发表各种言论，君主就按照他的言论让他去做相应的事情，然后根据他的职事来责求实际的功用。如果实际的功用和他的职事相当，完成职事的情况和他的言论相符合，就给予奖赏；如果功用和他的职事不相当，完成职事的情况和他的言论不相符合，就施以惩罚。韩非还提出，无论臣下言论夸大而功用小还是言论预期目标小而实际功用大，均须受罚，因为功用与言论不相当。也就是说，只有“言”“事”“功”三者均相符合方能受赏，三者不完全相符就须受罚。《南面》也讲道：“主道者，使人臣前言不复于后，后言不复于前，事虽有功，必伏其罪，谓之任下。”如果臣下之“言”与“事”不合，那么即使“事”有“功”，但因不满足“言”“事”“功”三者相符的条件，因此也要受到惩罚。在这种统治术中，“言”（名）是不确定的，没有经过检验，臣下实践的过程同时就是证实或证伪的过程。

为了能够多方面考核言论的功用，以验证臣下言论的真伪是非，韩非要求君主做到“虚静”。所谓“虚静”就是不表现出自己的情感、欲望和智能，不发表自己的见解，而让臣下自陈其言，自行其事，再通过参验的方法考察言论在实践中的功用，以确定臣下的言论是否正确。《主道》篇在“故虚静以待令，令名自命也，令事自定”后讲道：“虚则知实之情，静则知动者正。有言者自为名，有事者自为形。形名参同，君乃无事焉。”此段中的“言”为“名”，“事”为“形”。“有言者自为名”指臣下自陈其言，即《二柄》中的“为人臣者陈而言”。“有事者自为形”指臣下依其言论自行其事。“形名参同”指将臣下所陈之言与所行之事进行比较，考察确定其是否相符，即《二柄》中的“审合刑名”。君主以自己的虚静了解臣下的言论以后，并不改变它，而是在实践中将言与行进行对比验证，“知其言以往，勿变勿更，以参合阅焉”（《主道》）。这也是韩非之“术”的内容。《难三》讲：“术者，藏之于胸中，以偶众端而潜御群臣者也。”“偶众端”就是比较验证各方面的情况，也就是“参验”“参伍之验”“形名参同”“参合”。《扬权》篇在“圣人执一以静。使名自命，令事自定”后也讲道：“上以名举之，不知其名，复修其形。形名参同，用其所生。”此句中的“名”亦指臣下的言论。君主根据臣下的言论来任用，但并不能事先确定他们的言论是否正确，这就需考察他们所做之事。君主将臣下所发之言即“名”和所做之事即“形”互相对比验证，看是否互相契合，即“形名参同”。根据验证的结果可以确定臣下言论的是非，进而进行赏罚。《扬权》又讲：“君臣不同道，下以名祷，君操其名，臣效其形，形名参同，上下和调也。”“下以名祷”指臣下以言告事，以求立功得赏。[①] 君臣地位不同，职责不同：君主控制“名”即臣下自陈之言，臣下以自己的行为来完成“形”即言论中所告之

① 参见陈奇猷：《韩非子新校注》，156 页。

事，“形”与“名”契合，君臣关系就能够和谐。

名实关系理论不仅能用来辨明臣下言论的真伪，还可以应用于官员的任用和考核。《定法》中讲：“术者，因任而授官，循名而责实，操杀生之柄，课群臣之能者也，此人主之所执也。”这是韩非为申不害之“术”所下的定义，也是韩非“术”治的内容。君王之“术”首先需要依照臣下的能力授予他与其能力相适应的官职，也就是“因任而授官”。《用人》云：“治国之臣，效功于国以履位，见能于官以受职，尽力于权衡以任事。人臣皆宜其能，胜其官，轻其任，而莫怀余力于心，莫负兼官之责于君。”臣下如果被授予匹配自己能力的官职，他就能够全力发挥自己的才能，得心应手地完成自己所任官职的职责，而自己会觉得很轻松。“因任而授官”以后，需要按照所授官职（名）相应的职责去要求担任这一官职的臣下的行为，这就是“循名而责实”，并按照“循名而责实”的结果决定赏罚。如果臣下能够履行其所担任官职的职责，则会得到奖赏；如果不能履行其所担任官职的职责，则会受到惩罚。这里的“名”不再泛指一切名称，而是专指“官名”，“形”“实”也用来专指“官名”所对应的职责。

韩非强调君主统治群臣，要使臣下所履行的职责与其担任的官职相一致，也就是“形”“实”与“名”统一。《二柄》以韩昭侯惩处典冠和典衣为例论证了这一观点：

> 昔者韩昭侯醉而寝，典冠者见君之寒也，故加衣于君之上，觉寝而说，问左右曰：“谁加衣者？”左右对曰：“典冠。”君因兼罪典衣与典冠。其罪典衣，以为失其事也；其罪典冠，以为越其职也。非不恶寒也，以为侵官之害甚于寒。故明主之畜臣，臣不得越官而有功，不得陈言而不当。越官则死，不当则罪，守业其官所言者贞也，则群臣不得朋党相为矣。

君主驾驭臣下，各个臣下都须在他自己的职权范围内恪守职务，不得如“典衣”一样玩忽职守，也不能如“典冠”一样越职取功。因此，韩非认为，君主应让臣下各处于适宜的职位上，且应一人一职即一个职位只设一人；同时，一人只能担当一个职位，不能兼职；一个职位上的官员只负责此职位应负责的事，不能插手其他职位的事情；不同职位的官员之间也不能互相干涉。《难一》云：“一人不兼官，一官不兼事。”《用人》云：“明君使事不相干，故莫讼；使士不兼官，故技长；使人不同功，故莫争。”所谓“使士不兼官”，也就是“一人不兼官”，指一人不兼任不同的官职。“一官不兼事”指同一官名只指称特定的职责，担任这一官职的官员只负责与其官职相应的事务。由于一人不兼任不同的官职，无须同时履行不同的职责，因此能够全心全力投入其特定的职事之中，以至于技能娴熟，也就是“技长”，如此则能提高办事的质量和效率。《功名》也讲：“人臣之忧在不得一，故曰：‘右手画圆，左手画方，不能两成。’故曰：‘至治之国，君若桴，臣若鼓，技若车，事若马。’故人有余力易于应，而技有余巧便于事。”“不得一”中的“一”指专于一职，也就是“不兼官”。不能让人臣专于一职，就像人右手画圆形，左手画方形，圆形和方形不能都画成，人臣如果兼职，则不能同时完成所兼职位的职责。人臣专于一职则能“技有余巧”也就是“技长”之义，“技有余巧”就能更好地完成职事。所谓“使事不相干”，就是指不同的职责由不同的官名指称，不同的事务由担任不同官职的官员负责处理，所以事有专属，职责分明。“使人不同功”指担任不同官职的官员由于负责处理不同的事务，因此不会建立相同的功绩。官名、职责与官员之间的一一对应的关系使“循名责实”这一考核臣下的方法能够很好地执行。特定的官员在其职位上很好地履行了其职责，有功则赏，不会因为一官多人或担任不同官职的官员所负责的事务相互交叉而无法确定功劳的归属，也就不会出现众人争功的混乱局面。如果特定的官员没有履行其官职所对应的职责，则应受到惩罚，也不会因为一官多人或担任不同官职的官员所负责的事务相互交叉而无法确定罪责，也就不会出现众人互相推诿的局面。

韩非重视“名正”，要求“名”必须与“实”相符。在政治运作中，他重视对臣下言论的考核，主张“审合刑名”“形名参同”。其中的“名”是否符合“实”，即臣下的言论是否为真并不确定，需要通过考察其在“形”（事）中的实际功用进行验证。而“循名责实”中的“名”是经过检验的、与特定的“实”相符的“正名”，这样的“名”就具有了相对的独立性，可以指代它所对应的“实”。对官职来讲，一个官职的“名”与特定的职责这一“实”相应，是对特定职责的指代，因此，“循名责实”实际上是要求官员的行为符合其担任的官职之名所指代的职责。在“循名责实”中，“名”是确定的，有一定的“实”与之相符，然后要求臣下实际履行的职责与“名”相符。“形名参同”与“循名责实”均为君主控制臣下的政治统治术，前者侧重考察“名”，后者侧重考察“实”，内涵有所不同，但在韩非的论述中经常纠缠在一起，故而许多学者并不加以区分。

韩非法、术、势一体的政治哲学所关注的核心问题是法与君主权力的关系问题。而关于法、术、势三者在韩非思想中的地位却一直存在争议。如郭沫若认为：“韩非子，根据汉人的分类法，是属于所谓‘法家’的，但严格地说，应该称为‘法术家’。”① 熊十力认为：“人主无术以御群臣，则权移于下，奸盗之门四辟，而法何所存乎？故人主必有术而后能持法，无术则释法用私，国之大柄旁出于群邪众盗之门，斯法纪荡然矣。《韩非子》书虽法术并言，而其全书所竭力阐明者究在于术。”② 王元化认为：“在韩非学说中，法、术、势这三个方面，术是居于中心的地位。一部《韩非子》主要谈的是术，而不是法。”③“有势才有法，有术才有势；法依势立，势因术行。说来说去，术还是最根本的核心。”④ 杜国庠认为：“韩非的法术论，有三个方面，就是法术势。但这三者在他认为是不可分离的，而以法为中心。”⑤ 谷方则认为：“韩非思想的核心既不是‘法’也不是‘术’，而是‘势’。”⑥ 通过本章的分析可见，在韩非的思想中，法是道的体现，在人间社会拥有最高的权威性。势为君主所应独擅的赏罚大权。赏罚权可以具体化为赏罚标准的确定和赏罚的执行，也就是立法权和执法权。赏罚的执行并不源于君主个人的喜怒和意见，而应以法为依据，这一点在韩非思想中有明确的表达和详细的阐述。而赏罚标准的确定也就是立法权的行使则比较复杂。如前文所述，法应该体现道和理，应该满足合于时势、利多弊少、可行有效的条件。在理想状态下，君主立法不是出于主观的意志，而应该来自对道理的发现。而术是拥有势即赏罚权的君主凭借其赏罚权考核和控制臣下的手段。法、术、势三者相辅相成，但是有层级关系，法在韩非思想中处于最为重要的地位。

王威威

参考文献

熊十力．韩非子评论　与友人论张江陵．上海：上海书店出版社，2007.

郭沫若．十批判书．北京：中国华侨出版社，2008.

张纯，王晓波．韩非思想的历史研究．北京：中华书局，1986.

郑良树．韩非之著述及思想．台北：台湾学生书局，1993.

谷方．韩非与中国文化．贵阳：贵州人民出版社，1996.

郭沫若，王元化，等．韩非子二十讲．北京：华夏出版社，2008.

---

① 郭沫若：《十批判书》，150页。

② 熊十力：《韩非子评论　与友人论张江陵》，6页，上海，上海书店出版社，2007。

③ 王元化：《韩非论稿》，见郭沫若、王元化等：《韩非子二十讲》，161页，北京，华夏出版社，2008。

④ 同上书，172页。

⑤ 杜国庠：《先秦诸子概要》，见《杜国庠文集》，52页，北京，人民出版社，1962。

⑥ 谷方：《韩非与中国文化》，170页。

蒋重跃．韩非子的政治思想．北京：北京师范大学出版社，2010.

施觉怀．韩非评传．南京：南京大学出版社，2002.

张素贞．韩非子思想体系．台北：花木兰文化出版社，2009.

朱瑞祥．韩非政治思想之剖析．台北：黎明文化股份有限事业公司，1990.

宋洪兵．韩非子政治思想再研究．北京：中国人民大学出版社，2010.

王威威．韩非思想研究：以黄老为本．南京：南京大学出版社，2012.

古德诺．政治与行政：政府之研究．丰俊功，译．北京：北京大学出版社，2012.

余莲．势：中国的效力观．卓立，译．北京：北京大学出版社，2009.

温斯顿．中国法家思想的内在道德//吴敬琏，江平．洪范评论（第12辑）：宪政与发展．北京：三联书店，2010.

Ames R T. The Art of Rulership：A Study of Ancient Chinese Political Thought. Albany：State University of New York Press，1994.

Goldin P R. Dao Companion to the Philosophy of Han Fei. Dordrecht：Springer，2013.

索　引